U0058200

諮商督導
理論與實務
（第二版）

徐西森、黃素雲　著

目次

本書參考文獻
請於心理出版社網站「下載區」下載
https://www.psy.com.tw
解壓縮密碼：9786267178717

作者簡介

徐西森

國立高雄師範大學諮商心理與復健諮商研究所教授

國立高雄師範大學輔導與諮商研究所博士

臺灣諮商心理學會理事長（2010-2012 ／ 2020-2022）

台灣輔導與諮商學會理事長（2013-2015）

中華民國諮商心理師公會全國聯合會理事長（2013-2019）

國立高雄（應用）科技大學師資培育中心主任、諮商輔導中心主任、
　　副教務長、人文社會學院院長等（1991-2011）

黃素雲

國立屏東大學教育心理與輔導學系副教授

美國普渡大學諮商師教育博士

臺灣諮商心理學會常務理事兼養成教育委員會主委（2020-2022）

國立屏東大學教育心理與輔導學系系主任（2017-2020）

屏東縣學生輔導諮商中心督導（2019-2021）

國立屏東大學學生輔導中心主任（2003-2006 ／ 2011-2014）

作者序

　　諮商督導是一項專業，也是諮商輔導工作績效化與專業化發展的重要關鍵；督導工作的目標，在於協助受督者提升其諮商輔導與心理治療的專業能力，確保案主及社會大眾的權益與福祉；因此，高效能的諮商督導人員須具備開放、包容、虛心學習、多元文化素養，更須時時充實督導專業的知識與能力，以提升諮商輔導工作的品質與成效。

　　本書內容係作者數十年來從事諮商、輔導與督導之實務工作、教學訓練與學術研究的心得成果。本書第一版《諮商督導：理論與研究》（2007）共計二十章，含理論篇十五章及研究篇五章；因近十多年來諮商心理與輔導專業的蓬勃發展、督導者培訓與學習的殷切需求，以及相關圖書著作與研究論文的成果豐碩，今修訂完成第二版並更名為《諮商督導：理論與實務》。

　　本書第二版內容，除刪除第一版研究篇五章、保留部分章節、更新內容與參考文獻之外，另增加新的篇幅章節：督導理論分為兩章（第三章為諮商治療取向、技術訓練取向和發展取向的督導模式；第四章為歷程取向、整合取向和第二世代取向的督導模式）、第十一章雙矩陣／七眼督導模式、第十七章督導者培育與認證、第十八章諮商督導的研究發展等。

　　本書旨在對諮商督導理論與實務做有系統的整理與介紹，蒐集並彙整許多重要的國內外研究文獻資料；在諮商心理專業及督導工作逐漸受到重視且形成相關機制的趨勢下，以及在台灣目前諮商督導專業書籍並不多、統整各諮商督導理論的書籍也少見的情況下，本書期盼能提供學者、專家、研究生及相關人員在教學、研究、訓練與實務工作的參考與運用。

　　本書撰寫及出版過程中，感謝心理出版社的支持；感謝高雄師範大學諮商心理與復健諮商研究所刑志彬老師的協助，博士生春曲、宜君、俞鈞、彥宏、玟茵、奕祐和榆鈞的分工校稿及正君繪製圖 3-1；感謝先進學者和專業夥伴的關心與指教。對作者而言，撰寫及修正歷程雖艱辛，但也有省思啟發，一則深感諮商心理與督導專業的博大精深、學無止境，再則體會諮商督導是一門高度專業化、複雜化的科學與學科；期盼諮商輔導界的學者專家和系所師生持續投入耕耘、共同努力發展。

徐西森、黃素雲　敬啟

2023 年 3 月 1 日

Chapter

1

緒論

徐西森

　　諮商與心理治療是高專業、高難度的工作，它不僅是一門科學，也是一項學科、一種藝術，同時更涉及人與人之間深度的專業關係。一位有經驗、有效能的助人工作者，不但要時時精進自己的專業知能，更應該要建構自己的諮商理論取向或尋求諮商督導人員的協助，特別是初學、新進或經驗不足的諮商與心理治療人員。無論是初學諮商者、初階或進階的諮商實習生、新手諮商師，或是有經驗、資深或精熟的諮商師皆需要持續接受專業督導；唯有如此，方能建立諮商與心理治療工作的專業地位，提升助人服務品質並保障案主權益。

一、督導與諮詢、諮商

　　有關「督導」一詞的界定，學者的看法不一。有人視之為「一種密集的、以人際互動為焦點的一對一深入關係，督導者致力於促進受督者的專業能力發展或成長」（Loganbill et al., 1982）；也有人定義為「一位較有經驗的專業工作者藉由不同的方式，協助一位（個別督導）或多位（團體督導）新進或經驗較少之同一專業領域的諮商師或心理治療人員」（Bernard & Goodyear, 2004）。Boyd（1978）是早期將督導一詞概念化的重要學者，並對諮商督導人員的訓練方法提出一套系統性的架構。

　　何謂「督導」（supervision）？督導一字源自拉丁文的 over 與 see 之意（Bernard & Goodyear, 2004），亦即「居高臨下地看」（oversee），意指由有經驗的、優秀的，而且曾受過充分相關訓練的諮商師所進行的一項兼具廣度、深度與高度的專業工作；其目的旨在促進諮商輔導人員的個人成長與專業發展，增進其專業能力並提升服務績效（王文秀等譯，2003；Ladany et al., 2001; Sutton, 2000; Veach, 2001）。它是一種運用教導、諮商、諮詢、訓練和評鑑等方法的有意義工作（Boyd, 1978）。由此觀之，督導者（supervisor）對諮商師（counselor）、心理治療者（therapist）、受督者（supervisee）、受訓督導者（trainee）與案主（client）的成長、專業或

個人發展，扮演非常重要的角色與功能，並且影響諮商治療工作的專業品質。

　　諮商（counseling）、諮詢（consultation）與督導有何區別？三者雖皆為應用心理學概念、理論與方法的助人專業（諮詢有時也為諮商或督導的方法之一），但各有其概念、理論、目標、焦點、性質、問題型式與互動關係（Bernard & Goodyear, 2019; Drapela, 1983; Talley & Jones, 2019），如表 1-1。對案主而言，諮商是直接助人的專業，協助其減少心理困擾並促進適應發展；諮詢是直接或間接助人的專業，協助求詢者（consultee）降低主題干預，解決當前所面臨的問題；督導則為間接助人專業，提升受督者的專業知能與諮商成效。諮商專業互動雙方為案主與諮商師，諮詢專業互動雙方為求詢者與諮詢者（consultants），督導專業互動雙方為受督者（被督導者）與督導者（諮商督導人員）。

表 1-1
諮商、諮詢與督導的區別

比較偏重於	諮詢專業	諮商專業	督導專業
目標	預防及解決問題	心理適應與發展	諮商專業品質提升
焦點	偏重行為層面	偏重情緒層面	偏重認知層面
性質	間接或直接助人	直接助人	間接助人
關係	合作關係	專業治療關係	同盟關係／權力位階
對象角色	求詢者－諮詢者	案主－諮商／治療師	受督者－督導者
問題型式	問題導向事件	跨越時空的心理問題	跨越時空的專業問題
理論名稱	學派／型態模式	學派／療法	取向／模式

　　諮詢是以求詢者內容及問題為主軸，強調客觀，其目標以問題解決為導向；諮商則以案主的行為為焦點，重視情感，其目標以個人成長與適應為導向；督導則是提供受督者個人及其工作對象在專業上的引導，其目標以專業品質提升為導向（鄔佩麗、黃兆慧，2006）。諮詢的關係是平等

的；諮商的關係依案主需求及學派理論取向而異；督導則有專家權力與位階關係。諮詢通常為單一事件；諮商和督導則介入處理有些跨越時空的心理或專業問題。案主和求詢者通常比受督者更自由地尋求專業協助。督導具有評價性質，諮商和諮詢則不全然如此。

Talley 和 Jones（2019）認為督導似教學，皆重視評量、知識與技能的傳授；兩者不同在於：教學的對象是全部受教者，但督導則根據不同受督者提供個人化指導。又，督導似諮商，皆要了解受督者或案主的想法、情緒和行為如何干擾自我發展；兩者不同在於：諮商不過度強調評量，而關心案主全人的成長與適應，督導只注重受督者於其專業有關的個人成長。另，督導似諮詢，皆要協助受督者或求詢者形成概念化並想方設法來解決問題；兩者不同在於：諮詢雙方之關係平等且執業地位可能相近，督導雙方的專業資歷和關係可能不相等。

Sarnat 和 Frawley-O'Dea（2001）認為諮商與督導二者很難劃分，因督導歷程中，督導人員很難避免對受督者進行諮商；Hawkins 和 Shohet（2000）在其〈助人專業督導模式〉中，同時將治療系統與督導系統並列加以探討，強調此二者相互關聯。但 Bernard 和 Goodyear（2004）則強調二者並不相同，前者著重諮商治療，後者強調教學教導，二者界限必須適度的釐清與規範；Talley 和 Jones（2019）指出，「美國諮商學會（American Counseling Association, ACA）倫理守則」（ACA Code of Ethics, 2014）也禁止督導人員成為受督者的諮商師。若受督者有個人化議題須尋求諮商，督導者可依案主福祉、關係界線、諮商師發展、督導契約和倫理等考量，適度且知情同意下進行有條件諮商（如次數），或鼓勵受督者尋求其他專業人員的諮商。

二、督導的特性

諮商督導工作是一種專業，也是一種複雜又必要的助人專業。Bernard

和Goodyear（2019）指出，諮商督導專業的任務與目的旨在協助受督者：
(1)精熟特定技術；(2)增加對案主的了解；(3)擴展對歷程議題的覺察；(4)
增進諮商歷程中的專業覺察及影響力；(5)克服學習成長與精熟諮商知識能
力等方面的障礙；(6)深化對概念化與諮商理論的理解；(7)提供學術研究的
刺激；(8)維持助人專業的服務水準。由此觀之，諮商督導人員必須由有經
驗的、成功的，並具備諮商、諮詢與督導等知識技能的諮商師來擔任，且
諮商督導人員須接受督導專業的職前訓練與繼續教育，方能勝任督導工作
並成為有效能的諮商督導人員。

　　大部分的諮商困境多少都和諮商師本身有關（曹中瑋，2003；Bamling
& King, 2014; Murphy & Wright, 2005），有時候是諮商師的核心價值觀被
挑戰，甚或是自己未完成的心理課題被觸及。對新手諮商師而言，個人議
題及負面經驗等因素所導致的諮商困境更多（許育光，2012；彭秀玲，
2002；羅家玲，1997；Corey, 2016），例如完美主義、擔心承諾、害怕案
主沉默、無法忍受曖昧模糊、急於想改變案主，或是對案主的困境涉入過
多的情感等，這些都是常見且重要的諮商督導議題。諮商督導工作不當，
不但無法達成原本服務助人的初衷，有時甚且傷害了案主而不自知，其成
效良窳對案主、諮商師的福祉與專業形象影響甚大。

　　Watkins（1997）認為，諮商督導工作本質上具有關係性、評量性、時
間性、提升專業能力、監控專業品質與擔任守門員角色等特性，故可以發
揮指導、督促、評量、諮詢與管理等功能。諮商督導專業的特性說明如
下。

（一）關係性

　　由於諮商督導關係是一個複雜的人際互動歷程（許維素，1993a）。在
此特殊的關係中，除了重視諮商與督導的「活動」外，更重視存在於諮商
與督導關係內的「情感」成分。這種關係也正是學習複雜人際互動的有效
資源之一（Bradley, 1989），「督導關係本身的體驗」亦成為諮商師最有

意義的學習經驗。Bernard 和 Goodyear（2014）認為督導的歷程和議題涉及案主、受督者和諮商督導人員三者，督導即是一種三角化、兩兩配對的督導關係（Processes and Issues of the Supervisory Triad and Dyad），也涉及多元文化的議題和督導關係。

（二）評量性

評量是諮商督導過程中最重要的一個程序、功能和方法。受督者需要從督導者處獲得其專業表現的回饋，需要了解自己諮商能力的特點。相對地，督導者本身的專業能力與督導作為也需要被檢視及被評量；督導評量也會影響督導關係，此與督導者之督導形式、督導風格與督導期待有關（陳思帆、徐西森，2016）。諮商督導人員對受督者有較多評價的機會和評量的責任；評價有其主觀性與感受性，評量則為客觀性與指標性；督導評量可能是口語形式或書面資料、結構性與非結構性、過程性評量或總結性評量、即時性或回顧性評量等方式。諮商督導人員也可鼓勵或訓練受督者專業覺察和自我評量（Holloway, 1994, 2016）。

（三）時間性

諮商督導工作是促發專業工作者有效成長與學習的一個歷程，所以需要一定的時間才足以達成此一目標。除了督導關係的建立需要花費時間之外，受督者也必須投入時間來接觸不同類型的案主，在實務工作中了解自己的優缺點，並且還要有機會嘗試不同的策略、技巧及學派，以了解何者適合自己，何者不適合所用，從而提供更有效的諮商服務。諮商督導的次數多寡與時間長短，涉及督導關係、督導理論、督導風格、督導議題、受督者的需求與諮商督導人員評估等專業考量，有時也與受督者的工作場域、案主情形和機構規定有關，如學校、社區或醫療院所等。林淼增和林家興（2019）的研究發現，醫療院所的個別督導和團體督導時數略高於社區、學校。

（四）專業性

　　諮商督導是一門科學和學科，督導過程須彈性運用知識技能的專業；專業工作和其他職業工作之本質和內容有所不同，專業工作者因有更大的自主權和獨特性，故需要更多、更深化的專業知識。諮商督導工作的基本目標，乃在於諮商督導人員需要運用不同的督導模式、理論取向、策略架構及方法技巧，以協助受督者提升其諮商技巧歷程化、個案概念化、諮商師個人化，以及專業上評估、介入、執行等等諮商與心理治療的專業能力。基於此，諮商督導人員的資格條件與專業認證須有所規範且與時俱進，目前台灣輔導與諮商學會有「專業督導認證辦法」（2005，2020），臺灣諮商心理學會訂定「心理諮商督導認證辦法」（2009，2020）。

（五）權益保障性

　　由於有些受督者係新進諮商人員，諮商輔導工作的經驗有限，為了避免服務不當而損及案主權益，故諮商督導人員必須為案主福祉及其所接受的服務品質，承擔起終極的專業責任，隨時檢視諮商師的專業作為，並且採取必要的措施，以提供大眾高品質的專業服務。因此，美英等國諮商心理專業團體皆訂有諮商、督導等專業人員相關倫理規範或自律守則；台灣輔導與諮商學會「諮商專業倫理守則」中訂有諮商督導的專章條文（2001）；臺灣諮商心理學會分別訂定「諮商心理專業倫理守則」（2013，2021），以及「心理諮商督導倫理守則」（2022），如附錄。

（六）品質管制性

　　在諮商督導歷程結束前，諮商督導人員必須判斷受督者是否已有足夠的個人成長與專業學習，是否已對於諮商與心理治療工作完成了更佳或應有的準備，並得以持續或開始進入這個助人專業的領域。諮商督導在維持品質、效能與專業標準等方面發揮重要的作用，也有相關的品管機制，諸

如專業督導委員會、諮商師考評辦法、繼續教育委員會、督導資格認
（換）證小組、諮商師培育機構評鑑措施等。若受督者面臨專業上與個人
成長上的困境，諮商督導人員可以要求或提供受督者必要的協助或補救措
施。換言之，諮商督導人員乃是諮商與心理治療專業領域的守門員（Free-
man et al., 2016）。

　　諮商督導有時常被誤以為僅僅是監督與教導，或只是行政管理層面有
關工作績效的考核與掌控，這與諮商治療領域視督導為一種繼續教育與學
習歷程的觀點有很大的區別（吳秀碧，1998b；周麗玉，1997a，1997b；
Falvey, 1987; Talley & Jones, 2019）；行政管理重視效率、監督和整體性，
教學乃透過一系列課程與措施所實施的系統化教育，督導則是依受督者及
其所服務案主的需要而採取的個別化再訓練。許多諮商輔導機構明訂有督
導方面的規定，但通常採取的只是老手（資深助人者）帶領新手（資淺或
新進人員）的方式，或者是僅提供行政上的管理指導，忽略了個人的專業
成長，或者是以評鑑獎懲制度來取代督導輔助的功能（李玉嬋，2000），
凡此均非真正諮商督導的專業內涵。

　　Oberman（2005）認為學校諮商師長期缺乏專業督導的資源問題，即
便是負有行政督導責任的校長和諮商輔導主任通常也缺乏諮商相關領域的
訓練與經驗。美國學校諮商師協會（American School Counselor Association,
ASCA）調查發現（Page, Pietrzak, & Sutton, 2001），執業的諮商師已接受
督導者只有 13%，其中女性占 74%，而男性僅占 26%；53%每週進行督導
一次，10%隔週進行督導一次，30%每月進行督導一次，7%每月少於一次
督導；提供督導的人員當中，輔導主管占 21%，諮商教育學者占 12%，有
執照的諮商師占 28%，學校諮商員占 12%，學校心理師占 11%，其他專業
人員約占 16%；46%的督導目的是為了提升學校諮商品質，35%為了獲得
執照，其他如增加收入、學校服務或想要獲得自我了解等。

　　王文秀等人（2006）調查台灣大學院校及社會機構的諮商督導工作實

施現況，結果發現：已實施督導制度的機構約占50%，大多採取個案報告之督導方式，諮商督導的頻率相當不一致，且其專、兼任督導者之聘請、督導經費之核撥、督導設備之設置，以及諮商督導人員之職前訓練或在職訓練的規劃等方面並不完善。大部分諮商督導人員對督導體制的需求與期望甚殷，強調諮商督導人員學歷與豐富諮商經驗的重要性。對諮商督導人員的培訓也逾半感到不滿意，其中女性較男性、社會輔導機構較學校輔導機構、本科系與相關科系較非相關科系、高學歷較低學歷的受訪者，皆更不滿意於機構內或目前的督導工作環境。

　　台灣《心理師法》（2001，2010）、《學生輔導法》（2014）公布實施後，心理師與輔導教師的人力供需與編制員額增加，其繼續教育、職前訓練與專業品質的要求日益殷切，督導需求有其重要性與必要性。《心理師法》第8條規定「心理師執業，應接受繼續教育」、《心理師法施行細則》（2002，2011）第1-5條規定「實習應於執業達二年以上之諮商心理師指導下為之」；《專門職業及技術人員高等考試心理師考試規則》（2002，2018）第7條明定「實習，係指在醫療機構、心理諮商所、大專院校諮商（輔導）中心、社區性心理衛生中心及其他經衛生福利部指定之機構實習；且應包括個別督導時數，至少五十小時」，足以證明督導專業在諮商心理師養成教育及繼續教育中扮演重要的地位與功能。

　　《學生輔導法》第3條規定學校「專業輔導人員：指具有臨床心理師、諮商心理師或社會工作師證書，由主管機關或學校依法進用，從事學生輔導工作者」，第4條明列「高級中等以下學校主管機關應設學生輔導諮商中心」，其任務包括「協助辦理專業輔導人員與輔導教師之研習與督導工作」，以及《高級中等以下學校及各該主管機關專業輔導人員設置辦法》（2011，2020）第7條規定「學校主管機關應指定專責單位，辦理學校主管機關及所轄公立學校專業輔導人員之培訓、配置規劃、督導及考核等作業」。督導也是學校輔導專業發展中重要角色，藉由督導的回饋與評鑑系統，學校輔導教師得以獲得有效建議，並提升專業能力（彭淑婷、許維

素，2013）。

■ 三、督導人員的特質

　　Friedlander 和 Ward（1984）的研究發現，有效的督導者大都具備三個共同要件：吸引力、人際敏感度及任務導向，此三者也有助於其建立與受督者的督導關係。Holloway（1995）認為，探討諮商督導人員的情境脈絡時須注意五項因素，包括：(1)諮商及督導的專業經驗；(2)督導雙方的角色期待；(3)雙方的諮商理論取向；(4)文化的特性，包括種族、國籍和性別；以及(5)自身條件等。諮商督導人員的人性觀與專業信念也會影響諮商督導歷程及成效，如相信並觸發人性的善意與可變性、以個案為主，理論取向為輔介入；追求效能也保持彈性等（李明峰，2019）。

　　除此之外，諮商督導人員的性格、特質、風格及理論取向，亦為影響其諮商督導工作的重要因素（Hawkins, 1995），督導者會將自身的人格、知識、能力，以及文化價值等特徵帶入督導情境中（Holloway, 1995; Stanner, 1997）。理想的諮商督導人員會展現高度同理心、無條件積極尊重、彈性、關懷、專注、投入、好奇及自我開放等特質。此外，諮商督導人員必須具備彈性、多元價值觀、多元文化工作知能、開放的學習態度等特質，和其精熟的督導專業能力等條件同等重要；專業知識能力培養在於養成教育與在職訓練，人格特質非短期訓練有成，尤應重視（Hawkins & Shohet, 2000; Ryde, 2011）。

　　至於督導者的專業特質，有時也與其諮商督導工作的經驗有關。R'onestad 和 Skovholt（2003）將諮商與心理治療人員的專業發展區分為外行人、初學者、進階學員、專業新手、專業老手和精熟行家等六個層次。只有發展至專業老手或精熟行家等高層次的諮商師，能建立個人的督導風格和專業見解，也才有可能成為一位有效的諮商督導人員（Stoltenberg et al., 1998）。精熟的諮商督導人員進行督導時，關注的焦點是在自己、受督

者、案主，以及雙方不同的角色關係（Poulin, 1994）。

綜合言之，優秀的督導者必須同時具備適當的心理特質和諮商督導的專業知能等兩方面條件，舉其要者如下：

1. 心理特質：(1)同理心；(2)敏感度；(3)熱忱；(4)包容；(5)樂觀；(6)自信；(7)耐性；(8)幽默感；(9)豐富生命經驗；(10)同儕尊重及信任等等。

2. 專業知能：(1)豐富的諮商與心理治療知識能力；(2)精熟且有效的諮商與心理治療接案經驗；(3)具備諮商督導相關的理論和知識技能；(4)了解受督者的特質及專業發展；(5)經營督導工作同盟關係的能力；(6)處理督導困境與議題的能力；(7)遵守諮商與督導的專業倫理；(8)具備組織行政與法規程序的相關概念；(9)熟悉對受督者的評量工具與評估知能；(10)持續接受諮商督導的專業訓練等等。

上述特質或能力有些可由系統性的、持續性的教育訓練歷程來加以充實。若能接受統整性、全盤性的督導人員養成訓練，如學習及強化專業督導的理論、模式、風格、技術、方法與策略，以及督導關係、督導角色、督導功能、督導焦點和個別督導、團體督導、同儕督導、多元文化督導等方式，更可以減少諮商督導歷程中的缺失與僵局。經由理論與實務並重，在信任、開放、溫暖的氣氛中，鼓勵受督者在此安全的環境下，勇於嘗試，並向自己挑戰，進而統整自我的世界觀、價值信念、諮商理論與風格。

由上觀之，心理服務專業人員想成為一位精熟的諮商師固然是一個挑戰，欲成為一位優秀的督導者更是艱難的挑戰（張寶珠，1996a；梁翠梅，1996b；Nelson & Friedlander, 2001）。諮商督導人員確實有相當大的影響力能夠提升諮商師的專業知能。儘管「完美的督導」只存在於理想的督導情境中，但唯有努力督促自己向上看齊，才是有志從事諮商督導工作者應有的積極態度，此一追求成長的積極態度亦足以成為受督者的典範（陳滿樺，1993；楊明磊，2003）。

四、督導作為

Proctor（1988）認為，一位好的督導人員必須讓受督者覺得被接受、被了解及被重視，她／他在此安全的環境裡，才能勇敢、開放地挑戰自己的軟弱和無能，同時，受督者才能看重自己和他人的能力；相反地，受督者在嚴苛的環境下，不敢開放心胸接受諮商督導人員的教導及回饋，也就無法獲得學習及成長。換言之，優秀的督導人員必須避免不適當的特質與督導作為（supervision behaviors）〔例如督導時遲到、過程不專注或不耐煩、答非所問或高談闊論、以受督者在某部分的表現評估（考核）其所有的表現，以及過度附和或袒護受督者、諮商實習生的看法和做法等〕。其他相關的督導作為另見第二章。

督導人員最基本的職責，乃在教導受督者有關諮商與心理治療領域的專業知識、技能，以及法律與倫理規範；同時，對相關之諮商治療實務技巧也能示範或講授，並對受督者進行諮商、治療或諮詢的工作，以期協助諮商師發展個人的諮商風格，使自身、受督者及其所服務的對象獲得最大的福祉（Engels & Dameron, 1990）。督導者在督導過程中的作為，對諮商治療人員的專業成長和個人發展、案主的權益與福祉皆深具影響性。督導人員為諮商治療人員的學習典範，故適切的督導作為能營造受督者正向標竿與營造或促進專業發展動能。

為了達成諮商督導的目標，督導者可以採取教導或角色扮演等方式，來協助受督者學習或練習有關的專業知識技巧（Goldberg, 1985; Rosenbaum & Ronen, 1998）。舉例而言，諮商督導人員必須協助受督者區別「資料」與「資訊」的不同，許多蒐集到的資料未必是有用的資訊；有時受督者在諮商歷程中蒐集到大量的案主資料，如何將其轉化成有用的資訊，便是諮商督導人員重要的督導行為之一（Papadopoulos, 2001）。

Bernard 和 Goodyear（2004）認為督導者的督導作為約可分為六個層

次，由下而上、由內而外：(1)督導技術；(2)督導方式；(3)督導策略－焦點；(4)督導風格－角色；(5)督導理論取向；(6)世界觀等，如圖 1-1。

　　督導者對督導專業的影響有三個部分：(1)督導關係經營受到關係品質和督導介入的交互影響；(2)督導歷程與催化介入須以案主需求為先，多元化介入能促進受督者覺察；(3)督導成效為督導者所看重（李明峰，2019）。新進或資淺的督導者，在督導時可能較偏重於技術方式或策略等督導層次；而資深督導者則往往會重視個人的督導風格或理論取向，以及個人的世界觀。然而，Bernard 和 Goodyear（2014）也指出，督導者的方法技術層級有時較風格態度層級對受督者更具有吸引力，督導技術被視為是最具體且實用的督導作為。

　　督導技術（supervision techniques）指的是，督導歷程中，諮商督導人員實際應用來幫助受督者的介入方法。在所有的督導作為中，它是屬於最具體的運作層級，常見的督導技術有積極傾聽（支持、同理、尊重、反映……）、場面構成、澄清、具體化、示範、角色扮演、回饋、自我揭露、

◆ 圖 1-1　督導的層次

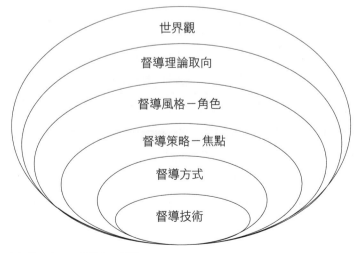

（Bernard & Goodyear, 2004, p. 75）

立即性技巧、面質、案主的概念化、問題的分析與診斷、團體的催化帶領技巧、訂定進一步的計畫、評量督導效能……等等。諮商督導所使用的督導技術、材料與諮商治療所採用的相當近似，如督導或接案的錄音檔、錄影檔、自我報告、會談紀錄、現場觀察等。

除了督導技術之外，督導者可採取的督導作為甚多，包括自我開放、合乎倫理的行為、有效的評量、明確的督導風格、具備適切而彈性的督導方式、統整清楚的督導理論取向、認同受督者的多元文化等。當然，督導者也要注意一些不當的作為，例如督導時未獲受督者許可而錄音，此一行為可能會引發受督者的反感或抗拒（Bradley & Gould, 1994; Ellis et al., 2002）。其他諸如挑剔、指責等負向行為，也會導致受督者出現移情或投射行為，並將此不當的行為轉移、重現於其諮商歷程中（Frawley-O'Dea & Sarnat, 2001; Lewis, 2001）。

五、督導關係

諮商督導工作是提升諮商與心理治療專業品質的重要一環，而專業關係的建立則是促進諮商督導工作健全發展的第一步；不同取向的督導學派或理論模式皆重視督導關係（supervisory relationship）的經營。Holloway（1995）指出，有效的督導工作源自於一個持續且共同參與的工作同盟（working alliances），也是諮商關係與督導關係能否專業化、概念化與歷程互動化的重要變項，深深影響諮商與督導的歷程與效果；蔡秀玲（2012）研究發現，影響督導工作同盟的因素包含督導結構（清楚的－模糊的）、督導者的行為（尊重接納－質疑批評）、受督者投入狀態（積極主動－冷漠焦慮）及督導成效（有受益－無成長）。

Gnilka 等人（2012）研究發現，諮商工作同盟、督導工作同盟分別與受督者知覺壓力呈負相關，而與多元因應資源呈正相關；在所列的因應資源中，家庭支持為工作同盟的正向預測變項，情境控制也對督導工作同盟

有正向預測功能。換言之，受督者感覺壓力較低，其督導關係與諮商關係較佳；受督者擁有更多因應壓力的資源，對諮商關係和督導關係有利；若受督者能了解並掌握情境因素、工作能獲得家人支持，也有助於營造諮商與督導的工作同盟。當建立專業的、有效的督導關係後，便可開展督導歷程及運用方法來進行諮商督導。

　　Bernard（1979）認為唯有健康、開放的督導關係，才能有助於受督者學習區辨、確認個人的督導需求，進而提升其專業知能。正向的督導關係能讓受督者在督導時感到自在舒適、激發受督動力並獲得專業成長；負向督導關係會導致受督者失望、感到被忽視及雙方角色混淆或衝突，如督導者太忙或不夠專業、界限模糊或性議題困擾、受督者壓力過大，以及雙方價值信念、諮商理念、學派理論和技術方法等差異歧見過多時，往往會干擾督導關係並出現督導困境（Grant et al., 2012; Nelson & Friedlander, 2001）；督導者若能承擔責任、認同或支持受督者、導入諮商與督導的專業知能，則受督者也能理智分析、開放自我、分享感受、即時表達需求或問題，以及作充分地專業準備與反思。

　　Bernard 和 Goodyear（1992）將督導（supervision）一詞拆解為在上（super）、觀看（vision）之意，似乎頗能吻合督導者「居高臨下、了然全局」的內涵，而諮商師、受督者、受訓督導者可能「當局者迷」。然而，督導絕無傲視（super vision）之意，反而蘊含遍覽（oversee）之實。由此觀之，諮商督導關係可視為一種平等性的合作關係，而非一種全然上對下的權力掌控關係（吳秀碧，1998b）。督導關係的影響因素含受督者和督導者兩大向度，前者探討受督者的抗拒、依附風格、愧疚、焦慮、相關能力、移情等議題，後者涉及督導者的依附風格、專家權力、反移情等（Bernard & Goodyear, 2019）。以下探討督導關係中的重要議題：

（一）平行歷程

　　督導專業與諮商專業有其相通之處，二者同為心理助人專業，皆有理

論、歷程與方法，且皆以互動關係作為其運作動力。當督導雙方於督導關係中呈現一種反映，相似於諮商關係的動態過程，即為平行歷程（parallel processes），此一概念和用詞來自於 Ekstein 和 Wallerstein（1958）；平行現象（parallelism）最早發現自心理動力取向的督導經驗中，由 Searles（1955）提出並稱之為反映歷程（reflection process），諮商督導人員的情緒可能與受督者與案主治療關係中的情緒相同；也可能治療師不自覺地對案主產生的認同與投射，複製到自己與督導者的督導關係上，於是督導系統和治療系統中之三方有類似的經驗、感受和反應，諮商督導人員和受督者的關係類似治療師（受督者）與案主的關係（Searles, 1955; White & Russell, 1997）。

　　因督導是一種間接的助人專業，諮商督導人員大多未在現場實際參與諮商過程，傳統觀點認為平行歷程是一個由下到上（bottom-up）的現象（Ekstein & Wallerstein, 1958），也就是受督者在督導過程中，表現出自己或案主在諮商時的某些特質或反應：(1)受督者個案報告會選擇案主與自己類似的部分議題；(2)受督者因認同案主，而在受督時回應案主的感受或想法；(3)受督者無意識地認同案主的部分心理功能，重現和案主互動時的動力；(4)受督者表現和案主一樣的抗拒或移情問題；(5)受督者無意識表現諮商過程中的其他僵局等（White & Russell, 1997）。這種由案主和受督者雙方關係影響到督導關係與督導過程的現象往往難以覺察。

　　平行歷程也可能是一個由上到下（top-down）的現象（Gross-Doehrman, 1976），亦即督導者在督導關係或過程中，一樣會引發某種動力或特質行為，影響到受督者也表現在諮商過程中。Gross-Doehrman 認為平行歷程也可能是雙向的、流動的，有些平行歷程關係會反映督導者和受督者、諮商師和案主之間的多元文化議題。這種同時發生由下而上、由上而下的雙向平行歷程，Frawley-O'Dea 和 Sarnat（2001）稱之為對稱性平行歷程（symmetrical parallel processes），如在諮商歷程與督導歷程同時出現移情（transference）和反移情（counter-transference）這類的互動關係。

　　Liddle 和 Saba（1983）認為平行歷程影響因素包含雙方階層、界線、次系統、獨特性及重複模式等議題。因督導雙方的權力位階與專業性較諮商專業為高，諮商督導人員容易看到別人（受督者或案主）產生的平行現象，但不易覺察自己所引起的平行歷程，故常見由下到上平行歷程的傳統觀點與研究文獻；由上而下的平行歷程則須諮商督導人員的自我反思、另一方的督導，以及受督者的覺察回饋。另外，由於平行歷程的概念較模糊、目標議題也少浮現，且研究設計複雜不易操作，有時又與督導者和諮商師的文化敏感度有關（Ryde, 2011），故這方面的實證研究有限。

　　從當代社會建構主義的觀點來看，諮商歷程和督導歷程也有可能出現相類似的現象，但本質上卻有不同，即為同型現象（isomorphism），又稱同構現象；亦即諮商與督導有相類似的結構歷程，出現類似的現象、反應，但二者的意圖與內容卻不相同，所以本質上仍有所不同，如表 1-2。督導關係或諮商關係出現困境之初，督導者要能協助受督者覺察及分析是同型現象或平行現象，探究其原因並適當地介入處理，如辨認重複或類似的模式、轉變治療模式和原則到督導之中、讓諮商和督導的結構及其過程一致、採取介入的立場（White & Russell, 1997）。處理時也須考量諮商督導人員、受督者和案主的三角化關係，並轉化為新的、調節的和平衡的工作關係。

表 1-2
平行歷程與同型現象之區別

差異性	平行歷程	同型現象
發展背景	心理動力取向觀點	系統家庭取向
影響變項	督導雙方的心理特質	督導雙方的互動關係
關係焦點	諮商師―案主	督導者―受督者
內涵型式	三方心理特質相互影響的歷程	三方角色互動關係的複雜結構歷程
重要議題	移情、反移情、焦慮、衝動等	依附、抗拒、衝突、防衛等

　　許玫倩（2022）採現象學研究法，探討諮商督導人員平行歷程經驗，發現督導者起初在面對平行現象時，最先感受到諮商情境與督導情境的騷動；騷動的情緒張力來自於諮商關係、督導關係、督導三角關係，或甚至是整個系統的彼此誘發；情緒張力若持續，將使諮商與督導工作陷入膠著、難以發揮功能。Russell 等人（1984）則認為平行歷程是有益的，讓受督者覺察到自己與案主及諮商督導人員的三角互動關係，利於增進對案主、受督者不適應心理動力與發展脈絡的了解，以及讓諮商師或諮商督導人員適當處理受督者議題、讓受督者學習有效介入經驗來諮商案主。

　　換言之，平行歷程有其正向功能，如促進諮商督導人員對受督者的同理、預防督導僵局、讓受督者的情緒得到釋放、轉移人際歷程的典範、受督者可藉由諮商督導人員的示範來處理治療困境等。從心理動力取向的觀點而言，平行歷程發生的原因可能有：對客體的認同、督導關係中三角的結構與需求、受督導者的自我功能轉換、意識或潛意識的困境示範等四類（謝佩玲，2005）。若諮商督導人員未能對督導三角化關係的動力有更多的覺察或採取無效的督導作為，容易導致督導關係不佳或陷入督導困境。

　　因此處理平行歷程的首要任務與重要策略，在於諮商督導人員覺察與辨識平行歷程，如個人議題或缺乏技巧而影響了治療或督導關係；而後調節自我情緒、評估受督者的狀態並促進其覺察、澄清和討論。對諮商工作陷入困境的受督者，諮商督導人員須聚焦案主狀態和諮商關係的討論；提供諮商策略，輔助受督者進行諮商介入；在督導時除關照動力關係的微觀視框之外，增加系統間的宏觀視角；最後，督導人員也可將諮商介入的自主權交予受督導者，尊重其判斷和獨立性（許玫倩，2022；許玫倩、陳秀蓉，2020）。

　　值得注意的，有些狀況是假性平行歷程（pseudo-parallel processes），即督導雙方非潛意識反應而是有意圖地操作所產生的平行歷程，這可能來自於督導雙方關係不穩、缺乏策略技巧來處理督導或諮商關係等；上述假性平行歷程發生時，諮商督導人員可以直接使用立即性技巧來回應受督

者、教導並示範如何回應案主的移情、透過角色扮演來擴展受督者的清晰視野，當然督導雙方也須覺察或處理自己的反移情議題。McNeill 和 Worthen（1989）則認為不需要太關注於平行歷程的探究及處理，有時要聚焦於移情和反移情的動力因素並持續地介入處理。

　　有些諮商治療取向的督導理論強調平行歷程可作為督導運作、督導脈絡的基礎，例如心理動力取向督導模式。相對地，有些諮商督導學派則強調督導歷程不同於諮商治療歷程，以免混淆督導的專業功能，例如技術訓練取向的督導模式，因平行歷程會使受督者不由自主地出現類似案主的心理態度與行為，並將之反映於督導關係中，如諮商師受到案主過度防衛的影響，在督導時也會表現過度防衛的傾向。又如案主對諮商師的移情，心理動力取向治療理論視其為一自然狀態或療效因子；但諮商師對諮商督導人員的移情，則可能涉及專業素養與違反倫理等問題。

（二）移情與反移情

　　督導關係受到許多因素的影響，諸如諮商督導人員、受督者、機構、案主及社會文化環境等背景和脈絡。當受督者出現對諮商督導人員的移情、羞愧、焦慮、抗拒或不安全依附等反應（Bilodeau et al., 2012），以及諮商督導人員經常出現低指導或低支持的督導風格、過高或偏低的專業權威，以及對受督者出現反移情等反應時，在在影響諮商督導的關係、歷程與成效。移情和反移情為常見的平行歷程現象之一，也是影響諮商治療過程和動力、阻礙督導工作同盟關係發展的重要因素（Bernard & Goodyear, 2019）。

　　移情是指案主在諮商治療中，引發了過往強烈的情緒情感並投射在諮商師身上，亦即諮商師的想法和行為如同其過去生活中的重要關係人，因而對諮商師產生不切實際的感情、想法和反應，例如案主感覺諮商師像自己的母親而心生抗拒，或像父親般的慈祥而想親近依附。反移情係指諮商師過去未解決的事件或個人議題，在諮商治療中（或因案主的移情）而無

意識或有意地將自己正向及負向的期待、想法、感覺直接反應或間接投射
到案主身上，如諮商師對喋喋不休、言之無物的案主感到不耐煩，但因害
怕拒絕、畏懼衝突或缺乏自我肯定，仍依過往人際互動模式般表面熱情或
情緒性回應案主，而未即時運用專業知識技能加以處理。

　　上述諮商治療中的移情和反移情現象可能以出現在諮商督導的平行歷
程中。移情常見於案主對諮商師、受督者對諮商督導人員所引發的情緒、
情感、想法或行為反應，如羞愧與罪惡感而影響諮商或督導的歷程與關係
（Alonso & Rutan, 1988; Palmer-Olsen et al., 2011）；反移情大多是受督者
（諮商師）對案主、督導者對受督者所引發的情緒、情感、想法或行為反
應。諮商歷程中的移情和反移情，也可能出現在督導情境的平行歷程中，
或出現假性、對稱性的平行歷程現象。迄今許多學者專家對移情與反移情
議題之成因、效應、辨識與介入處理皆有相關的論述和研究，而諮商督導
人員與諮商師也有不同的理解與處遇方式。

　　諮商與心理治療領域中對反移情的看法，大致有三類觀點（方韻珠，
2016）：(1)古典觀（classical view）認為反移情是治療師受到案主移情作
用的潛意識感受，對諮商治療歷程有害而無益，治療師必須接受心理分析
或消弭反移情；(2)整體觀（totalistic view）認為反移情是治療師對案主的
所有感受，包括意識與潛意識的感受，治療師須分析案主的移情，此為一
項重要任務；治療師不需要迴避或否認反移情，而要妥善地運用，以成為
對諮商治療有益的資訊與動力；(3)整合觀（integrated conception）認為治
療師對案主及其議題的反移情，來自治療師個人未解決的衝突與需求，是
為了滿足自己而對案主移情與非移情。

　　諮商督導人員必須正視受督者的移情、覺察並處理自我的反移情，以
及了解、處理諮商與督導三角化的平行歷程現象，方能促進諮商關係和督
導關係、提升工作的效能與品質。Ladany 和 Bradley（2010）強調覺察並
管理反移情的步驟包含：(1)探索階段：探索潛在的引發因素，如不安全的
人際依附、童年生活的重大創傷和原生家庭的負向驅力等；(2)辨識階段：

尋找線索來辨識反移情，如過度的自我防衛、經常遲到或督導超時、容易情緒波動或心理防衛等；(3)了解階段：了解督導或治療工作如何被反移情影響；(4)處理階段：運用專業方法來處理反移情，如立即性介入、契約規範、目標管理與發展替代行為等；(5)督導階段：諮商督導人員向受督者覺察、示範與處理反移情。

　　值得注意的，督導者反移情與受督者依附關係二者有其相關，方韻珠（2016）研究發現：(1)督導者的反移情與受督者的焦慮依附、逃避依附有顯著中度正相關；(2)督導者的敵意反移情與受督者的逃避依附有顯著中度正相關；(3)督導者的敵意反移情與受督者的焦慮依附、排除依附呈低度正相關；(4)受過督導訓練、諮商系所專業背景的督導者，其自責反移情、敵意反移情較未受過督導訓練、非諮商系所背景的督導者為低；(5)督導者的疏離反移情與受督者的安全依附呈低度負相關、與其逃避依附則呈中度正相關，而督導者自責反移情與受督者安全依附呈低度負相關，與其焦慮依附、逃避依附則為中度正相關。

（三）隱而未說

　　受督者是否隱而未說（nondisclosure 或 left unsaid）也是督導關係及其成效檢驗指標之一，有時受督者在督導過程中並未全面地、詳實地報告其諮商關係、接案過程、處遇結果、案主反應及諮商成效等資訊，此「未說」的內涵有不會說、不想說、不敢說或不宜說，分別代表受督者隱而未說的不同意圖與經驗（沈慶鴻，2012）。有時受督者內在的愧疚、焦慮、抗拒、質疑及不信任其督導者，或害怕被評價、不安全依附、擔心諮商意圖和處遇介入不被認同而隱而未說，易導致干擾督導過程的運作及督導目標的達成，也無法提升受督者的自我覺察力、無法關注與處理個人化議題等結果。

　　Mehr 等人（2010）採量化與質性的混合研究設計，探討：(1)在督導時哪些是受督者比較不願意去揭露的內容及其原因；(2)受督者的焦慮是否

會影響督導關係同盟及自我揭露的意願。研究結果顯示，84.3 %的受督者在督導的過程中隱瞞部分的訊息，平均一次的督導過程中會出現 2.68 次隱而未說的事件，當中最常出現隱而未說的內容則是與負向的督導經驗有關。此外，受督者和諮商督導人員的督導工作同盟關係愈高，其隱而未說的情況會比較少；受督者的焦慮程度愈高，在督導的過程中也會出現比較多隱而未說，以及較少的自我表露。

許韶玲（2007）研究發現，受督者隱而未說的原因有 14 類：(1)督導時間有限；(2)不重要或影響不大；(3)擔心打斷或岔開話題；(4)遺忘；(5)不適合提出；(6)對督導內容／揭露議題缺乏了解；(7)不應該提出；(8)擔心傷害或破壞督導關係；(9)對訊息沒把握；(10)擔心負向評價；(11)肯定督導者的專業；(12)對學習抱持開放與負責的態度；(13)接受或配合；(14)寬容或容忍等。因隱而未說有其隱藏性或模糊性而不易發現，導致諮商督導人員有時無法察覺、部分察覺或完全察覺；完全覺察或部分覺察受督者隱而未說的諮商督導人員，有些會採取諮商策略或人際溝通等知識方法來處理，有些會持續觀察或不予處理。

考量前述諮商督導的特性、作為與重要性，諮商督導人員須面對並妥善處理隱而未說問題，其處理步驟與重點如下（許韶玲，2007；張佳鈴、徐西森，2015）：(1)覺察並確認受督者是否隱而未說；(2)隱而未說已在督導過程中出現兩次以上；(3)營造開放和溫暖的督導情境，及於適當時機介入；(4)雙方探究隱而未說的事實及原因；(5)鼓勵受督者說出隱而未說的訊息；(6)若為個案諮商的議題，採諮商與心理治療的概念、理論、方法與技術來督導受督者介入處遇；若為受督者的個人議題，尊重其接受處理的意願，例如接受諮商、或督導、或轉介諮商、或轉介督導；(7)提醒受督者有關的諮商倫理或督導倫理；(8)持續營造工作同盟關係並加強隱而未說部分的後續觀察與督導。

六、督導歷程

　　諮商師在不同的專業發展階段，對諮商督導的需求也有不同，督導者的督導環境、督導焦點與督導方法也必須隨之調整，如新進諮商師的接案焦慮、被考核的惶恐及專業認定等議題，都必須予以注意；面對資深的助人工作者，有關其倫理議題、個人風格的統整及專業知能的提升等問題，諮商督導人員就必須以發展性觀點來理解，並施予相應的督導作為。因此，諮商督導是一個動態的歷程，也是一種複雜的人際互動歷程；在不同的發展階段，諮商督導人員所須具備的專業知能、角色功能與目標效能皆須有所變化。

　　有關督導歷程的分期，學者看法不一。從督導關係的角度來看，督導歷程包括開始、成熟及終結等三個階段（Holloway, 1995）。Aten 和 Strain（2008）則從跨理論模式的觀點來探討督導過程，首先在經驗改變方面，分為意識喚醒、戲劇性緩和、自我再評價、環境再評價、自我解放等五個階段；其次，在行為改變方面，區分為從環境事件獲得訊息、社會解放、反制約、刺激控制、增強物管理、療癒性關係等六個階段。各個階段有不同的督導角色、焦點與任務。

　　許維素（1993a，1993b）則從受督者的角度，區分為興奮和預期性焦慮階段、依賴與認同階段、活動與持續階段、朝氣蓬勃與負責階段、認同與獨立階段、平靜與畢業階段等六個發展歷程。黃宜敏（1993）提出有未入門（preconformist level）、入門（conformist level）及出師（postconformist level）等三個階段。Aten 和 Strain（2008）主張受督者有無意圖期、意圖期、準備期、行動期、維持期、終止期等六個歷程階段。另從督導焦點、角色與策略的觀點論之，督導歷程可區分為初期、中期與後期等三個階段，如圖 1-2。

　　圖 1-2 顯示，在督導初期，諮商督導人員以諮詢者角色來進行督導，

◆ 圖 1-2　諮商督導歷程、焦點與策略之發展序列圖

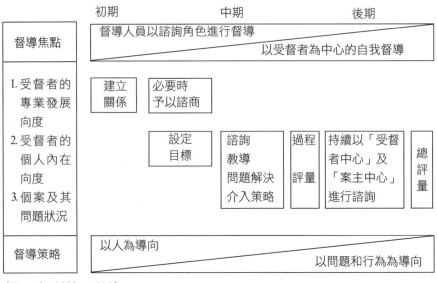

（Drapela, 1983, p. 114）

督導策略宜以人為導向，而非以問題行為為主；督導焦點在於建立良好的督導關係。督導中期，諮商督導人員的主導角色逐漸增強，惟視受督者的專業背景與需求而調整，督導策略開始以「問題」與「人」並重為導向，此時督導焦點在於設定目標、個人化諮詢，並運用各種督導技術與介入技巧來進行督導，視情況實施期中評量（過程評量）。在最後階段，逐漸形成以「受督者」及「案主」為中心的督導歷程，並做統整性的總評量。因此，隨著不同督導歷程的發展階段，諮商督導人員的角色、任務、督導焦點及策略皆必須有所調整。

　　在督導之前或初期，雙方簽訂督導契約被視為是一種法定和合乎倫理的督導程序。督導契約除了說明督導目標、需求、限制、方式、時間與資源等內容之外，也規範了督導雙方、所屬機構，以及與案主有關的互動關係。值得注意的是，督導關係不等同於督導契約，前者是人際互動議題，

範圍廣、難度高、經營不易；後者涉及法律技術層面，有範本、可協商、簽訂與執行較不難。因此一位經驗豐富的、有效能的諮商督導人員，在督導關係的經營上，更重視「人」的本質因素，而非只專注於「契約」的規範。

七、結論

　　諮商督導是一項專業工作，旨在提升諮商與心理治療的品質、確保案主的權益與助人工作者的成長。諮商督導的功能涵蓋教育性、支持性、行政性與評鑑性等方面；督導者的督導角色，則視督導關係的發展與督導對象的需求，而有教師、諮商師、治療者、諮詢師及行政主管等調整；督導內容及督導範圍甚廣且複雜，其中以提升受督者之歷程化、概念化及個人化等專業能力為主。督導方式可採取個別督導、現場督導、同儕督導或團體督導為之；同時，配合督導過程、督導架構的發展來調整督導策略和督導作為。

　　諮商督導工作具有關係性、評量性、時間性、專業性、權益保障性與品質管制性等特性，故可發揮指導、督促、評量、諮詢與管理等功能。諮商督導人員的個性、特質、風格及理論取向，均為影響督導工作的重要因素。為了達成督導的目標，諮商督導人員可採取教導、示範討論或演練等方式，來協助受督者學習或練習有關的專業知識、技巧。督導者的督導作為約可分為六個層次，由下而上、由內而外：督導技術－督導方式－督導策略與焦點－督導風格與角色－督導理論取向－世界觀。

　　督導乃諮商輔導工作的核心，也是輔導員、心理師養成教育中重要的一環。無論是諮商與心理治療人員的職前訓練、專業運作或在職進修，均必須輔以諮商督導機制，如此方能培養優質化與專業化的諮商輔導人員。是故，在學校與社會的輔導單位宜建立諮商督導制度，並規劃諮商督導的訓練課程與資格認證（徐西森，2010），有系統地教導諮商督導的理論與

模式，進行諮商督導的實務研討與見習實習，以培育優秀、專業與敬業的
督導人員，建立助人工作的專業形象與品質效能。

督導能力與技術

徐西森

　　諮商督導人員多為諮商經驗豐富的資深工作者（王文秀，1992；梁翠梅，1996b；Carroll, 1996; Safran & Muran, 2001），但優秀的諮商治療師未必能成為好的諮商督導人員；亦即會做諮商治療的人未必會教導他人做諮商治療，而會教導他人做諮商的人也未必能做好諮商工作，教諮商和做諮商同等重要（王文秀，2003；吳英璋，1990；Carroll, 2001）；若想成為一位好的諮商督導人員，必須先成為有效的諮商師、受督者，如同做諮商師前先體驗被諮商（Bernard & Goodyear, 2019）。正因如此，諮商督導人員的專業能力與技術對諮商和督導工作的品質皆影響甚鉅。

一、諮商督導能力的內涵

　　諮商能力（counseling ability）係指諮商師從事諮商輔導工作所具有之一般性、普遍性與重要性的專業能力（劉淑慧，1999），而督導能力（supervisory ability），乃督導者從事督導工作所具有之一般性、普遍性與重要性的專業能力。所謂「一般性」是指非特定理論取向所持有的專業能力，如經營諮商關係或督導關係的能力等；「普遍性」是指大部分諮商或督導情境都可能運用到的專業能力，如發揮諮商功能和督導功能、調整諮商風格或督導風格等；「重要性」係指有助於諮商和督導工作進展的介入能力，如諮商理論與技術、督導理論模式與方式等。

　　Bernard 和 Goodyear（2019）指出，了解自己和受督者的能力發展，正是諮商督導人員重要的專業能力。美國諮商員教育與督導學會（Association for Counselor Education and Supervision [ACES], 1969, 1985, 1987）定義諮商督導為：(1)由有經驗的、成功的，並具備督導知識的諮商師所擔任的工作；藉以(2)催化諮商師個人及專業上的成長，增進其諮商能力並使諮商輔導計畫更有績效；同時(3)提供一系列的督導性活動，如諮詢、訓練、教導及評量，以指導諮商師或準諮商師的助人工作。

　　美國諮商及相關教育課程認證委員會（Council for Accreditation of

Counseling and Related Education Programs, CACREP）也訂定諮商和督導能力的標準（Bradley & Fiorini, 1999; CACREP, 2015）。有關諮商督導人員的專業能力為何，有持二向度觀點者（Dye, 1994）、三向度觀點者（Bernard, 1979）、四向度觀點者（Kerl et al., 2002），或持多向度觀點者（Robiner et al., 1993）。Wong 和 Wong（1999）也主張，督導能力包含認知概念、情意態度與行為技巧等三向度。

　　綜合學者觀點（王文秀，2003；吳秀碧，1998a；許韶玲，2003a；陳均姝，2001，2002；Arcinue, 2002; Baker & Benjamin, 2000; Barnes, 2002; Barnes & Bernard, 2003; Borders, 2001; Falender & Shagranske, 2017; Ladany & Melincoff, 1999; Stebnicki & Glover, 2001），諮商督導人員的專業能力包含經營督導互動關係的能力、發揮督導功能與任務的能力、調整督導風格與作為的能力、善用諮商督導方法與材料的能力、擁有豐富的專業知識與能力、具備正向的個人特質與影響力、調適督導角色與策略的能力、掌握個人和督導歷程的能力、了解督導情境脈絡的能力等，茲分述如後。

二、經營督導互動關係的能力

　　專業督導是提升諮商與心理治療工作品質的重要一環，而督導關係則是促進諮商督導工作健全發展的第一步。不同的督導理論模式皆重視督導關係的經營（Webb & Wheeler, 1998）。Holloway（1995）指出，有效能的督導源自於一個持續且共同參與的工作同盟關係中。督導者和受督者共同討論並訂定督導目標，有助於建立督導歷程中的工作同盟關係，並提高諮商督導工作的滿意度；換言之，督導關係不只是一種狀態，也是一種專業能力，影響目標達成與督導效能（Lehrman-Waterman & Ladany, 2001）。

（一）督導關係與督導契約

　　Bernard（1979）認為唯有健康、開放的督導關係，才能有助於受督者

區辨、確認自身的督導需求，進而提升其專業知能。當專業的、有效的督導關係一經建立，便可以同時開展督導歷程，並運用督導方法來進行督導工作。美國諮商員教育與督導學會（ACES）所制訂的「諮商督導人員倫理守則」指出，專業的諮商督導人員應具備與督導關係有關之個人層面和專業層面的知識能力，並且能夠精熟地應用於督導中（徐西森、廖鳳池，2002；CACREP, 2015; Ladany & Bradley, 2010）。

督導關係的建立、改變與維持受到許多因素的影響（Bernard & Goodyear, 2019; Nelson et al., 2001）。Dye（1994）歸納為一般因素和動力因素兩大類，一般因素含性別、督導風格、個人特質等等，動力因素則包括過程動力（例如不同發展階段的諮商師有不同的諮商督導需求）、關係動力（例如受督者的焦慮、諮商督導人員本身的焦慮、受督者的抗拒、雙方的權力問題）或衝突處理動力等等；兩類影響督導關係的因素同等重要。督導者可由督導關係動力來提供諮商師和自己學習與成長的機會。雙方若各自有心結，督導者和受督者恐難以自此關係中受益（Daniel & Larson, 2001; Wang, 1993）。

許維素（1993a, 1993b）強調，督導關係的建立取決於兩項條件：催化條件（facilitations）與行動導向條件（action approaches），前者包括同理心、尊重及具體化等，藉以表達諮商督導人員對受督者的關懷、興趣與專業自主的支持；後者包含訂定目標、擬訂計畫和考核評量等，以發展受督者對諮商與心理治療過程更深層的了解。督導關係的建立，除了受上述諮商督導人員的專業特質與能力等條件影響外，也植基於雙方共同認可的督導目標和督導契約。

督導契約不僅規範了雙方在督導歷程中的專業行為、權利義務與互動原則，也可減少雙方非專業因素的干擾與避免衍生倫理法律的爭議。督導契約宜包含下列內容（蔡秀玲，1999）：(1)受督者的期待與需求；(2)督導者的資格與能力；(3)機構提供的機會與資源；(4)督導的目標、方法與焦點等；因此督導契約要具體載明督導目標、督導需求、督導限制、督導方

式、督導時間、督導內容、督導倫理、可用的資源，以及督導雙方、所屬
機構、與案主有關等事項（洪莉竹，2021；劉玉華，1994；Blackwell et al.,
2002; Borders & Cashwell, 1992; National Board for Certified Counselors,
1998）。

（二）平行歷程的了解與處理

平行歷程為影響督導關係的重要現象之一，如第一章所述；平行歷程
係指督導過程和諮商過程中諮商督導人員、受督者（諮商師）和案主三方
關係表現了類似的想法、情感、情緒或行為的一種現象，或由上而下、或
由下而上（許玫倩、陳秀蓉，2020; Mothersole, 1999; Williams, 1997）。
督導者了解平行歷程，對督導過程更能掌握，有其時效性、發展性及實用
性（Deacon, 2000）。Ladany 等人（2000）將平行歷程視為是諮商督導人
員反移情作用的來源。

新進諮商師於平行歷程中可能會感受到與案主工作的困難，無力對案
主產生治療性改變；而後，他可能會採用與案主抗拒模式類似的人際策略
於督導關係中。如果諮商督導人員沒有覺察到諮商情境中的這種動力，久
而久之，它會形成督導關係的一個僵局。許玫倩和陳秀蓉（2020）研究發
現，處理平行歷程議題的關鍵在於能夠辨識專業關係中的非典型行為，以
及考量督導者、受督者和案主的三角關係，並協助轉向新的平衡關係；一
旦適時處理平行歷程便能促進受督者、案主與督導者本身的成長發展。

Williams（2000）曾調查 44 組督導者和受督者，研究其督導關係中的
平行歷程現象，結果發現諮商督導人員多包容、開明，則受督者對其案主
也會少些控制、壓迫。此外，在督導歷程中有問題的受督者，在諮商歷程
中也可能是一位有問題的諮商師（Arkowitz, 2001; Ramos-Sánchez et al.,
2002）。然而，諮商與督導的專業本質並不相同，二者的晤談重點也有差
異，平行歷程議題值得探究（Russell et al., 1984）。平行歷程雖然存在，
但其實徵研究不多（Frawley-O'Dea & Sarnat, 2001）。

　　許玫倩（2022）以半結構訪談大綱進行深度訪談，蒐集16組督導雙方及其案主三方關係之平行歷程經驗，結果發現督導者對平行歷程的意識與辨識歷程有：(1)因未覺察，而持續無效的督導介入；(2)先穩定自我情緒、反思自我的移情與反移情，以尋求不同改變的思維與行動，開啟對平行歷程的意識；(3)覺察受督者與督導者本身的非典型和不一致行為，且能探尋到諮商關係與督導關係的相似性，進而辨析平行歷程現象。本研究也發現介入平行歷程的考量與介入過程及其後續影響為何。

（三）多元文化能力與督導

　　近年來，多元文化諮商督導能力也成為督導者一項重要的能力指標。Killian（2001）認為督導者必須重視多元文化的議題，包括種族、性別、社會階級等。文化差異會受到個人知覺經驗的影響，也會影響到督導雙方的關係進展。督導者為了自己、案主、受督者和機構，從事多元文化的諮商督導工作必須重視實際的社會行動力。督導者能促使受督者融入督導文化中，融入文化與包容文化乃是多元文化督導的重要能力與任務（王大維，2009；ACA, 2014; O'Byrne & Rosenberg, 1998）。唯有如此，才能促進受督者的專業成長與發展，了解並保障多元族群的案主權益，增進良好諮商關係與督導工作同盟。

　　Zhang 等人（2021）強調心理諮商、心理治療和諮商督導，在本質上皆具有多元文化的特性；諮商師和督導者若能學習和增進文化謙遜（cultural humility）有助於個案概念化、個人化、諮商和督導成效的提升。又，督導者的成長背景及文化經驗，也會影響督導雙方的互動關係、督導歷程及其成效，對於不同文化經驗的督導者與受督者也是一項專業挑戰（Falender & Shagranske, 2017）。Duan 和 Roehlke（2001）曾對60組不同文化配對的督導者和受督者進行調查，發現受督者面對與自己分屬不同文化的諮商督導人員時，對文化與種族方面的議題會較敏感，受督者也會對諮商督導人員有較高的督導期待，專業需求也較高。此外，受督者對其多元文

化能力滿意度的評量往往低於諮商督導人員的自我評量。

多元文化督導的介入有四個要素：相互尊重、文化知識、開放討論和角色扮演等（Yang et al., 2018），其中相互尊重也是督導關係能力與核心素養之一。Haj-Yahia 和 Roer-Strier（1999）發現，政治、文化、種族等因素會干擾督導歷程與督導關係，例如阿拉伯裔的受督者和猶太裔的諮商督導人員，前者較後者更為敏感。因此，諮商督導人員對與自己分屬不同文化背景的諮商師進行督導，其困難度與複雜度較高，這也是一項待培養的諮商督導能力。未來有關種族歧視方面的督導關係議題是非常重要的，迄今為止，這方面的研究文獻也不多（Chung et al., 2001; Gatmon et al., 2001; Yang et al., 2018）。

三、發揮督導功能與任務的能力

究竟哪些因素會影響諮商督導人員決定做什麼、為什麼會這樣決定，以及要如何來執行它，這是相當複雜的問題，也涉及督導者專業能力的優劣。Watkins（1997）參考 Friedlander 和 Ward（1984）的觀點，提出一個多重層級的概念模式，如表 2-1，愈上層的愈廣泛而抽象，愈下層的則愈具體可操作。惟不同層級之間是相互關聯，由上層而下層的緊密結合而為一整體，如此一目了然的完整架構，可使督導者了解諮商督導工作該做些什麼，為什麼這麼做，以及如何做介入。

諮商師在不同的專業發展階段，會對督導者有不同的需求，有能力的督導者所提供的督導環境、督導焦點與督導方法也必須隨之調整（Claiborn et al., 1995; Ratliff et al., 2000），例如新進諮商人員的接案焦慮、被評量的表現焦慮，以及專業能力如何被認定等困擾，都必須予以協助；資深助人工作者的道德兩難議題及其專業成長、個人風格的統整等問題，諮商督導人員也必須有能力以發展的角度來理解，並採取因應的督導作為。

美國諮商員教育與督導學會（ACES, 2011）清楚明確地定義督導的功

表 2-1
影響諮商督導的多重概念模式

層級
世界觀
理論／模式
風格
角色／策略
焦點
形式
技巧

（Watkins, 1997, p. 9）

能，包括教導、觀察、諮詢、示範、角色扮演、批閱紀錄及其他功能。Bernard（1979）的區辨模式督導（詳見本書第十章），則將諮商督導人員的角色功能界定為教師、諮商師與諮詢者等三種，將督導焦點分為歷程化、概念化及個人化等三項。首先督導焦點在於諮商師的歷程化能力（process ability），意指諮商師處理諮商歷程中的技術能力，例如諮商師想對案主使用系統減敏感法，但未學過此種技術，督導者可以教導或示範給諮商師了解（梁翠梅，1996a）。

　　其次，督導焦點是在諮商師的概念化能力（conceptualization ability），意指了解案主的能力，例如諮商師在諮商中，無法掌握案主的問題或了解其想法，督導者以角色扮演等方式，協助諮商師了解案主的內在世界，以協助其體會案主為何有此想法與談話。最後，督導焦點是在諮商師個人化能力（personalization ability），個人化係指探討諮商師本身的條件因素對諮商歷程產生的影響，例如諮商師沒有察覺到女性案主被他吸引，督導者要協助受督者面對自己的性態度，以及協助其辨識移情和反移情、或面對性暗示，諮商師該如何介入處理（梁翠梅，1996b）。

四、調整督導風格與作為的能力

Hawkins（1995）認為，我們生存的世界，以人類目前的知識與能力是無法完全掌握的，也無人敢說自己所了解的是完整、真實的世界，每個人所能掌握的只是自己所認知、建構的、假想的或片面的世界。因此諮商工作者和督導人員皆須謙虛自持，前者持續開放地接受督導，後者積極投入諮商督導工作，這是心理專業發展和諮商輔導工作的核心動力。Ronnestad 和 Skovholt（1993, 2003）指出，唯有持續自我反省的助人者才能增廣見聞、拓展專業視野，自我反省是諮商與心理治療人員重要的風格與能力之一。

諮商治療人員或督導人員本身的世界觀（人性論、人生哲學、人格觀點等），乃是源自於個人的價值觀、生命觀、生活體驗、訓練背景、專業經驗或宗教信仰等脈絡背景，包含接觸過哪些類型案主及諮商歷程、以前經驗過的受督者類型、擔任過的職務或角色（教師、諮商師、諮詢者、行政主管）的經驗或感想等，凡此皆會影響其世界觀及個人風格的形成；而其世界觀也會影響諮商治療人員或督導人員的理論模式、專業風格、角色策略，以及專業焦點、形式和技巧的運用等（Hawkins, 1995）。

（一）督導風格

督導風格（supervisory styles）意指督導者擁有其個人相當一致的特質和形態，例如督導者於督導中展現催化動力的支持性風格，或教導分析他人的指導性風格，還是看受督者要什麼、再督導什麼的整合性風格。有效能的督導者須有專業的諮商能力和統整的督導風格，這也是諮商督導人員養成訓練的重要一環（Steward, 1998）。迄今常見的督導風格有四類：工作型、專家型、面質型及催化型（Bernard & Goodyear, 2004），各類型的督導風格皆有其特點和重要性，適用於不同的督導焦點和對象。

　　督導風格可能與督導者的個性作風和價值信念有關，也可能是一種個人的表達型態或非語言表徵（Ladany & Bradley, 2010）。Hart 和 Nance（2003）以支持性和指導性兩向度，將督導風格區分為四型：支持型教師、專家型教師、諮商師和諮詢者，如圖 2-1；面對不同專業發展或期待需求的受督者，督導者必須彈性地調整其督導風格。籃瓊妙（2020）研究發現，督導風格分為支持型與指導型，前者含同理關心、強調共融和重視受督者賦能及自信等三種內涵；指導型督導風格者表現在直接教導或引導反思等兩種內涵；依此編製「諮商督導風格量表」，詳見本書第十五章。

　　Ladany 等人（2001）、Chen 和 Bernstein（2000）的研究發現，諮商督導人員的督導風格可預測其未來諮商督導能力及其同盟關係的穩定度。Ladany等人也提出督導風格有三項內涵：個人魅力、人際敏感度和工作導向等，對應了Bernard區辨模式的諮詢者、諮商師與教師的督導角色。Chen 和 Bernstein 對兩組不同工作同盟督導關係的受試者，施予 Friedlander 和 Ward（1984）所編製的「督導風格量表」（Supervisory Styles Inventory, SSI），結果發現督導同盟關係紮實的一組，其督導者的個人魅力和人際敏感度均較高（達到顯著水準）。

◆ 圖 2-1　Hart 和 Nance（2003）四類型督導風格

督導風格（supervisory styles）	高支持（high support）	低支持（low support）
高指導（high direction）	支持型教師（supportive teacher）	指導或專家型教師（directive or expert teacher）
低指導（low direction）	諮商師（counselor）	諮詢者（consultant）

（Bernard & Goodyear, 2019, p. 49）

Fernando 和 Hulse-Killacky（2005）使用其編製的「督導風格量表」，並參考 Ladany 等人（2001）觀點進行一項研究探討：(1)督導者的督導風格與受督者受督滿意度的相關；(2)督導者督導風格與受督者自我效能感的相關；(3)受督者的滿意度與其自我效能感的相關。結果發現：(1)在受督滿意度部分，以人際敏感度為主要預測變項，人際敏感度與受督滿意度相關最高；(2)在自我效能部分，則是以任務導向預測力較高，高於個人魅力與人際敏感度；(3)受督滿意度與自我效能感之間無相關。

Rigazio-DiGilio（1998）認為個人風格與其學習偏好有關，督導風格也是展現一個人接收、解釋、儲存與取用資訊的能力，有時也可以代表諮商治療人員的專業能力；另有學者從其他角度強調，督導者在專業理論取向上雖有各自不同的偏好或風格，但並不代表其諮商督導能力的高低或好壞（Granello, 2002; Lovell, 1999; White & Queener, 2000）；個人學習態度或認知風格雖與其學習偏好有關，但未必與其諮商督導能力有關，而是認知層次的發展或學習表現的結果，並會影響助人工作者的個案概念化及其諮商、督導能力。

（二）督導作為

第一章曾提及督導作為與督導技術，前者意指督導者在督導過程中介入的專業反應，包含用何種形式、方法或技術來進行督導，例如是個別督導或團體督導皆有其使用時機與對象（Averitt, 1989）；又如有些督導者會優先強調個案概念化的重要，有些則特別重視受督者個人化中的反移情議題。督導技術指的是在督導歷程中，督導者實際應用來幫助受督者的介入技巧，這也是具體可操作的督導作為，如澄清、檢核、示範、面質、建議、角色扮演、個案概念化步驟、問題的分析與診斷、團體督導的催化帶領技巧等（謝麗紅等，2007；Akamatsu, 1980）。

舉例而言，心理動力取向督導模式強調督導者的專家特質、關注心理動力焦點（案主、受督者、督導雙方的互動關係）、個人的精神分析治療

理論，以及影響督導歷程的重要因素如移情、依附和客體關係等（Frawley-O'Dea & Sarnat, 2001; Ladany et al., 1999）。系統取向督導模式則重視教導、檢核、建議、評量、示範、諮詢、支持與分享等督導功能。有效的督導作為也必須要了解受督者、熟悉評量過程、督導前有所準備、創造安全的督導氣氛、處理各項困境及督導紀錄、遵守督導倫理等。

在諮商歷程中，諮商師的自我表露有助於增進正向的諮商效果（Hill & Knox, 2002）；相對地，督導者的自我分享也對諮商督導工作有相同的正面效果，因受督者對其督導者的了解要比案主對諮商師的了解來得多（Bernard & Goodyear, 2004）。除了面對面的晤談督導之外，目前也強調使用網路、電子信箱、電腦輔助回饋等方式來進行諮商或督導（Kinsella, 2000）；2019-2022 年世界各國在嚴重特殊傳染性肺炎（COVID-19）期間，心理專業助人工作者如學校輔導人員、諮商心理師、社會工作師和諮商督導人員等，也改變傳統實體面對面的工作型態，而改採遠距教學、視訊督導或通訊諮商等更多元的方式來工作。

諮商督導人員的督導風格與受督者的學習表現有關，其督導作為也應有所調整（Murray et al., 2003; Nelson, 2002），例如對於主動學習的受督者，督導者可多給予支持、建議和尊重，並適時以諮詢者的角色提供其專業發展所需的資訊。反之，對於被動依賴的督導對象，督導者具體地對其指導、評量，鼓勵其獨立思考；必要時，適度進行「個人化」方向的諮商督導或臨床治療（Graf & Stebnicki, 2000; Strean, 2000）。此外，對優秀且有經驗的受督者可多些諮詢者角色，如探問、引導或提供資訊；對於有個人化議題或缺乏專業自信者，督導時宜適時諮商或鼓勵其尋求其他諮商師的諮商治療。

Magnuson 等人（2000）訪談 11 位資深諮商師的受督導經驗，結果發現督導者有六項令人生厭的作為：(1)以偏概全；(2)不了解督導；(3)漠視個別差異；(4)錯誤示範；(5)專業訓練不足；以及(6)不認同專業。有時督導者的應變調適能力也是一種督導作為，針對督導對象不同的角色身分與專業

背景，督導者在臨床上的督導作為也必須適時調整（卓紋君、徐西森，2002；Smith et al., 1998; Swain, 1981）。表 2-2 顯示對專業助人者或實習工作者的不同督導作為。諮商督導人員的行為受到受督者的影響，也與其督導養成訓練的背景有關（Neufeldt, 1999）。

表 2-2
對不同專業背景之受督者的督導作為

專業工作者 （諮商師、諮商督導人員）	實習工作者 （實習中之諮商員或督導員）
重視評鑑性、行政性督導功能	重視支持性、教育性督導功能
多監督、考核	多教導、評量
專業期待高、要求嚴	專業期待適中、有彈性
運用專業知能	示範專業知能
自我引導、內在參照效標	外控導向、外在參照效標
督導權威性適中	督導權威高
督導關係較平等	督導關係較不平等
諮詢者之督導角色較明顯	諮商師、教師之督導角色較多
專業關注高於個人關懷	個人關懷高於專業關注
挑戰性高、多抗拒	挑戰性低、少衝突
多運用發展性、策略性的督導技巧	多運用基本性、支持性的督導技巧
專業理論取向多元化	專業理論取向單一化

五、　善用諮商督導方法與材料的能力

受督者的專業發展、督導同盟關係和督導者督導風格等因素，往往會影響督導者督導方法或形式的選擇與使用。指導型風格的督導者會直接判斷、評價、回饋、個案討論、重定目標、分析或預測諮商情境中已發生或可能會發生的事情，或要求受督者思考使用的諮商策略，以及教導其相關的理論與技術（周麗玉，2002）。督導過程中使用的材料和方法包含：錄音檔、錄影檔、自我報告、人際歷程回憶法（interpersonal process recall,

IPR）、示範、演練（rehearsal）、精微技巧（microskill）、角色扮演、會談紀錄、實況觀察、同儕督導和團體督導等（王秀美，2003）。

Bernard 和 Goodyear（2004）指出，督導介入的形式主要有個別督導（individual supervision）、團體督導（group supervision）、現場督導（live supervision）等三大類，以及同儕督導（徐西森、黃素雲，2007）；無論採取哪一形式的督導皆須確實了解受督者的學習需求、持續評估其專業表現與成效，進一步改變、重塑或支持受督者的諮商治療。至於選擇哪一項或哪些督導形式有六項考量：(1)督導者的能力；(2)受督者的發展水準；(3)受督者的學習目標；(4)督導者為受督者所設的目標；(5)督導者為自己所設的目標；(6)督導契約等（Borders & Brown, 2005）；對受督者專業成長而言，更需要督導者使用多元的督導形式介入。

有關團體督導和同儕督導，分別於本書第十三章、第十四章論述之。以下說明個別督導和現場督導兩種形式：

（一）個別督導

個別督導係指諮商督導人員和受督者，以面對面的現場實體或遠距視訊、採一對一或一對二的形式進行督導。一對二的個別督導稱為三方督導或三人督導（triadic supervision），又分為分段式（split-focus）和單一式（single-focus）兩種。分段式個別督導為每次督導時由兩位受督導者一前一後做個案報告，共同進行個案討論並接受督導；所需督導時間較長，至少 90 分鐘為宜（Bernard & Goodyear, 2019）。單一式個別督導則兩位受督者輪流，每次督導時只由一位受督者報告個案，另一人參與討論及共同接受督導，時間較有彈性。

三方督導有其限制，因同儕在場，或因關係不佳、或督導時間不足，受督者可能「隱而未說」而影響個案報告的完整性與督導成效（Lonn & Juhnke, 2017）。當督導者選擇以個別督導方式來督導受督者時，須先考慮督導者自身的風格和專長、結構式或非結構式、督導的空間、時間與頻率、

三方工作同盟關係或平行歷程現象、受督者兩方的接案量及期待需求，以及諮商理論和督導模式等等條件（林家興等，2012）。

　　對督導者而言，常用的個別督導技術是描述、評量和回饋受督者；三方督導則常用督導相關的技術和活動來催化討論、回饋。對受督者而言，探究諮商的意圖和過程、提升自我覺察力和建立專業自信最為重要，三方督導則強調同儕的回饋與支持（Fickling et al., 2017）。對督導雙方而言，建立穩定的工作同盟關係、個案概念化的多元與精確、遵守諮商倫理及保障案主權益，以及促進諮商和督導的效能為最高原則。至於督導的次數與頻率，不同督導者之間差異性相當大，Kühne 等人（2019）研究發現，督導頻率大多是每週一次，一年接受督導總次數從 3 次到 78 次不等。

　　個別督導的材料包括受督者的自陳報告、個案紀錄、現場觀察，以及諮商歷程的錄影、錄音、紀錄或手記等。Freeman 和 McHenry（1996）研究發現，督導者認為最理想的督導方法和材料依序為：(1)錄影檔觀看和督導；(2)現場觀察與督導；(3)錄音檔聆聽與討論；(4)自陳式口頭報告與督導；(5)示範和角色扮演；(6)諮商模擬演練等。卓紋君和黃進南（2003）研究發現：督導時實際所用依序為：講解→個案報告→示範→錄音（影）檔→角色扮演→單面鏡或電視螢幕→入場督導；本研究受訪者有半數以上指出其督導者從未採用入場督導、單面鏡或螢幕督導，常用講解和示範等技術，且多為教師、教導者角色。

（二）現場督導

　　諮商師和督導者的養成訓練中，皆須對案主諮商和對受督者臨床督導，無論採取自陳報告、個案紀錄、歷程紀錄或錄音（影）檔的分析討論，都可能受到案主、受督者或環境設備等因素的限制，因此現場督導成為另一類重要且適切的督導形式。1960 年代後期，傳統的個別督導與團體督導的方式明顯轉變，Jay Haley 和 Salvadore Minuchin 開始發展現場督導，以培育社區中經驗不足的助人工作者來服務低收入戶家庭及其成員（Bernard & Goodyear, 2019）。

　　1980年代因後現代思潮、家庭治療盛行，以及1990年代反思小組（re-flection team 或 reflection group）興起，現場督導更加受到諮商與心理治療領域學者、專家、實務工作者及諮商督導人員的重視與運用（Wendorf et al., 1985），也明訂在 CACREP（2015）的督導工作標準中。因現場督導係在案主和諮商師實際諮商治療過程中的介入督導，故須事先徵求督導與諮商三方的同意且明訂於諮商契約、督導契約中，諮商關係和督導關係更需有明確的界線並遵守專業倫理規範。

　　此外，有些督導者的個性或督導風格未必適合現場督導，如諮詢者型風格、督導急切或過度、長時間的介入等。因此在現場督導之前和之後，督導雙方都必須進行準備和討論，避免諮商師依賴、感到被遙控或不受尊重、專業能力被否定，也可能會干擾案主的情緒和想法，導致諮商過程混亂或失控而影響案主權益福祉。Kühne 等人（2019）研究發現，督導者較常用面對面督導、歷程化督導等方式較多，現場督導較少；而面對面的督導方式較單面鏡觀察與督導方式，更容易建立督導關係（Gibson & Miller, 2003）。

　　現場督導和前述個別督導之現場觀察，雖皆採取督導者在場參與諮商過程的督導方式，以及諮商師在得到案主的知情同意下，請督導者在旁或單面鏡後觀察，以便於諮商晤談之時、之後給予回饋和協助；但這兩種督導介入的時間和做法仍有本質上的不同，現場觀察的督導者在旁（諮商晤談室內的一角落，或另一間觀察室）且原則上不打斷諮商晤談的進行，適時地暗示或筆記重點，也可採用單面鏡觀察，除非必要或有危機狀況出現才介入現場督導。

　　李佩怡（2002）認為現場觀察的優點，在於有更多的安全性及對案主福祉的保障、對諮商過程干擾更少，且提供諮商督導人員更全面的視野角度去了解案主及諮商晤談過程、讓受督者諮商時有更大的專業自主權和彈性空間，以及晤談後督導雙方有更佳的對話、更完整的個案討論與專業學

習成長。現場督導也有其缺點與限制須加以留意和預防改善，例如可能讓案主心生防衛或排斥抗拒，看輕諮商師專業能力、擔心隱私外洩等；也可能讓受督者依賴或缺乏自信、沉默的等待、產生機械化諮商反應、個案概念化混亂、挑戰或質疑督導者等。

對督導者而言，現場督導可能要花費更多的時間、心力與體力，以及承擔諮商責任與可能違反督導倫理等風險。為了避免前述缺失，督導三方的關係、界限和角色、任務皆須在督導前先釐清和確認，且具體明確地訂定在諮商契約和督導契約中；督導者非必要的督導介入不宜過多，多些諮商之前、之後的督導討論，減少諮商過程中高頻率的介入；受督者也應有更多自信和自主權，分辨諮商和督導的專業性，清楚並承擔整個諮商責任。

Matarazzo（1978）歸納常用的督導方式是講授與體驗並重、錄音（影）檔討論及現場督導；現場督導方法有耳機督導（Bug-in-the-Ear）、場內督導（In Vivo）、螢幕督導（Monitoring）、電話督導（Phone-Ins）、中斷諮商的諮詢（Consultation Breaks），入場督導（The Walk-in）等六項，以及使用科技設備、平板電腦（Van-Horn & Myrick, 2001）、字條或手板傳訊、非語言督導如眼神、手勢、表情等；前述各項現場督導方法各有其利弊影響。Ladany 和 Bradley（2010）建議也可採取人際歷程回憶法（Interpersonal process recall , IPR）、督導系譜圖（Supervision genogram）、反思歷程（Reflective process）、結構式同儕團體督導技術（Structured peer group format techniques）等方法。

六、擁有豐富的專業知識與能力

有效能的、專業的督導者除了必須具備基本條件，也要擁有專業知識能力，前者包含：(1)具有與諮商師相同或相近的專業背景；(2)具有諮商治療的實務經驗，專業年資宜多於諮商師；(3)較諮商師有高一級或至少同級

的學歷；(4)擁有合格的證照或專業文憑；(5)理想上，督導雙方宜在同一機構任職，以便能掌握工作狀況及進行督導。至於專業知識能力則包括：(1)精通至少一種諮商學派的理論和方法；(2)熟悉各種諮商輔導相關的法規與倫理守則；(3)具有提攜後進，幫助資淺或新進諮商人員專業成長的熱情、耐心和能力（林家興，1992）。

　　Rudolph 等人（1998）認為，諮商與心理治療的專業人員必須具備蒐集資料、解決問題、建立工作同盟及謹守專業規範等知識與能力。有些研究則在於探討不適任諮商督導人員的能力，結果發現缺乏建立督導同盟關係的能力（Worthen & McNeill, 1996）、缺乏處理受督者與機構衝突的能力、缺乏支持受督者的能力、缺乏尊重受督者不同理論取向的能力、缺乏為專業負責的能力、缺乏積極學習的能力（Nelson & Friedlander, 2001）等，皆為不適任的諮商督導人員。

　　舉例而言，一位有能力的督導者應對諮商師的抗拒行為有所了解並能妥當處理。在諮商與心理治療領域中，有關諮商師或案主的抗拒行為，不同的理論學派均有不同的分析與處理方式。受督者的抗拒也可能與其移情、成就感、焦慮感或缺乏專業能力有關（Bernard & Goodyear, 2004; Chapin & Ellis, 2002; Ellis et al., 2002; Neufeldt & Nelson, 1999）；甚至遲到、缺席、經常請假或逃避責任等不良反應，都可能是受督者的抗拒行為（Epstein, 2001），督導者宜妥善加以處理。

　　Nelson 和 Friedlander（2001）從 13 位受督者經驗中發現，角色衝突與角色混淆會影響雙方的督導歷程與督導成效。Forrest 等人（1999）認為，經常出現諮商困境、督導缺失、人格違常和人際困擾等四類問題的人，便是能力退化的督導者；而專業能力的退化也是一種能力不足的現象。因此，持續學習與不斷充實自我，乃是諮商督導人員的重要條件。Muratori（2001）在一項有關諮商督導人員能力退化的研究中發現，浪費資源、違反規定、濫用權力和專業決策力減弱，均是督導專業能力不足的現象。

七、具備正向的個人特質與影響力

Robiner 等人（1993）強調，心理服務方面的專業人員必須具備下列特質和能力條件：(1)良好的人際關係；(2)明智的專業判斷；(3)因應不同對象、問題與環境的處遇能力；(4)嚴守專業倫理與規範；(5)個案診斷與評估能力；(6)專業認同；(7)了解自我並持續接受諮商、督導；(8)調整自我；(9)參與進階的專業訓練。此外，諮商督導人員的專業特質包含親和、理智、彈性、開放、守法、自我了解與自我認同等。

Proctor（1998）也指出「好督導」的條件有：(1)清楚的工作界限；(2)積極同理；(3)依法行事又有彈性；(4)支持溝通；(5)自我覺察；(6)專業知能；(7)分享正向經驗；(8)時間管理；而「壞督導」特徵則為：(1)缺乏自覺與教導的能力；(2)對諮商師與案主不了解；(3)缺乏新知；(4)不願面對挑戰；(5)無法平等互動等。Magnuson 等人（2000）指出，未能給予受督者適當回饋的諮商督導人員就是「差勁的督導」（lousy supervision）。

上述 Robiner 和 Proctor 等人的觀點，有些與督導者的專業知識能力有關，有些則與其個人特質有關。督導者若擁有良好的人格特質如溫和、同理、真誠、尊重、開放、包容、具體、就事論事、高敏感度，以及幽默感等，有助於建立督導工作同盟關係和達成諮商督導的目標。Getz（1999）也認為，一位能力好的諮商督導人員，其個人特質多展現彈性、積極性、同理性、支持性、用心溝通及尊重組織制度等；相對地，能力差的諮商督導人員，其特質多為無能、逃避責任、害怕挑戰與墨守成規等。

八、調適督導角色與策略的能力

督導角色反映了督導者的人際功能或專業風格，而督導策略（supervisory strategy）指的是在此角色中所運用的技巧或特定的介入方法。督導者

常見的角色包含教師、指導者、治療師、諮詢者和監控者等。督導策略可能是一種結構的、專業的、階段的計畫或行動。督導者在不同歷程、不同時間、不同狀況下須扮演不同的角色和使用不同的策略；有些督導者習慣某種角色，扮演其他角色則不自在（鄭佩芬，2000）。Stenack 和 Dye（1982）發現，督導角色有時很難區分，如教師與諮商師的角色容易辨識，但是諮詢者和教師的角色常混淆。

Ramos-Sánchez 等人（2002）認為，影響督導關係的變項有四：人際關係與風格、督導任務與責任、專業理念與理論取向、倫理法律與多元文化議題等。督導雙方因角色、經驗、專業背景與權力位階的不同，個人成長的目標與專業的需求可能會有所差異，故須隨時調整督導歷程中的角色與策略（Holloway, 1984）。有能力的、經驗豐富的督導者，在督導之前或初期會運用策略與技巧，引導受督者共同探討督導的方向，澄清其對督導的期待，以建立彼此對諮商或督導發展方向的共識。

九、掌握個人和督導歷程的能力

諮商督導是一種複雜的人際互動歷程，其督導歷程在不同發展階段所須具備的專業知能、角色功能與目標策略也會有所變化（Hess, 1980, 1986, 1987）。除了考量受督者及其諮商專業的發展之外，督導者本身的人生經驗、生命信念、人際模式、生活風格和諮商風格也會影響其督導風格；督導者透過在專業與非專業生命經驗相互映照，信念會漸漸轉變得更為清晰，且透過反覆自我驗證信念來鞏固或形成其督導信念；而後持續發展風格，同步進行價值信念的調整，內心漸安在（李明峰，2019）。

有些學者認為督導歷程包含督導焦點、督導角色、督導方式與督導技術等內容（林本喬，1981；許韶玲，2002；黃政昌，2000）。督導歷程係指一位受督者多次接受督導的全部時段，也指在某次或某段受到關注的督導時段。Rodenhauser等人（1985）指出常見的督導歷程焦點是：專業／組

織的歷程因素、衡鑑／計畫的歷程因素、執行／介入／評估的歷程因素，以及個人的歷程因素。每一個問題焦點在整個督導歷程的不同階段會得到不同程度的關注，而且每一焦點可用不同的督導角色和策略來處理。

　　諮商督導既是一種持續性的助人專業，自有不同的發展階段。督導歷程係以督導雙方之專業關係為基礎，透過督導者對受督者的了解，進而運用適當的策略與方法來協助受督者發展其專業知能，提升並評量其歷程化、概念化與個人化的能力，使其更能妥善處理個案，發揮諮商與心理治療的功能。督導歷程中，督導者的督導角色、督導焦點、督導任務及督導策略皆相互關聯，如教師型督導者在督導初期可能關注於受督者的不足，並採用教導、示範和指定作業等策略，以發展其解決問題能力為任務目標。

十、了解督導情境脈絡的能力

　　Holloway（1995）認為，督導情境脈絡因素包括督導者、受督者、案主與機構等四者，值得深入探討。諮商與督導的成效和滿意度來自於督導雙方的專業態度及受督者的自我期許（Duan & Roehlke, 2001）。又，案主、受督者和督導者皆各有不同的成長經驗與生長系統（大系統、中系統、小系統和微系統等），以及各處在不同的生活、學習或工作的機構環境；是故，督導者有必要了解自己，同時有能力掌握受督者、案主與機構等背景脈絡。

（一）諮商督導人員

　　近年來對諮商督導人員資格的要求有愈來愈嚴格的趨勢（林家興等，2012；張佳鈴、徐西森，2018；Bernard & Goodyear, 2019; Borders et al., 1995; Dye & Borders, 1990），以及對督導倫理與法規議題的關注（林家興等，2012；Harrar et al., 1990）。督導者必須有專業證照、是有經驗的諮商

師，並且曾接受過諮商督導的訓練（Borders et al., 1995; Bradley, 1989; Yerushalmi, 1999），對受督者的專業回饋宜有專業依據，同時要注意回饋時機（Lehrman-Waterman & Ladany, 2001），並能探索、體驗和覺察自我的情緒狀態（蔡秀玲，2004）。

Neufeldt 等人（1997）整理過去有關督導者的研究，分為外在可觀察的特質／內在推論的特質，以及督導情境內的特質／督導情境外的特質等兩個向度。其中不受歡迎與受歡迎的督導者各有其行為反應，前者包括自以為是、不看諮商報告、惱羞成怒、不寫督導紀錄、否定受督者及經常表示很忙而遲到早退等；而受歡迎的督導者則有：會講也會聽、肯定受督者的價值、讓受督者有歸屬感、誠實地自我檢討、具有幽默感和專業、具有包容性和多元性等。

（二）受督者

美國心理學會（American Psychological Association, APA）所屬的心理學專業教育聯合會（Joint Council on Professional Education in Psychology）指出，凡涉及個人心理健康、自我認識等個人化的議題，也可作為訓練心理服務專業人員的課程內容（Robiner et al., 1993; Sutter et al., 2002; Wester & Vogel, 2002），對受督者的背景脈絡做探討是重要且必要的。Holloway（1995）認為，督導者宜配合受督者的專業發展層次，設計一套個別化的學習計畫與教學策略。

新進階段的諮商師在督導過程中，需要較多的支持、鼓勵與結構，但資深的諮商師則希望督導者能讓他們有更多獨立的專業自主空間（Hemlick, 1998; Worthington & Stern, 1985）。有時受督者的心理感受也會影響諮商督導的效能，Hahn（2002）指出，受督者的內疚、羞愧等感覺，最容易表現出下列反應：退縮、逃避、攻擊他人和自我攻擊，前二者為被動類型，後二者為攻擊類型。因此，督導者必須適時介入，營造健康的人際環境，處理受督者不適的心理狀態（Bridges, 1999; Frame, 2001）。

　　諮商與心理治療督導歷程中的挫折與困境，有時來自於督導者無法像母親角色般給予受督者專業支持與溫暖關懷；受督者在進行自我評量時，若對督導者產生畏懼心理，可能會影響其個案診斷結果或對專業工作的興趣（Foster, 2002）。Lichtenberg 等人（2000）則認為，受督者的焦慮感有時未必與諮商歷程有關，未必反映在諮商關係或督導關係中；適度的焦慮其實有助於工作責任感的提升。

（三）案主

　　在諮商督導的三方關係中，相較於督導者、受督者及其互動歷程與關係的專業研究，案主方面的相關研究仍在少數，而且研究設計與研究方法上也較難以操作（McMahon et al., 2022）。Poulin（1994）發現，督導者在進行個案研討時，會從下列三部分來了解案主：(1)主訴問題及需求；(2)案主在諮商中的進展；(3)案主情緒及行為的表現。督導者會注意到他與受督者、他與案主之間，或是受督者與案主之間，或是三者之間的相互關係。過去曾研究過的案主變項，包括性別、年齡、智力、種族、國籍、社會階層與人格特質等；但很少有研究是針對案主的改變是否來自於督導過程、結果或其間關係的探討（Holloway, 1992a, 1995; Holloway & Neufeldt, 1996; Locke & McCollum, 2001; Sutton, 1998）。

　　Steinhelber 等人（1984）認為，督導時間的多寡與案主在諮商歷程中的改變無關，諮商或督導未必進行時間愈長、次數愈多就會愈有成效；案主的改變係來自諮商師的諮商專業能力，以及督導者的督導效能，後者也未必與督導時間的長短呈正相關，有關諮商師專業能力與其諮商次數、經驗多少的相關為何，可再進一步檢驗與研究。Tracey 等人（1989）、Talley 和 Jones（2019）的研究皆證實，案主仍為諮商督導中的重點，例如針對自殺的案主，諮商師會期望督導者給予較多的指導，這也正是諮商督導工作的目的：確保案主的權益與福祉。

（四）機構

1990 年代之前，很少組織機構（organization）訂定與督導有關的守則，美國諮商員教育與督導學會（Association for Counselor Education and Supervision, ACES）的《諮商督導人員倫理指引》（*Ethical Guidelines for Counseling Supervisors*）（1995）是迄今廣泛被使用於機構中的督導專業版本（Bernard & Goodyear, 2004）。台灣《心理師法》（2001, 2010）和《學生輔導法》（2014）實施後，諮商輔導相關機構的組織行政、人員編制、經費預算、工作程序及諮商服務等均有明確規定與機制；有關督導的人員要求、倫理規範或成為諮商倫理守則之一部分（台灣輔導與諮商學會，1989，2001），或另訂心理諮商督導倫理守則（臺灣諮商心理學會，2022）。

美國 ACES 督導倫理指引，首先規範了機構內督導者的行為必須符合專業服務所要求的倫理與標準；其次，必須監督諮商師遵守這些倫理守則；第三，必須遵守督導角色的倫理規定；最後，必須教導諮商師有關專業倫理的標準。其與倫理有關的主題包含：(1)雙重關係；(2)保密；(3)專業能力的限制等。雙重關係是機構與督導者最常碰到的棘手倫理議題之一（Harrar et al., 1990; Lee & Cashwell, 2001）。有關機構與督導工作的相關議題，過去很少有文獻探討或實徵研究（Bernard & Goodyear, 2004; Holloway, 1995; Tracey et al., 1989）。

機構及其諮商督導制度密切相關，機構內的諮商實習及其督導為重要議題，受訓或實習督導者對機構也有許多專業的期待與需求，如：(1)有足夠的個案量與諮商師可進行督導；(2)可以見習及實習個別督導和團體督導；(3)能夠訂定清楚、互惠與具體可行的督導契約；(4)有適當的實習空間與個人的辦公桌椅；(5)能適度召開督導座談會議；(6)能認識實習機構的行政運作；(7)有足供見習之單面鏡及錄音影設備；(8)能減少行政庶務工作的時數，多增加個案討論的時間；(9)有專業的督導者及足夠的受督時數；(10)

實習機構的重視與支持等。

十一、結論

　　諮商督導工作是一項專業活動，是一門須由具備專業能力者為之的專業。督導能力係指督導者從事諮商督導工作所具有之一般性、普遍性與重要性的專業能力。諮商督導能力包含認知能力、情意能力、行動能力與評量能力等方面（Fall & Sutton, 2004），至於督導的形式則可採取個別督導、同儕督導、團體督導或現場督導，以及網路督導、電話督導等等方法（Enyedy et al., 2003; Kanz, 2001）。諮商督導人員督導能力的養成教育是專業發展的重要一環，有其訓練課程與專業條件（陳桂琴等，2018）。

　　督導者的督導能力可分別從督導關係、督導功能與任務、督導風格與作為、督導方法與材料、專業知識與能力、個人特質與影響力、督導角色與策略、督導歷程，以及督導情境脈絡等九層面來加以探討。督導者能力與技術的養成訓練，必須多聽、多聞、多學、多實作且持續精熟增進，〈荀子·儒效篇〉曰：「不聞不若聞之，聞之不若見之；見之不若知之，知之不若行之；學至於行而止矣」。唯有具備良好諮商督導能力的督導者，方能提升諮商與心理治療的專業品質、確保案主的權益與助人工作者的專業成長。

督導理論：
諮商治療取向、技術訓練
取向、發展取向

徐西森

　　諮商與心理治療專業的發展植基於其理論模式的建構、修正、發展與應用，讓諮商督導工作有學理依循並可具體操作，且進一步將專業發展與學術脈絡結合。一位有經驗和效能的諮商治療師和督導者，在專業知識層面和技術層面皆須有足夠的深度、廣度與精進，除了應用偏好的理論模式之外，也要對其他理論模式或架構技術有概念，才能彼此深入地理解與比較，對諮商和督導的歷程有所掌握，並將其優勢用於實務工作中，進而建構自我的諮商理論或督導模式；因此諮商督導的理論模式與研究發展有其必要性與重要性。

　　當督導者決定採用或經常使用某理論模式，通常也會將該理論模式用來督導諮商師、訓練實習生或培育督導人才，如認知行為取向的諮商師在個別諮商、團體諮商、心理評估或家庭會談等實務工作，以及個別督導、團體督導或現場督導等專業培訓，甚至日常生活中和人際互動裡，也會應用認知行為治療的理論與技術。對沒有特定理論取向的受督者或個案議題，督導者可用自己擅長的理論模式來督導之，但雙方若有各自精熟的理論取向時，督導者有責任從所有督導理論模式中，依受督者的專業成長與發展、案主的問題與需求來選擇適合的理論模式督導之。

一、諮商督導的發展背景

　　回顧督導專業的發展背景，早自 19 世紀社會工作領域即對新進人員，以個別、團體或研討會等方式提供指導與訓練。20 世紀初精神分析學派興盛，其創始人 Sigmund Freud《夢的解析》一書於 1900 年出版後，吸引許多學者專家跟隨並接受其指導，1902 年 Freud 等人將具有諮詢與督導形式的每週三心理研究小組（亦稱週三讀書會）發展成為精神分析協會，開啟心理治療督導的概念並運用於訓練中；1930 年代精神分析學者探究督導關係和治療關係中的動力，同時發現受督者的潛意識影響其治療歷程，也關注諮商與督導兩者的平行歷程現象。

　　1950 年代因諮商與心理治療領域重視諮商治療師的專業發展與脈絡系統的整合，諮商督導漸為助人工作者所重視，並於專業議題中一再被提及；1970 年代後，諮商督導理論的專業化發展出現了重大的轉變（王文秀、徐西森、連廷嘉，2002），許多有關諮商師訓練的理論與方法不斷提出，有用來訓練助人者學習不同理論方法，有用來使助人者學習協助特殊對象的特定技術，有的則強調技術訓練，例如 Egan（1975）的發展模式（developmental model）、Kagan（1975）的人際歷程回憶法（interpersonal process recall, IPR）、Pedersen（1975）的跨文化三人諮商師訓練模式（the triad model of cross-cultural counselor training）。

　　1980 年代以後，融合教育心理學、社會角色及個別差異等觀點的跨諮商理論取向的督導模式，成為諮商督導的主流。Holloway（1995）認為，此等跨諮商理論的督導模式有二大類：一為包含 Loevinger、Stoltenberg、Weiser、Hunt、Sullivan 等人的發展取向模式，另一為 Bernard、Boyd、Littrell、Hess、Bartlett 等人強調社會角色、學習取向的模式。前者如諮商師複合督導模式、統整發展督導模式等；後者含區辨模式督導、多元督導模式與助人專業督導模式等。

　　Holloway 和 Wolleat（1994）認為，長久以來在諮商與心理治療領域中，諮商督導是被忽視或缺少認同的，有時它只是一個配角或專業象徵，因督導專業缺乏完整的知識體系，大多只是與實務工作、教學經驗有關。直至 1990 年代後，諮商督導專業蓬勃發展，持續發表實證研究、出版圖書期刊，以及提出跨諮商取向或督導專業取向的理論模式（Robiner & Schofield, 1990）。時至今日，整合取向與第二世代（the second generation）取向督導模式的問世，象徵了諮商督導的專業化、科技化、多樣化、實證性與實用性的發展趨勢。

二、諮商督導理論綜覽

自然科學領域過去許多的理論建構或研究發現，迄今仍廣受世人知曉和學界重視，如相對論、量子力學和混沌理論等；然而諮商督導理論發展迄今已逾 50 年，且督導模式已達 52 種之多（Simpson-Southeard et al., 2017），有些常被用於理論驗證或實務應用，有些不斷被修正或研究，有些則默默無聞地少有人用。Proctor（1998）認為專業「理論」有五項標準：(1)明確清楚（preciseness and clarity）；(2)淺顯易懂（parsimony or simplicity）；(3)可 操 作 的（operationality）；(4)切 合 實 用（practica-lity）；(5)兼容並蓄（comprehensiveness），以此也可檢視不同諮商督導理論的優勢，以及何以有些督導模式迄今仍被廣泛地教導與應用。

Bernard 和 Goodyear（2004）曾將督導理論模式分為三大類：諮商治療取向、發展取向及社會角色取向等；而後修正為諮商治療取向、發展與概念取向、歷程取向、整合取向與第二世代取向等五大類（Bernard & Goodyear, 2019）。徐西森、黃素雲（2007）提出諮商治療取向、技術訓練取向、發展與概念取向、整合取向等四大類的督導理論模式。以上綜整，迄今諮商督導理論模式計有六大類：諮商治療取向、發展與概念取向、歷程取向、技術訓練取向、整合取向、第二世代取向等，如圖 3-1。

不同取向的督導理論模式各有其重點，諮商治療取向督導理論係以特定諮商學派與心理治療法來進行督導或訓練；發展與概念取向督導理論則聚焦於關注督導特定議題，以及受督者專業成長與發展歷程；歷程取向督導理論有具體明確的督導過程和序列架構；技術訓練取向督導理論注重於諮商技術與歷程化的實作督導、多元文化或自我覺察的督導焦點；整合取向和二世代取向督導理論則強調個人化、跨類別、跨諮商理論與跨督導模式的專業督導，仍尚待進一步發展與實證研究。另，台灣學者建構而成的在地化督導模式有發展取向的循環發展督導模式（蕭文、施香如，

◆ 圖 3-1　諮商督導理論之各取向及各模式綜覽

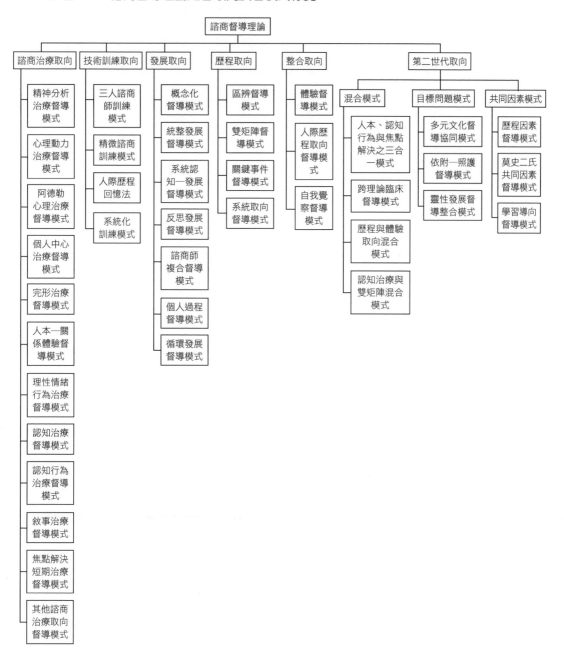

1995）、整合取向的自我覺察督導模式（陳金燕，2001，2003a）和技術訓練取向的系統化訓練模式（吳秀碧，2010）。

　　從督導理論模式專業發展的前後脈絡論之，本章先探討諮商治療取向的各種督導模式、技術訓練取向的各種督導模式、發展取向的各種督導模式；至於歷程取向、第二世代取向及整合取向等督導模式則留待下一章說明。

三、諮商治療取向的督導理論

　　如前所述，1970 年代以前，諮商督導的理論架構大都取自於諮商與心理治療領域的理論與方法，各督導理論有相當程度的「治療－督導」的平行歷程色彩，且心理治療與諮商督導二者的架構、結構類似（Watkins, 2018）。例如心理動力取向的督導模式便融合了精神分析與心理動力的治療理念，將諮商治療歷程運用至督導情境中，透過此一平行歷程來達成諮商督導的功能；其督導目標在於協助受督導者或受訓督導者獲取諮商治療的技巧，督導歷程有時以精神分析治療為架構並運用其治療歷程與方法，也有以心理動力取向或其分支之共同因素為訓練、督導的重點。

　　Corsini（1981）認為，當代諮商與心理治療的理論可能達二百五十個；依此類推，以諮商治療理論為取向的督導方法亦不少。以下重點介紹十項經常被提及的諮商治療取向的督導理論模式，包括精神分析治療督導模式、心理動力治療督導模式、阿德勒心理治療督導模式、個人中心治療督導模式、完形治療督導模式、理性情緒行為治療督導模式、認知治療督導模式、認知行為治療督導模式、敘事治療督導模式、焦點解決短期治療督導模式；其中，心理動力治療督導模式、個人中心治療督導模式與完形治療督導模式等有相通性，三者合稱「個人成長督導模式」（personal growth model of supervision）（Bernard & Goodyear, 2004）。

（一）精神分析治療督導模式

回顧諮商與心理治療取向督導理論的發展史，最早出現為精神分析治療督導模式（the psychoanalytic model of supervision），1920 年代開始，精神分析學派已採用臨床督導方式培育精神分析師，為臨床督導工作發展的濫觴（謝淑敏，2002）。此模式重視督導者協助受督者了解督導關係和治療關係中的動力，以及發現受督者的潛意識如何影響其諮商治療歷程，其目的旨在增進受督者的心理動力與覺察能力，並嚴謹地評量自我的專業能力（唐子俊，2002；葉貞屏，1993；樊雪梅，1999；Kitzrow, 2001; Walker & Gray, 2002）。

精神分析治療督導模式的專業人員必須具備下列三項條件：(1)曾接受過此學派的治療；(2)曾學習過此學派的治療；(3)曾在此學派督導下運用此治療法來諮商案主。是故，此督導模式重視概念的了解與認知的解釋，受督者或受訓督導者方能從被治療和被督導的經驗中，更加了解個人內在的意識與潛意識的心理運作，並針對當事人或病人（案主、學生）神經性的衝突、徵兆及壓抑狀態，進行確切的了解、重整，使其愈趨心理健康與成熟。

精神分析治療的督導人員在督導受督者接案時，也會適時地運用教導、聯想、分析、回饋、指正及支持等技巧或借助視聽器材，適當地運用移情及反移情，以建立受督者對督導者的認同，並建立穩定而有益的督導關係。督導時，督導者相當關注受督者對特定問題的治療態度與反應，協助受督者自我觀察與自我分析，以處理案主對心理治療人員（即受督者）的移情及反移情。督導者會積極介入督導，不斷給予受督者適度的評價，並針對其治療紀錄加以分析、解釋。

（二）心理動力治療督導模式

心理動力治療法是一種深度自我探索的模式，其他諮商治療取向人員

雖未必完全認同其理念，但仍會取用其某些概念或技術。心理動力治療督導模式（the psychodynamic model of supervision）的情況亦然，當代許多督導理論或學派的某些概念亦來自心理動力取向。此模式有三項特色：(1)師徒制關係（master-apprentice relationship）；(2)三合一模式（tripartite model）；(3)由心理動力治療延伸而用於督導中，或由其概念來解釋督導現象，如督導關係中的移情與反移情、平行歷程現象，以及認同此學派人格論的督導者和諮商師等。

心理動力治療的督導人員在督導時，除了協助受督者分析案主的行為反應，也要協助受督者了解自己對案主的所作所為，如教導受督者覺察、辨識和應用案主的移情，解釋和分析受督者對案主反移情的真實感受，甚至促發受督者能夠體察內在的經驗、探究其反移情的個人化議題與心理動力機轉，並且藉由這些覺察和治療技巧來協助案主（唐子俊，2002）。至於學習心理動力治療法的治療人員（受督者）也可由發展的角度來觀察與詮釋案主，由心理動力取向的概念來分析案主。

學習心理動力治療督導模式的受訓督導者，其專業發展過程如同人類的人格發展歷程，可從受訓督導者「內化」（internalizations）的心理機轉來了解。在受訓初期，受督者主要的機轉是對督導者的「內射化」（introjection）；受訓中期，受督者主要的機轉則為「仿同化」（identification）；受訓後期，則是受督者較成熟的「專業認同」（professional identity）。這種發展的觀點也影響了 1980 年代發展取向的督導理論（樊雪梅，1999）。

（三）阿德勒心理治療督導模式

Alfred Adler 因與精神分析學派 Sigmund Freud 理念不合，於 1911 年自創個體心理學並教導、諮詢和督導其學生和學者；阿德勒心理治療督導模式（Adler psychotherapy model of supervision）的任務，在於教導受督者心理治療的相關技能，發展他們自己的治療風格，指導諮商師目標導向、一致性和整體觀等哲學基礎和概念架構；其督導目標強調教導、學習與成

長，而非病理觀點，初期目標為建立受督者的整體觀，中後期階段則是督導受督者發展自己的治療風格（McCurdy & Owen, 2008）；其督導關係注重治療過程中諮商師和案主之間的平等與尊重，這樣開放、包容與民主的治療元素，也可以平行遷移至督導者與受督者之間。

　　阿德勒心理治療督導模式的督導過程如同諮商歷程有四個階段：(1)建立平等的督導關係，包含溫暖、信任及對受督者的專業發展感到興趣；(2)評估和了解受督者與案主的知覺觀點；(3)透過詮釋讓受督者及其案主能夠洞察；(4)鼓勵受督者將洞察的新觀點發展為系統化改變計畫並實現之。此模式的督導歷程是動力式、動態的，各階段是依督導中的情況變化而變化，督導時留意諮商關係與督導關係的平行歷程與動力現象（Gungor, 2017），如諮商過程中案主的抗拒和僵局大多來自於諮商治療師的反移情。

　　阿德勒心理治療督導模式之督導人員的角色多為諮詢者，經常鼓勵受督者和案主共同嘗試新事物，注意受督者做了什麼（what），而非他為何要如此做（why）；重視此時此刻的介入，而非受督者過去的專業表現；強調努力重於能力、過程重於結果、內在動機高於外在刺激。督導者鼓勵受督者採用虛構目的論來探索自我，以利其諮商專業發展及個人成長適應；督導者或專業同儕的鼓勵會提升受督者或實習生的自我滿意度、使其感到有能力和勇氣、對自己有信心也信任他人，以及擁有人際歸屬感、人生感到有意義（Dreikurs & Sonstegard, 1966; Sonstegard, 1967; Tobin, 2003; Tobin & McCurdy, 2006）。

　　督導者運用阿德勒心理治療督導模式時，也關注移情與反移情，因諮商師可能在督導過程或諮商過程中經驗到案主的特質、情況或問題，而誘發本身尚未解決的情緒與情感。督導者的生命風格也會和受督者、案主的生命風格交會、分享與交流，導致督導關係或諮商關係中出現反移情（Newlon & Arciniega, 1983; Nicoleta, 2015）。因此處理督導者和受督者的反移情有必要先去探究自我的生命風格，督導者可採用早期回憶技術來協

助自我或受督者，探究彼此的生命風格對督導工作或諮商過程的影響。此督導模式也常用傾聽、聚焦、同理、評估、教導、開放分享、替代性訊息和蘇格拉底式問話（Socratic questioning）等技術來進行督導。

（四）個人中心治療督導模式

個人中心治療督導模式（the person-centered therapy model of supervision）視督導為一影響歷程，包括直接與間接的影響。Talley 和 Jones（2019）認為此模式的督導目標在於協助受督者自信、自我覺察與治療歷程有所成長。督導關係並非是一般的教導關係，也不是諮商關係，而是具有療癒性的人際互動關係，它能促使受督者產生類似在諮商情境中的專業學習。此模式也強調督導雙方須有相同或相近的諮商理論取向，督導者宜具備下列條件：(1)曾接受個人中心治療的諮商經驗；(2)曾學習個人中心治療的諮商方法；(3)曾接受個人中心治療督導模式的督導。

此模式有兩個理論基礎：歷程理論（theory of process）與關係理論（theory of relationship）。前者強調督導工作核心在協助受督者了解其諮商反應、個人風格等內在化歷程，以及影響案主自我探索的諮商歷程；後者則重視督導歷程中的真誠關係，並促使督導工作聚焦於受督諮商師與其案主諮商關係中情感、態度等層面議題。前述督導歷程可透過諮商錄音（影）檔或個案紀錄來進行督導；後者基於對人性的尊重及自我的態度，以人際互動歷程體驗來督導。此模式詳閱本書第五章。

（五）完形治療督導模式

1960 至 1970 年代，伴隨個人中心治療法之盛行，催化式與教育式的督導理論隨之興起，強調督導歷程中的體驗學習和支持氣氛（王文秀，1989a；李玉嬋，1996）。這段期間各諮商學派以其諮商理論為核心，在培訓、督導其諮商治療人員時，將其治療概念、關係、步驟與技術融入於督導架構內涵，例如行為治療督導模式、理性情緒行為治療督導模式、完形

治療督導模式等（王文秀，1989b；何麗儀，1994；卓紋君、徐西森，
2002）。

完形治療督導模式（the gestalt therapy model of supervision）的督導關
係可作為一切諮商治療或督導效能的媒介，此等關係有其對話性和平行性
的特徵。督導者宜在創意、平等、開放的氣氛下，協助受督者自由地體驗
與實驗自我，以建立個人的專業風格，而非一味地模仿督導者的專業示範
或投射個人認同；如此，才可以提升受督者的專業自信與個人自尊，進而
開誠布公地探討任何督導情境或諮商歷程中的問題，包括抗拒、羞愧、接
觸干擾、移情與反移情等狀況。

實驗（experimentation）是所有完形治療法的基本態度與特色，它是一
種創意的探險，在完形治療取向的諮商歷程或督導情境中，允許案主、受
督者藉著某些行為反應去表達自我，惟須以建立雙方良好的諮商關係與督
導關係為前提；若未能獲得雙方的合作及諮商師、案主的實驗承諾，不宜
貿然為之，否則將會導致其認知扭曲、心理防衛或身心受到傷害。此模式
有助於助人工作者的自我覺察與提升個人化的能力。有關完形治療督導模
式詳閱本書第六章。

（六）理性情緒行為治療督導模式

理性情緒行為治療督導模式（the rational emotive behavioral therapy
model of supervision）旨在教導受督者確認自我困擾的心態與信念，間接協
助諮商治療師讓案主了解自己才是情緒困擾的製造者，同時採用示範方法
使受督者及案主知曉他們如何挑戰困擾，以達到真正的改變。在理性情緒
行為治療督導過程中，督導者應注意受督者是否同理、是否真誠對待案
主、是否與案主發展合作的關係，以及接受案主的錯誤行為。

此模式建議督導者應鼓勵受督者具備以下的特質：(1)要能無條件地接
納案主；(2)做一位主動、直接且具說服力的理性情緒行為治療人員；(3)無
論處理個案如何困難，仍持續努力地改變其想法、情緒和行為；(4)對影響

個人及治療的不合理信念，常常給予監督與駁斥；(5)接受人會以非理性信念困擾自己，以及人也能顯著地改變自己的信念；(6)能夠合乎科學地保有開放的心胸、有彈性、不武斷，以便能為重要的理性改變做準備。此模式留待本書第七章探討之。

（七）認知治療督導模式

認知治療督導模式（the cognitive therapy model of supervision）旨在幫助受督者獲得知識與技術，使其在諮商案主時能夠進行有效的認知治療。認知治療督導模式和認知治療法一樣，是相當複雜且具挑戰性的諮商督導工作。認知治療法認為案主的情緒與行為受到其認知的影響，錯誤的認知導致負面的情緒與行為。此模式也強調督導過程中，受督者對個案的想法，即訊息性個案概念化（確認問題、了解成因及相關因素、案主需求及對諮商的期待等）也會影響其推論性個案概念化（功能評估、個案診斷、諮商介入及治療成效），故受督者必須獲得豐富的知識與技術如問題診斷、個案分析、認知的諮商技術、組織治療情境及行為改變技術等。

督導者應專注及組織治療過程，鼓勵受督者根據認知治療的基本架構，專注在案主最感困擾的問題、信念、自動化想法及偏差行為上；督導者旨在促進受督者的諮商治療歷程更為安全、有效（Beck et al., 2008）。有些案主抗拒以標準化結構來檢視自己的問題，督導者應教導受督者評估及了解案主不舒服的感覺，適度調整認知討論的範圍，使案主願意繼續接受治療。當受督者對認知治療有錯誤或不切實際的想法時，督導者應採指導、討論、角色扮演、指派閱讀教材及直接觀察等技術來督導。此模式詳閱本書第七章。

（八）認知行為治療督導模式

認知行為治療督導模式（the cognitive behavioral therapy model of super-vision）強調督導者須具備認知治療與行為治療的能力，能分析受督者的問

題並能處理督導關係困境。認知行為治療法的訓練在英國有相當悠久的歷史，倫敦的精神科醫學機構是執行此任務的先驅，其訓練課程包括行為操作的傳統方法、具體規範受訓者須學習的技巧課程，以及現場臨床練習的觀察與回饋等。此法隨後引用至督導歷程中，提供諮商督導介入可用的模式。督導者了解受督者詢問的資訊，提供具體的、有效的督導行為，例如示範、角色扮演及錄音影檔的討論等（McLachlan & Miles, 2017）。

　　Kühne 等人（2019）搜尋 1996 年至 2017 年有關督導介入方法，發現大多數受督者採用認知行為治療法。督導者督導時，也會採取兼顧認知與行為模式來督導諮商師，因為認知行為治療督導模式須專注於受訓者、受督者或諮商師在認知治療方面的臨床練習，以及對行為觀察與回饋的需要。有些認知行為的治療或督導研究，聚焦於那些穩定且不易改變的認知，例如核心信念、中介信念及認知複雜性等。受督者的認知與行為是相互關聯的，也會影響諮商治療與臨床督導的效能。此模式留待本書第七章探討之。

（九）敘事治療督導模式

　　後現代（Postmodernism）約興起於 20 世紀中後期，強調無序、多元、多變、不穩定、平等關係、個人主義、語言詮釋及解構、重構等特性。敘事治療（the narrative therapy）為後現代取向諮商與心理治療理論的重要一支，Michael White 和 David Epston 創於 1980 年代。此治療法重視諮商師和案主合作取向的治療關係，讓案主從外在系統的主流和強勢建構中，重新看見自己的故事並重構個人的生命意義。周志建（2008）認為相信自己和對人信任，是敘事過程重要的精神，諮商師重視的是案主重新得力（empower），而不僅是問題解決。

　　敘事治療督導模式（the narrative therapy model of supervision）注重督導雙方互動對話，以及對話中的多元意涵和意義建構（黎欣怡等人，2017）；督導者認為受督者和案主也是專家，督導雙方宜解構、重構專家

角色，督導者不再是教導者、評價者、把關者與敘說者，而是傾聽者、見證者、闖關陪伴者和經驗對話者的角色（盧鴻文，2013）。林杏足（2014）認為督導者須重視受督者的生命經驗和知識，督導重點在：(1)解構受督者所帶來「有問題的主流故事」；(2)拓展受督者和案主故事的理解面向；(3)增進受督者對社會文化於自身影響的覺察；(4)催化受督者自我反思。

　　黃慧森（2016）採用敘事取向迴響團隊模式來探究團體督導歷程與經驗，結果發現督導者須營造安全且開放的對話空間、納入互為主體的尊重與關懷、去專家化互動且透明化分享；對受督者而言，督導中也須理解並反思在地多元文化脈絡、合作對話以共構督導意義及重組專業社群，見證個人實踐。Kellum（2009）提出敘事治療督導模式的議題含受督者的情緒反應與經驗、個人化和專業化的發展等。Whiting（2007）從社會建構的觀點看督導歷程，主張融入敘事取向精神以實踐專業認同，形成督導雙方相互理解、目標共識和有利於成長的督導氛圍。

（十）焦點解決短期治療督導模式

　　焦點解決短期治療（the solution-focused brief therapy, SFBT）亦為後現代諮商與心理治療理論的重要一支。1980 年代由 Steve de Shazer 和 Inn Berg Kim 等人所發展而成。SFBT 重視個人的能力與尊嚴，鼓勵案主積極參與諮商過程並看到自我的優勢力量；改變來自於案主的一小步且讓案主重新得力。諮商治療師會使用有助於案主改變的問句，如例外問句、評量問句、因應問句、關係問句與水晶球問句等，以及結束前的讚美、回饋和家庭作業等，讓案主評量並看到自我改變的進展與希望（Kim, 2006; de Shazer, et al., 2007）。

　　焦點解決短期治療督導模式簡稱焦點解決督導（solution-focused supervision, SFS），此模式有助於提升受督者的專業自信，以及諮商與心理治療的知識能力。許維素和蔡秀玲（2011）認為 SFS 被視為是一種「創造成

功的督導」（Success Enhancing Supervision）。SFS 具有四大特徵：(1)著重於辨識和催化受督者的合作行為；(2)透過強調受督者的優勢而非缺點來協助受督者進步；(3)引導受督者以案主為其生命專家的立場，來協助受督者突破其諮商困境；(4)相信改變一直在發生，改變不一定要透過問題的深究，而是積極探問受督者及案主的優勢、改變與進展。

督導者採用 SFS 來督導受督者，如同諮商師運用 SFBT 諮商治療案主一樣，從三個層次步驟著手（Pichot & Dolan, 2003）：(1)在安全和合作取向的督導關係中，督導者教導受督者將 SFBT 融入其原有的、熟悉的或常用的諮商治療法中；(2)督導受督者在諮商過程中完全採用 SFBT 的理論與技術；(3)讓受督者建立具有 SFBT 哲學的諮商風格或生命哲學。督導者可以一次示範一個 SFBT 的問話技術並和受督者對話演練，編寫 SFBT 諮商工作手冊並指定受督者練習作業，接案過程或演練現場能錄影錄音且共同觀看分析，對於受督者的諮商進展及案主改變提供具體回饋與讚美，讓受督者看到自己的能力優勢，更有信心諮商案主。

有關督導者和受督者的諮商理論取向對督導過程的模式、角色、焦點的影響為何，Putney 等人（1992）的研究發現，認知行為治療督導較多呈現顧問角色，並更注重技術和策略的督導，而人本、心理動力和存在等取向的督導過程則多強調關係體驗，督導者在督導中較常扮演諮商治療師的角色，並著重於概念化的督導焦點。另外，督導雙方諮商理論取向的共同性或及相似性能提高督導成效及受督者的自主性（許哲修，2022）；雙方的性別及性取向相同與否，也對督導過程運作及其成效有所影響。

四、技術訓練取向的督導理論

1970 年代，諮商與心理治療領域先後發展許多以技術訓練取向的理論方法，廣泛運用於督導或諮商治療工作的教育訓練中。吳秀碧（1992b）彙整技術訓練取向有七大項：(1)Danish 和 Hauer（1973），以及 Kurtz 和 Marshall（1978）的諮商或教學傳統模式；(2)Egan（1975）的發展模式（developmental model）；(3)Goldstein（1973）的結構式學習訓練（structured learning training）；(4)Kagan（1975）的人際歷程回憶法模式；(5)Ivey（1971）的精微諮商（microcounseling）；(6)Milnes 和 Bertcher（1980）的自動學習課程（automated packaged programs）；以及(7)Pedersen（1975a）的跨文化課程（cross-cultural programs），或稱三人諮商師訓練模式。

　　上述技術訓練取向的方法中，以三人諮商師訓練模式、精微諮商和人際歷程回憶法等三者最為諮商與心理治療領域學者、研究者和實務工作者所熟知，也有不少相關實證研究，且經常作為培訓諮商師和督導者的重要方法或研究方式。茲將三者重點介紹如下：

（一）三人諮商師訓練模式

　　Pedersen（1975a, 1975b, 1994）的三人諮商師訓練模式（the triad model of counselor training）強調諮商與心理治療專業具備多元文化（multicultural）的特質，督導者、受督者、受訓督導者、諮商師、案主和機構皆會將其背景文化帶入諮商、督導情境中；同時多元文化與個人的結合也會形成其內在認同（internal identity）。適用於多元文化督導的三人諮商師訓練模式乃是在專業情境中增加一至三人，督導者可以透過自己及第三者（或協同督導人員）來協助諮商師（受督者）在諮商或督導情境中，體會案主或自己之間雙方內在對話的文化差異，以提升他們的文化敏感度，並促進良好的諮商關係（Murgatroyd, 1995）。

　　此模式常用於團體督導，除督導者外，受督者以四位為佳，諮商督導和訓練時，四位受督者分別扮演接案的諮商師（counselor）、陳述問題的案主（client）、代表案主說出其內在負面訊息的反諮商師（anticounselor，與諮商師唱反調的角色），以及代表案主說出其內在正面訊息的利諮商師（procounselor，協助諮商師成功諮商）；此模式有助於訓練受督者多元文

化的覺察及諮商技術的精進。有關三人諮商師訓練模式的理念與運用，請參閱本書第八章。

（二）精微諮商訓練模式

精微諮商訓練模式即精微諮商督導模式（the microcounseling model of supervision），旨在提供基本的、精準的諮商口語與非口語行為訓練，早期多用於培訓諮商人員或訓練新進諮商師基本助人技巧，而後也被應用在進階技巧訓練中（Gooding, 2017）；其督導目標在於培育受督者能應用專業化和精確化的諮商技術，如內容反映、封閉式與開放式探問、治療架構設定及個案概念化等；于正君和徐西森（2019）研究發現，此模式有利受督者的學習歷程，從對諮商技術不理解、缺乏理論架構、諮商治療卡關等階段，逐漸邁向對諮商技術與概念有多元了解、明白技術使用時機與方式、有意圖地使用諮商技術、提升自我覺察並了解自我特質對諮商的影響等。

精微諮商訓練模式可採個別督導或團體督導的形式來進行，從辨識的能力、基本的熟練能力、活躍的熟練能力、能督導的熟練能力等四個層次訓練（Ivey, 1994）。督導者以教導、示範、演練和觀看錄影檔等方式，訓練受督者學習並精進諮商技巧與助人關係。督導者先教導受督者將每一諮商技巧依學習層次精微細分，而後一次只教導一個技巧，受督者漸進且反覆地一一練習各技巧的每一精微部分，督導者再對其角色扮演、晤談逐字稿或諮商錄影（音）檔進行評量與回饋。精微諮商訓練模式的督導原則重視此時此地，立即性督導受督者諮商過程與助人技巧（Hogan, 1964）。此模式請參閱本書第八章。

（三）人際歷程回憶法

人際歷程回憶法（the interpersonal process recall, IPR），或稱人際歷程回憶模式。人際歷程回憶法是一種自我督導法、一種諮商歷程研究法、一

種自我檢測（self-examination）工具，也是激發個人對諮商歷程好奇心與訓練覺察力的方法（Elliot, 1986; Kagan & McQuellon, 1981）。IPR 起初被用在諮商治療師本身，以期為治療關係開創新的視野，因此也被視為是一種治療模式。近年來，因人際歷程回憶法也能有效解決治療或督導的關係問題，故也是一種兼具技術訓練取向與概念取向的督導模式。

IPR 應用上，有個別回憶與相互回憶兩種，適用於一對二的三方督導中。由一人扮演回憶者，另一人扮演詢問者（Carroll & Holloway, 1999），相互回憶即二位受督者交換詢問者和回憶者的角色。督導雙方可先以錄音（影）方式，錄下諮商或督導的過程，然後共同觀看並於有問題的段落暫停來討論與督導，如有關隱晦的想法、感受與非語言訊息等。錄音（影）檔是一套強而有力的工具，可作為諮商歷程相關線索刺激的探索管道，以協助找尋被遺忘的記憶、知覺，但宜配合受督者、詢問者（inquirer）的期待需求與問題焦點來使用，以符合督導目標與促進諮商歷程的結構化。有關人際歷程回憶法的理念與運用，請參閱本書第八章。

五、發展取向的督導理論

早期諮商治療取向的督導模式不少，其共同缺點在於無法充分解釋受督者或臨床督導的全部現象（Holloway, 1984, 1987; Littrell et al., 1979; Stoltenberg, 1981; Watkins, 1997）。有學者嘗試以各種學習理論和發展理論來建構概念化與系統化的督導模式，迄今已成為督導理論的主流之一，包括概念和發展取向的督導模式（王文秀，1992；王文秀等，2002；吳秀碧，1994；徐西森，2001a，2002，2003a；張寶珠，1996b；梁翠梅，1996a；魏麗敏，1992；Borders, 1989b; Gill, 2001; Montgomery et al., 2001）。

1980 年代的督導理論，非僅以諮商治療取向理論為主流，此類以督導專業本身為重點的督導模式，旨在彌補諮商治療取向督導理論在督導專業理念方面的不足。發展與概念取向的督導模式對諮商治療的理論未多著

墨，而較注重於諮商督導的獨特專業性與諮商師成長的整體發展性，強調諮商師的個人成長及專業條件是逐步發展而成的（盧鴻文，2014），具有連續性、序列性、階段性及可預測性、學習訓練性等特性，各階段的界限及評估係以諮商師或受訓者的自信、察覺及能力發展程度為基準。

　　諮商師發展理論的研究先驅為 1960 年代的 Hogan, R.（林清文，1991；Hogan, 1964），至於探討諮商督導人員專業發展的研究始自 1980 年代的 Alonso 等人（王文秀，1992；Alonso, 1983）。當代發展取向督導理論的模式甚多，包括諮商師複合督導模式、統整發展督導模式、個人過程督導模式等，以及台灣學者建構的循環發展督導模式。茲重點分述如下：

（一）諮商師複合督導模式

　　Stoltenberg（1981）的諮商師複合督導模式（the counselor complexity model of supervision, CCM），強調諮商師由依賴的新手（novice）發展成精熟的老手（master），約經歷四個層次的發展階段：依賴、依賴與自主衝突、有條件依賴及精熟等，而督導者須提供相對應的督導作為和理想環境；當諮商師的發展由前一階段進入後一階段時，督導作為和環境皆要能適配、符合受督者的發展與需求。Barker 和 Hunsley（2013）採後設分析並依相關的實證性研究、受督者的發展，以及研究參與對象為諮商系所碩士層級等三條件，搜尋 1994 至 2010 年文獻計 25 篇論文，發現 CCM 最常用於實證研究中。此模式詳見本書第九章。

（二）統整發展督導模式

　　Stoltenberg 等人（1998）彙整其諮商師複合督導模式和 Loganbill 等人（1982）督導模式而發展更完備的統整發展督導模式（the intergrated development model of supervision, IDM），或稱整合發展督導模式。IDM 包含三個基本結構：第一個結構是自我與他人的覺察，以自我偏見、個案世界的覺察及自我覺察啟發為依據，著重於認知與情感的成分，認知的成分主要

在描述各層次間思考過程的內容，而情感的成分主要在說明情緒的改變。

第二個結構是動機，指的是受督者的興趣、投入與能力應用在臨床的訓練和實務上；第三個結構為自主，是隨著其他結構的改變，受督者專業獨立化程度的改變情形，隨著臨床經驗和督導的增加，可以使受督者由依賴督導者成為自主的專業人員，自主有助於個人評估涉及專業問題所需要的督導與諮詢。統整發展督導模式的三個結構及三個發展階段含各過渡期，反映了每個發展層次受督者的狀態需求及其所需諮商能力。本模式詳見本書第九章。

（三）個人過程督導模式

個人過程督導模式（the person-process model of supervision, PPM）係 D'Andrea, M. 於 1990 年代所提出，因受到當代女性主義與人性管理等思潮的影響，故重視諮商督導中，人與人之間互動的發展歷程，特別是督導者與受督者之間相互尊重、信任與真誠的同盟關係，是一整合多元向度的諮商師發展模式（D'Andrea & Daniels, 2001），強調督導焦點不宜僅置於專業知能的學習。此一模式雖蘊涵人本精神，惟因其主張「過程」、「發展」與「個人」等概念為督導的核心，並且強調諮商督導是一循序漸進的發展歷程，故屬發展取向督導理論的一支。

此模式重視受督者的專業發展，並依其未入門、入門和出師等三個發展階段來調整督導者的督導策略。對未入門階段的諮商師，諮商督導架構宜清楚具體，建立尊重信任的人際關係並為受督者量身打造督導計畫，且採個別督導的形式；對入門階段的諮商師，諮商督導宜聚焦於諮商師與案主之間的互動脈絡，可採用中低結構的督導策略和團體互動的督導形式；至於對出師階段的諮商師，督導者宜尊重諮商師的專業能力，提供足以激發諮商師專業自信的督導情境，予其更高自我發展機會的選擇。

（四）循環發展督導模式

　　循環發展督導模式（the cyclical developmental model）強調督導過程是一連續循環的歷程，因受督者的專業發展是持續不斷的，每一個發展階段難以截然劃分，因此需要在階段中完成無數次督導過程的循環，才能順利地轉換至下一個階段（蕭文、施香如，1995）。此模式起於 1990 年代針對其他發展取向督導理論的疑惑與缺失（蕭文，1999），且不斷從實徵研究中（方嘉琦，2017；蕭文、施香如，1995；施香如，1996；鄭麗芬，1997；劉志如，1997）所建構的一種發展取向督導理論。在當代諮商與心理治療的督導理論模式中，它也是一套實徵性、本土化的督導模式。

　　此模式督導過程有明確的架構與流程，督導目標在於：(1)協助受督者具體形成個案概念化；(2)督導焦點為討論個案及其接案狀況、處理方向及其策略；(3)諮商假設與理論介入一致等三大部分。此模式每次督導含五個具體的循環步驟：(1)了解個案的情況與接案過程；(2)了解諮商師的處理方向與策略；(3)了解並檢核諮商師的假設與理論基礎；(4)促進諮商師處理策略與技巧的應用；以及(5)對此接案過程的再思考等。五大步驟恰似形成五環，由外而內，再由內而外，環環相連，反覆操作。它是以良好的督導關係為基礎，視受督者的專業發展層級而調整各循環階段的應用比重。此模式詳見本書第九章。

六、結論

　　中外早期有關督導理論的研究，大多與諮商治療取向的理論運用或實務經驗有關。自 1950 年代起，諮商督導專業漸為助人工作者所重視，並於學術研討中一再被提及；直至 1970 年代，諮商督導理論的專業化發展才出現了重大的轉變。1980 年代以後，融合教育心理學、社會角色及個別差異等觀點的非諮商治療理論取向的督導模式，遂成為臨床督導的主流。時至

今日，歷程化或整合性的督導理論研究，已成為當代諮商與心理治療專業發展的重要趨勢之一（Safran & Muran, 2000）。

　　無論是諮商治療取向的督導理論（1950 年代）、技術訓練取向的督導理論（1970 年代）、概念或發展取向的督導理論（1980 年代），或是 1990年代以後以歷程取向、整合取向為主流的督導模式，迄今的第二世代取向的督導理論模式，皆有其不同的特色與限制。各督導理論取向及其模式的脈絡架構（徐西森、黃素雲，2007；Bernard & Goodyear, 2004, 2019），如前述之圖 3-1；不同取向的督導理論模式各有其過程和方法，皆以督導工作同盟關係為基礎，強調專業知識、專業自信與專業責任。

　　本章先介紹諮商治療取向、技術訓練取向、發展取向的督導理論模式。督導雙方諮商理論取向相似或期待互補者，則採用諮商治療取向督導理論之模式；若督導重點在於精進諮商歷程的專業介入，可用技術訓練取向督導理論之模式；若考量受督者的專業發展及對應的督導作為，則使用發展取向督導理論之模式。下一章將介紹督導理論之歷程取向（區辨模式督導、雙矩陣督導模式、關鍵事件督導模式和系統取向督導模式）、整合取向（體驗督導模式、人際歷程取向模式和自我覺察督導模式），以及第二世代取向（混合模式、目標問題模式、共同元素模式）。

督導理論：
歷程取向、整合取向、
第二世代取向

徐西森

　　諮商督導工作是一項專業，它是一種由具備專業知識與能力的督導人員，運用諮詢、教導、諮商及評估等活動，增進諮商師專業知能與績效所為之一種專業（Borders et al., 1996; Grant et al., 2012; Peace & Sprinthall, 1998）。督導理論模式為最重要的專業知識，深深影響諮商、督導的人才培育，及社會認同、專業發展。迄今，如同心理學發展的五大勢力及諮商理論的五大學派，督導理論也有六大取向及其相關模式；本書第三章已簡介諮商治療取向、技術訓練取向及發展取向的督導理論模式，本章續重點說明歷程取向、整合取向及第二世代取向等督導理論模式。

一、歷程取向督導模式

　　有關歷程督導的理念、重點及其實徵研究雖早於 1970 年代已提出，但相較於諮商與心理治療的概念論述與研究發展，督導專業的研究文獻或圖書著作仍顯不足（王文秀，1995，2003，2018）。因諮商治療取向模式易受限於督導雙方專長治療法的不一致，或一方無特定諮商取向，或各有不同的諮商理論偏好；而技術訓練取向模式雖有具體操作方法，但多偏重於諮商歷程介入技巧或多元文化覺察的訓練，未必符合接案經驗豐富或其他期待專業深化的受督者需要；至於發展取向模式過於注重受督者專業背景脈絡及其對應督導原則。因此，歷程取向督導理論模式有其專業性與實用性。

　　歷程取向督導模式係以督導過程中，各階段歷程及其對應的各種焦點、各個角色、相關步驟和方法技術來建構其督導運作內容。歷程取向主要有四種督導模式：區辨模式督導、雙矩陣督導模式、關鍵事件督導模式，以及系統取向督導模式，茲重點分述如下：

（一）區辨模式督導

　　區辨模式督導（the discrimination model, DM, Bernard, 1979, 1997）重

視諮商督導人員於督導歷程中，持續區別（discriminate）、辨認（ident-ity）督導過程中受督者所需要的督導角色與督導焦點，以便開展有效的督導過程與作為。Bernard（1979）指出，督導者的督導焦點有歷程介入化、個案概念化或個人化議題等三類，督導角色為教師、諮商師或諮詢者等三種，以及其交互作用（3×3）所形成的九項督導作為。此一模式旨在提供督導雙方督導歷程的路徑圖，以積極提升後設認知能力（the metacognitive ability），雙方全盤了解自己的角色定位與發展方向。

　　徐西森（2003）以區辨模式督導為架構，研究分析諮商督導歷程中的督導角色與督導焦點，結果發現：受督者期待督導角色依序是教師、支持者、諮詢者、諮商師與監督者；督導者則認為其督導角色依序為教師、監督者、支持者、諮詢者與計畫者；雙方在督導角色的期待差異是監督者與諮商師。本研究結果與Bernard（1979）、王文秀（1998）、吳秀碧和梁翠梅（1995）等人的研究觀點一致，且教師、諮商師與諮詢者確為督導歷程中雙方認知的重要角色，也符合Bernard區辨模式的督導架構。

　　前述研究也發現，受督者期待督導者能適時發揮諮商師功能，惟受訪之督導者擔心會混淆督導關係，故不宜在督導歷程中對受督者諮商，受訪雙方在此一議題的看法並不相同。當然，有效能的督導者來自於優秀的諮商師（陳滿樺，2002），Holloway（1992b）認為資深諮商師或諮商經驗豐富的督導者會重視受督者的個人化議題，因諮商師個人困擾無形中會影響其諮商效能與歷程。因此，在不影響諮商督導專業與個案權益福祉的前提下，督導者可適當協助受督者自我探索與自我覺察（王文秀，1998）。

　　區辨模式督導在實務應用上，不在於此法有多少督導角色或多少督導焦點，也不在於該有多少「格」督導情境。此模式督導核心在於如何區辨，督導者運用此模式督導時，必須「區辨」哪一督導角色和焦點的使用時機。督導者宜確實區辨其督導對象在各方面的能力，多了解受督者的背景與需求，隨時檢視受督者的諮商能力及自己的督導作為。另，考量不同發展程度的受督者，協助他們辨識自己專業的需求與阻礙，留意其所處的

生態系統，讓督導雙方互動歷程更為順暢，以達成督導目標並發揮督導功能。本模式詳見本書第十章。

（二）雙矩陣督導模式

雙矩陣督導模式（the dual-matrix model of supervision, DMMS）係 Hawkins 和 Shohet（1989, 2000）所發展的督導理論，又稱七眼督導模式（seven-eyed model of supervision），或稱為歷程督導模式（process model of supervision）。Hawkin 於 1985 年提出歷程督導概念，而後與 Shohet 共同發展成雙矩陣；七眼則是 Inskipp 和 Proctor 於 1995 年補充此模式架構而成（Inskipp & Proctor, 2001）。此模式關注督導系統與治療系統（雙矩陣），督導者、受督者（諮商師）、案主和情境脈絡等四要素，以及前述要素交互作用的七種督導形式（七眼）。而後，Darongkamas 等人（2014）再新增一隻強調由外而內觀照、反思前述七眼的第八眼。

此模式的督導歷程有七種形式（眼），包括形式一：聚焦於案主的歷程；形式二：聚焦於諮商策略與技巧的歷程；形式三：聚焦於治療關係的歷程；形式四：聚焦於諮商師的歷程；形式五：聚焦於督導關係的歷程；形式六：聚焦於督導者的歷程；以及形式七：聚焦於環境脈絡的歷程。此督導模式涉及很多不同層次的運作歷程（王文秀等譯，2003），督導焦點也放在外在環境及機構文化等情境脈絡變化對諮商和督導歷程的衝擊。Simpson-Southward 等人（2017）調查，自 1980 年代開始迄今有 17 篇研究文獻驗證本模式；McMahon 等人（2022）研究結果發現七眼（形式）在本模式督導歷程中關注度和出現率高低依序為：第七眼、第二眼、第五眼、第六眼、第四眼、第一眼及第三眼；Hawkins 和 Shohet（2012）則認為第三眼至第六眼最常用。

當督導焦點放在「治療系統」的歷程矩陣中，其作法包含：(1)檢視和整理個案內容；(2)探索諮商師所使用的策略和技巧；以及(3)探索諮商過程和諮商關係。若將督導焦點放在「督導歷程」的矩陣中，則包含：(1)聚焦

在諮商師的歷程，以及前述治療歷程如何影響其諮商模式；(2)聚焦在督導過程、督導關係及平行歷程，即案主和諮商師的關係，如何反映在諮商師與督導者的關係中；(3)聚焦在督導者的自我反思或反移情等議題，諮商過程如何進入督導者的內在經驗中，以及督導者和案主之間的想像關係，如何影響複雜、挑戰而流動的三角關係。此模式也關注於機構環境、制度文化對諮商與督導過程的影響。

　　Hawkins 和 Shohet（2012）認為，影響督導過程和工作同盟關係的因素如下：(1)督導者的風格和角色；(2)受督者的發展階段；(3)督導雙方各自的諮商理論取向；(4)督導契約和評量計畫；(5)督導形式與架構等五項。有效的督導者能給予受督者穩定的支持力，讓受督者有自信地諮商和決定策略。Halbur 和 Halbur（2019）指出，助人工作者諮商理論的選擇與其生活哲學密切相關，將契合的諮商理論用於接案，這是一種合意性理論選擇模式（intentional theory selection model, ITS）；此模式也探討督導雙方諮商理論取向的相近或相異，如何影響諮商、督導的關係和過程。雙矩陣督導模式詳見本書第十一章。

（三）關鍵事件督導模式

　　諮商過程中所發生的任何事件皆可能影響諮商關係和專業成效，而督導雙方的關係和效能也受到過程中重大或微小、隱而未顯等事件的影響。關鍵事件督導模式（the critical events in supervision model, CEMS, Ladany et al., 2005, 2016），或稱重要事件督導模式，是一種人際取向的心理治療督導。凡影響諮商和督導過程的現象或反應，如案主或受督者的沉默、遲到、抱怨、早退、缺乏自信、突然改變風格、過度依賴諮商師或督導者、心不在焉或眼神飄忽等皆可能是重要事件，督導者或受督者必須注意並介入處理。

　　Ladany 等人（2016）認為，關鍵事件包含：(1)發生在諮商過程中的小事件（smaller events）；(2)督導者透過任務分析能掌握的特定事件（specific events）；(3)不只一次發生在諮商或督導過程中的事件；(4)標記（marker）會影響受督者發展的各種事件。諮商過程中常見的小事件及其待督導議題，如諮商師的沉默可能是缺乏自信、遲到可能是諮商師的習慣或缺乏時間管理的能力；又如諮商師忽視案主的移情可能來自於其逃避或焦慮依附的人際模式，諮商師正襟危坐可能反映其焦慮不安、高自我要求或在意他人看法等心理動力。

　　關鍵事件也可能是有複雜脈絡的重大議題，如性別歧視、平行歷程、自我效能和專業自信不足等。Ladany 等人（2005）指出，重要事件督導任務含解決反移情、處理性誘惑、修正與性別相關的誤解、修復欠佳的諮商技巧、提高多元文化意識、協商人際角色衝突及覺察有問題的認知、情緒和行為（如認知扭曲、替代性創傷等）等。Bertsch 等人（2014）研究發現，督導過程中的性別歧視對督導工作同盟關係、受督者多元文化諮商能力皆已達到顯著的負相關。諮商督導人員督導關鍵事件時必須加以了解並進行任務分析（task analysis）；任務分析係指為了達成目標先採取合理的或實證的分析、由上往下地依序細分為若干可操作的基本單位，作為可訓練或督導的單位。

　　Ladany 和 Bradley（2010）指出，針對受督者諮商技巧使用不當的事件，督導者可使用下列四類督導技巧：(1)非語言類技巧，如傾聽、點頭、表情或動作，以及安排適當的督導環境與設備等；(2)回應類技巧，如想說什麼、何時說及如何說等；(3)內在歷程類技巧，如覺察並調適自我內在的想法和感覺；(4)諮商理論類技巧，如心理動力取向的解釋分析、認知行為治療取向的駁斥或重新框架、完形治療的空椅或身體工作、焦點解決治療的外化問句等。除此之外，督導者也可於督導過程中運用相關的諮商技術，如沉默、讚許、同理、探問、摘要、面質、立即性、自我揭露或角色扮演等。

　　督導雙方的諮商理論取向相似或相異否，也可能影響督導關係與過程成為關鍵事件之一。許哲修（2022）研究發現，當督導雙方諮商理論取向

相同時，督導關係的契合度高，督導者可多採取師徒制督導之，但須注意在雙方相同理論取向的督導盲點；當雙方諮商理論取向相異時，督導者宜先確認受督者先備知識及個案概念化，了解並尊重雙方差異及受督者的個案處理，互補整合、搭橋鋪路，督導者順勢而為並多元取向發展。若督導者不注意、或雖注意但不視為重要事件、或不予介入督導等行為，這些皆有違反督導責任和諮商倫理之虞，也失去督導雙方專業成長的機會並損及案主的權益。

關鍵事件督導模式的重點在於標記、辨識、分析與督導處理。Ladany 等人（2005, 2016）指出，當督導者覺察或諮商師自陳感覺被案主的魅力所吸引，督導雙方先標記下來並辨認是否為一個重要事件，開始進入任務分析這標記；接下來，(1)探索受督者的感受；(2)鞏固（或不能損及）工作同盟關係；(3)普同化這事件的經驗；(4)聚焦案主移情和受督者的反移情，特別是後者；(5)辨識受督者的掙扎或抗拒；(6)提供多向度的諮商作為供參考；也可協助受督者多聚焦於個人化議題的探究與處理，將此一關鍵事件的督導經驗，成為其諮商中處理案主移情事件的平行歷程經驗。

（四）系統取向督導模式

系統取向督導模式（the systems approach to supervision model, SAS, Holloway, 1995, 2016）是一涵蓋了許多督導概念的督導模式，從許多實徵研究中彙整相關的督導功能、任務、要素及技巧，以勾繪出完整的督導架構。此模式包括四大向度、七大要素：督導關係向度及因素、督導功能向度及因素、督導任務向度及因素、情境脈絡向度及其四因素（諮商督導人員、受督者、案主與機構）。Holloway（1995）的系統取向督導模式係以督導者與受督者之間的督導關係為核心，復以影響督導關係的各種要素來形成督導的系統。

Holloway（1995）認為各向度的因素，督導關係向度為契約、階段、投入／權力等三項；督導功能向度有檢核／評量、建議／教導、示範、諮

詢、支持／分享等五項，而督導任務向度則有諮商技巧、個案概念化、專業角色、情緒覺察與自我評量等五項。系統取向督導模式的五項督導功能與任務，相較於 Bernard 區辨模式的各三項督導角色與焦點，兩者的看法相似，因教師角色著重在檢核、評量、建議、教導與示範等功能，諮商師角色功能多為支持、分享，而諮詢者功能即在於諮詢。

　　Bernard 和 Goodyear（2004）認為 Holloway 的督導任務（tasks of supervision）與其他學者的督導焦點（focus of supervision）同義，又其督導功能（functions of supervision）則與其他學者的督導角色（the supervisory roles）相通。如何發揮督導功能與達成督導任務，皆為督導者重要的督導能力與目標。Freeman 和 McHenry（1996）調查 329 位督導者或諮商師教育者對督導功能的看法（即 Bernard 的焦點、Holloway 的任務），結果重要性依序為：(1)專業化和倫理議題；(2)個案概念化；(3)個人化；(4)特殊的諮商技巧等。

　　此模式的情境脈絡向度含：(1)督導者；(2)受督者；(3)案主；(4)機構等四項，每項皆為系統的重要部分、皆與諮商督導的關係、過程、目標、任務和效能密切相關。分述如下：

1. 督導者

　　許多諮商督導人員（特別是資淺者）在從事督導時有焦慮及壓力，如擔心專業能力不足、必須面對各式各樣的受督者（唐子俊，2001）。Kennard 等人（1987）認為，有些受督者喜歡能發揮支持性、教育性功能的督導者。Gray 等人（2001）指出，督導者對受督者的誤解或忽視是督導過程中「有害」的事件。督導者須有足夠的專業覺察力，去了解受督者的角色期待和專業需求，否則容易影響其督導作為，甚至引起角色衝突或互動困擾（Sutton et al., 1998）。

　　若諮商人員或督導人員因能力不足而損及案主、相關人員的權益時，不僅是一種專業或倫理的問題，也可能違法（Lumadue & Duffey, 1999; Kerl et al., 2002）。專業經驗豐富的督導者，也會注意受督者諮商前的背景脈絡（Sarnat & Frawley-O'Dea, 2001; Stone, 1980a），如專業學經歷、個人焦慮與自信、個案概念化及自我調適的能力等，提供受督者正向的回饋與督導（Sundland & Feinberg, 1972），也能夠針對其諮商行為、人格特質和相關影響因素回應與調整（Schultz et al., 2002; Worthington, 1984, 1987）。

　　專業經驗豐富的督導者較會注意受督者的諮商行為（Stone, 1980a; Watkins, 1999）、提供其正向、具體的回饋（Sundland & Feinberg, 1972）、對其諮商行為而非人格特質回饋和指導（Worthington, 1984）。Schwartz（1990）的研究發現，有經驗的督導者對諮商師較具指導性，但是對無諮商經驗的諮商師則較多支持。Borders 和 Fong（1994）則發現，資淺的督導者對督導問題較持傳統觀點、缺乏彈性，重視案主而非受督者，以及較無法處理督導關係的議題。

2. 受督者

　　有些受督者在接受督導時常會有許多的焦慮與壓力，可能產生許多自覺或不自覺的抗拒（許韶玲，2001；Bradley & Gould,1994; Ellis & Dell, 1986）。受督者也可能自我防衛，而表現不真實的反應來面對督導者，以減少受到指正與評價。Usher 和 Borders（1993）認為，督導者和諮商師多少會有自戀行為，也有人格弱點，這些心理狀態容易導致督導困境。又，受督者接案人數的多寡也會影響諮商或督導的歷程，無法聚焦且深入地探討個案，也導致受督者缺乏自我反省的時間（Ladany et al., 2001）。

　　惟，Ladany 等人（2001）研究發現，受督者尋求督導的動機或目標，未必與其認知發展、接案經驗多寡有關；換言之，受督者即使認知思考複雜度低、接案經驗不足，也未必會尋求任務導向督導者的督導（Granello, 2000; Grant, 2012; Guest & Dooley, 1999）。Tracey 等人（1989）研究結果則顯示：(1)結構化督導對新進諮商師相當重要，但對資深諮商師則未必；(2)諮商師出現危機個案時會期待有經驗督導者的結構化督導；(3)在非危機

的督導情境，有些資深諮商師會抗拒高任務導向的結構化督導。

3. 案主

　　Slater（2003）認為，當案主知道諮商師有督導者，也會期待獲得該督導者的協助，特別是在諮商陷入困境、諮商關係出現僵局，或個人情緒低潮而無法得到諮商師同理支持時。Ward等人（1985）檢視督導者不同的自我風格，發現督導者在判斷諮商師的專業能力好壞，似乎仍是以案主的進步情形和諮商結果來作為評量的標準。換言之，案主的權益與福祉為諮商督導的重要目標，而諮商工作的品質也反映了諮商督導工作的成效。

4. 機構

　　機構環境對諮商工作、督導工作皆有重要的影響力。Sumerel 和 Borders（1996）認為，督導情境和諮商機構的氣氛會影響受督者的感受與收穫，若督導情境是支持的、溫暖的，則受督者較會感到安心、有收穫。Dodds（1986）發現，督導雙方或其中一方與機構有不同的目標、立場時，容易導致諮商督導陷入衝突情境。Ekstein（1964）說明機構要能發揮功能，必須讓下列人員都能積極互動且關係正向：行政人員、督導者、諮商師、案主。又，督導者有能力和責任向諮商師說明並介紹機構、訓練計畫、行政程序，以及機構內人員、功能與目標（Copeland, 1998; Holloway & Roehlke, 1987; Waiter & Young, 1999）。

　　機構性質與組織功能也會影響諮商督導制度的建立與運作。王文秀（1998）研究發現，學校輔導機構較社會輔導機構重視諮商督導制度，並會提供諮商實習機會。Scott等人（2000）的調查也發現，73%的學校輔導機構會舉辦督導專業的訓練或工作坊，而社會輔導機構則僅27%會辦理；89%的學校輔導機構會提供督導實習機會，而社會輔導機構中有提供督導實習機會者占44%。Fredenberger（1977）注意到收容特殊精神病患者的機構，其諮商治療人員的專業枯竭現象或壓力指數，會比其他機構的人高出

許多，原因之一係諮商督導的人力資源不足。

　　綜合言之，系統取向督導模式旨在透過督導者與受督者的人際互動，提供後者學習機會，以增進其專業效能，開展獨立、有效的諮商服務工作（徐西森，2002b）。同時，督導者從督導歷程中了解整個督導系統，運用適切的策略與特質，使督導雙方皆能掌握相關的情境脈絡，做慎重的抉擇，以促進督導關係，達成督導目標。系統取向督導模式的實證研究文獻不多，但依其四向度及其因素的架構，今已編製一套具有信效度的「諮商督導能力評量表」（徐西森，2005）。此模式詳見本書第十二章。

二、整合取向督導理論

（一）體驗督導模式

　　體驗心理治療強調「體驗」（experiencing）乃是一種理論的整合與共同因素的整合，也是一項專業助人歷程的核心條件。體驗督導模式（the experiential model of supervision, EMS）旨在協助受督者對助人歷程能有深刻體會，並對由淺而深的連續性體驗過程有所了解與掌握。體驗督導模式乃是整合運用諮商歷程催化、於督導情境中體驗心理治療和心理動力等理念，而其治療的歷程催化綱領則為此督導模式重要的訓練方法。

　　體驗督導模式係以存在／人本取向專業理論為基礎，再統整其他接近體驗治療精神的治療取向，例如心理劇、心理動力取向，或是融合東方傳統的身心靈體驗方法，將其運用到諮商督導情境中，重視受督者的理論整合與個人整合。此一融合傳統諮商治療取向與現代督導概念取向的督導模式，為督導專業、諮商與心理治療專業的發展開創一條新路徑。

（二）人際歷程取向督導模式

　　人際歷程取向督導模式（the interpersonal process approach to the supervision, IPS）因重視人際互動的歷程與專業關係的建立，故又稱為人際取向督導模式。雖然許多諮商學派、督導理論均重視人際關係，但人際取向督導模式並非來自任何一個傳統的諮商與心理治療理論（黃創華，2002），而是當代體驗取向的整合理論，整合不同督導理論之專業角色、人際互動的論述，以及人際歷程諮商的核心概念與治療方法等觀點，從中探討共同性因素，以促發督導者與受督者、諮商師與案主的正向人際互動歷程。

人際歷程諮商（the interpersonal process in counseling, IP）是一種蘊含後現代主義精神的整合治療（Teyber & Teyber, 2017），係以心理動力取向之客體關係理論與依附理論、家庭及系統理論、認知基模為學理基礎，強調人際關係乃是所有困擾的根源和一切問題的本質。客體關係理論主張人與生俱有維持關係的本能，人際信念來自於早期與重要他人（如母親）的互動經驗；依附理論主張案主的心理問題往往來自於尋求依附過程受挫的人際扭曲經驗。人際歷程諮商師會聚焦於案主僵化的內在經驗、體驗情緒並透過矯正性情緒經驗、修通並交替形成新的人際信念與互動模式。

人際歷程督導模式參考人際歷程諮商的重要概念和治療技術，主張督導者若能提供一個支持性、安全性的督導情境，受督者就能放下被評價的焦慮，學習有效人際互動的歷程與技巧，並將之運用到諮商歷程中。此模式督導歷程乃是透過「內容事件層次」、「角色互動層次」與「真誠存在層次」等由淺而深的人際互動過程，由督導者協助受督者透過辨識、預期、修正與遷移類推等歷程步驟，讓受督者學習解決自己或案主相似問題、人際困境的專業知識和技巧（Hess, 1987; Teyber & Teyber, 2017）。

此模式強調人際互動歷程中的此時此刻，運用大量督導技巧來辨識和修正督導雙方關係，督導者會以探問、澄清及重述等技術來協助受督者了解案主：「你覺得案主對你的看法會是什麼？」「當案主這樣說，你有想到什麼嗎？」「你可以說說自己當下的感受嗎？」「你試試看回想一下當時你所感受的一切嗎？愈詳細愈好」「你當下不想敘說自己的感受是為什麼呢？」「今天督導過程有什麼和你諮商過程的感受很類似？」「今天督

導過程中我做了哪些？讓你會試著在諮商時去做的」之類的問題；探索、體驗與關係是人際歷程取向督導模式的核心要素，對受督者的諮商和個人成長有其重要意義與功能。

（三）自我覺察督導模式

自我覺察督導模式（the self-awareness supervision model, SASM）係陳金燕（1998，2001，2003a）源自其所創的自我覺察諮商模式。此模式透過激發、提升諮商師的自我覺察，有助於受督者：(1)了解、掌握其選擇的諮商取向（或理論）與技術（或策略）；(2)清楚其在諮商關係中與案主的互動關係，其在諮商歷程中的狀態與變化；以及(3)增進其個人成長與專業成長（陳金燕，2001）。自我覺察含自我反思、此時此地和彼時彼地的覺察，覺察「線索」源頭、諮商取向的檢視，以及覺察線索的偵查、體驗與解讀等。

自我覺察在諮商專業中有其重要意涵，自我覺察督導模式同樣有其諮商督導中的積極意義，當受督者在督導中擁有更多的自我覺察，可能透過平行歷程而利於改變案主僵化的感受與思維，督導雙方也可能有更多專業覺察與自我反思。舉例而言，幫助受督者了解及掌握其選擇諮商取向與技術的依據與考量，督導其覺察諮商歷程中與案主的互動關係，以及覺察諮商師在諮商歷程中的狀態與變化，增進個人發展與專業成長。

此模式將督導歷程區分為進入督導關係、促進諮商師自我覺察、諮商師自我覺察效能的運用、結束督導關係等四個階段；促進諮商師自我覺察為督導歷程中的重要階段，督導者可採取下列策略進行督導：(1)此時此地與彼時彼地的覺察；(2)覺察「線索」的偵查、體驗與解讀；(3)以抽離的角度反觀自我；(4)覺察源頭的探索：對象與事件；以及(5)諮商取向的檢視（陳金燕，2003a）。透過前述督導歷程，以達成增進諮商師之個人成長與專業發展的目標。

三、第二世代取向督導模式

所謂世代（Generation, gen）意指某段時期具有共同獨特的文化、特色、影響力、概念思維及反應趨向的一群人，如 Y 世代（gen Y）、N 世代（The Net Generation，網際世代）等。第二世代取向督導模式一詞出現於 Bernard 和 Goodyear（2019）*Fundamentals of Clinical Supervision* 第六版書中，第二世代取向具有後現代社會多元、創新、解構和建構的特色與趨勢。此督導取向綜合並擷取諮商治療取向、技術訓練取向、發展取向、歷程取向等督導理論中，可相容、具實用或更利操作的兩種以上的督導元素、議題、技術或模式加以重新組合而成；此督導取向現正持續解構、建構及研究發展中。

第二世代取向督導模式是一種代表性統稱，而非已完成建構的單一特定模式，此取向依其建構元素、組合條件及研究發現分為三大類：混合模式（common model）、目標問題模式（target issue models）和共同元素模式（common factor models）。茲摘要介紹如下：

（一）混合模式

此模式結合可相容或可互補的兩種以上督導模式而成另類的督導方法，含跨理論督導型式。Pearson（2006）將人本取向（諮商師）、認知行為取向（教師）、焦點解決短期治療取向（諮詢者）等三類合併使用於督導中；又如 Darongkamas 等人（2014）諮商督導同時採用認知治療和雙矩陣八眼模式；再如 Gaete 和 Ness（2015）結合歷程取向的系統取向督導模式、區辨模式督導及體驗取向督導模式來進行督導，其混合督導的步驟為：(1)建立工作同盟關係（體驗模式、系統模式）；(2)隨時注重督導評量（系統模式）；(3)彈性運用三種督導角色（區辨模式）。

Aten 和 Strain（2008）也認為發展取向督導理論，雖宏觀地注意到受

督者的專業發展歷程及其需求，但未能微觀地提供具體操作的程序，因此建構兼具微觀和宏觀的跨理論臨床督導模式（the transtheoretical model of clinical supervision, TMCS）。此模式包含六個階段、每個階段各有五項介入策略，分別摘述如下：

1. 前蘊思期（Precontemplation stage），因受督者尚未感受到或認為不需要改變，此時督導者宜先建立良好的督導關係，否則當督導者提出針對諮商師專業發展計畫時，受督者可能抗拒；
2. 蘊思期（Contemplation stage），受督者想到需要改變但不知如何改變，督導者肯定和支持他；
3. 準備期（Preparation stage），督導者和受督者討論所要的改變目標和專業發展計畫，強化其改變的意圖；
4. 行動期（Action stage），協助受督者加速、加深且加廣的專業成長，如增加受督者的自主性並提升其實務技術；
5. 維持期（Maintenance stage），督導時聚焦於受督者的專業穩定性、維持動力、激發成長；
6. 結束期（Termination stage），協助受督者擬定持續專業成長的發展計畫與目標。

　　混合模式是將兩種以上督導模式組合運用，旨在取一模式之長而補其他模式之不足，如區辨模式雖有具體的督導角色與督導焦點，但對督導工作同盟關係卻著墨不多；系統取向督導模式雖說明督導關係的階段及重點，也擴充了督導角色（功能）與督導焦點（任務），但少見對受督者個人化議題的督導論點；技術訓練取向偏重於歷程介入化技巧或多元文化覺察的訓練，但諮商意圖和個案概念化不多。又完形治療督導模式重視當下體驗與治療，若能結合諮商師複合督導模式，在不同發展階段受督者的不同經驗與需求之上，協助受督者與自己或案主接觸，進而形成新的覺察、自主與成長發展。

（二）目標問題模式

　　此模式旨在解決督導中特定的目標問題，引用並修正某一督導模式來開展運用。當受督者出現不安全依附反應，如偏執、疏離或恐懼等成人依附（葉寶玲；2009），督導者可採依附—照護督導模式（the attachment-cargiving model of supervision, ACMS, Fitch et al., 2010），依下列做法來督導之：(1)當受督者有不安全依附而對督導者產生距離感，不斷在尋找雙方的安全距離（即依附系統的活化）；(2)督導者先建立溫暖支持關係（即安全避難所）；(3)普同化受督者的這些不安全感（依附系統的固化）；(4)敏感、負責、彈性地協助受督者，讓他感到信任且願意討論諮商過程的擔憂（安全基地）；(5)最後，受督者便能更有自信地勝任諮商工作（依附系統的活化式循環能力／學習）。

　　若諮商師無法敏感多元文化的差異，導致出現案主抗拒、關係不佳和諮商卡住等諮商問題（Amos, 2017），督導者可以此多元文化能力訓練為督導目標，採取多元文化督導協同模式（the synergistic model for multicultural supervision, SMMS, Ober et al., 2009），在安全、開放和支持的關係中，督導受督者覺察與討論文化差異，形成尊重、了解和共融的多元文化。另，當受督者有身心靈問題，督導者可採靈性發展整合模式（the integrative spirituality development model, ISDM, Ogden & Sias, 2011）來督導，首先建立督導工作同盟關係，再持續鼓勵受督者反思，運用支持、催化、合作回饋和角色取替等技術，讓受督者或案主在督導、諮商過程中，獲得和自己和諧共鳴的靈性發展。

（三）共同元素模式

　　在諮商與心理治療的理論中，不同取向、不同治療法也有其相通之處，如皆重視諮商關係，又如精神分析治療、存在主義治療和認知治療皆探討焦慮，精神分析治療認為焦慮來自於本我與自我的衝突；存在主義治

療認為焦慮是因個體生存受到威脅所致；而認知治療認為焦慮來自於錯誤的想法。再如，阿德勒治療法和完形治療法皆論及個體的整體性。不同的督導理論、取向和模式也有相同的關注或觀點，皆重視督導工作同盟關係、教師和支持者的角色、以受督者和案主的需求為優先等。因此近年來有些學者探究各督導模式顯著、有力的共同因素（common factor）並將之運用在督導中，例如莫史二氏共同因素督導模式（Morgan & Sprenkle, 2007）和歷程因素督導模式（Lampropoulos, 2002）等。

　　Watkins 等人（2015）探討督導、諮詢和教學的共同因素，以豐富督導內涵並讓督導過程更見洞察力，其研究結果發現有 50 種共同元素，分為九類別：(1)受督者特質；(2)督導品質；(3)受督者改變歷程；(4)督導結構；(5)督導關係；(6)督導原則；(7)督導任務；(8)督導者角色；(9)督導實務等。另最複雜的共同因素是督導關係，其中又以工作同盟、移情與反移情為督導關係中的核心因素；焦慮是受督者特質的共同因素，而受督焦慮大多來自缺乏信心和專業知能；覺察是受督者改變歷程的共同因素；灌注希望是督導原則的共同因素；提升受督者專業效能為督導任務的共同因素；教導者為督導角色的共同因素；提供回饋則是督導實務的共同元素等。

四、結論

　　諮商師的諮商理論取向各有不同，也會有不同的諮商風格或督導風格，因此從督導者的諮商理論取向、常用的諮商技術及個人生命的內在經驗，也可推估其督導理論取向與角色風格。人本學的督導者在督導中多為支持者、陪伴者、無條件積極關懷者（Hess, 1980），心理動力學派的督導者多些諮商師的角色，認知行為學派的督導者多些教師、教練、監督評估者的角色（藍菊梅，2006）。督導理論取向的選擇，雖與督導者個人的信仰、個性、價值觀、生活經驗、專業訓練等成長背景息息相關，但仍須貼近回應受督者和自我的專業需求（Friedlander & Ward, 1984）；督導理論

取向不同，也是不同督導者之間督導效能差異的重要來源，有利於調節其督導歷程和成效的差異。

　　綜合學者看法（王文秀，2003；吳秀碧，1998a；林家興等人，2012；黃國彰，2019；張德聰，2003；Bernard & Goodyear, 2019; Dennin & Ellis, 2003; Ladany et al., 2013; Ober et al., 2009），督導者的教育訓練、督導理論模式、諮商實務經驗之多寡、督導雙方諮商取向的適配性、是否具有良好的諮商和督導能力、能否針對諮商師之個別差異性來採取不同的督導模式，以及是否有能力建立良好又有效能的督導關係等，在在影響諮商與心理治療專業的發展、助人工作的績效和品質，以及社會大眾的認同與支持；今後有關督導理論模式的實作與驗證、專業研究的成果與交流、評量工具的編製與應用，仍待諮商與心理治療領域相關的學者、專家與實務工作者積極投入。

　　諮商督導專業的發展植基於多元性、學理性、實徵性和應用性的理論模式；相較於諮商與心理治療的理論與方法，督導專業的模式及技術仍有許多研究發展空間。本書第三章和第四章已介紹六大取向（諮商治療取向、技術訓練取向、發展取向、歷程取向、整合取向、第二世代取向）的督導理論及其二十七個督導模式，足證諮商督導是一種專業、一項學科和一門科學；從事諮商督導工作的督導者須接受督導理論課程和督導培育實習的完整訓練，才能提高諮商與督導工作品質，發展諮商與心理治療專業，確保案主權益和社會大眾的福祉。

5

個人中心治療督導模式

徐西森

　　個人中心治療督導模式乃是重要的諮商與心理治療取向督導理論。儘管個人中心治療法之創始人 C. Rogers 並未具體說明其督導的理論及實施方式，且督導論點也少見於相關文獻中；然而 Patterson（1964, 1983, 1997）、Rice（1980）、Hackney 和 Goodyear（1984）、Talley 和 Jones（2019）等學者，多年來仍不遺餘力地投入個人中心取向督導模式的應用與研究。本督導模式乃是秉持 Rogers 的基本精神來面對受督者，協助其自信、自我覺察與在療癒過程等方面皆有成長；在良好的督導關係下，使受督者能從中體悟，並發展、維持與案主之間有同理和真誠一致的治療關係。

　　本模式假設若受督者有自信並能自我覺察，如此便無須時時刻刻尋求督導者的支持與督導。當受督者獲得尊重與支持，當督導者尊重受督者的風格、個別差異與個人獨特性時，受督者將更有能力、更有信心進諮商室接案。本模式督導者很少直接給建議或提單一做法，即使提出建議也會讓受督者選擇。除了協助受督者擴展理論知識之外，也鼓勵其自我探索及運用自我作為治療與督導的要素，讓受督者能保持當下、一致、真誠和接納案主的能力（Bernard & Goodyear, 2014）。

一、發展背景

　　個人中心治療法的創始人，也是人本主義的創始者之一 Rogers，他於 1942 年提出非指導式諮商治療法，1946 年擔任美國心理學會（APA）主席，1951 年非指導式諮商治療法更名為案主中心治療法（client-centered therapy），1974 年再度將其諮商理論定名為個人中心治療法（person-centered therapy），沿用至今。Rogers 生平之重要著作有：*The Clinical Treatment of the Problem Child*（1939）、*Client-centered Therapy*（1951）、*On Becoming a Person*（1961）、*Freedom to Learn: A View of What Education Might Be*（1969）、*Carl Rogers on Personal Power*（1977）、*A Way of Be-*

ing（1980）等。

　　個人中心治療法因 Rogers 而成為諮商與心理治療領域主流之一。個人中心治療法的重要概念是 Rogers 親身體驗所發展，包括自我概念（self-concept）、現實（reality）、體驗（experiencing）、象徵化（symbolization）、評價信念（locus-of-evaluation）、真誠一致（congruence）、無條件正向關懷（unconditional positive regard）與同理（empathy）等；尤以後三者被視為是個人中心治療法的核心概念，三者關係密切；諮商師無條件積極關注，讓案主感受到有價值、有希望，諮商師真誠一致且同理，讓案主坦誠開放自我、感受到自己被了解與被支持。

　　個人中心治療法的基本理念強調：如果治療者在諮商過程中真正展現同理、真誠一致及無條件正向關懷時，在此溫暖、自然、信任的互動關係與諮商氣氛下，案主也會在人格結構或內在組織上產生建設性的改變來加以回應；當拓展案主覺察個人的生命經驗，鼓勵其在生活中體驗、發展出自我實現的特質，對自己的經驗開放、激發持續追求成長的意願、擁有對自我的信心與信任感、發展正向的內在自我評價以及諮商師營造溫暖、催化的治療關係之下，必能促發案主內在和外在的改變。諮商、督導的三方或任一方感受到同理與接納就能真誠一致（Talley & Jones, 2019）。

　　Rogers 雖為最早改革諮商督導實作形式的先驅，但有關督導專業及其過程的論述很少；今從 Patterson、Rice、Hackney 和 Goodyear 等學者的研究報告或臨床經驗（Bernard, 1992; Hackney & Goodyear, 1984; Patterson, 1964, 1983, 1997; Villas-Boas Bowen, 1986），有助於了解個人中心治療模式的督導作法及其運作程序。Bernard 和 Goodyear（2014）指出，Rogers 早在 1942 年就開始要求受督者使用電子器材將其晤談過程加以錄音或錄影來做督導，而當時或之前普遍都是以諮商師的自我陳述、個案紀錄或臨床報告來督導；早期精神分析治療督導模式的學者也曾想改變這些傳統的督導方式。

　　Hess（1980）認為個人中心治療及其督導模式乃在同理的過程中，進

入體會案主、受督者的內在架構，且能高度敏感於對方內心的主觀世界；採用情感和內容反映去正確地了解對方，辨識其內在世界與外在框架；督導和諮商的焦點在情緒與感覺層次，並以對方理解的語言來表達，積極傾聽其語言的變化、獨特性及隱喻性。本模式表面看來是督導人員、受督導者被動等待對方的反應或轉變，實際上陪伴也是一種諮商與督導作為，非指導諮商與督導並非諮商師無作為，而是在專業的人際互動關係中，重視受督者本身及個人化核心（Bryant-Jeffries, 2005），讓受督者清晰地覺察自己的諮商意圖、讓案主駐足在自己內心世界，如此亦能促發更多的體會、領悟與改變。

二、督導目標

　　根據 Rogers 的看法，諮商治療的目的不在於解決問題，更重要的是在協助案主自我成長，使其克服現在及未來的問題。換句話說，諮商治療的目標乃是提供良好的氣氛，以協助個人充分發展其功能、潛能。因此諮商師須具有三項重要的特質，以建立諮商關係：真誠一致、無條件的積極尊重、敏銳的同理心（黃德祥，1989；Merry, 2001）；例如諮商過程中出了問題，可能是諮商師自己的問題導致無法催化案主的成長，此為內懲式觀點及缺乏同理心的反映；諮商師的自我框架無法貼近案主的經驗世界，無法進入就無法理解，也無法真誠一致地反映，導致雙方的諮商互動難以有助人助己的成長。

　　個人中心治療督導模式則是一種密集的、以人際互動為焦點的一對一關係，在此關係中的一人，被指定去協助另一人，以發展及成長其諮商治療的專業能力。因此督導關係正是學習成長性人際互動的重要資源之一。Rogers 強調諮商的重要特質如真誠一致和同理性的了解等，正亦是建立良好督導關係的要素（陳滿樺，1995；Rogers, 1957; Lambers, 2000），督導者將受督者視為一個平等的人，相信他有能力探索並解決問題；督導者在

本模式的督導過程中，雖也會適當地介入教導，但不全然以專家角色而是會更多的諮詢、引導受督者回想和敘說其諮商治療過程，從中反覆地整理而敘說、敘說而整理得有所理解；讓受督者更加了解自己及其治療過程並獲得成長，為本模式的督導目標（Talley & Jones, 2019）。

　　Bernard 和 Goodyear（2014）、Hackney 和 Goodyear（1984）認為，Rogers 的督導理念有三個重要的成長目標，包括協助受督者：(1)自信；(2)了解自我；(3)了解治療歷程。個人中心治療督導模式注重受督者更能面對現實的責任與能力，因為最了解諮商師的人是自己，也唯有諮商師在諮商過程中才能覺察並調整諮商作為達到最適切性，從了解諮商治療歷程中了解自我和重新得力。因此，諮商督導人員應以敏銳的同理心，試著去了解諮商師（受督者）的內在參考架構及其諮商歷程的概念化內涵，並真誠、關懷地接納，以促進其自信、自我覺察及對治療歷程的了解；如下對話：

督導者：你剛說案主能夠理解你對他的關心和同理？

受督者：是啊，他一直在說話，說他感到孤單，很少對別人說這麼多的話，他無法信任別人，只有和我說的比較多，我感覺他知道我關心他，嗯（督導者傾聽並眼神關注地鼓勵受督者繼續說）。

受督者：我一開始很擔心我的諮商對他沒有幫助，我想我對青少年工作有困難，大多數的青少年都有自己的想法，或是沒有主見但又討厭別人有意見，過去我接到好幾個青少年個案，特別是，嗯，他們常常沉默和抗拒被轉來做輔導，我諮商時是很是累喔，曾經遇到好幾個個案甚至長時間不說話，就都是如此……（督導者身體前傾、理解和同理受督者的感受）。

督導者：想說說這個案諮商過程中，你做了什麼而有這麼好的關係和改變嗎？

受督者開心地提高音調說：嗯，我想想看，對了，就是……。

三、督導的重點

　　個人中心治療督導模式視督導為一影響歷程（Patterson, 1964），包括直接與間接的影響。督導關係並非是一般的教導關係，也不是諮商關係，而是具有治療性的良好人際關係，它能促使受督者產生類似諮商情境中的學習。Patterson（1997）認為，督導者與受督者最好有相似的理論取向，此一模式的督導者須具備下列條件：(1)曾接受個人中心取向的諮商與治療；(2)曾學習個人中心取向的諮商與治療方法；(3)曾接受個人中心取向模式的諮商督導。因為諮商理論取向相同（督導雙方皆為個人中心治療工作者）或相近（督導雙方皆為人本取向工作者）才能相互共鳴與同理。

　　本模式有三項特點（Talley & Jones, 2019）：(1)具評量性質；(2)時間持續較久；(3)督導目的在於改進受督者的專業效能、監督其提供案主的諮商服務，以及督導者為諮商專業的守門人（as a gatekeeper）。個人中心治療以案主為核心，本督導模式則以受督者為中心，強調的是諮商師、受督者個人及其治療能力的發展，而非案主本身；雖以諮商師為核心，但也是間接以案主為中心。督導歷程以諮商師和案主互動過程為重點，督導雙方一起聽（看）其諮商錄音（影）檔，督導者鼓勵受督者從中洞察接案不一致或再調整之處，以發展其內在自我能量。

　　Rice（1980）指出本模式有二個主題：過程（the process）和關係（the relationship）；前者已如前述。至於關係，受督者了解諮商師會將個人自我價值帶入治療關係中，因此本督導模式就必須協助受督者，在關係中檢視其過往自我價值如何影響現在的諮商治療。本模式督導關係則植基於正向的人性態度及自我價值，若諮商師不能自我接納，則難以真誠地接納他人，正如同受督者擔心自己的能力，自然也干擾其對案主諮商過程中的體驗與運作效果。Talley和Jones（2019）指出，本模式若有討論到受督者的經驗，只有在與案主有關才列入為督導重點。

　　Lietaer（1992）曾分析個人中心治療諮商師的晤談內容，結果發現晤談過程中，任何諮商師的不當介入會產生負面的影響，也會造成案主負向的感受而影響諮商效果，但案主未必會說出這些負面的看法。呂承芬（1998）也認為諮商師缺乏溫暖、不投入或太過積極、低估案主能力、做不適的解釋或建議、多管閒事等，皆是負面的諮商反應。因此，個人中心治療督導模式重視督導者協助受督者採取「非診斷性」的態度對待案主，強調受督者覺察自我限制的重要性，並勇於開放給自己及案主知道。舉例而言：

督導者：你對案主的了解是？
受督者：案主是，他最近心情比較低落些，可能遇到的煩惱比較多，我認為可能是憂鬱症。
督導者：當你如此診斷對你接下來諮商的影響是？
受督者：我諮商她主要是用個人中心治療法，我覺得這時候她應該會比較需要說，而不是想聽人說吧，嗯嗯，需要我多陪伴她，而我也覺得不需要說太多，說太多也不見得有用，嗯，我認為大學剛畢業的人找工作或做事情都多多少少會遇到困難煩惱的，是如此，嗯！
督導者：你想說說個人中心治療的核心概念嗎？診斷個案為憂鬱症對案主的意義是？
受督者：嗯，我，這樣好像我接下來會朝這個憂鬱症的角度看個案了，就是……（受督導者停頓沉思一會兒）。
督導者：對我來說有時候會有困難，當我以個人中心治療法來看個案，若是採疾病診斷的角度，你覺得呢？（受督者有所了解的頻頻點頭並接著往下說……）

　　綜合學者（陳婉真等，2014；Bernard & Goodyear, 1992, 2014; Davenport, 1992; Freeman, 1992; Patterson, 1997; Villas-Boas Bowen, 1986）的看

法，人本和關係取向模式強調案主與諮商師的治療關係，以及諮商師與督導者的督導關係，其關係重點為互動性、自發性、相互性、實踐性和真誠性；透過此一互動關係來讓案主或受督者覺察體驗並以正向互動關係促發改變；因諮商或督導過程皆為一種人際互動過程，良好的諮商關係和督導關係本身即具有療癒效果和督導成效，案主與諮商師、受督者與諮商督導人員於彼此間的人際互動過程可獲得新的學習與成長，改變也在其中發生，進而創造新的經驗。

　　Rogers 個人中心治療概念的人本要素為本督導模式的理論基礎；在專業關係上，受督者可透過好的督導關係來探索其諮商問題，如同案主可利用溫暖的諮商關係來談他的問題一樣，但諮商、督導雙方仍須有明確的界線（Talley & Jones, 2019）。個人中心治療督導模式的督導過程包括下列重點：

1. 督導者與受督者須具有共同的心理治療理論背景：個人中心治療。
2. 督導者在督導過程中須遵循個人中心治療的系統原則。
3. 督導者須提供最佳的學習情境，以創造不具（或減低）威脅感與焦慮感的督導氣氛。
4. 基於督導關係的尊重，督導者允許受督者選擇在督導時擬討論的主題與資料。
5. 受督者了解評量標準並加以運用，以利於進行自我監控與評量。
6. 督導過程視關係進展而跨過探索、了解的階段，進入高層次督導。
7. 督導時可採用受督者的自陳報告或觀看其諮商過程的錄影（音）檔。
8. 個人中心取向是一普遍、基本的治療學派，督導時須掌握此取向的條件或要素，它也是一般督導或心理治療理論與技術的「普世要件」。

　　個人中心治療督導模式的訓練課程視受訓者的專業背景及能力而定，每位受訓督導者都要修習個人中心治療的課程，指導者也必須是此一理論

的專家。無論是督導過程或訓練課程中，受督者及受訓督導者都被告知評估標準。Patterson（1997）及 Rice（1980）認為，唯有受督者或受訓督導者了解評估標準後，才能自我評量。Patterson 在伊利諾大學臨床督導時，有時也讓受訓督導者或受督者選擇某次的諮商錄音（影）檔，以供其他專家評估他們運用治療法的情形，這種作法也常見於諮商治療取向督導理論的相關研究中。

　　Goodyear 等人（1984）探討四種諮商與心理治療取向督導模式的差異。該研究邀請 58 位（31 位男性，27 位女性）有豐富諮商經驗的督導者分別觀看 Ellis 的理性情緒行為治療、Polster 的完形治療、Ekstein 的整合治療及 Rogers 個人中心治療的諮商督導錄影檔並比較四者差異。結果發現 Rogers 個人中心治療的諮商督導人員角色較似諮商師，較重視和支持受督導者的獨特性；Ellis 模式的督導人員角色像是一位教師，重視技巧的教導，Ellis 與 Ekstein 的模式較 Polster 與 Rogers 的模式更重視個案概念化的督導歷程。至於四者的督導效果並未有明顯的不同。

四、督導歷程實務說明

　　個人中心治療督導模式強調受督者的體驗與覺察，在諮商督導人員同理心、真誠一致、無條件積極關注下，營造良好的督導關係及人際互動。本模式督導過程的重點及雙方晤談的內容，摘述如下：

（一）首先，由受督者挑選自己的督導者，以兩人有相同的理論取向為原
　　　　則，並使其了解督導者的期望和目標。

督導者：你過去接觸個人中心治療法的經驗如何？願意說說嗎？

受督者：我，因長期以來的諮商工作中，我喜歡Rogers對人的看法，Rog-
　　　　ers認為人性是本善的，嗯，那還有嗯，人會往好的方向去努力發展，
　　　　即使有問題或曾犯錯，嗯。有時候那是環境的問題，若能在好的環境

中生活還有成長，他會努力做，因每個人都希望過得好，人人有自我
實現的潛能，也可以成為好的、心理健康的人。他的書我看得很多，
像 *A Way of Being*，還有自由自在的學習。我在讀諮商輔導碩士班時修
過這門治療法的課，並接受過工作坊 36 小時的訓練和督導。

督導者：嗯！很好！我事先看了你的諮商錄影，你願意談談此個案嗎？

受督者：這個個案我已諮商四次，這是第四次的錄影，案主與其家人關係
不佳，內心痛苦。他的父母曾離婚，目前又同居在一起……。

督導者：嗯！嗯！（點頭，傾聽）

受督者：案主不喜歡他的父親，經常發生衝突，……最近又為了課業成績
與父親爭吵而離家。喔，在諮商時，我大多數時間在傾聽他的抱怨。
案主每週固定會來晤談一次，據他反映，他期待來與我晤談，……感
覺心情較輕鬆。

督導者：我可以感受你的用心，從錄影中也可以看出案主與你之間良好的
互動關係，案主是自發的，你也很真誠自在。

受督者：上次你提到個人中心取向治療法重視：(1)同理心反應；(2)關心案
主；(3)真誠；(4)具體化案主的晤談內容。我記得很清楚，也不斷模擬
想像怎麼做……，諮商時我有照著努力去做。

督導者：我看見你的用心和進展；嗯，雖說了我的做法，但不代表你就該
這樣做喔。

受督者：嗯，我知道，因我和督導你都是個人中心取向，在諮商中案主是
中心，在這裡我是中心，對吧？我覺得自己這個個案做得不錯，嗯，
對，這段諮商過程我好像比較能夠得心應手地做自己……，對案主有
利無害的，對，做自己。

督導者：看來挺不錯的！那你覺得自己在諮商歷程中做了哪些？想談談
嗎？

（二）其次，督導者與受督者每週須進行半小時的諮商錄音（影）檔的個

別督導，Hackney 與 Goodyear（1984）認為，這是個人中心治療督導模式的重要工作程序。從上述範例對話內容可知，督導者的傾聽是此督導的重要技巧，督導者甚至允許受督者於督導過程中自己決定欲討論的議題或錄音（影）檔的段落，而不加批評，除非受督者產生明顯的諮商缺失（例如斷章取義、會錯意、攻擊案主或諮商失當等）。

　　Patterson（1997）認為，個人中心取向的諮商原則有三項，可據此作為諮商督導的要點：(1)諮商師宜多傾聽案主；依此，諮商督導人員多傾聽、多了解受督者；(2)除非不清楚案主的話，否則少發問；依此，諮商督導人員宜多關注受督者本身；(3)保持積極回應的態度，督導者持續支持受督者。

督導者：嗯，了解，這樣不錯啊！

受督者：我也體會這次諮商順利多了，因長期以來的諮商工作和生活經驗，嗯嗯，我一直相信 Rogers 所說「最個人化的東西就是最普遍的東西」的看法，每個人都是獨一無二的，這就是大家都有的最普通的部分。我的諮商是我身歷其中，案主感受和我的體驗都應該是最真實的；Rogers 也認為，「如果我帶著面具來和別人相處，表面維持一種和內心體驗不同的表面的東西，於人於己毫無幫助」，也就是騙別人，其實就是自己不能真實看自己。所以對每一個個案我都是真心相待、用心諮商，慢慢的個案也是這樣。我想，嗯，這也是我用我的人性觀和生命哲學在做助人工作，對吧？

督導者：嗯！你做到了！

受督者：我相信這樣，我是做到了，我真的能體會案主的體會，還有就是，我雖心疼案主，但那是同理，我清楚同情的我做諮商會有情緒被牽動，唉，嗯，若是那樣我也會坦誠地告訴案主我也和家人的關係不好，內心不舒服。這次案主也會關心我的感受，我的經驗分享也觸動

了他。

督導者：嗯！嗯！案主被觸動（眼神關注地反映，傾聽）。

受督者：我告訴案主，我小時候也不喜歡父親，害怕他在家，也擔心他會打我。案主一直問，我擔心後，然後呢？這過程中，案主會分享更多經驗，如何自處的經驗啦。我告訴他很有勇氣，而勇氣往往是克服困難的活力泉源，案主被我鼓舞了，他這次結束諮商前說，他多麼期待來找我談，我是他的勇氣。我笑笑地告訴他，他能來找我輔導，是他自己的勇氣帶他來的吧？他拼命點頭同意我的話。

督導者：我感受到你的用心與真誠，你也感動了我，從錄影中看到那份鼓舞真實地呈現在你們之間和現在我們之間喔！（受督者和督導者相視而笑）

（三）個人中心取向的督導者真誠一致，有助於促進良好的督導關係及人際互動歷程，以及不具威脅性、權威性的督導氣氛，以減少受督者的焦慮感和不夠真誠一致（Lambers, 2000）；受督者在督導過程中防衛自己，也可能會在諮商中防衛自己而影響到案主防衛、抗拒而不願自我表露。

受督者：我想自己也很用心。在諮商過程中，我的同理心反應相當不錯，我會體察案主的情緒、感覺，並且加以回應。我會以點頭微笑來鼓勵案主。

督導者：嗯！我看到了。

受督者：我的案主剛剛開始會較被動，而且表達能力不太理想。我有時無法掌握他話中的含義，這時我會坦白地問他：「你的意思是……」，「你願再說一遍嗎？」我也會對他剛剛說完的一大串話裡面，摘述他的重點加以回應。

督導者：很好！可以感受到你的真誠。你很關心案主，你們關係很溫暖。

受督者：我過去一直擔心自己諮商做不好。這些年接案下來，我想，多陪
　　　　伴他、聽他說，有時陪伴比改變重要吧，因個案有人陪，慢慢地他發
　　　　洩完了情緒就可以多想想自己該怎麼做，怎麼走下一步。有時候個案
　　　　可以的，沒有人有辦法代替別人處理各式各樣的問題，個案有他自己
　　　　的人生啊。

督導者：嗯，嗯！你說得很個人中心喔。

受督者開心笑著說：我好像很懂個人中心，其實應該是我本身的生活體會
　　　　也是這樣吧，我遇到困難時我會告訴自己：「沒問題的，別人可以我
　　　　也行」、「關關難過關關過啊」，我愈來愈像個人中心的信徒喔，無
　　　　所不在喔。

督導者：很好！你做自己。你諮商有自己個人化風格，只要對個案有幫
　　　　助，ok 啦。

（四）督導者可以鼓勵受督者對個案做回饋，但避免給予診斷、評價或討
　　　　論其個人風格，因案主與受督者並非物體，而是一位需要受尊重和
　　　　了解的人，讓案主和受督者感受到自己是有能力的、當下和未來是
　　　　有希望的。

受督者：我的感覺不錯，和督導談話很自在，比較沒有拘束；不像在課堂
　　　　上，指導教授有時會讓我有壓力，他們常告訴我們這裡錯誤，那裡不
　　　　對，這要改進，那要加強。到最後我都會覺得自己不太適合從事諮商
　　　　工作。我們班上的同學經常互相訴苦。

督導者：嗯！那的確是不太舒服的經驗。

受督者：當然，有時我們聚在一起也並不只是抱怨、發牢騷，有時也會針
　　　　對每個人處理的個案，互相討論。記得上次督導要我們六位一起在這
　　　　裡實習的伙伴找時間做個案研討，那次我就覺得每人接案的方式大不
　　　　相同，諮商策略與診斷分析都不太一樣，不過每個人都有不同程度的

　　學習成長。特別是透過別人的回饋，可以發現自己的盲點，那種收穫的感覺真棒。

督導者：嗯！嗯！的確如此。針對案主○○○的諮商經驗，你在個案紀錄中所提出的分析及自我評論，我可以感受你的用心，你是下了一些工夫。

受督者：謝謝督導，我是很努力，但是我也擔心這個個案目前的進展，似乎他有依賴現象，我們的諮商關係有必要進一步探討。

督導者：哦！嗯！你有這樣的覺察，想再多說一些嗎？

　　個人中心取向的督導模式也重視同儕督導，受督者可以三至七人為一小組，彼此聽聽（看看）錄音（影）檔，或進行每週兩次、每次兩小時的團體聚會。督導者也可在此一團體討論中教導一些諮商歷程的治療要素，特別是督導者認為這些專業知能是必要的。Patterson（1997）主張同儕督導、團體討論的議題甚多，可以針對個別諮商中所出現的問題，再聆聽（觀賞）錄音（影）檔的片段，然後就專業性與倫理性等議題來探討，諸如記錄資料、雙重關係、告知責任或轉介等主題，皆可作為同儕督導或團體督導之議題。

同儕督導者 A：我不知道這次諮商好不好，感覺不是很好，看了自己的錄影後，我才發現在談話大多數時間案主是緊張，好像有點防衛。

同儕督導者 C：防衛？我看不出來耶，我覺得你同理心做得很好，案主也說了很多感受，他中間還有兩度哽咽。

同儕督導者 A：謝謝 C，聽你說我有點放心，有時我對自己的諮商感覺不錯，有時又沒有信心，好像接案還不夠不穩定，有時看每個人處理個案都很專業，理論和個案概念化很強。從 C 你剛剛的回饋，我覺得有被照顧到。

同儕督導者 B：我上次也和你一樣，覺得 A 你的個案概念化很清楚，蒐集

資料或功能評估都很專業，我想每位諮商師的接案方式和過程都不太相同，如 B 所說不同的諮商師或同一位諮商師，每次的諮商歷程和心理衡鑑分析都可能不太一樣，（同儕督導人員 A 笑出聲：對！那是我說的啦！）。我想，你有你的諮商取向和風格，案主好就好了。

同儕督導者 A：謝謝兩位，我看你好，你看我好，這算見賢思齊，都不錯，我們三人就這樣定期維持同儕督導囉。

同儕督導者 C：好哦！你剛說個案防衛，我想知道他防衛的點，怎麼看出？

個人中心取向督導模式強調，受督者最好固定接受一位諮商督導人員的督導（必要時才換人督導）；無法錄音（影）時，可由受督者回憶接案歷程。督導者不對受督者提供個人治療，只在創造一個治療性的成長環境。若案主可能受傷害時，督導者可要求受督者（諮商師）中止諮商或轉介治療。此外，受督者可在督導歷程中，敏銳地察覺自己的能力限制或身心困擾，必要時宜轉介個案及促進自我成長。王文秀（1998）的研究發現，諮商師被督導的經驗的確會影響其對諮商挫折的因應能力及個人的專業成長。

五、研究與評價

諮商督導為諮商與心理治療專業的一部分，惟其不同於一般教學實習或行政領導之督導，因此有關督導概念、督導模式、技術訓練、督導教材、設備運用、督導關係、督導倫理等課題均有待探討（吳秀碧，1998a；Mearns, 1997）。Rogers 的個人中心取向治療法雖然對心理治療之科學性和普及化的發展有很大貢獻，且有不少的分支組織、學術研討及研究報告出現（劉念肯，1998），但個人中心取向方面的督導並未討論文化因素，且實證研究相當有限（李玉嬋，1996；Talley & Jones, 2019）。目前已有部分學者著手加以研究，包括將之與不同督導學派比較，或探討個人中心治

療督導模式的特點及限制，未來可加強本督導模式更廣泛的研究。

　　Smadi 和 Landreth（1988）探討現實治療（reality therapy, RT）督導模式，如何運用在諮商風格為個人中心治療諮商師的督導歷程中，結果發現現實治療法較個人中心取向更能直接、具體地教導諮商師處理個案的技巧。Villas-Boas Bowen（1986）認為，個人中心治療督導模式較重視「保留原貌」，也較尊重諮商師的生活哲學，這種以生活哲學為導向的督導特徵就在於尊重個別差異，而且重視受督者的內在發展狀態，包括自我覺察、自我世界。此一模式強調督導者的支持行為及意念統整，同時在諮商督導的過程中，信任受督者的內在資源，以及強化其自我決定與自我導向的能力。

　　Gunnison 和 Renick（1985）指出，個人中心治療的督導者不需要學習催眠，但可以了解催眠要素，以進一步了解督導及諮商的內在心路歷程、諮商意圖和個案概念化，本督導模式有其督導焦點和支持性風格。Hackney 和 Goodyear（1984）認為，個人中心取向是一種重要的督導模式，同時提到 Patterson 曾在 1983 年以此模式來督導學生，受督者明顯感到有能力、自信心提升，同時有專業自主性，也有助於受督者更加了解案主、尊重案主及真誠地對待案主。諮商督導人員就是真正做到 Rogers 所說的，當我接納地聆聽自己時，我能夠成為我自己時，我感覺會更有力量；督導雙方感覺有力量，平行歷程般地案主也會感覺有能量。

　　個人中心治療督導模式的督導者如同一位人本取向的諮商師，因其督導模式核心在於建立督導的氣氛及情境，不在教導及諮商，由此反映了本模式較忽略教導、訓練的督導功能，無法使諮商師具體學習並診斷其諮商策略、架構，為其一大缺憾（李玉嬋，1996；Smadi & Landreth, 1988）。同時，督導關係不等於教導關係及治療關係，它也忽視了督導者對受督者個人化與成長性的需求。本模式尊重由受督者來決定督導的議題或諮商錄音（影）檔討論的段落，但如此可能導致督導者無法完全掌握專業品質，如受督者隱而未說的諮商歷程，這對案主或受督諮商師來說皆是不負責任

的（Davenport, 1992）。

　　個人中心治療督導模式強調，督導者宜避免診斷、評價受督者，否則易引發其自我防衛，避免有壓力地討論諮商師的個人風格，同時宜創造不具威脅感與焦慮感的督導氣氛。Bernard（1992）認為，個人中心治療督導模式係以督導目標來作為評量受督者的標準，此與 Rogers 的人本原意及督導精神相違背，因督導者評量可能影響其同理受督者能力（Talley & Jones, 2019）；又督導者與受督者之間的關係，有時不全然是專業的平等關係，其中所涉及的評量關係與雙重關係（行政角色與專業角色），往往會增加雙方互動「接納、真誠」的難度。

　　Talley 和 Jones（2019）認為，本模式若要進行督導評量，宜在督導之初，以透明、真誠一致為前提，向受督者清楚說明督導評量方式與標準並明訂於督導契約中；個人中心治療督導模式的督導者評量受督者時，盡可能表現接納態度；當受督者確有不當的專業行為，督導者也有評價的權利，但須在以受督者個人為中心之下，採取對其最有利的專業發展來進行評量，如雙方持續擬定改善計畫、提供閱讀進修資料、發展潛在能力的策略；如若不然，諮商督導人員也可讓受督者自我覺察限制或意識自己無法勝任諮商工作，而抉擇開展其他潛能方向與自我實現。

六、結論

　　不同學派的督導模式各有其不同的特色、策略與內涵，各有其關心的議題和價值。每位諮商督導人員或諮商師所依循的諮商與心理治療理論，皆會在專業工作歷程中顯現出來（Goodyear et al., 1983; Lambers, 2013; Miller, 1998）。因此，任何取向的督導模式若能重視人性需求與達成專業目標，即有其存在的價值，亦將有助於增進督導工作的效能。當受督者能讓自己多理解案主，這態度也會影響案主的人性價值，而更能相信自己和理解他人，本質上這就是一種雙向豐富自我的方式；這不僅一種諮商態度，

也是個人中心治療督導模式的核心。

　　個人中心治療督導模式秉持 Rogers 的基本精神：深信人與人之間若處於一種尊重與信任的氣氛中，將會發展出積極與建設性的態度，以及重視諮商、督導氣氛的營造及不批判的關懷態度，而這正是任何取向模式督導過程中的重要動力，也是建立諮商督導工作同盟的核心要素。儘管本模式稱之為「個人中心」，但它也是一個普遍性、基礎性的督導方法（Patterson, 1983），任何諮商或督導的理論取向模式都必須以此來建立第一步的專業關係。因此，個人中心治療的概念、原則和人本精神，不僅在過去是重要的諮商理論，未來也會一直是督導模式的主流之一。

6

完形治療督導模式

徐西森

Goodyear 等人（1984）認為，諮商督導人員的工作如同諮商師一般，皆受到其專業理論背景的影響，同時與其所具備的特質及所屬的督導環境息息相關。由於諮商治療和諮商督導兩者的動力因素有其相似之處（Hoyt & Goulding, 1989），故早期的諮商督導理論多半取自於諮商與心理治療學派，以完形治療為取向的督導模式為其中的一支。本模式旨在運用完形治療法的理念與技術，於督導歷程中協助諮商師個人化的成長發展，以及探討諮商督導人員和受督者之間督導歷程的議題（McBride, 1998）。

完形治療督導模式的文獻資料與實證研究甚少（卓紋君、徐西森，2002；林瑞吉，2000；Yontef, 1997），大都擷取於完形治療法的精神，並套用其原則與技術於督導過程中；專業人員欲學習或使用此一督導模式，必須先了解、精熟完形治療法的理論背景、重要概念及其諮商療程，同時具有此方面的實務經驗。此外，本督導模式適用於諮商督導有相當程度專業背景與工作經驗的諮商師，更適合運用於督導那些在助人歷程中產生專業化和個人化瓶頸的諮商師。

一、發展背景

完形治療法是存在主義治療理論（Existential therapy）的一支，亦屬人本取向的諮商學派。完形治療法係由德國的精神科醫師 F. S. Perls 及 L. P. Perls 夫婦於 1940 年代所創。它融合了 Sigmund Freud 的精神分析、Wilhelm Reich 的特質分析、Jacob L. Moreno 的心理劇及存在主義、完形心理學、現象學派、東方哲學等思想內涵。Clarkson（1999）認為完形治療如同一棵大樹，整體論和場地論好比是土壤，精神分析和特質分析是樹根，存在主義和現象學是樹幹，東方哲學和超個人精神如同樹葉。

Fritz S. Perls 認為人的身心是一個整體，而非各器官部分功能的總合；人的整體知覺也不是由分散的部分知覺相加所構成。1952 年，Perls 於紐約成立第一所完形治療中心，短時間之內就將完形治療法推廣至全美各地及

其他國家，並培訓許多完形治療師。1970 年 Perls 逝世於加州，享年 78 歲。其重要著作包括：*Gestalt Therapy Integrated: Excitement and Growth in the Human Personality*（1951）、*Gestalt Therapy Verbatim*（1969a）、*In and Out of the Garbage Pail*（1969）、*One Gestalt Therapist Approach*（1970）、*The Gestalt Approach and Eye Witness to Therapy*（1973）等。

　　完形治療法是由一位真實而清明的諮商師，營造一個安全、支持性的良好諮商關係，讓當事人在當下重新體驗過往的事件，以造成當事人自發的改變（曹中瑋，2009）。完形治療法的目標，乃在於治療者或諮商師協助案主自我覺察此時此刻的真正體驗及個人的所作所為，以尋找自己的生活責任；透過此一自我覺察，以擴大自我的世界，透過覺察、行動、接觸、解決和消退等完形治療經驗的循環來學習對自己的情感、認知與經驗負責，不需要再壓抑創傷和未竟事件，以重新恢復個人內在和諧與統整的心理狀態。

　　完形治療法強調「此時此地」的覺察，此一覺察力的激發本身即是一種治療，也是治療的目標，因此諮商師或治療者的治療任務即是協助案主充分體驗各種感覺，並做自我分析，諮商師或治療者宜避免介入解釋或過度詮釋案主的經驗，只須注意案主的態度與行為。當案主一旦有了覺察力，便能夠整合他們個人內在那一個分裂與對抗的自我，來面對自我的困境、痛苦及未完成的事件，進而卸下包袱或掃除障礙，統整自我（Perls, 1977）。此一治療法在諮商與心理治療領域有其一定的地位，並被廣泛地應用在學校教育、臨床醫療、心理輔導及諮商督導中。

二、基本概念

　　完形治療督導模式即完形取向督導模式，此一模式乃是將完形治療法（Gestalt therapy）的理論與方法運用於督導情境中，協助受督導者統整、平衡其心理場域與諮商經驗，以擴大其自我世界，使其更能覺察自己的諮

商方式與自我經驗，協助諮商師個人化的成長與發展。完形治療督導模式一如完形治療法皆重視諮商督導人員與受督者、案主有關的各項場域（field）、環境及其中各層面因素的交互影響；並藉由體驗（experiencing）與實驗（experimenting）等方法，來協助受督者個人成長，提升其專業效能、諮商滿意度和創造力，以確保案主權益。

完形治療督導模式被認為是一種關注受督者個人身心整體的諮商督導模式，經由督導過程協助受督者覺察當下其與督導者、其與案主間的接觸和體驗感受，催化受督者做完整的覺察（張玉鈴、蔡秀玲，2012）。在督導過程中，諮商督導人員在溫暖安全的關係與氛圍下，讓受督者從探討諮商過程中其與案主的接觸體會個人的感受；督導者帶領受督者完形與接觸干擾（內攝、投射、反轉、解離、融合），鼓勵真實的當下接觸和三界覺察，採用空椅、雙椅、接觸界限、身體工作和完形會心團體等方法來處理其抗拒、僵局和個人化議題，使受督者能夠成為洞察清明的諮商師。

完形取向的「覺察」涵蓋三大方面（Clarkson, 1999）：(1)外界覺察（outer zones），即個人和他人經由各種感官所觀察到的周遭環境事物，此一客觀外界的存在不因不同的人而有不同的覺察事實；(2)中界覺察（middle zones），指的是個人感受外界事物刺激後，所形成的一種抽象化的認知過程，包括判斷、預期、幻想、分析、解釋、評價及推理等主觀的認知作用，中界覺察會因時因地因人而異；(3)內界覺察（inner zones），即個人意識到的內在身、心狀態或經驗的覺察，包括喜怒哀樂、麻辣冷熱等，此界覺察是一種主觀的知覺感受。

McBride（1998）和Staemmler（1994）指出，完形取向督導模式的核心條件在於「覺察事實」（the awareness of what is）。其基本假設為受督者之所以出現諮商困境與專業瓶頸，乃是源自於諮商師或治療者在諮商與心理治療歷程中，無法覺察當下「此時此地」的經驗。一旦諮商治療人員對個人的自我狀態有所覺察時，「改變」與「療效因子」就在剎那間浮現（Yontef, 1997）；若只一味考量受督者的專業知能和專業角色的運作，而

忽略個人化狀態，則難以發揮諮商治療的功能。因此，此一督導模式有助於諮商人員及督導人員的個人化成長。

三、督導的角色與任務

Yontef（1997）指出，完形取向督導模式的督導功能有三：行政功能（administrative function）、教育功能（educative function）及諮詢功能（consultative function）。他認為諮商督導人員是受督者與外在環境（包括不同機構之間、不同層級之間，以及不同的社會、文化、族群等系統之間）的一個溝通媒介，諮商督導人員有責任也有權力來指導、評估受督者的表現，包括是否合乎機構政策、專業倫理與法律規範等；督導者須協助受督者對整個大環境有通盤性、正確性的認識。此外，完形取向的督導者也必須教導受督者有關的專業知能，包括治療的策略與方法、案主的人格結構與需求等，同時傳授完形治療法的理念與技術，並且提供諮詢服務。此與一般督導的角色及功能並無不同。

完形治療督導模式並不否定督導歷程中的治療功能（Hoyt & Goulding, 1989; Yontef, 1997），尤其注重受督者的個人化議題。對此一觀點，有些督導學派則持保留態度，例如，Holloway 的系統取向督導模式（SAS）即主張，督導者不宜於督導歷程中，同時對受督者進行諮商治療，以免角色混淆（Holloway, 1995）。但也有學者（Yontef, 1997）認為，諮商師或治療者透過督導對話來成長的模式，等同於案主透過治療對話來成長的模式。完形取向督導模式的基本目標，即在於協助受督者完成自我察覺，以及透過此一覺察而擁有更多諮商治療的資源、抉擇方向，並面對其專業責任。

督導者必須協助、催化受督者在各方面做完整的覺察。例如，受督者被引導去聚焦於外界的覺察，有助於其清楚地聽到案主說了些什麼、看到案主做了些什麼，並因此避免太快用其主觀的判定（中界）來回應案主的

問題，或急於分析和評估案主的核心問題；諮商督導人員可協助受督者（諮商師）覺察其內在發生什麼（內界），是否與自身的過去經驗有關，而導致對案主有一些過度或不及的反應。有時案主對受督者的接觸干擾，可能阻礙諮商師本身的真實覺察、甚至解釋或防衛自我的個人化議題。諮商師也可能在接受督導時，內攝或投射其真實的自我狀態。

　　督導者有其專業責任，協助受督者全盤了解其諮商作為，引導其覺察他現在在對個案做什麼（即「圖像」為何）？並適時提供其他資訊或受督者尚未覺察的事物（即「背景」如何），鼓勵受督者開放地覺察新事物，以建構其新的「圖像與背景」；個人的知覺經驗往往受刺激訊息的組型影響，有些諮商師在諮商或受督時（圖像），受過去未竟事件（背景）的影響，因無法專注於活在當下，導致背景變圖像、圖像變背景而干擾諮商或受督。正因如此，完形治療取向的諮商督導人員較少問「為什麼」的問題，只問「如何」的問題；其目的，一則在於協助受督者覺察自我的當下行為，再則有助於擴展案主更多的「內界」思考，一窺「全貌」。

　　就受督者而言，自我覺察的焦點包括：了解周遭環境、了解自己與案主、接納自己與案主，同時能與他人身心接觸（Yontef, 1993），張玉鈴、蔡秀玲（2012）在一項〈完形取向督導中受督者知覺之督導重要事件與督導者之介入的初探分析〉中，採用重要事件技術，研究對象以一組督導者和受督者配對，連續進行 13 次的個別督導。研究資料取自受督者之 13 次督導重要事件問卷，以及督導者之 13 次督導歷程與反思紀錄，輔以督導晤談錄音，以內容分析法進行資料分析。結果發現以增進接觸為核心，督導介入包括增進督導者與受督者的接觸、增進受督者的自我接觸、增進受督者與案主接觸、增進案主自我接觸之完形技術教導等四個範疇。

　　當受督者能於督導情境中提升此一接觸覺察能力時，自然會充分地體驗自己在諮商歷程中那一個阻礙、扭曲、防衛或困頓的自我，也因此受督者能從中有所覺察、領悟。完形取向督導模式的督導任務則包括：(1)協助諮商師不斷地自我探索，提升自我覺察的能力；(2)提供支持，允許諮商師

對自己的專業診斷與處遇有更多的抉擇方向；(3)釋放諮商師所有卡住的能量，探討其在諮商過程中的個人化議題或困擾；(4)允許諮商師對生命的課題有更多創造性的思考與作法；(5)激發諮商師更多的自我能量以取代外在的資源與支援。若能達成上述督導任務，諮商師便能完全掌握每個當下，發揮其專業化、個人化的自我功能。

四、督導關係與焦點

完形取向重視專業關係的建立甚於專業技術的運用（Clarkson, 1999; Hycner & Jacobs, 1995; Yontef, 1993, 1995），他們認為專業工作者若注重技術層面，或許短期之內可以與求助者建立表象的互動關係，卻難以培養真正的覺察力；唯有呈現真誠、溫暖、投入及促發性教導等態度與行為，才能建立有效的專業關係。在完形取向的督導情境中，諮商督導人員允許自己受到諮商師的影響，尊重自己與受督者的個別差異，即使受督者對於案主的診斷分析與諮商督導人員有所不同，後者也能尊重前者的看法和抉擇，並相互討論，進而塑造一個雙方皆能分享個人當下覺知與經驗的安全空間（Yontef, 1993, 1997）。

完形取向的督導關係具有對話性和平行性的特徵。督導者宜在創意、平等、支持和開放的氣氛下，協助受督者自由地「體驗」與「實驗」自我，以建立個人的專業風格，「卸下盔甲」由重視他人支持轉變為自我支持，從依賴督導者轉為自我負責的專業工作者，更非一味地模仿督導者的專業示範或投射個人自我；唯有如此，才可以提升受督者的專業自信與個人自尊，也可以完全開誠布公地探討任何督導情境或諮商歷程中的問題，包括抗拒、移情與反移情、逃避挫折等狀況，以提高覺察力與諮商能力，確實成為統整內在的助人工作者並協助案主以自我為中心的成長。

前述完形「實驗」是所有完形治療法的基本態度與特色，它是一種創意的探險，在諮商歷程或督導情境中，允許案主、受督者藉著某些行為反

應去表達自我（Yontef, 1997）。例如想像未來的困境、重新呈現痛苦的回憶、與自己生命中重要的人物對談、回溯體驗個人關鍵的早期經驗、展開內心衝突的自我對話或角色扮演等等。惟須切記，上述任何完形「實驗」或技術之運用，須以建立雙方良好的諮商關係與督導關係為前提，若未能獲得彼此的合作承諾，則不宜貿然為之。同時，「實驗」過程中，諮商督導人員或諮商師宜謹慎評價、介入及澄清，否則容易導致受督者或案主自我的認知扭曲、心理防衛或身心傷害。

完形治療督導模式也強調，督導者必須了解及協助受督者覺察妨礙其專業運作歷程的干擾。Yontef（1997）指出，在完形取向的督導歷程中，最常見的「干擾」包括來自諮商督導人員、受督者或機構的不當期望，導致受督者或受訓督導者的專業學習受到阻礙；另一種干擾現象是督導者沒有督導意願或受督者缺乏接受督導的動機，任何一方於督導情境中的消極反應（例如抗拒、內攝或投射等），皆可能影響另一方積極正向的專業行為。

有時受督者也會在督導歷程中對自己違反專業倫理的諮商做辯護、找藉口，例如排斥棘手的個案、移情或反移情、違反機構政策等；如此一來，諮商督導人員的督導歷程會變得更為艱困，甚至損及雙方原本形成的良好督導關係。其他諸如受督者的心理防衛、脆弱的人格結構（缺乏安全感、渴望他人讚美、憤世嫉俗等）或專業背景不同、實務經驗不足等狀況，均會形成對諮商和督導歷程的挑戰和干擾，若諮商督導人員精熟完形治療法與諮商督導專業，有助於運用完形治療督導模式處理上述諮商師問題及督導困境。

完形取向督導模式強調尊重、真實和促發性教導等療效因子，有時不會刻意呈現督導作為或預期督導結果。Oaklander（1998）認為只要與案主同在，讓他們知道治療者是真誠的、接納的及溫暖的，即使治療時不做任何特別活動設計，或案主不想參與一些活動，那也是一種治療。完形取向督導模式強調，督導者能夠包容督導情境中所發生的一切，包括受督者的

攻擊、哭泣、不滿、抗拒或沉默、退縮等行為，在此當下，諮商督導人員必須呈現更多的等待、支持與諒解等正向的督導行為。

此外，完形取向的督導者允許大部分的督導議題由受督者來決定。督導開始時，督導者有時會詢問受督者：「你今天想談什麼？」因為只有受督者最清楚自己所思所感及個人的諮商困境與督導需求，而這正是人本學派的精神所在：人們有能量不斷地覺察自己與創造自己，人類是處在一種持續性演進、凝聚與成長的狀態中（Borders et al., 1986）。從完形治療學者的觀點而言，督導歷程等同於治療歷程（Yontef, 1997），故二者在實際運作上的原理、內涵、歷程與技術是相通的。有志於本模式的諮商督導人員或受訓督導者，宜精熟完形治療法的理論與技術，多多充實此一療法的實務工作經驗。

五、督導的歷程

Yontef（1997）認為在實務運用上，一如其他督導學派般，完形取向督導模式也可採用一對一（諮商督導人員一人、受督者一人）、一對多（諮商督導人員一人、受督者二至六人）或同儕督導（受督者或諮商督導人員分別二至六人組成）等方式為之。督導次數約一週一次或一月一次，連續進行數次或數十次不等，視督導關係與督導議題而定；督導時間也未特別予以限制、規範。值得一提的是，完形治療理論或其學者在進行諮商、督導時，並不刻意區分、發展出某些程序或制式步驟，只要是自由、自主與彈性的開放氣氛便是最佳的治療、督導歷程。

張玉鈴、蔡秀玲（2012）認為，受督者在完形取向督導過程中需要覺察，覺察哪些影響諮商歷程或督導歷程的重要事件，其類別包含：(1)勝任能力情緒干擾與增能；(2)進入案主現象場以形成個案概念化；(3)覺察與克服諮商困境中的接觸干擾；(4)現象場問話與空椅技術學習；(5)專業角色與發展反思；(6)督導關係影響；(7)其他基礎諮商技能學習。至於督導歷程，

考量結構學習與訓練解析之需要，督導架構之分段流程仍有其必要。參考 Yontef（1997）督導三階段的說法與實務工作者的經驗，完形治療督導模式的督導歷程約可分為下列四個階段：

（一）督導關係的澄清與建立階段

此乃諮商督導的起始階段，後續督導歷程的順利與否，此為重要的關鍵。澄清與建立階段的督導重點在於須和受督者有真實的接觸，一開始即須討論彼此對督導工作的期望與目標，並留意受督者在此專業互動過程中是否有出現任何干擾，隨時澄清在此場域中彼此的感受。例如當諮商督導人員詢問受督者如何看待被督導這件事時，受督者回答：「對督導感到有些害怕，因為督導的樣子有點像以前一位當眾批評我的老師」。諮商督導人員若能中立地引導受督者區分那位老師與督導本身的「同」（例如都有戴眼鏡、臉都是圓圓的）與「異」（例如後者的眼神是溫和的、願意聽他說話等），就能幫助受督者拿掉投射，並且從中發展新的、可信任的督導關係。

（二）體驗階段

Yontef（1997）認為，完形取向督導歷程中最重要的，亦是最困難的工作，即在於提供受督者體驗性活動，例如身體工作、感官訓練等，以提升其覺察力。此期間宜留意受督者的感覺、情緒經驗與個人化特質。理論上，「完形」強調人是一個整體，當身體改變或生理復甦時，亦視為是整體的改變（謝曜任，2001）。此時完形取向的諮商督導人員會與受督者進行對話式的接觸，例如諮商督導人員會問：「當你談到不在乎機構的限制時，胸口有什麼感覺？」「你一提到接受督導的效果有限時，我看到你臉上的表情是這樣的；你願意做一次嗎？同時，告訴我那是什麼感覺？」等等體驗性反應。受督者愈能與自己的感覺做接觸，就愈容易覺察到卡住的地方。

（三）教導階段

　　督導者配合上述階段或重要議題進行授課或討論，此時仍須注意受督者的情緒與感覺。教導時可適當地融入專業知能，例如心理動力、行為發展、人格診斷與「完形」理念等。此外，完形取向的諮商督導人員面對非此一取向背景的治療者、諮商師時，也需要熟悉其不同背景的專業理論，方能適度地連結並教導受督者。有時在較嚴謹的完形取向督導情境中，特別是訓練性質的團體，對於受訓督導者也會安排結構性課程或施予期末評量。

（四）整合階段

　　經由前述體驗與教導兩階段之後，受督者或受訓督導者可與諮商督導人員的角色互換，由前二者扮演諮商督導人員或諮商師角色，同時輔以體驗性活動與教導性活動。惟雙方必須認清個人的專業角色，了解其中的界限與限制，包括角色規範、角色期待、個人需求和評量方式等。唯有諮商督導人員與受督者清楚此一督導架構（含完形取向的個別督導、團體督導或同儕督導），才能激發角色扮演或督導情境中之自由與創意的氣氛。此階段另一個進行方式是，由督導者對受督者施予評量或指定其家庭作業，要求受督者呈現與案主的諮商過程。

　　上述四個歷程皆可採用錄影、錄音或採單面鏡觀察等實地方式來進行諮商督導。完形取向督導模式並不鼓勵受督者將諮商歷程做鉅細靡遺的口頭報告，以免費時、費力又事倍功半；除非詳述諮商過程有助於受督者全新的覺察、體驗或實驗，進一步因個人化的領悟而促進專業化的動力；督導者運用完形治療雙椅、空椅、繞圈子、對話練習和身體工作等技術，協助受督者體驗一次「完形」經驗循環的形成與消退，以利於受督者的個人我和專業我整合與成長。

六、督導技術

在進行完形取向的督導工作時，可考量因不同的督導目標、原則、歷程與督導雙方的背景條件，而適度採取不同的督導技術與策略。下列完形治療法常見的、主要的專業技術，也可適度運用於諮商督導的過程中。

（一）對話練習

對話練習（the dialogue exercise）乃是藉由正反兩種角色或兩股不同勢力的接觸，展開此時此地的相互對話，以增進自我覺察、解決個人內在的衝突，進而統整自我。其作法通常是在受督者不斷談到某人或對某人的感受時，諮商督導人員引導其回到我—你（I-thou）的關係，此時可取一空椅代表對方。又當受督者在陳述中逐漸浮現出衝突與矛盾時，可以用雙椅（或墊子）將之具象化，分別代表兩股對立的聲音或力量。督導者可以示範、教導，或直接要求受督者將自己內心當下的兩個聲音表達出來，以去除「干擾」、解決未竟事件或專業困擾。

（二）角色扮演

完形取向的諮商督導人員可透過角色扮演（role playing）方式，引導諮商師（受督者）模仿另一個干擾其諮商歷程或與其有重要關係的人物角色，使受督者獲得更多體驗或覺察的機會，並從中宣洩情緒與情感。例如臨床督導時，由督導者扮演案主或諮商師，而與受督者進行角色互動、人際溝通或演練示範；或由受督者同時扮演案主及其父親的角色，以協助受督者對此一個案之相關角色有更多的覺察、體會。

（三）語言或表達訓練

督導者協助受督者去覺察自己與他人（特別是案主）之間語言溝通時

的模式與內涵，以期對人際互動產生全新的體會。諮商督導人員可借助下列形式來改變諮商師的口語表達或認知感受：

1. 盡量以直接敘述代替問話原則，例如諮商督導人員以「我知道你可以的！」取代「你可以嗎？」又如以「我很想再見到你」取代「我可以再見到你嗎？」

2. 盡量採用「我」的訊息方式表達，例如「身為助人者，我們必須遵守專業倫理」取代「你們身為助人者皆須遵守專業倫理」。必要時，可以鼓勵受督者在結束表達前加上「我願負責」之類的語句，避免受督者逃避責任或產生「投射作用」的干擾現象。

3. 盡量傾聽受督者話中的隱性意涵，特別是注意那些「說溜了嘴」或案主慣性用語（口頭禪）所可能呈現的心理資訊。

4. 重複受督者情緒性的語詞或鼓勵其說出感受，使受督者情緒更加明朗化，甚至讓長久壓抑的情緒或未曾覺察的情感當下真實地呈現，讓「背景」轉換成「圖像」。例如諮商督導人員對受督者說：「當你提到許多諮商困境的原因時，我看到了你的這個（諮商督導人員以手指指向頭部）部分，我想多聽聽你這裡（指胸口）的感覺。」

5. 盡量不用影射、俚語，而盡量將之擬人化、具象化，以免隱藏了受督者或案主某些未竟事件的內在對話，例如：「你提到面對案主感覺怪怪的，這種怪怪的東西像什麼？」

6. 盡量以表情、動作、位置或物品等非語言訊息來輔助語言表達，例如前述案例，諮商督導人員可要求受督者去扮演怪怪的東西，請他具體地以語言、物體或動作表達出那種怪怪的感覺。Oaklander（1998）有時會讓案主以跳一支發怒的舞蹈，來表達他的憤怒情緒，從中讓案主有機會接觸其「身」、「心」，並使二者合一。

（四）繞圈子

繞圈子（making the round）技術適用於完形取向的同儕督導或團體督

導等情境。透過要求受督者一一對團體同儕表達同樣的陳述，以提升其對某一想法或情緒的覺察，或者藉以增強受督者。典型的作法為諮商督導人員邀請團體中的一位受督者走到某位成員的面前，對他說些話或做些動作，例如甲走向乙，並對他說：「我很願意提供一些看法，但又怕被你拒絕」、「我很難去面對性別不同的案主或成員，我想你們會在意我的身體缺陷或誤解我的意義，以至於忽略了我的專業能力」；又如諮商督導人員為了鼓勵受督者，增強其信心，可邀請受督者對團體其他同儕成員一一說：「我覺得我很棒，對這個個案，我有信心做好……」。

（五）反轉

完形治療學派認為有時一個人的言行舉止，可能與其內心的所思所感相反（兩極），亦即案主的某些症狀或言行，往往是其內在潛藏的衝動或壓抑的需求而形之於外的倒轉表現，精神分析學派視其為一種心理防衛機轉。諮商督導人員可以使用反轉技術（the reversal technique），協助受督者去扮演與其本身個性完全相反的角色，藉此受督者可以體驗、接觸自己所否認或被埋沒的部分，例如開朗的人去扮演內在那個害羞的自己，讓害羞由「背景」轉成「圖像」去體驗之。

又如當受督者不斷地說：「我自己有些疏忽，事實上，我在做空椅時，少了一個步驟……」，諮商督導人員可請受督者改用另一種陳述：「我做得很好，我注意到很多地方，我真的做得很好！」藉此幫助受督者覺察其內在隱微的感受與模式，究竟他／她是想藉由自我批判來宣示自己差勁，或是想充分地提出「不足」來證明自己的專業能力，有必要加以覺察、領悟與澄清、面對。

（六）誇大練習

誇大練習（the exaggeration exercise）旨在協助受督者能更敏銳地覺察自己語言與非語言（肢體、動作、表情等）中，所欲傳遞的近乎微弱（或

幾乎遭埋沒）的訊息，例如督導者可以邀請受督者生氣時加上捶打抱枕的動作，或傷心時撫慰抱枕；在表達自己對諮商工作「有些挫折」時，改用「我感到非常挫折」，並配合對應的語氣來表達，如此必能有助於將受督者內在隱藏的狀態（背景）更鮮明地呈現（圖像）出來。

　　完形治療督導模式的技術不限於上述幾種，實際運用時這些技術須具有高度的創意，活化又有彈性（Oaklander, 1998）。換言之，督導者和諮商師在實務運作上仍須考量雙方的任務目標、諮商倫理及個人專業知能等條件，並謹慎用之。事實上，完形取向的督導者應全盤了解此一學派的理論基礎，包括場地論、現象學、存在主義、有機體、圖像與背景的循環，以及人本心理學等知識，同時須擁有豐富、純熟的完形治療臨床經驗。唯有如此，才是一位真正有效能、負責的完形治療督導人員。

　　卓紋君和徐西森（2002）探討完形治療取向督導模式並將其督導歷程的對話紀錄分析，結果顯示本模式督導歷程有三個階段和六個步驟；三個階段分別為督導者協助受督者：第一階段探索和體驗個人的角色和行為，使用探問、引導、澄清等諮商技術；第二階段整理諮商困境，聚焦於「專業我」和「個人我」之間的對立角色，讓受督者和浮現的議題完全接觸且有所行動，使用雙椅、對話練習和表達訓練等技術；第三階段整合受督者的自我，使其為自己的過去和未來負責，使用反轉、對話練習和具像化（遠距距離）等技術。

　　上述研究彙整的六個步驟為：(1)讓受督者決定督導需求與議題，支持其為自己選擇負責；(2)蒐集資料並探問、關懷其話語中的壓抑、投射等心理機轉；(3)引導其從身體感覺所處環境刺激的外界覺察、到個人大腦對外界理解或看法的中界覺察，進入到體驗身體內部變化及情緒感受的內界覺察；(4)澄清或面質其內外在的不一致、或內在兩股對立的自我，並將其所述過去內容（背景）浮現成當下督導中的自我對話（圖像）；(5)使用完形治療如對話練習、表達訓練或身體工作等技術來外爆、內爆其內心未竟事

宜的感受體驗；(6)溫暖導回其覺察當下的自己、撫慰及固化自我的整合。

　　完形治療督導模式也適用於團體督導及教育訓練性質的諮商團體中，有助於提升督導雙方個人化的自我成長與專業發展。Melnick 和 Fall（2008）指出，本模式的團體督導有四個層次：(1)監控品質和協助受督者成長；(2)聚焦於團體的人際互動與個人內在動力；(3)選擇並運用有助於受督導成功者覺察的情況和議題；(4)設定有效的團體學習目標。團體督導的原則為讓受督成員連續經驗人際、次團體、內在動力、團體的整體性等系統場域，設計創造性的催化團體活動等，讓受督成員多回饋、不給建議、相互支持的從多元觀點、多重關係來增進學習和系統運作。

七、督導過程對話實錄與分析

　　本實錄具體呈現完形取向督導歷程的對話逐字稿，藉以說明督導過程中所使用的完形技術，並就完形治療的觀點加以分析。此一督導歷程取自一位諮商督導人員（曾接受過為期四年的完形治療訓練，並持續以此取向從事諮商與督導工作）在督導某助人機構之諮商師的錄影內容，該諮商師（曾接受過一學期完形治療法訓練，並於學校與社區等單位從事專業諮商輔導工作十五年餘）接受其諮商督導人員之指導已有數月，督導關係良好，現因帶領一治療性的團體遭遇困境而前來與督導者討論。

　　此次督導過程歷時約八十五分鐘；諮商師（受督者）事先已將團體諮商治療的相關資料（含團體紀錄、成員背景資料等）交予其督導者參閱。一切督導過程皆在專業倫理的規範下運作。下列督導實錄左欄為督導過程之諮商督導人員和受督導者的對話。右欄為研究者對督導過程的評論分析。

　　以下為諮商督導人員運用完形取向督導模式對受督者督導過程中的對話及其督導分析：

督導過程實錄	分析
督導者 01：今天你想和我討論些什麼？	01 督導者直接敘述，由受督導者決定議題。
受督導者：目前我個別諮商接案方面沒有太大的問題，所以這一次的督導想談一談我本週所帶領的團體，可以嗎？	
督導者 02：嗯！由你決定，若你認為它對你是重要的話。	02 由受督導者自行決定其督導需求。就完形治療的精神而言，督導者提供支持予受督導者自由地選擇，如此後者也較能為此一話題負責。
受督導者：我是有些困擾，特別是對於團體中成員的表現及自己的處理方式。	
督導者 03：想再多談一些嗎？	03 督導者進一步蒐集資料。諮商師三度探問、關懷H成員，反映出其自身已出現對成員的投射機轉。
受督導者：本週我的諮商團體進行到第三次，當天主要議題是在探討親子關係。大約完成三分之二的團體成員自由分享、討論後，有一位成員H提到他多麼痛恨自己的家庭，尤其是他的父親如何如何的霸道、冷酷。他不喜歡待在家中的感覺，所以目前寄宿在外，很少回家。對他而言，「家」只是一個經濟供應來源。這時團體的其他成員紛紛發表看法，有人提供建議，有人深有同感，有人指責評論。當有一位「倚老賣老」的成員數度發言之後，我不得不出面加以制止，我說「○○，你的意見相當清楚，因為受限於時間，先暫停一下，好嗎？」然後我轉頭詢問案主 H：「你目前的心情如何？」他淡淡地說：「還好啊！」我再問：「你有什麼話想表達嗎？」他無所謂地回答：「沒有啊！」我再提醒地問他：「大家給你這麼多意見，你沒有想對大家說些什麼嗎？」他環視了眾人之後，淡淡地笑了一笑：「大家給我很多建議，我再想想囉，反正也不是一下可以改變的啦！」……當時的情形大概是這樣。然後，我因為團體時間已到，大致統整了一下今天的團體過程，然後做團體結束前一個簡單的催化活動，讓成員手牽手彼此給祝福。當然，我最後也給成員H在今天團體中的表現予以肯定、激勵與祝福。這一次團體過程大致是如此。	
督導者 04：你之前與我討論團體時，這位成員H並非是有問題的成員，好像他是屬於團體內比較正向反應的成員？	04 督導者此時對諮商師所述之過程所浮現的圖像為諮商師對H

（續下頁）

督導過程實錄	分析
受督導者：對！對！而且他過去在團體中的表現，包括團體行前的說明會，他的表現一直很不錯，人緣好、幽默風趣、主動積極，也有服務熱忱。所以我很訝異他在今晚團體中，會如此的開放，甚至成為團體中場後的焦點成員。最後，團體花了許多時間在處理他的問題，以至於今晚團體結束前仍有三位成員沒有機會分享其經驗，我已預告下次團體再邀請他們繼續完成今晚的活動。我想說的是，自己有點懊惱當晚個人在團體引導及處理上的表現有些不夠理想。	成員的特別反應，故選擇澄清諮商師對該成員的看法。 諮商師在描述成員特質時投射出個人自我的期待。
督導者05：嗯！（沈思，眼神注視受督導者，確認受督導者是否仍要表示意見）從你剛才的口述及我事先所看過你的錄影帶，我想到一些問題。首先，對團體歷程你似乎有自己的想法，當團體實際的發展走向和你的預期有所不同時，你會有些擔心；其實，這也是諮商團體發展歷程中的自然現象，只是你擔心大家將焦點放在成員H，你也擔心其他成員沒有被關注到。	05 督導者給予受督導者尊重、支持，並且指出諮商師內在的兩股擔心。
受督導者：對！（頻點頭）	
督導者06：所以你在團體結束前，會想了解成員H及其他成員的想法，事實上，你是在檢核自己的想法、檢視你的擔心。	06 督導者澄清諮商師在處理此團體事件的意圖為何。
受督導者：對！我是如此的考量，所以才會做那些催化活動。	
督導者07：若將這樣的擔心、核對，在團體一出現這樣（H成員）的狀況時；亦即採用上述的方法來加以處理，對團體的影響你認為會是如何？會是更恰當的作法嗎？	07 督導者引導諮商師去思考另一種處理或帶領團體方式的可能性；並有意藉此探索諮商師何以未能直接表達自己的擔憂，其中的干擾、阻礙為何。
受督導者：嗯！（沈思，停頓一會）如此一來，是否會導致團體動力的流程因而中斷，其他成員的分享未能即時抒發？	
督導者08：若是在團體一出現後，你嘗試去處理，即使未能阻擋那樣的團體動力，至少你已核對，只好「順勢」；問題是聽起來你已出現那些擔心，但卻未及時去檢視。感覺上，你對自己是有些擔心的，是嗎？	08 督導者面質諮商師，置焦於其個人的情感議題。
受督導者：那一天其實我本身有點累，它不是身體上的累，在帶領團體之前，我是滿生龍活虎的；感到累主要是來自於在團體中，似乎出現許多擔心、狀況，	諮商師覺察到個人內、外在的不一致，並感知其團體場域內

（續下頁）

督導過程實錄	分析
不斷纏繞著我，令我疲於應付、心力交瘁。在我腦海中不斷有些聲音在提醒我，而它們與我過去的專業背景、學習歷程或團體經驗有關。例如另一個我會不斷跳出來提醒我：現在如此的帶領團體，自己是否是「高控制、高結構」？在治療性的團體初期，我是否應給予成員較多的尊重，是否應避免設限太多？但另一方面我又擔心成員分享太多，是否導致團體動力會呈現表面的凝聚，或是傷害那些開放太快太深的成員等等。其實，那一次團體我本身未積極介入太多意見，想說不敢說，想做不敢做，滿辛苦的（受督導者雙手一攤，狀似無奈）。	的成員互動。
督導者09：（同理似的微笑，點頭）所以，當晚好像 Leader 也活在自己的心理世界中。	09 督導者指出諮商師在帶領團體當時個人的內在狀態。
受督導者：嗯！	
督導者10：Leader 好像一下子進入狀況，偶爾又跳出來，看看自己帶領的團體發生了什麼事，會不會太如何如何。	10 反映諮商師的困境。
受督導者：嗯！好像有兩個自我在搶戲，有時我進入團體中身在當下，發現問了，自己必須有所反應；但另一個腦中的自己告訴我要怎樣反應，不斷提醒我哪些可做、哪些不可做。	諮商師內在的兩股力量逐漸浮現成為「圖像」。
督導者11：我不知這是否與你在上次督導時提到想改變自己多年來帶領團體的風格有關。似乎你現在有點迷失、有點不安，難以掌握原來擁有的專業知能。	11 擴大諮商師何以如此的探索脈絡，督導者將之前諮商師的對話自「背景」中抽出，與此刻諮商師的議題做一聯結。
受督導者：嗯！（眼睛一亮、點頭）的確是如此，我覺得是有關的。以往我帶領諮商團體是駕輕就熟，甚至不必做太多準備，一進入團體我隨時可以有許多活動設計在腦海中，一切似乎都在掌握之中。而今，每次團體帶領時，我都會一再提醒自己要按照團體計畫，不可太隨性。在團體過程中，自己是否如何如何？不可太怎樣怎樣……我也會想到成員要什麼？我是否滿足他們參加團體的動機，萬一我現在帶領的不是他們要的，可是自己又必須依據團體計劃，不可太即興演出……諸如此類。	
督導者12：聽你這麼說，我想的確是相當辛苦的，好像你身上綁了很多繩子，各方都想拉著你跑。我想澄清的是，你提到自己的團體是「高結構」，團體	12 用比喻具象化諮商師的困境，並澄清諮商師的想法（中界作

（續下頁）

督導過程實錄	分析
「結構」可能部分與 Leader 自己的個人風格、主導性有關。所以，我覺得你將此次團體界定為高結構，同時你個人風格又強，指導性也滿高的，你希望「高結構」又不願自己太強勢？（注視受督導者，探詢似的）	用）與自我期許的衝突。
受督導者：對！那……（停頓一下，有所領悟的）嗯！聽督導你這麼一提，我好像是自己設下框框，又想跳出來，所以才會被拉扯得很辛苦。嗯！沒有人規定某一諮商學派取向的團體或治療性團體一定要是「高結構」的吧？或許，我被自己的專業理念困住了，它可能是錯誤的。另一方面，我也受到其他同儕或督導的影響，感覺自己不該太強勢，對人應有更多的尊重，而尊重就是不介入、不許價。嗯！（沉思一會）如此一來，我似乎是進退失焦了。	
督導者 13：自己很難定位？	
受督導者：對！或許成員不見得能發現到我的困頓，就如同當天結束團體時，也有成員提到每週期待來參加我的團體。但是當天帶領完團體後，我不再像以往一樣擁有每次團體結束時的那種成就感；相反地，自己覺得滿挫敗的，有很多的擔心。	
督導者 14：嗯！我想再澄清的是另一個重點，好像你覺得在團體中自己帶領的主導性愈高，就意味著對人愈不夠尊重，愈缺少了人性關懷？	14 澄清諮商師對「高指導」的看法與投射。
受督導者：對！因我認為團體 Leader 的主導性這時候愈強，就代表你的團體領導架構愈清楚，愈會主觀地呈現 Leader 的想法、計畫，這時候未必能注意或關懷成員當下的反應、感受，而只是想盡職地完成團體，達成團體目標。	
督導者 15：這個部分的探討可能需要花一些時間，我現在也在擔心是否繼續討論下去。儘管上次和這次督導你提到想多一些團體風格的專業省思，似乎團體的諮商歷程的確有些東西對你而言是重要的，你想豐富你個人風格，又擔心失去你原來具備的部分。你覺得是這樣嗎？	15 討論至此，有許多不同的方向可走。其中之一是督導者選擇聚焦於探索諮商師困擾的圖像為何（即受督導者的自我覺察部分），此乃基於諮商師已有豐富的實務經驗，且具有諮商輔導碩士學位，有關團體帶領的方式與概念並
受督導者：對！就在剛剛一剎那間，我突然發現自己在個別諮商與團體諮商方面共同出現一個專業問題，那就是我很容易去察覺自我的狀態。以往，我是以專業為導向，個人呈現出「高結構、高成就、高控制」的取向；現在的我在專業工作上，更多時	

（續下頁）

督導過程實錄	分析
候會從案主或團體成員的經驗去反省自己在做什麼，意義是什麼。有時甚至從接案的歷程中或帶領諮商團體時，察覺自己內在有很多的情緒，相當不舒服；但又因自己的專業角色必須把它壓抑下來。例如看到不夠積極、過度依賴、無所謂及不負責任的案主，我會有許多情緒出現，我會覺得他不尊重自己、不尊重諮商關係，他沒有正視我們之間的專業互動；儘管我不會直接投以言語攻擊、面質，但我會感到不舒服。又如帶領本次的團體，有時成員出現非預期的行為，不斷指導他人時，我會對他們感到不耐，心中抱怨他們不知自制，想說就說，只考慮自己、不遵守團體公約……等等，我實在……	非是此次督導迫切的課題，而且此諮商師已透露出一些與其個人感受有關的內容。諮商師真實表露個人在專業角色之下，其內在的許多感覺，包含對過去的案主、團體成員和自己。
督導者 16：好像你現在也有很多情緒哦！（兩人相視而笑，受督導者有點尷尬）。	16 反映諮商師當下的情緒。
受督導者：嗯！我不知這樣的自覺對自己未來的專業發展是助力還是阻力？	諮商師逃避情緒的覺察，仍投注在中界的描述，此為諮商師的疑惑圖像。
督導者 17：你覺得呢？	17 督導者將問題再交回給諮商師思考。
受督導者：憑良心講，這樣的專業自覺滿辛苦的，過去我只要全力處理個案，現在卻必須花費部分的心力與自己對抗，有時覺得（停頓一會）……唉！好累哦！有時會懷疑自己的專業能力（受督導者有點哽咽！），尤其是自己有些潛藏的不舒服經驗被挑出來時。過去專業工作導向的我，不太容易也沒有時間去注意到個人內在的部分，也不容易有機會出來情緒；現在愈注意自我感受時，內在不舒服的情緒和經驗卻往往排山倒海而來。（受督導者眼眶微紅，微微苦笑）	
督導者 18：我可以感覺你處在那樣的歷程中，有點心痛，甚至懷疑這樣專業成長的價值，悔不當初。我想分享一點自己的經驗，那就是當你愈能夠接觸到自己內在的混淆、紛亂，甚至很多的矛盾、痛苦等情緒時，是否也令你體會到更多專業自我裡的人性部分，更貼近人的真實存在。	18 督導者予以同理，並試圖藉自我表露來引導諮商師從另一角度來看。
受督導者：可是如此一來，是否會壓抑我的專業成長。我覺得現在的自己，很容易在專業工作時卡住了。在那當下，我是觀察到很多內在的東西，也許如督	

（續下頁）

督導過程實錄	分析
導所言，這是可喜的；但它也讓我發現自己在專業過程中已無法流暢地運作。	
督導者 19：當然，也許你可以想想：處在那樣卡住的歷程中，卡住的是你的專業角色，還是你那持續專業成長的自我？以我的價值觀來看，我認為卡住的只是前者，當你能夠走過那些混亂、迷惑、不舒服的情緒經驗時，甚至接納那樣的狀態時，與它們同在時，你的專業成長是導引你自己不斷朝向「回歸真實」的人，而不只是一個專業角色的自我，是嗎？我想，現在的你應該是擁有更清楚的專業自我，而非卡住了。	19 督導者試圖引導諮商師區分角色與人的不同；並扮演教導者的角色，引導諮商師從正向的眼光去看待此刻自己的困境。
受督導者：我很喜歡您用的「接納」二字，也許現在的我還不能適應、接納自己這樣的專業蛻變吧！在專業上，我最近的生活常出現低潮。	
督導者 20：你願意在此刻嘗試更進一步的接觸自己嗎？	20 言談至此，督導者認為諮商師內在兩股力量的拉扯，對其在情緒和專業能力的實踐上有所影響，且諮商師對此議題已有感覺，並準備好面對它。是故邀請諮商師對此議題做進一步的接觸。
受督導者：嗯！（點頭，受督導者以雙手掌撫拭面頰）	
督導者 21：讓我們來嘗試一下，這裡有兩張椅子。其中一張椅子是原來的你，有清楚的專業風格，高結構的專業過程，甚至將案主、團體成員視為是一個「專業問題」，可以嗎？（受督導者點頭表示了解）而你是一個修理師，你在處理那個「問題」，你只是想解決「問題」，讓他不再是問題就好了。	21 用椅子具象化諮商師內在兩股拉力的某一極。
受督導者：嗯！（受督導者站立一旁，理解似地點頭）	
督導者 22：我看到這個過程中，其實也有關懷，對個案的關懷，那樣的關懷是來自於你將他當作是「問題」，而且對他用心。你想要修理好他，ok？你用的心是在這裡！	22 確立諮商師兩極中的另一部分。
受督導者：對！對！	
督導者 23：Ok！（督導者走到對面的另一張椅子旁，指著它）從一端走過來，這是你認為的人性大部分，它可能是覺察，可能是尊重案主，它是能夠體察	

（續下頁）

督導過程實錄	分析
到自己與案主的內在需求；你把這兩者視為是兩個極端，你不想在其間左右擺盪遊走。 受督導者：（思考許久，點頭微笑）對！我覺得它們就是兩個極端，一個是以個案為導向，另一個是以自我為主。理想上，我認為一個助人工作者是以個案為中心。 督導者24：你願意去坐在那個位置上感覺一下嗎？認同它的作法，甚至體會那樣的情緒。 受督導者：那一張以個案為主的椅子嗎？	24 督導者藉此來增加諮商師與某一極的接觸，並開始為進入「扮演」此部分的自我做「暖身」。
督導者25：對！先前的那一張椅子，原來的你認為有專業風格的部分（督導者手指原先一端椅子，受督導者走過去，坐下來，閉眼體會） 受督導者：我覺得自己應該關心個案嘛！一個諮商師應該接納個案所有的情緒，包括團體的成員應該被 Leader 所照顧，個案與成員有權反映自己的需求，諮商員是助人工作者，不宜宣洩個人情緒或呈現負向的情感反映。案主在脆弱的時候，進入諮商室，他……（受督導者看一下督導者，後者以手示意受督導者的內心）	
督導者26：○○，暫停一下，當你在說這些話時，當下你的胸口有什麼感覺？ 受督導者：還好吧！平平淡淡的，沒什麼特別的情緒。	26 引導諮商師覺察其內界。
督導者27：好！那麼……（督導者思索一下，靠近受督導者，以手搭受督導者的肩膀）。○○，這樣吧！我再澄清一件事，以你現在的情況，是否可能兼有兩個自我，一個人性化的自我，假設他是較早出生的我，只是長久以來，被你遺忘或被另一個專業人的自我所取代。所以目前的狀況，是你遊走在這兩個自我之間，經常有被拉扯的感覺，至少他們當下是同時存在的，否則你不會如此辛苦或痛苦，是嗎？ 受督導者：對！對！我認為是如此，這麼描述比較貼近我的現實狀態。	27 再度確認並澄清諮商師的兩極——各代表某一立場與想法的兩個自我。
督導者28：好！現在讓我們加一個情況，這兩個自我都是你，一個早已存在，只是被忽略了；另一個是後來形成的，他的角色較明顯，現在的你已習慣他，至少在專業工作時。現在我要你坐在這個你已習慣	28 促成諮商師內在兩個自我的接觸，並做直接表達。

（續下頁）

督導過程實錄	分析
的「專業化自我」，然後對另一個早已出生、讓你感覺混亂的「人性化自我」去表達你的一些想法或感受，可以嗎？	
受督導者：嗯！	
督導者29：對他說話，不是對我，可以嗎？（受督導者點頭）。Ok，等於是要對另外一個自己說話。我再把兩個椅子距離稍微拉近點，以方便你們對談。當另一個〇〇會注意到自己，擁有自己的感覺、自己的需求，他也會看到案主情緒、想法嗎，這時的你有什麼感覺，你想對他說什麼？	29督導者補充說明及引導，試圖為諮商師進入內在的自我對話暖身。
受督導者：好！（受督導者坐在椅子略微晃動，閉眼沉思許久，未有動作）	
督導者30：你現在的感覺是……（督導者趨前，輕聲關懷）	30澄清諮商師發生何事。
受督導者：因我發現要看我自己有些困難，然後……（受督導者嚥了一下口水，張開眼睛，情緒有些激動，語調微顫），我感覺上，現在〇〇好像是一個個案（看著另一端的椅子）。	
督導者31：嗯！所以是否可以直接告訴自己，我看到自己，他是如此的……（督導者音轉弱，緩緩離開受督導者身旁）。	31要諮商師將當下的覺察轉成直接表達。
受督導者：嗯！（受督導者再度閉眼，深吸了一口氣，停頓一會，娓娓自語）我看到〇〇有很多不舒服，〇〇有很多的擔心；我看到〇〇好像在擔心幫助別人的同時，自己過去很多不愉快的經驗會被拉扯出來，〇〇在掙扎，〇〇在抗拒，〇〇有點害怕。〇〇，當你在幫助別人時，其實你只是想要證明你自己很不錯，你真的很棒，以前那個不夠好的〇〇，好像在助人的過程中不見了。（受督導者身體不自主地前後晃動，停頓一下，嚥了口水，眼簾輕微顫動）那一刻你覺得自己是了不起的，可是你並沒有因此感到快樂……（受督導者停頓許久）。	
督導者32：〇〇，此刻我自己感覺的是，（受督導者睜開眼睛）你好像坐在另一個椅上，這一個「人性化的自我」在對一個強調技術、工作取向的「專業化自我」說話，而不是坐在這一個「專業化的自我」在對那一個「人性化的自我」說話，你覺得呢？（受督導者點頭，督導者請受督導者換至「人性化自我」的位置）繼續說，可以嗎？	32核對諮商師所說的是反映哪一部分的自己，似乎與其座椅所代表的自我不符。

（續下頁）

督導過程實錄	分析
受督導者：（點頭，閉一下眼，再睜開眼睛，徐徐地說）其實你會把自己弄得那麼累，就是因為你常常把生活中的一切大小事情都當作是工作在做，包括人際互動。你不只是把個案視為工作，對你而言，其他週遭的人也是你工作中的一部分。○○，你應該不是像你外表般舒服，你到底是要什麼？這樣的生活真是你想要的嗎？幫助別人時，你真的感到快樂嗎？	
督導者 33：好！（督導者眼神示意受督導者換坐至另一位子上，受督導者坐到那一個「專業化自我」的椅子上）	33 督導者使用雙椅技術。兩極中的某一方提出一連串問題時，常是換位子的好時機。
受督導者：（閉眼沉思一會，張開眼睛，身體前傾，語調略微上揚）。如果我無法幫助別人的話，我的生活裡就好像沒有什麼快樂的事，沒有什麼成就了。因為助人時，我可以得到別人的讚美與肯定，我覺得這樣也很好呀！助人也助己，幫助別人中也可以發現自己的價值。為什麼要老想過去那一個不快樂的自己，過去的也難以改變嘛（受督導者身體前傾，聲音抖，嚥了一下口水），那……人也不一定要靠情感或感覺才能活呀！若是每一個人都是靠情緒、感覺來生活，那也太不切實際了，有點虛無縹緲，不是嗎？情緒、感覺又看不到、摸不著，我只要能協助個案解決問題，他的行為改變了，這就好了。所以在助人時，其實我並不重要，個案才是最重要的，他快樂，我就快樂（受督導者停頓了一下，注視著督導者）。	
督導者 34：（趨近受督導者，附耳輕聲說）你想告訴他，這就是你要的生活嗎？	34 督導者運用「送你一句話」（feed you a sentence）技術，協助加深諮商師表達的層次。
受督導者：（點頭，嚥了一下口水，深深的吸、吐了一口氣；抬頭凝望吊燈，接著又說）這就是我的價值，這就是我快樂的來源。只要工作有成就，我每天就會過得很快樂。我每天把自己弄得很忙碌，工作充實，個案不斷上門，我可以同時間完成許多預訂的工作或額外的事情（受督導者語調轉為急促，聲音高亢）。有時周遭的人關心地問我：「你累了吧？需要休息一下哦！」我會毫不遲疑地回以「我很累，可是個案需要我，我不能令他們失望……」之類的話語。有時來不及吃飯、喝水，連案主也會溫暖地對我說：「你要先吃個飯嗎？我	

（續下頁）

督導過程實錄	分析
可以再等一下」，我也會認為他們需要我協助，他們只是不能免俗地先對我噓寒問暖一下，客套一番。於是乎，我又投入工作中。反正飯可以待會兒吃，水可以等一下喝，助人的事要掌握時效，熬一下就過去了，無傷嘛！（受督導者略顯激動，近乎抒發情緒似的）。	
督導者 35：嗯！（專注的傾聽，但不介入打斷）	
受督導者：這……（受督導者吐了一口氣）就是我的生活，我覺得這樣也很好。若是整天在想我的過去，重現我的不愉快記憶，那似乎是浪費時間，沒有什麼幫助，沒有什麼意義。所以我覺得這樣工作、這樣的生活也不錯。	
督導者 36：（以手勢示意受督導者移至另一位子繼續對話）	36 待某一方充分表達後的段落，也是另一個可以換位子的時機。
受督導者：（起身移至「人性化自我」的椅子，入座後，凝視「專業化自我」的空椅，微笑注視許久，緩緩地，語氣平順的）你覺得自己這樣的生活好像很好。可是忙碌過後，一人獨處時，我會感到非常疲累、空虛，那時我會有一些情緒出現，那時的我很需要別人的關心，覺得自己滿孤單（受督導者語調微顫，哽咽的），我也很渴望受到別人的關懷、撫慰。像你這樣在照顧別人，你也沒有特別快樂、舒服啊！否則，剛才你為什麼說得那樣激動、急促。你不也是經常筋骨痠痛、疲累不堪嗎？甚至頭暈頸腰痛，你曾懷疑是高血壓，但測量結果血壓正常，可見那是工作壓力的後遺症啊！護士也告訴你，那是太累了，要放鬆一下喘口氣了，這樣你也不快樂呀！像我有情緒的時候，說一說、哭一哭，發洩一下，那當下有些不舒服、有些難堪尷尬，那又如何，像我現在說一說就很舒服啊！	
督導者 37：（在受督導者前面空椅上放了一個抱枕，輕聲地對受督導者說，鼓舞似的）○○，你想對這個辛苦的○○做些什麼建議；以你的經驗，他現在看起來是有些無助、脆弱。	37 督導者用一具體的物品代表諮商師另一個自己，企圖為後續可能的肢體接觸，或擁有投射、甚至是去迴射做準備。此乃基於諮商師內在對話過程的線索，他有一份照顧他人的心意與能
受督導者：有時候我出現這些沮喪、無力、孤獨的不舒服情緒時，我會渴望休息，什麼事都不要管，什麼工作都暫時放下。○○，我希望你不要再接那麼多工作，個案需要你，你也需要你自己啊！每天開開心心，感覺對了，有心力就去做。這樣也可以	

（續下頁）

督導過程實錄	分析
生活，也可以工作嘛！其實也可以這樣過日子，這樣才是真正的生活，我要的就是這樣的生活。我不要過像你那樣的日子，這樣為別人活，這樣助人，你覺得自己很偉大、很健康嗎？搞不好這樣的日子、這樣強勢的你，週遭的人不見得真正舒服。（受督導者吐一口氣）當下我就是什麼都不想，什麼都不要，只想放鬆、休息一下。（受督導者主動移至另一個椅子上，神情凝重的）	力，但未能運用它來照顧自己（投射），以及諮商師在和內在自我接觸的過程已累積、浮現許多情緒能量，需要將這些能量疏通出去（去迴射）。同時督導者利用諮商師本身助人的力量，引導其思考如何用來幫助自己。 諮商師主動換位子，代表其已融入角色扮演的對話中。
督導者38：（專注地凝視，肯定的、溫暖的） 受督導者：（坐定後，頭低垂一下；半晌，再抬起臉龐，眼眶微紅的）那你休息……（停頓一下）你當然可以休息啊！問題是你休息太久，你可能什麼都要不到，這樣你真的會快樂嗎？你沒有了個案、你沒有了專業形象，你沒有助人工作，你沒有了生活重心，你休息、你什麼都沒有。	
督導者39：（靠近受督導者，俯身同理的說，輕言細語的）如果我不這麼努力，我可能會變得更不快樂，我其實是很害怕的，我真的也很茫然，我不這麼努力，我可能什麼都沒有。我愈是害怕，愈會拼命努力。	39督導者貼近諮商師所說的內在深處的情感，即「送你一句話」，用以提升其自我覺察。
受督導者：（專注地頻頻點頭，心有戚戚焉的）對！我不能不努力，不這麼用心，不去做這些事，我可能什麼都沒有。到時候別人又會怎麼看我，他們會認為原來○○的外表下是空空的，我不喜歡那種感覺，我覺得日子被填的滿滿的，我才會快樂，我想這才是我要的生活。累一陣子，熬過之後就會較舒服，我害怕什麼都沒有，我會無法忍受（受督導者哽咽的）。我真的擔心，所以我要拼命地做，更努力地做。	在處理兩極問題時，能引導當事人在某一極說出內在的情緒與感受，這時往往是打破對立的關鍵所在。
督導者40：你想要告訴那個「有感覺的自己」，你需要用這樣的方式來照顧自己，來減少一些擔心。 受督導者：我想，這樣的生活方式可以減少我的不舒服、不	40 重新框架（reframe）此「專業自我」努力底下的需要。

（續下頁）

督導過程實錄	分析
踏實，我可以接受，我不想害怕。	
受督導者：（受督導者主動再走向另一個位子：那一個有感覺的「人性化自我」）對啦！你說的也對，你想要的也是必須的；但你把自己累垮了，到時候這些都沒有意義。	
督導者 41：（督導者注視受督導者再移動位子）	
受督導者：我知道啊！可是現在沒有這些東西，我不積極、不忙碌，我的存在也沒有意義，我也不快樂呀！也許你認為我是工作狂，都是為別人活，可是我覺得這樣也很好，別人也希望我這樣啊！否則我週遭對我有期待的人會失望。	
督導者 42：（將手置於受督導者肩上，關懷地問）Ok！○○，你現在講完這些話後有什麼感覺？	42 引導諮商師體察當下的自己。
受督導者：（清一下喉嚨）平時我不太敢講這些話，也沒有機會說，今天能夠無所顧忌地，一連串地、勇敢地說，至少這裡（以手指胸口，挺胸吐氣）滿舒服的。好像我沒有對不起自己（受督導者再深吸一口氣），好像剎那間吸進一口新鮮的空氣，肯定地對自己說，這樣也可以啊！沒有什麼不好。我滿有勇氣的。	
督導者 43：（以手指著受督導者，那個坐在「工作取向、專業的自我」椅子上的受督導者，微笑的）好像那個自己也開始有感覺了。然後我聽到你告訴自己，目前你暫時願意選擇這樣，因你不想愧對自己，也不愧對別人，你覺得自己真的很重要，所以是你，你很清楚地選擇要做這個「工作取向、專業的自我」，但他也是有感覺的，而且可以把它說出來。	43 督導者就諮商員覺察到的狀況，進一步反映並強調諮商員的「專業我」是有人性、有感覺的，企圖找出兩個自我的共同性，以轉化兩極的對立、拉扯。
受督導者：（微笑）原來這兩個自我是可以並存的，（受督導者雙肩微聳，手掌朝上揚）你知道嗎？我覺得好好，很舒服噢！以前我總是認自己是很理性的人，不太能表達感覺，常常用這個（以手指著心的位置）說，但不知怎的，又回到這裡（以手指著頭腦的位置），常用這兒在說。未來我給自己一點時間，目前我做不到完全放下，但我可以試著表達出自己的心情，我現在滿快樂的。雖然剛剛對話的過程中，有一段時間我想哭，滿難過的。可是我發現原來自己是那麼有勇氣地說，有那麼多的感覺想表達，不管有沒有掉淚，而且掉不掉淚	

（續下頁）

督導過程實錄	分析
與別人無關，自己才是最重要的，它是那麼舒服、真實，真好！	
督導者44：此刻當你在跟那個有感覺的自己說話時，你注意到你自己的身體嗎？我注意到你的身體一直在向前傾，往有感覺的自己方向接近。	44 督導者指出自己的觀察，並回饋給諮商師，以澄清諮商師身體繼續前傾的意圖。
受督導者：（大笑）對哦！我好像一直在靠近他。	
督導者45：你覺得你與那個有感覺的、人性化的自我有多接近，你願意移動一下位置表示嗎？	45 用調整距離來具體呈現關係的改變。
受督導者：（移動位置向前，與那一張「有感覺的自己」椅子更接近，中間相隔不到一尺）	
督導者46：這麼近！你的身體仍然在前傾，你想再貼近一些嗎？	46 諮商師的動作反映出某些訊息，督導者特別予以澄清，要他覺察並說出來。
受督導者：（受督導者再移動向前，微笑，主動地抱起那個「有感覺的、人性化的自己」椅子上的抱枕，看著督導者；督導者點頭，支持地）	
督導者47：想說說看當下的感覺嗎？	
受督導者：現在感覺非常好，因我發現我們兩個自我是同一個人，我不再需要花力氣去相互對抗。	
督導者48：（以眼示意抱枕）。你可以對著他說。	48 鼓勵諮商師將所發現的和另一個自我做直接表達，而非僅向督導者報告。
受督導者：我覺得我們是在一起的，也許以後我工作時，不再需要把你藏起來（受督導者以手輕拍著抱枕），不再擔心你會跑出來。如果我工作時你想出來，我就抱你出來，你也可以自己跑出來，告訴我你想些什麼；說完我可以與你一起休息、一起感覺，甚至一起工作助人。如果你覺得想回去，你就再溜回去，我仍然可以繼續工作，但我知道你是存在的（受督導者用手緊抱著抱枕），我仍會好好照顧自己，包括你，讓你在裡面有呼吸新鮮空氣的機會。	
督導者49：○○，你想再告訴那個有感覺的、人性化的自己，你會如何善待化、善用他嗎？你剛才有提到如果他出來一下，你會與他一起，如果他出來很久呢？你怎麼辦？	49 督導者引導諮商師更具體地思考如何善待自己，並且有意挑戰諮商師新的對應方式；藉此檢核其內在兩極統整的程度。
受督導者：（眼睛注視著懷中抱枕）如果你想出來很久，那你就出來呀！大不了工作暫停一下，我覺得你比工作重要；若你想跑出來，而我不願你停留太久而把你塞回去，事實上，你還是存在的，那樣的感覺更不好。我覺得你出來，也許也可以讓大家看到我另外一個面貌，原來我是這麼可愛，這麼	

（續下頁）

督導過程實錄	分析
有人情味，甚至這麼脆弱，與他們一樣，而不是一個高高在上的偉人。如此一來，你我都很自在、很快樂呀！反正求我幫助的人，更喜歡看到有兩個我在協助他，那也很好（受督導者又大笑）	
督導者50：現在心情如何？	
受督導者：（深吸一口氣，微笑的）為過去的我感傷，為現在的我高興。原來這樣可以結合，此刻我也滿感動，感動於過去的我也滿了不起的，包括那個有感覺的我，被專業工作的我關了那麼久，居然沒有消失，很驕傲，也很喜悅。我現在不再害怕任何一個我，所以我覺得不錯。現在的○○更強大了，可以幫助別人也可以照顧自己了。（受督導者眼眶微紅，臉上溢滿笑容，滿懷感動的）謝謝督導！	
督導者51：你想給自我再多加一些什麼嗎？例如專業性、人性、……	51 督導者原本想在探討諮商師個人化工作告一段落後，再回到團體帶領的課題。但諮商師在與內心有感覺、柔軟的部分接觸後，開始注意到自己也需要慢下來，需要休息，而非不停地工作。
受督導者：我現在無法思考這些（以手指著頭腦），我現在是反而覺得……（受督導者頓了一下，深吸一口氣，狀似輕鬆）哦！滿感動的，所有點想掉淚衝動，突然間發現我暫時不想工作了。（受督導者哽咽，但面帶微笑）不去想個案、工作了。	
督導者52：所以最後再做一點，你坐在這個位置上（督導者以手指著「有感覺自我」的椅子）。你想對這個工作取向的自己再說一些什麼話嗎？	52 企圖促進並固化諮商師內在自我的整合。
受督導者：（點頭，再將手放在「專業自我」椅子上的抱枕，輕撫著它）雖然有段時間你已遺忘了我的存在，但你也沒有把我遺棄，我也過得還不錯，因我與你一樣強壯。你也不要覺得難過，我相信你還是在乎我的。所以沒關係，別難過。我只是要讓你知道我不是你的累贅，以後我可以和你一起幫助別人、一起工作、生活。（受督導者將抱枕擁入懷中，眼眶泛紅）好了！我要告訴你，你沒有錯，努力工作也是值得肯定的生活態度，那麼上進，那麼勇敢堅強，其實你……你真的很不錯（受督導者哽咽，啜泣），兩個都很不錯。	
督導者53：（靠近受督導者，再度俯身輕語）○○，我很心	53 引導諮商師用

（續下頁）

督導過程實錄	分析
疼你，我也很心疼自己，這段時間來，你一個孤獨的工作，你是那麼辛苦，也太委屈了你。 受督導者：○○，我真的很疼惜你，我也心疼自己（受督導者哭泣，不停地撫摸懷中的抱枕）。原來我們兩個都是很脆弱的人。 （受督導者深吸一口氣；起身再移動至工作取向「專業化自我」的椅子上就座）。 脆弱也沒有什麼不好（督導者輕聲地在旁補充：這也是一種照顧自己的方式），對呀！這也是一種照顧自己的方式，就算是大聲哭，只要能夠讓自己更舒服一點，不也很好！把眼淚、委屈往肚子裡吞，不是更難過、更受傷嗎？何必在乎別人的看法，因為我只在乎你。（受督導者以面紙拭淚，再主動換至「感覺自我」位子） 脆弱也很好，對吧！你看你，原來也有這麼多「感覺」哩（受督導者在感覺兩字上加重語氣，強調一下），你真能找到完全堅強的人嗎？你能嗎？能嗎？（受督導者輕拍抱枕，無限憐惜的）恐怕未必，難過就難過吧！反正我會和你在一起，快樂是○○，不快樂也是○○嘛！從現在開始，你讓我和你在一起，不要再把我藏在家裡面，好不好？ 督導者 54：（以手示意，受督導者換位置） 受督導者：其實把你放在家中，是因為我怕你受傷害，而不是羞與你為伍。你不在身邊，我還是知道你的存在，即使工作時，我也會碰觸在內心深處的那個有感覺的你。以後，我會把你放在前面，為我擋風擋雨哦！（受督導者微笑，笑中帶淚的）你照顧我，也照顧我看不到、處理不了的地方。同時，我也不必擔心在家中的你，還在承受等待或不斷在心中自語自言地傷害自己。 好累哦！做人有「感覺」不錯吧！脆弱也是很好的一部分。 （受督導者又起身換坐至「工作取向、專業化的自我」） 謝謝你，我現在心理舒服多了。以前沒有你，工作雖然做了不少，但總覺得少了一點什麼，生活得很虛假，快樂也很假，「人前一張笑臉，人後暗自神傷」，今天我終於知道是因為少了你（受	「人」的感情層次，與自己接觸。 此刻諮商師能將疼惜自己的愛意，化成撫摸抱枕的行為，即是一「去迴射」的表現。 在雙椅工作中，當事人已經可以自動地轉換位子，反映其自發性，這往往是成長與改變的一種徵兆。

（續下頁）

督導過程實錄	分析
督導者爽朗地大笑，深吸了數口氣，心滿意足的）。 很好！好久沒有這麼舒服了，未來我可以真正在助人中感受到自己也被照顧了。過去我一直以為案主、同事、督導及週遭的人喜歡這個「專業化的自我」，但現在我突然發現，兩個都很可受，也許這才是真正的我（受督導者微笑）最後，再擁抱一下吧！（受督導者緊擁著懷中的抱枕，深吸口氣，轉頭望向督導者） 謝謝你，督導。	諮商師內在的兩個自我表現出互相接納、欣賞和感激，呈現出另一更深層次的自我整合。
督導者 55：○○，今天經過了與自己相擁的過程，好像你更完整了，是嗎？ 受督導者：嗯！（用力點頭，與督導者相視而笑）	55 確認諮商師由起初的衝突、拉扯到現在的整合，已走完一個完形的經驗循環。
督導者 56：現在你想做什麼或說些什麼？ 受督導者：現在我什麼也不想做，暫時放下工作，只想回家。諮商紀錄明天再交吧！可以嗎？	56 由諮商師自行決定接下來的需求為何。諮商師的反應為典型的「完形」，在一個迫切的需求（其內在的衝突卡住專業表現）獲得滿足後，原本的圖像退回成為背景，此刻即是在一個消退與休息的狀態。
督導者 57：（微笑點頭）你確定？ 受督導者：（受督導者再度用力點頭，微笑，神采飛揚的） 督導者 58：好！今天我們的督導討論先在此告一段落，下週見。 　　　　　（督導者與受督導者同時起身，督導者輕拍了一下受督導者的肩，在晤談室門口祝福道別）	

八、研究與評價

　　儘管完形治療法的理念與技術在推廣、應用上曾引發不少的爭議（Corey, 1996）；但是無可否認地，相較於其他督導取向，它是一種最重視關照受督者整體身心狀態的諮商督導模式。Staemmler（1994）認為，基於診斷考量、覺察事實與彈性改變等三個前提，完形治療法適用於諮商督導中。諮商督導人員必須注意自己和受督者的認知過程是否受到扭曲和限制，同時也要經由督導過程，協助受督者覺察任何當下，自我與諮商督導人員、自我與案主之間的接觸和體驗感受（McBride, 1998）。換言之，此一模式重視督導者與受督者的自我體驗及個人化發展。

　　完形取向督導模式在實務應用上雖有其特色，但也有其瓶頸，一如完形治療法亦曾遭受諮商與心理治療學者專家的批評、質疑一樣。Baudry（1993）和Watson（1993）均指出治療與督導角色的混淆或衝突，可能影響其督導效能，因諮商師的養成訓練過程中須處理個人化議題，故督導時不適於花太多時間再處理諮商師的個人創傷。本督導模式迄今少有系統的實徵研究（Yontef, 1997），中外相關的文獻資料不足（卓紋君、徐西森，2002），這也是完形取向督導模式發展與應用方面的限制。未來此一領域的研究更須融合自然科學的研究方法及融入人本主義的內涵，特別是加強現象學方面的研究。

　　儘管有上述限制，完形取向督導模式的理論與方法，相較於當代其他的諮商督導理論模式，確實是獨樹一格。它有別於傳統的督導理論，並且提供了更多彈性、個人化、非結構的治療過程，以及多元化、具體實用的督導技術。除此之外，完形治療督導模式也有助於督導者了解督導歷程與如何建立督導關係（McBride, 1998）；本模式不僅重視諮商督導人員與受督者雙方的專業角色，更提供了個人內在自我的接觸與當下的實驗機會，也重視專業工作者的自信與成長，特別有利於諮商師整合個人專業發展歷

程中內在的衝突與分裂。

九、結論

　　完形取向督導模式乃是將完形心理學及完形治療法的理念、技術運用於諮商督導情境中。完形取向督導模式一如完形治療法一樣，均重視容納與受督者、案主有關的各場域、環境及其各層面因素的交互影響；亦即督導者會協助受督者覺察其所處環境中各種變項因素及其交互作用。在實務應用方面，完形治療法與完形取向督導模式可相輔相成地平行運作，二者皆注重於案主與受督者的覺察過程、了解需求及有機體的自我運作；雖然精熟完形治療法的諮商師未必能成為有效的完形取向督導者，但運用完形治療督導模式的督導者必須熟識完形治療的理論與實務。

　　完形治療法乃人本學派、存在主義治療取向的一支；本模式係由諮商督導人員透過完形治療歷程與督導關係歷程，來促發受督者的個人化成長（Novack, 2009），除了有效幫助諮商師學習不同的專業技術之外，在實務應用上也非常強調諮商師個人化的成長發展，以及探討督導者和受督者之間督導歷程的議題。在現有諮商治療取向的督導理論中，完形治療督導模式並不一味強調受督者的專業知能和角色運作；相對地，本模式重視諮商師的自我覺察，以及個人化的統整。基於「唯有個人化統整的諮商師，才能協助案主統整個人身心發展」的理念，本模式有其獨特的創意與潛力，值得未來推廣運用。

認知行為取向督導模式

黃素雲

認知治療的崛起，挑戰了行為學派對問題形成的假設，在1980年代早期，Rachman和Wilson（1980）將認知治療分成三類：Ellis（1962）的理性情緒治療（rational-emotive therapy, RET）、Beck（1976）的認知治療（cognitive therapy, CT）和 Meichenbaum（1977）的自我指導訓練（self-instructional training, SIT），這些認知的方法假設：(1)認知是存在的；(2)這些認知從中促成案主的問題；(3)這些促成案主問題的因素可被細查及改變；(4)造成案主情感及行為困擾的認知，是改變的主要標的。其中，Ellis的理性情緒治療發展較早且最具影響，強調案主的問題根源於對引發事件的不合理思考，治療則著重於挑戰及修正案主的不合理信念。Beck的認知治療理論從理性情緒治療中獨立發展，但對案主問題的緣起與持續則有類似的假設，兩者的不同在於，理性情緒治療著重於特別想法的不合理本質，而認知治療則重視其內容扭曲的本質。

Ellis 的理性情緒治療與 Beck 的認知治療雖強調認知的重要性，但理論包含行為重塑的成分（如重視家庭作業的使用），因此一些學者開始注意認知、行為及環境交互決定的概念，因而衍生出認知行為治療（cognitive behavior therapy），強調認知、行為與生理三大系統的交互作用及其對處遇與改變的影響。

認知行為治療包含相當廣泛的人性苦惱模式，及不同的諮商處遇方式，舉凡任何涉及到認知變項的諮商過程，都可被視為認知行為治療的處遇模式。本章擬對一些認知行為取向的督導模式加以介紹，內容包括理性情緒行為取向、認知取向，及認知行為取向的督導模式。

一、理性情緒行為取向督導模式

認知行為治療以 Ellis（1989）最早對認知治療的發展做最佳詮釋，Ellis受到哲學、其他心理治療理論，及自己人生經驗的影響，由傳統的精神分析學派發展出個人獨特的理性情緒行為督導方法，綜合了若干不同的

理念和觀念，著重想法、情緒與行為三者之間相互關係的解釋，是一套有效而且易懂，能夠簡易地被用來教導諮商師的督導方法。此督導模式具有濃厚的教育意味，相當著重教導受督者辨識自己非理性的態度與信念，進而說服案主了解自己是自我情緒干擾的主要來源，幫助案主達到自我挑戰與改變。Wessler 和 Ellis（1980）將理性情緒治療應用在諮商督導上，他們鼓勵理性情緒行為治療的諮商師應藉由參與工作坊及督導的方式，以熟悉理性情緒療法的治療和諮商。

（一）發展背景

理性情緒行為治療（rational emotive behavioral therapy, REBT）理論的發展根源於認知行為學派，經歷理性治療（RT）及理性情緒治療（RET）兩種不同名稱，於 1993 年由 Albert Ellis 再度改名而得。

Albert Ellis 於 1913 年生於美國賓州的匹茲堡，四歲時全家遷往紐約市，1934 年畢業於紐約州立大學，1947 年取得哥倫比亞大學臨床心理學博士，而後在紐澤西一家心理衛生診所工作，並於 1947 至 1953 年間接受 Richard Hulbeck 指導，是一位接受精神分析訓練的臨床心理學家。因不滿精神分析過分被動消極，於 1955 年發展理性治療，並於 1956 年在美國心理學會年度研討會中發表。隨後 Ellis 於 1959 年成立「理情治療機構」，用以訓練諮商師、提供工作坊（workshop），及個別與團體的心理治療。

Ellis 的觀點主要受斯多亞學派哲學家 Epictetus 影響，認為人的困擾並非因事件本身所引起，而是人看事件的想法（Dryden, 1990），因此要改變人的困擾，個人必須能夠反駁這些想法。此理論隨後遭受到學者的批評，認為理性治療重理性主義而忽略人的情緒。事實上，Ellis 的理論同時強調人的非理性想法及困擾情緒，為解除望文生義所產生的誤解，Ellis 於 1961 年決定將理性治療改名為理性情緒治療，藉以表示同樣重視情緒的成分。

理性情緒治療是一個人性化及存在取向的方法，用以幫助案主達到深奧哲學觀的改變，此名稱一直被沿用了 30 年之久，直至 1993 年 6 月，Ellis

將理性情緒治療改名為理性情緒行為治療（REBT），用以更加正確地反映理論是高度認知的、非常情緒的，及特別行為的，極為強調思想、情感及行為的互動。

（二）重要概念

REBT 的基本原理是情緒及行為困擾的 A-B-C-D-E-F 理論（Corey, 2016; Ellis, 1996）（如圖 7-1），A（activating event）代表引發的事件，B（belief）代表對該事件所持的看法（信念），及 C（emotional and beha-vioral consequence）代表結果，即情緒和行為的反應，包括適當或不適當（健康或不健康）的情緒和行為反應，D（disputing）為駁斥，E（effects of disputing）為駁斥效果，F（new feeling）指新的情感、情緒或感受。A-B-C-D-E-F 理論強調結果並非由引發的事件所引起，而是由 B，即一個人如何看待 A 所引起。

◆ 圖 7-1　A-B-C-D-E-F 理論

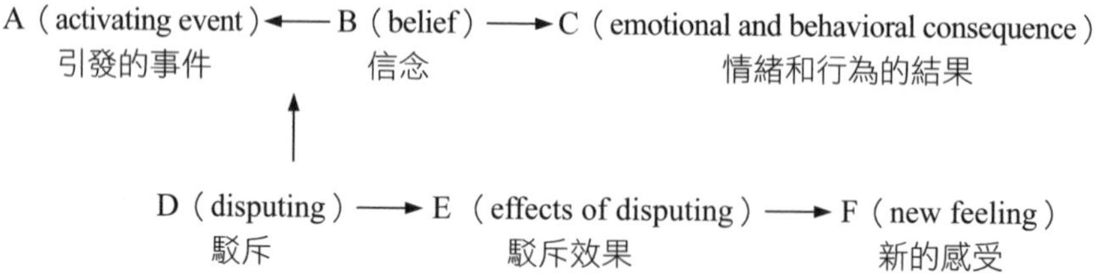

A（activating event）◀── B（belief）──▶ C（emotional and behavioral consequence）
　引發的事件　　　　　　信念　　　　　　　　情緒和行為的結果

D（disputing）──▶ E（effects of disputing）──▶ F（new feeling）
　駁斥　　　　　　駁斥效果　　　　　　　　　新的感受

（Ellis, 1996, p. 205）

圖 7-2 則詳細說明 REBT 的整個概念過程（Woods & Ellis, 1996），一個人如何看待 A（路線 1），將顯著地影響其情緒和行為的反應（路線 2R 或 2I）。若看待事件的觀點由理性的信念所支配（路線 2 R），則健康或適當的情緒反應及行為就產生；反之，若看待事件的角度由非理性的信念所操縱（路線 2I），則負面的情緒及行為反應隨之而起。如一個學生申請

◆ 圖 7-2　理性情緒行為治療理論流程圖

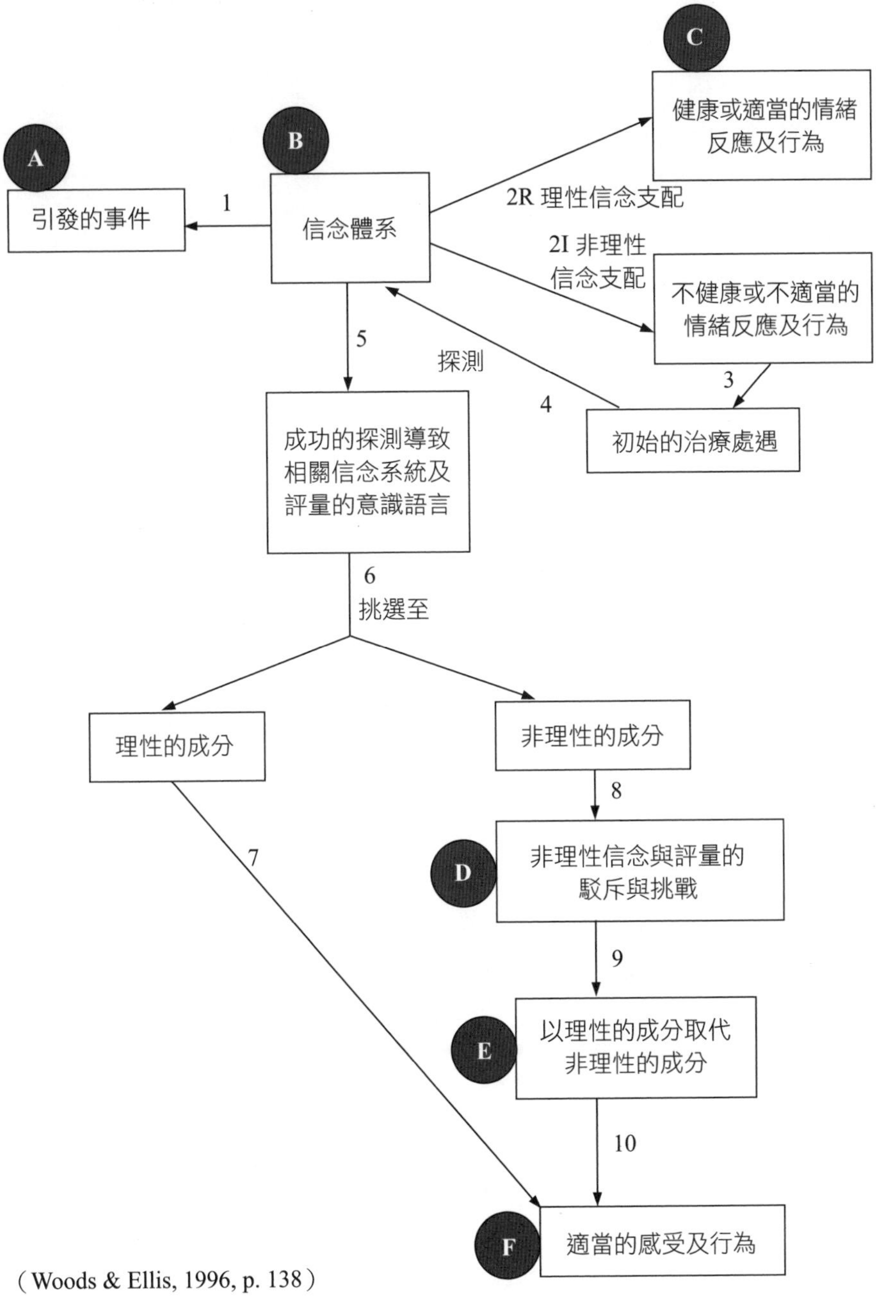

（Woods & Ellis, 1996, p. 138）

不到學校而經驗到沮喪的情緒，並非申請不到學校本身引起沮喪反應，而是個人的信念——「覺得自己被拒絕，是個失敗者」是引起沮喪的情緒和行為的主要根源。

當經驗負面的情緒及行為反應，個人傾向於自我詢問「為什麼我要困擾自己」，諮商的處遇因而開始展開（路線 3），個人開始仔細尋求及探測自我的信念體系（路線 4）。為幫助案主順利探測，諮商師要熟悉引起各類情緒困擾經驗之非理性信念，並能洞悉案主話語所隱含的意義。例如一個婦人說：「我先生常做錯事，連對不起都不說，讓我很生氣。」就案主的了解，以為此事件（A）是引起生氣的原因（C），諮商師應理解此語句暗示的意義，即案主的信念「應該說對不起」是引起生氣的原因。

成功的探測能引導個人對相關的信念系統語言化（路線 5），此語言化是個人可知覺及意識到的，信念系統的語言化使個人將信念依理性或不理性的成分加以標示類別（路線 6）。此一任務的完成，有賴諮商師幫助案主做理性的評量，教導案主認識非理性信念，包括要求、誇大或過度渲染事件的缺陷、低挫折容忍力及人做錯事應該受責罵等等。

對於案主挑選至理性成分的信念，諮商師應鼓勵案主繼續保持（路線 7），以產生適當的感受與行為；反之，對於案主挑選至非理性成分的信念，諮商師應教導案主對非理性的信念加以駁斥（dispute）（路線 8）。此任務是 REBT 最重要的部分，因此，諮商師需具備廣泛的爭辯策略（Ellis, 1994）。

當挑戰非理性信念時，案主會有些迷失：「到底面對不幸的事件應如何思考？」督導者應指導受督者，教導案主具備有效合理的哲學觀（effective rational philosophy）（路線 9），此有效的哲學觀即是以理性的想法取代非理性的想法，亦即達到駁斥的效果（effects of disputing）。一旦個人養成有效的哲學觀，便可隨時隨地自我幫助，創造新的適當感受（new feeling）與行為（路線 10），雖然望「符號」生義，但 F 除了著重「情緒」的改變外，也重視「行為」的改變。

（三）督導目標與督導關係

REBT 諮商師的主要任務，是幫助案主改變他們的不合理要求及非理性的信念，減少自我譴責與困擾，提升積極的生活目標。因此，REBT 的督導目標在於培育具責任感、有能力及成熟的專業諮商師，教導受督者 REBT 的理論知識和諮商技巧，教導他們能夠辨識、面質和挑戰非理性的信念，包括「必須」、「很糟糕」、自我評比（self-rating）與低挫折容忍度等。REBT 的督導希望受督者能銘記這些非理性信念，並發展對案主的覺察，使案主能知覺到自己非理性的想法。

Wessler 和 Ellis（1980）認為，一個專業的 REBT 諮商師應具備一般諮商技巧及理情技巧兩種能力。一般諮商技巧包括：(1)晤談和問題討論的經驗；(2)同理案主，覺察案主的思考哲學；(3)監控與案主之間的互動，促進彼此的信任，提升諮商效果；(4)面質案主的防衛和錯誤知覺；(5)具備人格心理學及行為科學的廣泛知識，了解案主的道德、宗教和政治背景，及源自這些背景的理性和非理性的想法。理情技巧則包括：(1)主動傾聽，引導案主探索其理性與非理性信念；(2)幫助案主認識 A-B-C-D-E-F 模式，了解思考與情緒及行為結果之間的關係，進而知曉 REBT 不僅是要幫助案主改變非理性信念，更要改變其生活哲學，達到更圓滿的生活；(3)幫助案主具備駁斥或挑戰非理性信念的能力，並給予家庭作業，以幫助案主達到並持續進行錯誤觀念的修正。

Grieger 和 Boyd（1980）認為，REBT 督導的過程中較少強調溫暖和親密的督導關係，而較重視真誠及同理的督導關係。主要是因為 REBT 重視教導的過程，需要面質的機會多，真誠及同理比溫暖和親密可幫助督導者更容易處理與受督者的關係。當督導者指導受督者進步的情形及面質其技能不足之處，應支持受督者的本性發展與獨立自主（Linehan & McGhee, 1994）。Wessler 和 Ellis（1983）提到 REBT 的督導模式是師徒的關係模式，督導者作為教師應關心三件事：(1)檢視受督者獲得豐富且詳細的

REBT 的概念與原理；(2)確認受督者可以應用 REBT 的概念與原理去診斷案主問題；(3)幫助受督者針對個別的案主及他們的特殊心理問題，適選並熟練運用 REBT 的諮商策略。

　　藉由督導關係提供有效督導也是督導過程的重點（蔡秀玲，1999）。當受督者有個人的問題（如焦慮、抗拒或反移情），而無法有效地幫助案主時，REBT 的督導情境偶爾也兼具治療目的。REBT 將個人治療與督導結合（personal-therapy-combined-with-supervision），強調受督者此地此時（here-and-now）的心態，這些心態是個人問題的要素，督導者應幫助受督者探索他的信念與情緒感受，並對這些心態提供簡短的治療，使受督者可容易地辨識及主動修改這些心態（Wessler & Ellis, 1983）。

（四）督導內容

　　督導內容因模式的不同而異，例如Dryden（1984）認為，督導工作應針對諮商同盟關係、諮商目標及諮商工作給予回饋；而 Grieger 和 Boyd（1980）則強調技巧的督導。綜合學者之理論，REBT 的督導內容包括：

1. 針對受督者的特質予以回饋

　　Dryden（1984）認為在督導過程中，督導者應注意受督者是否同理？是否真誠對待案主？是否與案主發展合作的關係，以及接受案主可犯錯的程度如何？Woods 和 Ellis（1996）建議督導者應鼓勵受督者具備以下的特質：(1)要能無條件地接受案主；(2)做一個主動、直接，且具說服力的REBT 的教師；(3)無論改變案主如何困難，仍堅持持續努力改變其想法、情緒和行為；(4)對影響個人及諮商成效的非理性信念，常常給予監督與駁斥；(5)全然接受人會以非理性信念困擾自己，及人也能顯著地改變自己的信念，使困擾減少；(6)能以科學的態度保有開放的心胸、有彈性、不武斷，以便能為重要的改變做準備。

2. 針對諮商目標予以回饋

REBT 的諮商目標應由諮商師與案主共同討論，然而，案主對早期目標的設定往往受心理的困擾及內在價值的影響，因而督導者應注意受督者能否掌握與案主討論所訂出的目標，是否能覺察目標的合理性或不切實際？由於目標會隨時間及過程而改變，督導者應鼓勵受督者階段性的檢查目標（Cobia & Pipes, 2002; Dryden, 1984）。

3. 針對諮商任務予以回饋

諮商任務包含諮商結構及評估。督導者應注意受督者的諮商結構，包含確定諮商時間、地點、頻率及花費等，設定進行過程及完成作業等。此外，也重視受督者對案主的評估，包括：(1)個人歷史；(2)認知形式；(3)人格結構；(4)症狀程度。個人歷史的評估有助諮商師明瞭，例如一個有諮商失敗經驗的案主對未來的諮商可能採偏差的態度，及對有堅定宗教信仰者，應小心謹慎地採用 REBT 的哲學觀點；認知形式的評估幫助諮商師了解案主偏好的想法，有助 REBT 的使用；人格結構的評估可使諮商師了解衝動及挫折容忍力低的案主，執行 REBT 較困難；症狀程度的評估，如「貝克憂鬱量表」分數高，對REBT的使用有警示作用（Dryden, 1984）。

4. 針對諮商技術予以回饋

督導者應注意受督者使用的技巧，並遵守以下原則：(1)對受督者使用的認知、情緒和行為技巧給予評論，並幫助其克服阻礙；(2)對某一技巧的特殊技術給予評論；(3)對特殊技術的使用時機給予回饋；(4)對家庭作業的安排給予回饋。

5. 針對督導關係予以回饋

REBT 強調真誠及同理，而較少強調溫暖和親密的督導關係，不鼓勵

冷漠與嚴肅的督導環境，強調維持應有的和諧，使受督者感受安全與被支持，願意與督導者討論個人的困擾與諮商過程的問題，避免受督者因焦慮而產生過度防衛與抗拒。因此，督導者要能洞察督導關係的變化，掌握受督者的感受與行為反應。

6. 針對督導結構予以回饋

REBT 的督導強調覺察自我困擾及非理性的信念，並挑戰及駁斥非理性的想法，因此督導結構以 A-B-C-D-E-F 模式為主，著重教導受督者從覺察困擾的情緒結果做起（C），然後再學習專注在引發的事件或經驗上（A），最後學習如何專注於理性的或非理性的信念（B）；依 CAB 的次序循序練習，最終再把焦點放在駁斥與挑戰非理性的信念上（D）。受督者需要具備有效的說服能力，才能幫助案主駁斥其非理性的想法，督導者要能掌握受督者的進步情況，對受督者停滯不前的行為，督導者應能適時給予修正與鼓勵（Wessler & Ellis, 1980）。

（五）督導原則

Wessler 和 Ellis（1980）指出，REBT 新手諮商師常會犯以下的錯誤：(1)未能運用 REBT 的基本原理：缺乏確認案主自我挫敗的想法，及說明這些想法如何導致自我困擾和如何改變的能力；(2)未能掌握諮商過程：缺乏從案主談話的內容中組織諮商過程，無法主動詢問問題，提供評論，及駁斥非理性的信念；(3)未能有效安排家庭作業：缺乏掌握適當的家庭作業，因應個別差異。因此容易產生情緒困擾，例如缺乏耐心、完美主義、抗拒和生氣、依賴、對案主覺得困擾等等。此外，也會表現焦慮的行為，例如過度關心案主，在諮商過程中忘記錄音（影）、說太多、問不相關的問題、誤解案主語意等；或在督導過程中忘記帶錄音（影）檔、促使督導者只做概念性討論、選擇呈現自認為菁華部分、故意只播放案主多話而諮商師處理少的部分、分散督導者的注意力以期望不被督導，及故意拖延到最

後才播放錄音（影）檔等等（Grieger & Boyd, 1980）。

　　針對受督者可能產生的情緒困擾及焦慮問題，督導原則可遵守Dryden（1987）所提出的原則：

1. 營造無條件接納的督導環境：督導者應無條件接納受督者的犯錯行為，給予真誠的回饋，針對受督者所學的理論知識與諮商技術做評論，而不針對個人做人身攻擊。

2. 督導者適度地自我表露：督導者可以坦露自己過去的錯誤，讓受督者了解「人非聖賢，孰能無過」，避免追求完人的境界，過於自責與自我困擾。

3. 說明人類學習的本質：督導者讓受督者了解學習一項新的且複雜的技術，犯錯是難免的。

4. 適當地運用幽默：幽默的運用在督導中相當重要，特別是受督者過於焦慮時，幽默可以緩和督導的氣氛，降低受督者低迷的情緒。

5. 給予平衡的回饋：對受督者的行為與態度，督導者過度強調錯誤的修正，會導致受督者缺乏自信；若督導者只給予正面的回饋，則會造成受督者猜疑自己犯了很多錯誤，認為督導者只是「報喜不報憂」。因此，督導者應配合支持與鼓勵的態度，給予正面與負面兼具的具體評論。

6. 解釋個人價值與命運控制的焦慮：督導者可以同儕或團體督導的方式，讓受督者了解自己與其他成員也有類似的焦慮，幫助受督者去除個人價值與命運控制的恐懼，避免自我傷害。

（六）實務應用

　　REBT 督導的主要目的，在於教導受督者如何確認案主自我困擾的心態與信念，使他們了解自己實際上是情緒困擾的製造者，同時也示範使受督者知曉如何幫助案主挑戰困擾及達到真正的改變，因此，實際監督受督者學習 REBT 的理論並施展 REBT 的技巧，相當重要。

1. 督導歷程

　　督導歷程可循著上述督導內容的幾個項目，逐一檢視與指導受督者的表現，由於督導時間往往只有一到二小時，逐一檢視恐難達成，督導者可視受督者的問題與需求，衡酌督導項目。Dryden（1983）提出督導架構的三個重要項目：諮商關係、諮商目標及諮商任務。

(1)諮商關係

　　督導首先著重在了解諮商關係的品質，督導者要先注意諮商師的同理心，受督者是否可以鼓勵案主全然地說出自己的問題？受督者對案主是否可以充分了解與溝通？受督者是否有使用 REBT 理論處理案主資料？受督者是否使用判斷的態度對待案主？受督者是否真誠對待案主或只做表面工作？督導者一一回饋受督者有關上述的發現，使受督者看見自己內心深處的障礙會阻礙其諮商表現，並進而處理身為諮商師的問題。

　　接著，督導者要知道諮商師是否向案主說明其處遇的原理，諮商師是否幫助案主確認及質疑其不適當的認知，及諮商師是否從案主的回饋中確定諮商處遇的影響。如果督導過程中受督者無法明確回應這些內容，則督導者可向受督者指出：「是否你在這方面缺乏技巧？」或「是否你有失功能的態度，例如挫折容忍度低？」督導者則視情況教導受督者技巧或處理其個人問題。

　　再來，督導者關心受督者的人際互動模式是否增強了案主失功能的人際關係，例如 REBT 是主動且直接的心理治療方法，督導者要了解諮商師是否過於主動，而增強案主的被動或人際問題。

　　最後，督導者注意諮商師的焦慮症候，諮商師的焦慮可能來自：需要案主的讚賞、覺得自己要有能力且要做對，或要控制諮商情境，督導者要處理受督者非理性的信念，必要時建議及鼓勵受督者尋求心理諮商。

(2)諮商目標

　　首先，督導者要檢視諮商師是否幫助案主朝諮商目標而達成改變，目標有情境目標、中介目標及最終目標。諮商師與案主之間會因諮商目標而有相當大的協議，因此，督導者要注意諮商師如何啟動這協議，及注意諮商師如何操縱這過程。另外，督導者也要注意受督者是否會針對特殊的情境而引導案主設定目標。

　　最後，督導者要注意諮商目標是否不切實際，通常案主說出的目標都很廣，例如我要快樂、我不要焦慮等，督導者則須關心受督者了解諮商目標的明確程度及可行性，否則若目標不切實際，再萬能的諮商師也無可奈何。

(3)諮商任務

　　督導者首先關心的諮商任務是諮商師如何建構治療（structuring therapy），是否執行任務及如何執行任務。任務包括：(1)概述諮商師與案主在諮商中的任務；(2)明訂諮商工作的界限；(3)引出及處理案主對諮商的期待及錯誤概念。督導者可使用的問句有：(1)是否有諮商事項安排？是否在重要的事項上幫助案主？如何做？(2)是否彈性運用事項安排？或墨守成規？(3)是否有處理案主執行家庭作業的經驗？(4)是否引出案主的合作，及引出案主在結束期間或結束時的回饋？(5)是否說明處遇的原則？

　　其次，須注意諮商師的任務是評估（assessment）。有效的諮商師對案主問題要有足夠的評估，督導者的焦點放在了解受督者是否有引出與案主問題有關的明確實例，或與引發事件（activating events）有關的參考資料；而受督者的焦點則放在清楚陳述案主的情緒經驗，避免做「我感到難過」或「我覺得很糟」之類的模糊陳述，以便能確認案主失功能的情緒及行為模式下的非理性信念。若受督者無法明確說出案主的情緒及行為模式，或無法分析其非理性信念，督導者引導受督者注意在這階段的錯誤，糾正受

督者的錯誤，以免日後接觸其他案主又犯相同錯誤。

　　接著，督導者注意受督者有否對一些諮商事項做持續性的評估，此作法提供受督者對案主的諮商目標有重整的機會。另外，有些評估樣式容易被忽略，也就是讓受督者向督導者述說自己對案主行為動機（如偷竊的動機）的評估，透過述說可反映出諮商師可能具有的失功能態度。

　　第三個諮商師任務是幫助案主重新檢視非理性信念，督導者要了解受督者如何執行此任務，教導受督者不要直截了當地告訴案主：「為什麼信念非理性？為什麼認知會扭曲？」而是引導案主去檢核為什麼信念不合理性。重新檢核非理性信念，需要諮商師使用一些認知、心像、情緒或行為技巧，督導者可對諮商師運用的技術給予回饋。當受督者能夠幫助案主重新檢核非理性信念後，督導者接下來則注意受督者是否能夠幫助案主，達到理性信念與實際目標結合。

　　第四個諮商師任務是家庭作業的使用，是 REBT 的重要一環，它可使案主將他們在諮商情境中的學習類化到實際生活中。督導應聚焦在幾個部分：(1)首先，了解受督者與案主討論家庭作業的時間，受督者常犯的錯誤是家庭作業的討論時間太少，且多在諮商快結束時討論，匆忙的過程往往造成案主的抗拒，因此，督導者要問受督者花多少時間與案主討論家庭作業，並密切監督受督者的表現；(2)督導者仔細了解諮商師與案主的互動，督導者會聚焦在案主是否能看到家庭作業是助其達成最終目標的利器，及案主是否能完全投入與受督者協議家庭作業；(3)督導者細察諮商師是否能夠詢問案主的進展情形，及指出阻撓案主執行的障礙，並幫助案主克服障礙；(4)督導者確認受督者能夠使用心像或行為預演的方式，幫助案主獲得相關經驗；(5)督導者找出案主與受督者協議家庭作業的詳細度，愈詳細則表示案主愈能成功執行；(6)督導者聽聽受督者指派案主的家庭作業有無廣度，REBT 的家庭作業理想上是涵括行為、情緒、書寫及心像的作業，督導者應盡量鼓勵受督者體驗不同形式的家庭作業；(7)督導者鼓勵受督者盡量鼓勵案主獨立，使案主能獲得能力解決自己的問題，成為自己的治療

師。

　　最後，督導要結束時，督導者請受督者針對督導者的指導與建議給予回饋，督導者藉此可了解受督者學到什麼，並與督導經驗做結合，甚至澄清受督者的疑慮。

2. 督導技術

　　REBT 的督導採用大量的技術，主要來自認知治療和行為治療法，督導者須保持高度耐性，以質疑、對證及說服等方式，幫助受督者達到認知、情緒與行為的改變，並能運用 REBT 技術有效幫助案主。Wessler 和 Ellis（1980）提出 REBT 的督導技術包括：

(1)內外圈轉換（round robin）

　　採團體督導方式，將所有受督者分為內外圈，外圈成員扮演諮商師，並由內圈成員將自己的困擾告訴諮商師，此法可以幫助受督者學習理性思考自己的問題，及不同的駁斥技術。演練完後，可彼此角色對換，由外圈成員向內圈諮商師述說自己的困擾。

受督者（內圈）：我覺得我盡了很多心力，但我的案主都沒有進步。
諮商師（外圈）：聽起來妳好像覺得付出心血一定要得到收穫。
受督者：是啊！所以才覺得很挫折。
諮商師：這是非理性的想法，妳認為其他諮商師付出心血都一定會得到收
　　　　穫嗎？

(2)選擇性傾聽（selective listening）

　　採團體督導方式，播放一段諮商晤談的錄影，由團體成員選擇傾聽不同的部分，如成員 A 聽諮商師的感受、成員 B 聽案主的感受、成員 C 聽

諮商師的非理性信念、成員 D 聽案主的非理性信念等等。此法可以促使團體的成員主動參與督導的過程，並幫助受督者察覺自己與案主互動時，未知覺的非理性信念、情緒和行為反應。

督導者：請大家就自己分配到觀看的部分給予受督者回饋。

成員 A：我覺得諮商師（指受督者）很挫折，好像不知道如何與案主談下去。

成員 B：我覺得案主很憤怒，好像覺得是老師同學對不起她。

成員 C：我覺得諮商師說「老師不喜歡妳，妳怎麼跟他商量也沒用」是非理性的想法。

成員 D：我認為案主說「老師不喜歡我，我再怎麼努力也不會得高分了」是不合理的想法。

督導者（對受督者說）：就這些成員的回饋，你認為呢？

受督者：對，我應該鼓勵案主與老師商量，不該說「老師不喜歡妳」而阻礙案主所做的努力；同時，我也要肯定案主在學業上的努力，幫助案主駁斥不合理的想法。

(3)案主的回饋（feedback on cases）

督導者對受督者所接的個案，賦予督導的專業責任，因此如果能由案主對整個諮商過程做評估，並對進步的情形給予受督者回饋相當重要。

督導者：妳覺得諮商師對妳的問題有沒有幫助？

案　主：應該有。

案　主：我覺得他能夠了解我的問題所在，並能運用技術幫助我做改變。

督導者：請舉例說明。

案　主：我通常害怕拒絕他人，經過諮商師的幫助，我覺得自己較有自

信，較敢拒絕他人。

督導者：很好，妳回饋的大都是正向面，諮商師有沒有缺失的地方？

案　主：我覺得他要我執行的行為，有些我不想做，例如我室友常會讀書讀很晚，我很難主動要求她熄燈睡覺，諮商師認為我應該從中學習自我肯定，也許這部分我覺得無可厚非。

督導者（面向受督者）：你要不要說說？

受督者：她（指案主）談到自己較有自信，較敢拒絕他人，我很高興；至於我的缺失之處，我想自己太急著要她改變，導致她有這種感覺，我想這部分我會再評估她的發展狀況，修正我的技術。

(4)治療的對句（therapeutic couplet）

採團體督導的方式進行，當受督者對案主的某些談話無法做出適當的反應，可由每個受督者針對此事件，向督導團體提出一個交替的反應，每一個反應均被討論與評估，因此團體中的每位成員及督導者，便心中有底知道「下次」如何做。

督導者（針對受督者A問）：針對錄影中你無法做出適當的反應部分，你是否願意在這裡練習，向大家提出適當的反應嗎？

受督者A：案主說他什麼都沒有，如何創業？我想我不應該只是點點頭，我應該知道這是非理性的想法，應該面質他「你認為創業需要什麼？」

受督者B：其實案主太依賴父母，認為要有錢才能創業，所以希望父母為他出錢創業。

受督者C：案主對自己要創什麼業也茫茫然，有錢創業也未必能解決問題。

受督者B：我想這是案主的價值觀問題，對白手起家缺乏自信與勇氣，你（指受督者A）可反問他，「一些白手起家的企業家，創業時有什麼嗎？」

(5)督導團體錄影檔（videotape of supervision group）

　　此法對受督者的回饋相當有用，可錄下個別或團體督導的過程，提供受督者成長的訊息，使受督者知道自己的語言及非語言動作，如漠然、笨拙、無聊等，同時也重複溫習督導者的評論，作為改進的參考。

督導者：觀看這個團體督導的錄影，你對自己在影片中的語言及非語言動
　　　　作有何感想？
受督者：我覺得自己的表情很嚴肅，常皺眉頭，而且○○○與我談話時，
　　　　我看起來好像沒有專注傾聽。
督導者：你說的似乎都是非語言的部分，針對語言部分，你有何感想？
受督者：嗯……（想了一下）我講話好像缺乏說服力，例如成員在談論學
　　　　歷高就能有好工作嗎？我講的理由似乎缺乏說服力，我想我要加強這
　　　　方面的能力，才能幫助我的案主駁斥非理性的想法。

(6)錄製督導的評論（taping supervisory comments）

　　許多的受督者會忘記團體中所討論的內容，或對督導的評論寫下扭曲的訊息，因而錄下個別或團體督導的評論過程，有助於受督者的學習與成長。

督導者：觀看這個團體督導的錄影，你對其他成員的評論有何感想？
受督者：我認為成員的評論對我很有幫助，如○○○指出我沒有覺察到案
　　　　主非理性的想法，△△△談到我指派的家庭作業可以再具體些，我想
　　　　針對他們的評論，我會改進。

(7)團體同儕督導（peer supervision within group）

由督導團體中的一個成員扮演督導者，而真正的督導者扮演觀察者，使成員能熟悉督導過程，提供受督者解決問題的方法。同儕督導也可在非正式的督導情境下進行，由參與者彼此交換錄影檔，並寫下評語交由督導者評量。

假督導者（成員扮演）：今天的督導，你想討論些什麼？

受督者：我的案主說人犯錯若不加以懲罰，就永遠不會進步，我認為這是非理性的想法，但他卻不這麼想，他不想改變，難道我們要幫助他改變嗎？

假督導者：改不改變對他造成困擾嗎？

受督者：他說不會，但我覺得他生活得太辛苦，認為他應該改變。

假督導者：他覺得自己生活得很辛苦嗎？

受督者：他說是，他想改變。

假督導者：你認為什麼因素讓他生活得太辛苦？

受督者：不能犯錯的心態所造成。

真督導者：很好，相信你們這樣的演練可使你們更熟悉督導過程，而你們也能學習運用 REBT 獲得解決問題的方法。（面向受督者）你覺得如何？

(8)利用錄音（影）檔（on using tape recordings）

錄音（影）檔的使用對諮商師的督導有相當大的幫助，然而因考慮浪費時間及避免成員分散注意力，督導過程往往無法看完整個帶子，而是採重要段落督導方式，亦即由受督者決定想要呈現的錄音（影）檔的片段，並由督導者告知受督者及督導團體想獲得的幫助是什麼。通常採團體督導

方式難以看完整個錄影，但督導者應鼓勵成員私下看完整個錄影，或採同儕督導方式，由參與者彼此交換並看完對方的整個錄影。

　　值得一提的是利用網路影片，隨著網路通訊設備迅速發展，在YouTube影片可搜尋到REBT倡導者製作的REBT督導網路廣播，例如一位Michael Edelstein博士（2020），也是「三分鐘治療」（Three Minute Therapy）作者，督導一位REBT治療師，該治療師道出他的幾個男性案主抱怨治療沒有情緒宣洩，無法產生深刻的情感影響，且也不太擅於寫家庭作業。該治療師請教Edelstein如何有效處理這種情況？以下是部分對話：

Edelstein：我會做的是，問案主：「你的意思是？你指的宣洩不足是？」
　　我會先完全理解個案的問題是什麼？才好做回應。

治療師：案主說他想改變，想變得更快樂。

Edelstein：很好！有進展了！我會對案主說：「你想要改變！我很高興聽你這麼說，因為這是REBT能幫助你的其中一件事，REBT的作用是幫助你，發展一種新的哲學和新的生活觀點，你開始審視自己、他人和生活中的處境，以一種完全不同的方式，只有當你學習原則並實踐它們才有用，它不會在一夜之間發生，需練習增強、重複練習，你會發現你改變了，用不同的方式看待生活，這是你要尋找的嗎？」

治療師：我的案主會說：「對，那是我正想得到的，但……你要我寫的東西（指REBT家庭作業），我沒感覺。」

Edelstein（針對治療師扮演的個案說）：「你對它沒有感覺，可以理解，因為你才剛開始這麼做，有兩個層級能讓你了解。第一層級是你對更好的看待方式認識短淺，這或許是你做A-B-C-D-E-F的練習才開始，還沒進到層級二——深層的信念、實際的深層信念。所以，你能如你所是的思考、感受和行動，也是因為你有深層的信念。而層次一和層次二的銜接，重要角色是學習強化練習，一遍又一遍地進行三分鐘練習，只要你寫的E有效哲學是有意義的，你不是在寫不切實際的事，

而是要與你的 E 語句聯結在一起，我相信你會開始感受到並相信它有效。」

(9)回饋檔（feedback tape）

採團體督導方式，由一位受督者展示諮商晤談的錄影檔，與督導的團體成員共同討論，隨後由督導者指派該位受督者一項作業，亦即改正本週的缺失，並將督導者或其他成員建議的效果，切實地運用在下一週的案主身上，並錄製錄影檔，於下週再度提出，由成員驗收成果並給予回饋。此法可使督導者監督受督者在督導過程中是否真正接受建議，確切嘗試新的方法，及適當地執行，並使督導者檢視所提的建議是否有效。

(10) 自我督導（self-supervision）

REBT 督導的目的之一，是幫助受督者自我督導，受督者可利用錄音（影）檔或檢核表，做定期的自我檢核。檢核包括以下幾項：(1)如何組織諮商情境？(2)引發案主思考和情緒的特殊敘述是什麼？(3)確認的主要非理性信念是什麼？(4)如何加以挑戰？(5)挑戰的結果是什麼？(6)給予的活動或認知家庭作業是什麼？(7)案主如何完成？(8)如何幫助離題的案主？(9)當案主不接受諮商師的處遇時，諮商師─案主的關係如何發展出一個互動模式？(10)諮商師能提供任何有效且適當的實務建議？(11)完成哪些方式的問題解決？效果如何？自我督導也可參考 Yapp 和 Dryden（1994）編擬的 13步驟的自我督導量表，包括：(1)詢問一個問題；(2)確定及同意焦點問題；(3)評估案主的C；(4)評估案主的A；(5)確認是否案主有其次的情緒問題；(6)教導B-C連結；(7)評估非理性的信念；(8)將非理性的信念與情緒及行為結果連結；(9)駁斥非理性的信念；(10)讓案主深化堅定的理性信念；(11)指派家庭作業；(12)檢查家庭作業；(13)催化整個諮商過程。

（七）研究與評價

　　Ellis（1977b）根據經驗與觀察，於 1977 年在美國心理學會年會演講時，強調理性情緒治療是一種自助治療（self-help therapy）的最佳方法，即使沒有督導，理性情緒治療也可以 do-it-yourself。Ellis 指出下列五點說明：(1)認知和認知行為治療已廣泛被使用作為無督導的自助治療的方法，有千年之久的歷史；(2)許多人使用此自助治療方法後，不管此治療法有受督導、些微受督導或全然未受督導，均可促其人格與行為相當顯著的改變；(3)理性情緒治療的自助治療比其他認知自助治療，更能使諮商師有效且強烈地達到人格與行為的改變；(4)當接受專業的諮商人員督導時，更多的人可藉由認知與認知行為治療而幫助自己；(5)理性情緒治療是一種高度認知和哲學取向的自助治療，比起較少哲學取向的治療法，更能顯著地幫助人。

　　有關 REBT 督導的文獻並不多，國外學者如 Ellis、Dryden、Wessler、Woods 等人對 REBT 的督導有深入的探討（Dryden, 1996; Wessler & Ellis, 1980, 1983; Woods & Ellis, 1996; Yapp & Dryden, 1994）。國內以楊淑蘭（2000a，2000b，2000c）及黃素雲（2005）對 REBT 的督導模式有詳細的理論探討，並有藍菊梅（2006）結合區辨督導模式的實證研究，探討 REBT 督導者的督導角色與焦點，研究結果驗證了 REBT 的督導應提供無條件的督導環境、自我表露，並給予平衡的回饋；也發現 REBT 督導者的教師角色較多，諮詢者角色次之，而無諮商師角色；督導焦點較著重個案歷程及概念化技巧，對個人化技巧述及較少，可能與 REBT 取向有關。

　　REBT 的督導功效有賴於督導者和受督者是否能發揮功能，對受督者而言，督導關係會因受督者文化背景的不同而有差異（Page, 2003），由於 REBT 的督導風格較鼓勵獨立自主，因此對許多亞洲及非洲文化背景之受督者而言，其仰賴他人支援的特質，可能阻礙 REBT 的督導進行。Wessler 和 Ellis（1983）依據其在紐約市理性情緒治療學院的督導經驗，提出不同

的看法，他們認為性別與族群背景並不會影響督導的過程，REBT 的督導者對不同性別與族群背景之受督者所施予的理性情緒行為治療訓練，與其他受督者一樣。Wessler 和 Ellis 依其督導經驗認為，未曾有督導者或受督者的歷練會對種族偏見有抱怨，由於 REBT 強調寬容（tolerance）及無條件接納（unconditional acceptance）所有人類，因此，接受 REBT 完整訓練和督導的人，可以得心應手地處理不同的性別、種族或社經背景的個案。

　　綜合以上所述，REBT 理論對治療性的督導開啟了另一種觀點，它可幫助諮商師更了解案主問題的相關想法與情緒動力，也有助於諮商師思考如何有策略地幫助案主；此外，REBT 也提供焦點，幫助諮商師處理自己對諮商情境的情緒反應。至於督導者在運用 REBT 時，須能夠同理受督者的焦慮，真誠接納受督者所犯的錯誤，同時也能保有「科學家」的精神，基於有效地幫助受督者思考、感覺及行動為福祉，能夠開放且客觀地追求改變。

二、認知取向督導模式

　　20 世紀的前半時期，精神分析學派的發展正如日中天，強調身體需求與本能行為，而忽視認知因素的重要。Alfred Adler 則給予質疑，認為動機無法解釋人類的行為，堅信人類對事件賦予的意義決定一切的行為（Allen, 1971）。他的觀點開啟了現代認知理論之門，也引起一些理論家如 Albert Ellis、Julian Rotter、George Kelly、Eric Berne 及 Aaron Beck 將認知觀點加以發揚光大。

　　認知的改變引起行為改變的觀點，已獲得實驗研究相當的支持（Daly & Burton, 1983; Ellis & Grieger, 1986; Valerio & Stone, 1982）。過去 20 年中，許多的治療策略也證實，有效地改變認知的結構與過程能顯著影響行為（Beck, 1976; Ellis, 1977a; Meichenbaum, 1977）。認知治療的兩大宗師 Albert Ellis 與 Aaron Beck 都肯定認知因素是構成心理失調的重要因素，兩

者間的差異在本章的引言已有說明，而 Ellis 著名的非理性信念觀點所發展出的理性情緒行為治療理論，在前一節也詳盡說明了該理論的督導模式。本節將著重探討 Beck 的理論架構督導模式。

雖然大部分的文獻仍較著重於認知理論在諮商與治療上的應用，但認知理論用來訓練諮商師的潛在影響也逐漸受重視，因為有效地促進諮商師認知的過程，與促進案主的認知過程同等重要（Loganbill et al., 1982）。大部分的文獻著重在認知治療的訓練問題，而非督導過程，Liese 和 Beck（1997）提出諮商的無效與諮商師本身的問題有關，因而提倡受督者認知的管理，強調認知治療在督導上的應用。

認知治療不像精神分析法，抽象且不具體地解釋人類行為，也不像行為治療法，研究可觀察的行為，無法說明影響人類行為改變的變項；認知治療的方法可以直接、簡單與具體地解釋人類反應的「為什麼」，重視的是人的思想而非行為，是探討人類思想的心理治療法。

（一）發展背景

Aaron T. Beck 對於以心理分析說明案主的思考模式，及強調夢的解析將案主視為受害者，修正其錯誤思考模式相當不以為然，他於 1964 年發展認知治療，是一個有結構、短期及明顯方向的心理治療法。治療的過程包括：監視自動的想法、了解其與行為及心情的關係、產生可行的想法，及修正阻撓此想法的失功能假設（Kendall & Bemis, 1983）。認知治療較用在治療憂鬱症、直接解決目前問題及修正偏差的思考及行為（Beck, 1964）。隨後，Beck 與其他同事更將此方法成功地應用到多種問題的處理上，他們發現治療的焦點、技術及時間長度隨對象問題不同而有所改變，然而理論的基本假設維持不變。

Beck 於 1960 年代即開始在美國費城實施認知治療法治療憂鬱症患者，一些認知治療技術的重要研究及臨床試驗也逐漸醞釀發展。Beck 的第一篇研究結果於 1977 年發行（Rush et al., 1977）。一些研究也證實認知治療對

一些疾病的有效性，如：重鬱症（major depression disorder）（Dobson, 1989）、泛焦慮症（generalized anxiety disorder）（Butler et al., 1991）、恐慌症（panic disorder）（Barlow et al., 1989; Beck et al., 1992）、社交畏懼症（social phobia）（Gelernter et al., 1991）、夫妻問題（couples problems）（Baucom et al., 1990）、人格異常、飲食性疾病（eating disorder）（Agras et al., 1992）、物質濫用（substance abuse）（Woody et al., 1983）、性失調等等（Beck et al., 1979）。

認知治療目前已被廣泛應用於全世界，適用的其他疾病尚包括強迫症（obsessive-compulsive disorder）（Salkovskis, 1985）、創傷後壓力疾患（posttraumatic stress disorder）（Foa et al., 1993; McCormack, 1985）、人格疾患（personality disorders）（Beck et al., 1990; Layden et al., 1993）、慮病症（hypochondriasis）（Smith et al., 1986）及精神分裂症（schizophrenia）（Kingdon & Turkington, 1994）。認知治療也被應用在背景（如教育、收入）及不同年齡的病人上，對團體治療、夫妻問題及家族治療也有效。

（二）重要概念

認知治療以認知的模式為基礎，強調認知的過程，即個人對情境的知覺會依預期的路徑，而影響其情緒和行為，因此，人的情緒反應並非直接由情境所決定，而是經由個人如何解釋及說明情境而決定，基本的認知治療模式如圖 7-3 所示。

個人早期的生活經驗，會影響他／她對自己、他人及這世界的信念發展，例如一個人經驗來自父母的愛與支持，導致的信念將是「我是可愛的」及「我是自信的」；反之，幼年生活經驗若是負面的，產生的信念將是「我是不可愛的」及「我是無能的」。早期的經驗發展特別以重大的事件最影響個人的信念系統。核心信念的形成是根基的及深遠的，即使個人所持有的信念是不正確或缺乏理性的，個人也會視其所有一切想法及行為

是理所當然。

當面對一個特別的情境，個人的核心信念會影響其知覺，此信念使個人在面臨類似的情境時，成為相當活化的信念，信念的活化結果將導致對該特別情境的自發性想法，而直接影響情緒、行為及生理的反應。例如一個人面對一項任務而覺得自己很愚笨，其核心信念：「我沒有信心」影響了個人對情境的看法，因而產生活化的信念：「如果我不完美地解決它，我就是愚笨」，此活化的信念最後轉變成自發的想法：「太難了！我從沒辦法解決它」，而使個人產生難過的情緒、逃避的行為，及頭痛等生理反應。

認知治療的迷思存在已有 30 年之久，一些諮商師過分強調潛意識及控制的過程，而忽略了情緒、人際因素及治療的關聯性，認知治療督導的主要任務則是直接說明及挑戰這些錯誤的概念。以下列出 Gluhoski（1994）的七個認知治療的錯誤概念，並針對錯誤的迷思提出正確的概念：

1. 認知治療著重在減輕立即症狀的技術而忽略了人格的重組歷程

認知治療不只提供減輕立即症狀的技術，若需要，也會提供對複雜人格重組的策略。

2. 認知治療是表面和機械化的

認知治療並非表面的或機械化的，有效的認知諮商師應當能夠了解案主目前的經驗、早期的歷史對其認知的影響及其對世界的反應。

3. 認知治療忽略了童年經驗影響成人心理疾病的決定性角色

認知治療通常假設大部分的成人心理疾病是根源於小時候的生活經驗，督導者應鼓勵受督者使用認知發展模式（參見圖 7-3），使案主了解早期生活的創傷對其目前功能的影響。

◆ 圖 7-3　基本認知模式

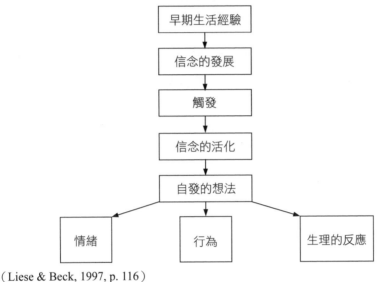

（Liese & Beck, 1997, p. 116）

4. 認知治療忽視了人際因素對心理疾病的影響

　　有效的認知治療相信大部分的心理問題隱含著人際成分的影響，認知諮商師要能夠幫助案主，確認及評量他對其他人的負面觀點，對其與他人的關係有不利的影響（例如別人不喜歡我）。

5. 認知治療與諮商關係不相干

　　諮商關係對認知治療極為重要。對問題不複雜的憂鬱或焦慮的案主，諮商師需要展示良好的諮商技巧、激發案主的希望、幫助案主解決問題、教導案主技術、促使案主快速紓解症狀，及適當地反應案主的回饋。對有複雜人格問題的案主，諮商關係成為諮商的重點，諮商師要能夠幫助案主確認及修正其對諮商師的扭曲想法和信念，以便幫助案主能將所學到的普及到與其他人的關係（Safran & Segal, 1990）。

6. 認知模式對持續的問題症狀不說明動機

認知治療對持續的問題症狀說明個人的動機。個人對早期未被滿足之需求常以補償策略加以處理，過度學習或使用的補償策略很可能會導致問題的症狀，例如一個有社會焦慮者以酗酒來麻痺與社會互動的不舒服感覺，認知諮商師可以使用優缺點的分析來檢查憂鬱、焦慮、逃避、耽溺或其他偏差行為的持續，他們也可能使用引導來挑戰補償策略。

7. 認知治療僅關心思考的扭曲，而忽略情緒的重要

認知治療關心案主的情緒狀態。認知治療的主要目的是減輕案主情緒的苦惱，通常以構成情緒苦惱的情緒探索、概念的分析，及想法和信念的修正，來減輕案主的苦惱，而不是經由情緒的表達。

透過督導協助受督者意識到自己的認知、情緒和行為，可以促進受督者理解認知治療的方法與治療過程可能出現的問題，也可以幫助他們為案主制定治療計畫。認知治療督導與認知治療有一些共同點，例如著重關係的建立與發展、以案例概念化來計畫督導議程、在議程中使用引導發現和角色扮演等技術，以及對自動化思考和信念做反應。認知治療督導的結構也與認知行為治療（CBT）督導的結構非常相似，包含以下要素：開場、議程安排、銜接上次督導議程、處理議程事項、總結、指派作業和獲取回饋（McLachlan & Miles, 2017）。而不同之處在於認知治療督導是教育過程。

（三）督導目標與督導關係

認知治療督導的目的是幫助受督者將理論融入實務，能應用認知治療，並能發展評估、概念化和治療技能（Paolo, 1998）。督導者並不對受督者提供個人的認知治療，但會關注受督者的信念以及信念對其實施認知治療的影響，促進受督者的治療實務更為安全有效（Beck et al., 2008; Milne

et al., 2009），故會引導受督者對諮商工作有所發現，提升受督者的覺察，
覺察自己的認知如何影響諮商的成效，以及如何將此覺察當做管道，去了
解認知治療過程中會產生的問題。因此，認知治療督導有三個重要目標：
(1)教導認知理論與技術；(2)修正認知治療的錯誤認知；(3)減少受督者偏差
的可能性（Liese & Beck, 1997）。大部分的督導者將督導時間花在教導認
知的理論與技術，對受督者的幫助其實是有限的，督導的觸角仍須延伸至
覺察受督者個人的認知過程。Holloway 和 Wolleat（1980）指出，一個諮
商師若能發展良好的認知能力，較能夠產生有效的臨床假設，因此修正受
督者的錯誤認知，減少受督者模糊的知覺，是督導過程中極具價值的任
務。

　　督導是一種人際歷程的關係，督導者與受督者之間的互動關係也受其
本身主要信念、假設及自動的想法所影響，督導者與受督者之間會經驗明
顯的情緒反應，Bernard 和 Goodyear（1992）認為，焦慮普遍存在於督導
者與受督者之間。認知治療的督導重視督導者與受督者之間的問題導致督
導過程的困難，因此，若能釐清督導關係的類型，清除督導過程中的障
礙，便能促進督導順利進行。督導關係會因督導者與受督者的類型不同而
有差異，Liese 和 Beck（1997）提到督導者的問題有三種，均對督導過程
造成困難。一種是 Mr. Rogers 型的督導者（the mister Rogers supervisor），
是好好先生型，具有溫暖、仁慈與好脾氣的特質，但無法提供具體的回饋
與指導；受督者在此類的督導下，容易發展出過分誇大的自信，無法獲得
應有的進步。此類型督導者的思考模式通常是：「如果我很慈祥，沒人不
喜歡我」、「若我給任何批評，受督者會受傷害」、「別人感覺受傷害是
很糟糕的事」。

　　第二種類型的督導者是阿提拉型的督導者（Attila the supervisor），是
相當固執且相信只有唯一一種正確方法可以解決問題，當受督者沒有按照
指示行事，督導者便會很難過或生氣。此類型督導者的特殊信念是：「不
聽我的指示者，是侮辱我的表示」、「不受尊重是無可忍受的」、「我要

永遠都是對的」。

　　第三種類型的督導者是「你感覺如何」型的督導者（the "how do you feel" supervisor），認為受督者對案主的感受比個案分析來得重要，相當相信督導中所學習到的一切，常起因於受督者對案主情緒的反應，如督導者問受督者：「當你的案主有防衛心態，你感覺如何？」「你對案主問題的分析是什麼？」或「你下一步怎麼做？」

　　Liese 和 Beck（1997）也提出有三種問題類型的受督者，不僅影響提供案主有效的諮商，也阻礙督導的進行。第一類是不專注型治療師（unfoc-used therapists），即受督者無法專注於諮商或督導情境，導致的信念包括「我需要知道任何事，所以要包山包海樣樣通」，「如果我太專注，我可能專注在錯誤的問題上」。第二類是被動或逃避型的治療師（passive or avoidant therapists），通常對諮商或督導情境的參與是被動且也不關心，伴隨的信念常是「如果我的督導者認為我有缺點，我便是失敗者」，「如果我透露我的想法，我會暴露我的軟弱」。第三類是防衛或攻擊型的治療師（defensive or aggressive therapists），通常在督導過程中，對督導者的詢問有防衛或攻擊的反應，常有的信念是「我知道的比督導者多」，「如果我是防衛的，我的督導者便不會批評我」。

　　Liese 和 Beck（1997）相當強調挑戰受督者的錯誤認知與模糊知覺，督導者需要了解受督者的困難，如同諮商師需要了解案主一樣。以下問題有助於督導者評估受督者的個人問題。

　　1. 受督者的優點是什麼？

　　2. 受督者的缺點是什麼？

　　3. 受督者過去的教育與專業經驗是什麼？

　　4. 受督者分析案主問題的理論取向是什麼？

　　5. 受督者以前的督導經驗為何？目前的督導如何最有效地引導受督者？

　　6. 受督者的溝通類型為何？這些類型如何與心理諮商與督導的過程連結？

7. 受督者如何處理倫理問題？

8. 受督者參與行政事務的表現如何？

9. 受督者有否顯著的心理困難？

（四）督導內容與督導原則

認知治療督導使用認知治療模式，與諮商過程相似，具有結構的和合作功能，強調將教育、發展和學習原則納入臨床督導的重要性，並採教育性的角色扮演、互動方法、錄音檔、錄影檔觀看以及提供建設性的回饋等方法（Reiser & Milne, 2012）。Liese 和 Beck（1997）提出認知治療督導內容，包括提升受督者問題診斷的能力、認知的個案概念化、基本諮商技術、諮商情境結構化，及認知與行為技巧。

1. 問題診斷的能力

大部分有經驗的認知諮商師可以辨認憂鬱與焦慮疾患，但為有效計畫及執行諮商，進階的問題診斷能力是認知治療受督者應具備的能力。例如受督者要能夠分辨焦慮性及情緒性的疾患，焦慮性疾患可以包含強迫症、泛焦慮症及懼曠症（agoraphobia）；情緒性疾患包含輕鬱症（dysthymic disorder）、重鬱症、躁鬱症（bipolar illness）。此外，案主的人格疾患對諮商關係及計畫有深遠影響，為有效處理這些問題，受督者也應具有了解及分辨種種人格疾患的能力。督導者可以使用《DSM-V精神疾病的診斷與統計》（孔繁鐘編譯，2014）訓練受督者，使之具備問題診斷的進階能力。

2. 認知的個案概念化

認知的個案概念化可提供脈絡，幫助諮商師對案主深入了解，加速認知治療的進行。一旦受督者蒐集足夠的案主資料，開始檢視案主的思想、感情與行為模式時，督導者應鼓勵受督者使用概念化圖表（如圖 7-4），

◆ 圖 7-4　認知的個案概念化圖表

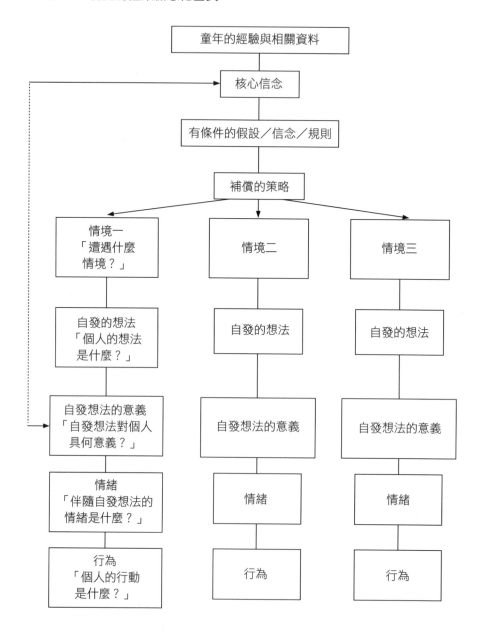

（Liese & Beck, 1997, p. 126）

可藉角色扮演方式完成空白的個案分析圖表，以教導受督者，並指導受督者根據新蒐集的資料隨時修正對案主的分析。受督者也可與案主共同觀看概念化圖表，幫助案主自我了解，增進諮商的關係。

3. 基本諮商技術

對認知的諮商師而言，具有堅強的基本諮商技術是相當重要的，如溫暖、和藹、同理心及專注等技術，一些諮商師尚未能具備這些技術，有些則是具備，卻不知如何將之運用在不同問題的案主身上。督導者應教導受督者獲得案主語言或非語言的線索，以區辨溫暖、同理心及支持等技術的使用層級，如依賴型的案主，高層次的溫暖及明顯的支持正合其所需，而對人格特質固執衝動的案主，在諮商關係開始之初則需要保留點距離。

4. 諮商情境結構化

結構化與聚焦是重要的認知治療技術，督導者應鼓勵受督者根據圖 7-3 的基本認知模式，聚焦在案主最感困擾的問題、信念、自發的想法及偏差的行為上。一些案主並不習慣以標準的結構方式審視自己的問題，督導者應教導受督者評估案主不舒服的感覺，適度調整討論的範圍，使案主願意繼續接受諮商。

5. 認知與行為技巧

督導者應鼓勵認知諮商師廣泛地熟習認知與行為的技巧，技巧的選擇依據個案的概念化、諮商的程度及諮商關係的強度做決定，沒有經驗的認知諮商師是不可能知道何種技術對何種問題最有用。對諮商師而言，有效地執行技巧需要時間、耐心與身體力行，因此，督導者應鼓勵受督者經驗並巧用心思於個案概念化的過程，據此選擇技巧才更有效。

（五）實務應用

認知治療督導和認知治療一樣是相當複雜且具挑戰性的工作，督導的主要目的除了要幫助受督者獲得認知的知識與技術，使之能夠提供有效的認知治療外，尚須處理受督者認知的扭曲問題，建立良好督導關係，以利督導工作的進行。

1. 督導歷程

督導者與受督者以每星期至少聚會一次（每次 60 分鐘）為原則，以深入探討案主的問題及受督者的經驗。督導者透過錄影檔觀看受督者的諮商情境相當重要，否則受督者會傾向於以個人偏見，口頭或書面描述諮商情境。在督導情境中，督導者可就受督者與案主的互動關係，或播放自己認為重要的部分做討論。督導者也應鼓勵受督者參與團體認知治療督導，以彌補個別督導的不足。團體認知治療督導可採兩星期聚會一次，每次 90 分鐘，以探討一般性問題為主，而不完全著重在受督者個人的困難，受督者藉此可觀察專家如何執行認知治療，及參與諮商過程的討論。

Liese 和 Beck（1997）將認知治療的諮商情境與督導情境結構做比較，如表 7-1 所示。以下就認知治療督導步驟做說明：

(1)開場（check-in）

開場的主要目的是打破沉默，督導者要能以溫柔友善的語氣問候受督者，例如「你今天好嗎？」或「自上星期見面以來，有沒有發生什麼事？」以建立良好關係。督導者也要能敏銳察覺受督者明顯的問題情緒，幫助受督者說出自己的問題，並以角色扮演方式，小心謹慎地解決受督者的問題。

表 7-1
認知治療諮商情境與督導情境的結構比較

步驟	諮商情境	督導情境
1	事項的安排	開場
2	心情檢核	安排議程
3	銜接上次的諮商情境	銜接上次的督導議程
4	詢問主要的問題	詢問上次督導的諮商案例
5	閱覽上次諮商的家庭作業	檢視上次督導的家庭作業
6	事項內容的重點與討論	議程事項的重點與討論
7	指派新的家庭作業	指派新的家庭作業
8	諮商師的摘要（情境過程中或結束時）	督導者的摘要（情境過程中或結束時）
9	引出案主的回饋（情境過程中或結束時）	引出受督者的回饋（情境過程中或結束時）

（Liese & Beck, 1997, p. 121）

(2)安排議程（agenda setting）

　　督導者可詢問受督者：「今天你想進行的是什麼？」「目前你的困難是什麼？我可以幫助你什麼？」或「今天你想討論的重點是什麼？」作為督導事項的安排。為使時間充分利用，督導者應多鼓勵受督者準備督導事項討論的先後次序。一般督導程序的安排包括：特定案主的分析，處遇特定案主的適當技術，處理困難案主的人際策略。

　　受督者播放錄影（音）時，督導者應該先評估治療關係的強度，以免治療同盟薄弱導致諮商提早結束，而使督導效果不彰。接下來督導者要問自己：「案主最重要的問題、認知、行為和情緒是什麼？需要哪些其他資訊來概念化案例並制定治療計畫？受督者做了什麼？優點和弱點何在？在計畫下一次的督導時，受督者需要在概念化、技術和策略方面學習什麼？」（Beck et al., 2008）。

(3)銜接上次的督導議程（bridge from the previous supervision session）

　　為連接先前的督導議程，督導者可使用以下問句如：「你上星期學到什麼？」「哪些是你上星期所學，應用到實務經驗的？」或「上星期所討論的，何者對你最重要且有用？」督導者應鼓勵受督者回想上星期所討論的概念和技術，並思考如何於這星期有效運用這些概念和技術。

(4)詢問上次督導的治療案例（inquiry about previously supervised therapy cases）

　　為持續處理案主的議題，及了解其進步或停滯情況，督導者應於每次的督導詢問先前督導的案例，督導者可使用的問句如：「上次我們討論到臻臻妹妹過世的問題，她現在如何？」討論過程宜簡短，以便有時間討論其他案例，除非該案例有重大事故，或督導者與受督者評估有延長時間的需要。

(5)檢視上次督導的家庭作業（review of homework since previous supervision session）

　　指派及檢視家庭作業是認知治療督導的基本要求，家庭作業可以是閱讀、書面分析案主的問題及新技術的實驗，督導者應使受督者了解其重要性，使之有共識願意以合作的態度完成家庭作業；當受督者無法完成家庭作業，督導者應與其討論造成阻礙的原因。督導者可使用的問句如：「妳正在研究一些創傷治療的方法，有哪些進展？妳發現哪些已經有用？哪些沒用？」

(6)議程事項的重點與討論（prioritization and discussion of agenda items）

在督導開始之前，督導者應根據先前的督導及受督者的紀錄資料，留意受督者的需要。當督導者在教導複雜的技巧、受督者對督導顯示不悅之情，或對案主問題感到棘手時，督導者應鼓勵受督者說出自己的問題、觀念、疑問及考慮的事項，並以直接指導的方式，修正阻撓受督者與督導者負面互動的錯誤想法。例如一位創傷案主在體會過去的痛苦及未竟的情緒時，諮商師須具有高層次的同理心，督導者可以使用心理的練習方式（參考督導技術），教導受督者能感同身受地體驗案主的創痛，討論重點可擺在受督者對案主模糊的潛意識內容，透過意識面討論與辨識，使受督者釋放強烈情緒，獲得詮釋案主問題的重要體驗與認知學習。

(7)指派新的家庭作業（assignment of new homework）

督導者根據上述事項的討論，擬出可促進受督者獲得知識與技巧的家庭作業，例如督導者評估受督者需要學習更多的諮商關係，新的家庭作業可以指派受督者閱讀 Safran 和 Segal（1990）的 *Interpersonal Process in Cognitive Therapy*。此外，將一些技術的實驗當作家庭作業，也可幫助受督者更熟悉如何運用這些技術於案主身上。督導者可使用以下問句如：「研究文獻有建議哪些策略呢？」或「你可以使用這些技術，並看看哪些技術有用？」

(8)督導者的摘要（supervisor capsule summaries）

無論是改變主題或督導結束，督導者應做重點摘要，包括督導者的反應、綜合意見及督導進行到目前為止所討論的內容，以幫助受督者專注於督導情境的重要事件。

(9)引出受督者的回饋（elicit feedback from supervisee）

既然認知督導的過程包含教導受督者概念及技巧，督導者應隨時引發受督者的回饋，以了解受督者對這些概念及技巧的獲得情況，例如督導者可詢問：「你對這理論模式（或技術）有何想法？」或「你認為你將如何使用這技術？」督導結束時，督導者還可詢問受督者：「你今天學到什麼？哪些有幫助？哪些沒幫助？」或「還有什麼事是我可以做但沒做，可以幫助你處理案主的問題？」

2. 督導策略與技術

有關督導過程中認知策略的運用，Dodge（1982）提出五個步驟：(1)確認與接納諮商師的焦慮及相關的防衛反應；(2)確認諮商師有關諮商表現的認知模式；(3)挑戰和駁斥非理性的信念；(4)建構更多合理及邏輯的想法；(5)嘗試冒險、付諸行動以支持邏輯辯論而來的聲音，最後使這些特定的想法能夠導出穩定的情緒反應。

Kurpius 和 Morran（1988）提出三種認知的督導技術，包括：

(1)心理的練習

心理的練習（mental practice）是一種心像（imagery）技術，由受督者預先演練對某一特別諮商情境的反應模式，就好像該情境是鮮活真實的一樣。督導者鼓勵受督者仔細去查看個人過去的人際事故，並想像自己是諮商師而其他人是案主，然後再想像運用技術促進彼此互動的反應。受督者可應用此法在真實或假設的諮商情境，有助於諮商技巧如同理、探問、挑戰，及其他基本的諮商技巧的訓練與發展。此法的應用不一定要在固定的督導時間，受督者可在任何時間及場所自我練習與評估。

(2)內隱的模擬

內隱的模擬（covert modeling）有些類似於心理的練習，只不過是用內隱的方式，督導者扮演更靈活的角色。此技術需要督導者運用詳細的指導，以便能幫助受督者靈活地想像諮商的情境及對案主所實行的整套技巧。例如，督導者會指導受督者去想像案主的語言或非語言訊息是否有矛盾之處、想像諮商師如何面質這矛盾，以及製造出案主反應的狀況。此技術賦予受督者藉由想像的方式，能夠創造自己的模式；對於學習新的或增強既有的技巧相當有效。相對於心理的練習，內隱的模式使督導者對受督者的學習情境保有更多的操縱，督導者能針對受督者的需要，斟酌給予較簡單或較難的指導。此外，督導者也指導受督者去想像當諮商師自己〔內隱自我模擬（covert self-modeling）〕，或是技術高明的專業人員〔內隱他人模擬（covert other-modeling）〕的情況。兩者雖同時有效，但受督者先以其他人作為諮商師來想像，一旦他們採用某些技術覺得較為舒服時，再去想像自己作為諮商師，會經驗較少的焦慮。

(3)認知的模擬

認知模擬（cognitive modeling）是一種督導者展現有效的思考及概念分析的過程，可將之運用在諮商的情境中。透過錄影檔或錄音檔的觀賞，督導者展示諮商的情境，藉由談論及深思來分享對案主及情境的想法。例如：督導者針對案主某一特別的語言反應，分享個人的認知，並發展和執行一個特殊的假設。受督者藉由專注於督導者內在對話（internal dialogue），學習指導自己的概念化技巧（conceptual skill），持續練習成為習慣，運用在諮商療程中。

認知模擬是重要的訓練技術，因為此技術相當適用於任何訓練的情境。例如：督導者透過觀看及批評受督者的諮商情境，針對受督者可能的反應來建議可採取的方法。經由督導者的思考及推論過程（用來形成採取

反應的建議）的分享，能夠很容易地補充及更有效運用行為模式。

（六）研究與評價

　　認知治療在臨床或輔導與諮商領域的貢獻已獲肯定，此法容易辨識且廣泛被運用於治療不同的心理問題。近來，認知治療督導議題已受重視，研究也開始致力於探討認知治療督導，但認知治療督導的實證研究仍不及認知療法的實證研究豐富，雖然如此，認知治療督導的價值仍普遍受認可（Sloan et al., 2000）。

　　關於認知取向督導文獻的主題，除非刻意區分 CT 督導與 CBT 督導，否則會有互用的現象，多數會以 CBT 督導統稱之。例如 Alfonsson 等人（2020）探究臨床督導是否會影響六名治療師的 CBT 能力。督導架構包含(1)開場（check-in）；(2)議程安排（agenda setting）；(3)追蹤上次督導和家庭作業（follow-up from last session and homework）；(4)受督導者對錄製的案例進行報告，督導者給予回饋（supervisee report and supervisor feed-back on recorded session）；(5)問題解決或重複之前的素材（problem solv-ing or repetition of previous materal）；(6)對所選的重點能力做示範或角色扮演（modeling or role-play of the chosen focus competences）；(7)協同作業（collaborative homework assignment）；(8)摘要和督導者的回饋（summary and supervisor feedback）。督導會議前，督導者會聽取上次的療程錄音檔，以便能對受督者提出的要項做回饋。在督導期間，督導者從協議中選出三個重點能力，協助受督者探討解決個案問題的方法，並根據選擇的重點能力進行示範和角色扮演，最後雙方共同決定受督者在下一次督導會議前須完成的任務及要磨練的重點能力。結果顯示，與沒有督導的基線階段相比，參與者的 CBT 能力在督導階段顯著更高。

　　Perris（1997）研究不同訓練程度及實務經驗的 56 位認知取向諮商師對督導的期望，研究發現不同經驗程度的諮商師對督導存有不同的期望，有經驗的諮商師比少有經驗的諮商師表現較為歷程取向，認為敏銳、開

放、彈性、非指導及能夠激發受督者內在資源，是督導者應具有的督導品質。諮商師若愈少經驗認知治療督導，該諮商師對督導者所運用的技巧就愈不敏銳，且對理論的討論較不感興趣。

　　認知治療督導架構值得作為理想督導必備特色之參考，此看法已明顯獲得證明，例如認知治療督導提供受督者機會去觀察督導者的諮商實務，示範和鼓勵新技巧的使用，以及提供相關教育資訊與課程（Worthington & Roehlke, 1979），提供諮商方法的引導及諮商處遇的方向（Rabinowitz et al., 1986; Worthington, 1984），使其具有相關知識、諮商技巧及教導能力（Fowler, 1995）。另外，在督導過程中，受督者毫無保留地展露對案主的想法與感受，此現象對受督者看到如何處理對案主的相同情緒增加示範效果；更重要的是，支持的過程是認知治療督導的支柱，是有效督導的基本要求（Fowler, 1995; Rabinowitz et al., 1986; Sloan, 1999; Worthen & McNeill, 1996; Worthington, 1984; Worthington & Roehlke, 1979）。再者，諮商師的個人問題（如焦慮、壓力）會影響諮商的效果、情境的回憶能力及督導關係（Yager & Beck, 1985），適度的焦慮可能有助於諮商師的表現，然而，無休止的焦慮對諮商師的說話語調、知覺的正確性及情感反應能力等，均有負面影響，Fitch 和 Marshall（2002）認為，認知治療督導對於處理諮商師的情緒問題相當有效（特別是新手諮商師的壓力與焦慮）。

三、認知行為取向督導模式

　　諮商師的督導模式傳統採心理分析或行為的方法（Stone, 1980b），心理分析的方法強調督導關係的使用，作為提升受督者自我覺察與洞察力的管道，而行為的方法著重受督者可被觀察的行為反應，強調技術的獲得。事實上，此兩種方法並不相容，認知行為訓練模式的崛起，彌補了精神分析與行為學派的不足，整合了知（knowing）與做（doing）的關係，雖然認知行為取向的督導研究最初著重於穩定且難以改變的認知成分，如認知

的類型、概念層次及認知的複雜性。目前已有許多文獻整合認知過程以及知和做的實務，而且有增加的趨勢（Kurpius & Morran, 1988）。

Liese 和 Beck（1997）對認知行為治療法在督導上的應用做了詳盡的詮釋，他們強調督導的重要性，認為即使是經驗豐富的諮商師，若缺乏督導也會產生技術退步或迷失的危機，因此重視認知行為治療在督導的應用。認知行為治療取向的督導比起其他理論取向督導模式，其督導結構與諮商情境最相近，督導與諮商情境的過程步驟也最類似（Fischer & Mendez, 2019）。

認知行為治療法的孕育是經由行為取向與認知取向的演進而來，沒有所謂的改革，只是觀念與技術自然漸進的演變，導致認知行為治療法的竄起（姜忠信、洪福建譯，2000）。認知行為治療法是一種結構式的心理治療，在督導的運用上，主要是幫助受督者學習有效方式，來處理所遭遇的諮商問題與困難。

（一）發展背景

認知行為治療衍生於行為與認知方法的整合，行為學派首推 Watson（1914）和 Skinner（1948）為先驅，反對心理分析學派的觀點，認為只有可觀察的現象（如刺激與反應）可被用來解釋人類的行為，強調科學的驗證，認為思考與情緒是非科學的。這派理論家提出行為矯正對精神病患的治療效果（Eysenck, 1960），反對傳統心理動力治療功效，也否定一些重要的認知變項，因而引發學者的反駁（Bergin & Garfield, 1971），開啟改革的風潮。在行為治療方法改革後，認知治療方法受到矚目，1960 年代起，隨著觀念與技巧演變之影響，認知行為治療法順勢產生，這些觀念與技巧的演變包括：(1)學院的認知心理學家如 Miller 等人（1960）開始用科學方法研究心智現象；(2)發展心理學家如 Piaget（1963）建議將心智結構或基模視為組織訊息和控制行為的方法；(3)社會學習論者如 Miller 和 Dollard（1941）與 Kelly（1955）開始探討一些認知變項，包括注意力刺激和

反應間的認知因素、期望、計畫及個人建構；(4)行為治療學家開始修正理論觀點，如Homme（1965）認為內隱反應或內隱心智控制行為的改變。又如 Bandura（1969）認為，行為是受到思考歷程、先前經驗所獲得的訊息及自我控制歷程的影響（姜忠信、洪福建譯，2000）。

　　認知行為治療法竄起後受到廣泛的討論，1972 年就有英國行為與認知心理治療學會（the British Association for Behavioral and Cognitive Psychotherapies, BABCP）成立，成員包括範圍甚廣的專業團體，於 1990 年代中期已超過兩千人。1993 年，BABCP 成為隸屬聯合國心理治療委員會（the United Kingdom Council for Psychotherapy, UKCP）的組織，是授與行為與認知諮商師專業資格的主要機構。這些從事認知行為治療的專業團體包括臨床心理師、精神科醫師、護理師與諮商師，只有 19%的 BABCP 成員獲得行為或認知諮商師的專業認證（Williams & Garland, 1998）。

　　認知與行為方法的訓練在英國有相當悠久的歷史，倫敦的精神科醫學機構是執行此任務的先驅，訓練課程包括行為操作的傳統方法，以具體定義學習的技巧，及發展現場臨床練習的觀察與回饋作為訓練重心（Milne, 1986）；此法隨後滲入到督導中，為督導的處遇提供可用的模式（Pretorius, 2006），著重治療與督導方法一致的需要。自 2010 年以來，隨著CBT督導的研究和書籍的出版，更強調督導過程的重要（Fischer & Mendez, 2019; Liese & Beck, 1997; Milne, 2016; Padesky, 1996; Sloan et al., 2000）。英國 BABCP 和 IAPT（Improving Access to Psychological Therapies，心理治療普及化計畫）要求實習生和合格的認知行為治療師接受定期督導（Latham, 2006; Turpin & Wheeler, 2011）。

（二）重要概念

　　認知行為取向的督導模式以認知行為治療概念為基礎，主張認知是行為產生的媒介，人類被視為是資訊的處理者，其失功能的思考形式造成個人的困難；認知行為的督導重視經驗的修正，也就是覺察失功能的認知與

行為之間的互動，透過認知、行為與生理的處遇，尋求改變互動的可能性。

認知行為取向的督導模式，除了 Ellis 的理性情緒行為治療及 Beck 的認知治療自成一家被廣泛應用外，重要的方法尚有認知重組、認知自我指導與認知自我管理（Kurpius & Morran, 1988）。

1. 認知重組（cognitive restructure, CR）

認知重組是認知行為治療最有名的概念，Kendall 及 Hollon（1981）提到認知（cognition）組成情緒（emotions）和行為（behaviors），不適當的認知伴隨無效的行為與自我挫敗（self-defeating）的情緒狀態。Meichenbaum 的認知行為矯正理論（cognitive behavior modification, CBM），即是一種認知重組的形式，認為一個人在組織思考時，其實已在監督及指導想法的選擇，認知組合被視為是「執行處理者」（executive processor），掌握思考的藍圖，決定何時持續、打斷或改變思考（Meichenbaum, 1977）。Goldfried（1979）建議認知重組包含四個步驟：(1)了解及接受自我陳述（self-statement）影響情緒的反應和行為；(2)認識這些陳述的錯誤；(3)洞察非理性的信念如何負面地影響感受和行為；(4)修正自己對自己的所思所言。

而 Dodge（1982）視認知重組為一個過程，可藉由五個階段說明：症狀（symptom）、確認（identification）、非理性的挑戰（irrational challenge）、探索（exploration）、修正（modification）。在症狀的階段，懷疑和焦慮往往是新手諮商師在基本諮商技巧的練習期間所經驗的心情，此時督導者的支持相當重要，支持包含督導者堅信在訓練的情境中，新手諮商師的自我懷疑和焦慮是自然的。在確認的階段，新手諮商師審查錄影檔中的自己，並回想與內在語言相關的情緒反應，語言應包含錯誤的認知標籤、不切真實的期待，或不適合的自我陳述。督導者在此階段指導新手諮商師專注於他們自己的想法與感受，並檢視由自我談話（self-talk）所產生

的想法與從中產生的感受之間的關係。

　　非理性的挑戰階段允許新手諮商師提供洞察，此洞察挑戰著他們的認知、期待和自我陳述，同時督導者也要支持這些自我挑戰（self-challenges）。在探索階段期間，新手諮商師內心裡預演著情緒喚起情境，如此增強焦慮和非理性知覺的自我陳述，督導者應鼓勵新手諮商師創造適當的內在語言和行為。最後在修正的階段，督導者教導新手諮商師停止製造不恰當的內在語言，督導者引導新手諮商師透過想像一個誘發焦慮的情境，說出他們的想法，然後記錄、分析、評估及修正這些不恰當的自我語言。

2. 認知自我指導（cognitive self-instruction, CSI）

　　Meichenbaum（1977）提出自我指導法（self-instruction），強調改變自我語言（self-verbalization），認為自我語言會改變個人的行為，唯有自我指導的語言獲得修正，個人才能有效處理所遭遇的問題。Meichenbaum指出，行為改變的發生必須透過三方面互動，包括內在語言、認知組合、行為及其導致的結果；他提出三階段的改變過程，分別是自我觀察、開啟一個新的語言與學習新的技巧。

　　Kline（1983）建議認知自我指導的實施可依據以下步驟：首先，督導者先自我示範適當的諮商行為，包括督導者內在語言的自我指導；然後，鼓勵受督者在一個練習的諮商情境裡，將內在的語言口語化；最後，當受督者以自我指導引用了新的內在語言，有助於口語的應答時，督導者應支持及讚美受督者。

　　Kurpius等人（1985）則建議運用此法以獲得諮商的晤談技巧，有五個步驟：(1)先問自己一些有關需要被呈現的諮商問題；(2)透過認知的預先演練方式，回答這些問題；(3)依據哪些需要完成、哪些已完成，以內在語言方式，引導任務的呈現；(4)以內在語言方式，運用處遇技巧解決問題；(5)對整個過程給予正向的自我增強。

3. 認知自我管理（cognitive self-management, CSM）

　　認知自我管理使受督者經驗一些特殊行為改變的自我管理，一旦受督者學習有效的自我管理策略，便能將之應用於諮商情境中。此法主要在幫助受督者改變無效的行為而保留有益的新行為，Stone（1980b）提出四個步驟：(1)對有關問題的分辨與定義，監督自我話語；(2)針對問題的解決，學習、實驗、預演及測試一項新的技術；(3)從實驗的行為中選擇最佳的解決技巧；(4)評量表現、自我監督、自我增強及與渴望達到的標準比較，都是評量有效行為表現的基本要素。

（三）督導目標與督導關係

　　認知行為取向的督導有兩個重要目標：首先是著重諮商專業知識與技術的提升，使受督者的諮商工作更為有效。認知行為取向的督導者對受督者固有的能力必須獲知並給予評價及再教育，使其以熟練的諮商技能幫助他人；而對技能不足的部分，督導者應幫助受督者獲得這些技能（Linehan & McGhee, 1994）。Linehan 和 McGhee 認為，認知行為取向的督導應培養受督者認知、行為及情緒三種系統的技術，表 7-2 列出必備的知識與技術。

　　第二是解決受督者的問題，Liese 和 Beck（1997）認為，諮商師的問題會阻礙諮商情境中有效諮商的實施，因此強調諮商師問題的解決。督導者必須幫助受督者評估及解決所面臨的問題，並發展問題解決所需的技巧。Linehan 和 McGhee（1994）指出，當受督者面臨諮商的困境時，督導者要能想到四個問題：(1)受督者具有必備的心理治療技巧嗎？（例如受督者了解性侵害危機處理的過程嗎？）(2)受督者不熟練的行為是由於督導過程中無效的行為受到增強，或是有效的行為受到懲罰，抑或是獎勵受到延宕？(3)受督者不熟練的行為是因為對諮商情境的逃避，或是不當的恐懼或罪惡感阻礙了受督者的熟練行為？(4)受督者不知道特定個案的偶發事件，或是受督者的熟練行為受到錯誤的信念或假設所阻礙？

表 7-2
認知行為取向督導的目標：重要範圍與技巧

系統	技巧	代表例子
認知	特定的知識	・正常行為的原則，包括學習的基本原則、認知過程、社會與生物的行為基礎 ・有關精神病理學的理論與研究文獻 ・行為理論的基礎原理 ・倫理與法律問題 ・研究方法學
	概念的能力	・組織與統整資料並應用行為的基本知識於臨床的問題上 ・個案概念化並確認臨床相關的問題 ・計畫有效的治療 ・做好臨床的判斷 ・知道自己的信念與價值，及這些因素在立即且更複雜的環境下的影響
外顯的行動	特殊治療過程	・評估與治療技術
	人際臨床技巧	・溝通同理，溫情
	行為臨床專業	・對案主教導行為的原則 ・參與諮詢，寫報告
	自我發展	・課外讀物，個人治療
生理－情感	問題情緒反應的控制	・監督和管理對案主的反應（如焦慮、生氣、厭惡） ・監督和管理對督導者的反應（如評估焦慮）
	留意及管理非關情緒的喚起	・自我監督以避免倦怠

（Linehan & McGhee, 1994, p. 169）

　　認知行為療法（CBT）是一種基於協議的治療方法，幾乎完全依賴於督導的教導（Eagle & Long, 2014），因此督導關係是教導或指導關係（教師角色），督導者需要積極介入，例如探索、評估和修正受督者的想法，讓受督者可以效仿並運用在案主工作上（McLachlan & Miles, 2017）。督導關係也可以是諮商關係（諮商師角色），督導者可以以諮商的態度，與受督者建立關係，並協助受督者練習CBT策略和介入措施，以供受督者運

用在諮商療程中，例如，督導者可以使用蘇格拉底式對話來解決受督者與案主陷入的僵局。督導者與受督者之間的互動與溝通尚具有示範與諮詢的關係（諮詢師角色），督導者須說明／解決受督者提出的治療計畫問題，並檢視治療工作的相關議題（Fischer & Mendez, 2019），由於受督者的不斷詢問，督導者必須具備傾聽的能力與和善的態度。Fischer 和 Mendez 呼籲良好的督導關係是 CBT 督導工作同盟之關鍵，督導關係隨著受督者的認知重組而有變化，CBT 督導者在上述三種角色之間轉移，也須了解權力和權威（拿捏界線）、共享意義（有協同的對話）、信任（創造安全、尊重、能自我表露的環境）、承諾（負起責任的擔當）、安全（敏察受督者的脆弱，創造安全環境）、講故事（透過角色扮演等技巧，處理受督者的抗拒與自卑的內心對話）、評估和尊重文化差異等概念。

（四）督導原則與督導內容

Ricketts 和 Donohoe（2000）指出，認知行為治療有六個重要督導原則：

1. 強調知識與技術的發展

認知行為取向的督導著重參與並重組受督者自己的經驗，發展渴望獲得的技巧，而去除不適當的技能。Ricketts 和 Donohoe 指出，認知行為取向強調的諮商師應具備的知識與技術，與 Holloway（1995）的系統模式相類似，包括五大類：基本諮商技巧、個案概念化、專業角色、情緒的覺察及自我評量。其中個案概念化的督導時間須久些，特別是督導新手諮商師，以促進受督者執行有效的諮商。

2. 強調結構化的方式與目標取向

認知行為治療和認知治療的督導很類似，都是目標取向（Milne & James, 2000），只是認知行為治療的督導以個人目標為主，著重知與做的經驗修正。而認知治療以諮商的過程和案主為主，重視處理干擾諮商過程與

案主利益的諮商師認知過程（Ricketts & Donohoe, 2000）。

3. 具有大量教育功能

認知行為治療的督導者能夠了解受督者詢問的相關訊息，並提供研究資料佐證，隨時給予具體的指導（Milne & James, 2000）。技術的培養有賴督導者給予示範教導，雖然督導者具有明顯的教育角色，但督導仍有別於訓練。

4. 現場督導或使用錄影

使用 CBT 督導需納入具體有效的督導行為，例如案例展演、共同工作、直接觀察、角色扮演、錄音檔和錄影檔觀看（McLachlan & Miles, 2017）。現場督導可讓督導者直接觀察並提供正確及立即的回饋，督導者需要在諮商情境中出現，可以透過單面鏡或從錄影機室觀察諮商情境，並藉由 call in 方式給予督導。錄影使用是必要的，可視受督者的經驗程度而定。隨著通訊技術進步，督導日益依賴錄影技術。錄影比現場督導更有作用，包括方便（無需督導者、治療師和案主之間同步約時間）、可以由多個同儕和督導者進行評估、可用於個人和團體督導形式、可以重播，並具經驗、觀察、反思與計畫的效果（Gonsalvez et al., 2016）。Gonsalvez等人提供兩種技巧來促進CBT錄影督導之運用。第一種Give-me-5技巧採用宏觀方法審視錄影，主要在了解受督者的優勢和需求概況，督導者和受督者各自取五個（且不超過五個）層面來審視錄影：

1. 列出五項優勢（至少兩項）和發展需求（至少兩項）
2. 五個凸顯問題：停滯點、轉折點、驚喜或洞察時刻
3. 列出五項主題（問題），在療程間諮商師（至少兩個）和案主（至少兩個）最關注的事項
4. 列出五個與督導有關的議題，其中一個議題至少包含知識、技能、關係，或態度／價值觀

5. 案主對以下五個議題的評價：問題、自我、他人、諮商師、治療

6. 五個「熱門」話題：引起案主或（和）諮商師強烈情緒的問題

督導過程遵守的協議是：

步驟 1：受督者錄下與案主的治療會話，並選擇 15-20 分鐘連續的片段，最好捕捉會話中發生的事情。

步驟 2：受督者查看錄影檔，並分析錄影檔片段中發生的事情。針對五個層面簡短寫下時間點、觀察、推論或結論的重點〔如我的立即性技巧做得不錯（4'10 至 4'50）／我沒回應到重點，案主顯露出困惑（6'05 至 7'00）〕，在督導中討論。

步驟 3：督導者和受督者在督導期間一起審視錄影檔（通常不打斷），在督導者寫下他的五個層面的重點之前，允許受督者對素材進行額外的分析。

步驟 4：督導者和受督者相互比較和討論各自的意見和建議。

步驟 5：如果討論的重點是以技能為主，則可以使用角色扮演提前獲得CB技能。

步驟 6：督導者對觀察結果和影響做總結，討論受督者對技術的評估，留出時間進行報告，並在適當的情況下協商後續任務。

　　第二種 I-spy 技巧主要採用微觀方法審視錄影檔，用在協助受督者解決特定問題或建立特定能力。督導過程遵守的協議是：

步驟 1：由督導者和（或）受督者確定一項要改革的微技能（例如CBT的蘇格拉底式對話）。

步驟 2：受督者確定 15-20 分鐘有認知行為治療過程的連續片段，定位時間（例如 6 分 20 秒）鎖定有微技能的環節。草擬「替代」的回應。

步驟 3：步驟 2 中使用的錄影片段由督導者和受督者雙方共同審查，督導

者創造更多機會，建議適當的替代反應。

步驟 4：在適當時機，督導者可使用角色扮演來展示技巧。

步驟 5：督導者對觀察結果和影響做總結，討論受督者對技術的評估，空
　　　　出時間進行報告，並協商後續任務。

5. 著重臨床與專業

　　督導者應保持專業的能力與態度，以培養專業的諮商師為目標。英國
行為與認知心理治療學會（BABCP）提出督導實施原則，認為督導者應：
(1)具備才能：督導者能監督自己的能力發展，克服能力不足的限制，有助
受督者的專業發展；(2)保密：督導者對督導過程絕對保密，如同諮商師對
諮商情境絕對保密；(3)責任感：督導者有提升受督者專業發展的責任；(4)
安全：提供受督者安全的環境，是重要的督導任務，並確保受督者與案主
諮商過程的安全；(5)功效：督導者有責任為受督者創造機會，增加練習以
促進專業發展；(6)契約：督導者應立契約，幫助受督者清楚了解督導的目
的、焦點與風格；(7)使用現場督導：直接觀察受督者的練習，給予直接的
回饋（Ricketts & Donohoe, 2000）。

6. 由督導者示範技巧的練習與展示

　　認知行為治療的督導者需要示範認知行為的技術（Milne & James,
2000），以促進受督者的學習，示範次數與時間視受督者的程度而定；對
無經驗的受督者而言，督導者應具耐心，評估受督者的學習及進步狀況，
給予再示範的機會。

　　認知行為的督導以解決受督者的困難為目標，受督者往往會面臨許多
困境，例如對案主的行為改變是否應該給予較多自主或控制權，對棘手的
案主應具備怎樣的概念架構或諮商措施等等，督導者在此階段宜幫助受督
者觀察自己的限制，並接受自己的缺失。督導者幫助受督者覺察自己的問
題後，督導重點在於處理受督者的認知失功能部分，鼓勵受督者處理語言

並加以練習，以發展新的內在語言，處理自我語言包括：「我如何處理正困擾我的事？」「我如何準備好我自己以面對困難？」「我如何處理招架不住的感受？」為促進受督者的問題管理，可以教導受督者一些壓力處理方法，如身心鬆弛法與瑜伽等等（Meichenbaum, 1986）。最後，督導重點在鼓勵受督者將修正之行為能與新的內在語言連結，並應用在諮商情境與真實生活中。

（五）實務應用

　　許多學者提出 CBT 的督導流程，上一節介紹的 CB 督導架構（p. 178-p. 182）也廣被應用在 CBT 督導中。另外，Cummings 等人（2015）使用的三個督導過程：議程設置、鼓勵受督者解決問題和形成性回饋，不僅有助受督者的發展，對於如何與案主使用相同的流程和方法，也有示範效果，讀者可參考該文獻的督導對話範例。以下介紹另一個結構化的 CBT 督導流程，是 Gordon（2012）所開發的十個 CBT 督導步驟（表 7-3）。

表 7-3
十個 CBT 督導步驟

---

1. 確定督導問題：針對學習的提升，訂出明確問題。
2. 引出相關的背景資料：保持簡短和結構化，例如案主問題陳述，重要歷史和至今的進展。
3. 要求提供範例：呈現錄影／錄音摘錄。
4. 檢視受督者目前的理解：確定受督者目前的能力並提供督導可運作的「學習區」。
5. 確定督導工作的層次或重點：例如，關注精微技巧、問題概念化或諮商師的問題性想法和感受。
6. 使用積極的督導方法：角色扮演、示範、行為預演、蘇格拉底對話。
7. 檢查督導問題已獲解答：鼓勵受督者反思和鞏固所學。
8. 制定有關案主的行動計畫：正式確定將學習運用在治療中。
9. 安排家庭作業：討論任何跟專業發展需求有關的內容，例如閱讀相關文獻或自我練習 CBT 方法。
10. 徵求對督導的回饋：檢查來自督導者的督導同盟或學習重點是否存在任何問題。

（Gordon, 2012）

1. 確定督導問題

　　督導不是僅在討論當週發生的問題，而是督導者與受督者要共同協商出有益於學習的督導問題。督導者要能覺察盲點並判斷受督者提出的問題具有價值。常出現的督導問題有三類，督導者應該視受督者的經驗程度及學習價值，來考慮如何選擇回應這些問題：(1)訊息問題（「誰？什麼？為什麼？和何時？」類型）：受督者常會問「這個案適合我嗎？」「我可以用什麼學派？」等。督導者視受督者程度，選擇直接回答或採替代策略（如指派與問題有關之書籍閱讀），更有用的是延伸出學習問題，例如關於學派的回應，可以問「特定的個案問題，都有對應的學派應用嗎？」；(2)要求回饋：受督者也常問「我是否在討好案主？」「我有適當回應案主的移情嗎？」等，常見於新手或有經驗的諮商師若處在沒自信或焦慮下也可能會問。CBT督導強調給回饋要直接、具體並有建設性，是觀點的而不是事實的，是形成性的回饋（重視過程）；(3)詢問治療過程和技巧：受督者會詢問有關個案問題形成或治療介入等問題，從技術性的「我要如何改善案主的失眠問題？」到更概念性的「為什麼這個案主讓我感到心力耗損？」這些問題比上面兩種較能促進更深層面的學習。

2. 引出相關的背景資料

　　受督者要做好準備以提供必要資料，可運用「個案資料檢核表」，因為表單的形式提供簡潔且有用的指標，並有標準化測量的結果，可幫助受督者了解案主狀態，並觀察到晤談中可能沒觀察到的部分。督導者要保持好奇心並以有效學習為考量，要限定時間避免受督者擴展案例描述，問所當問，專注在與個案問題脈絡相關的資料，而非蒐集明確資訊。

3. 要求提供範例

　　盡量不要依賴口頭描述來呈現問題範例，盡可能採用錄影，錄影播放

有助於提供關於案主與諮商師互動的豐富資料；若無錄影，督導者也可以透過單面鏡或現場觀看受督者的諮商情境。額外的資料尚包括觀察諮商師的個人反應或書面筆記，或採取角色扮演，由受督者扮演案主，督導者可從中尋求資料，有彈性地統整這些資料。

4. 檢視受督者目前的理解（評估受督者的能力）

在進行督導前，督導者要確定受督者目前的能力，即受督者怎麼看個案問題及理解個案問題脈絡的能力，建構出受督者在治療情境中運用CBT的概況。督導者先不要說出自己的理解，而是要先知道受督者對個案問題的看法及運用CBT的知識或技術，如此，督導者較能為受督者規劃學習範圍。以下介紹二個有效的認知評估方法：

1. 認知回憶技術（cognitive recall）：由督導者與受督者一同觀看錄影中重要諮商部分，透過錄影使受督者可以重聽，並要求受督者回憶想法，將真實發生在該諮商情境的某個互動上的任何內心想法說出來（think-aloud technique，放聲思考技術）。透過此活動，可一一檢核受督者的想法，並發現受督者的許多循環的思考模式。

2. 想法清單（thought-listing）：讓受督者選擇播放諮商表現有利及不利的片段，給受督者許多張紙，每張紙包含 10 個空白小格，在 90 秒鐘內回憶並寫下該期間具有的自我語言。每個空白小格寫一個想法，完成後，督導者指導受督者閱覽與分析自己的諸多想法，試著說明個別想法之間的關係與確認思考模式，如此，受督者能夠了解認知對行為有重大的影響。

5. 確定督導工作的層次或重點

督導者要讓督導時間發揮最大效用，必須仔細斟酌受督者的發展需求及案主最佳利益，並以協議、公開方式，與受督者共同列出與當前問題相關的督導重點。

　　Lee（2013）指出受督者可能有盲點，督導者可從三方面探索：(1)尚未導致拉扯狀態的問題；(2)自我表露未引出的問題；或(3)在療程裡未觀察到的問題。也可參考Lewis（2012）提供的列表，來確定哪些問題最相關：包括：案主的問題、案主的問題對諮商師的影響（反之亦適用）、個案概念化和臨床技術、專業角色和背景、諮商師的幸福感、自我評估和反思、治療的文化背景及倫理問題。

6. 使用積極的督導方法

　　督導方法很多元，包括案例討論、議程設置、錄音／錄影、協助受督者反思等，根據 Reiser 和 Milne（2016）探究 CBT 督導者採用的督導方法，發現較常用的督導方法是案例討論，但就應用在CBT的實證督導和培訓策略上，較常利用的督導方式前三名是錄音（影）檔觀察、角色扮演和議程安排。至於案例討論雖然運用蘇格拉底式對話協助受督者挑戰認知模式，但可能流於只談認知（talking therapies）而忽略行動改變（doing therapies），故督導者須注意平衡使用行為和口頭的督導方法。角色扮演是被忽視的積極督導方法（Milne, 2008），可用不同形式進行角色扮演。如(1)覺察導向的角色扮演（awareness-oriented role-play）：受督者扮演案主，說出與案主有關的任何想法，並組織自己的想法，能對案主的觀點有新的理解；(2)認知技術示範的角色扮演：是幫助受督者獲得認知技巧最有力且有效的方法（Bandura, 1986; Meichenbaum, 1980），由督導者示範諮商情境，並分享重要關鍵情境的自我語言；督導者也可以將自己置於諮商師的位子，從諮商師的觀點分享想法，並與受督者討論如果他是諮商師，這些想法可能讓他有怎樣的表現，接著由受督者扮演諮商師，練習新技能，並接受督導者的諮詢和回饋；(3)結果的角色扮演：若要探討某種風格或介入方法，督導者和受督者用角色扮演來了解結果會如何。

7. 檢查督導問題已獲解答

　　督導者鼓勵受督者從討論中擷取學習並能反思，確認受督者在督導中的學習，可問「你從督導中有獲得任何新的想法嗎？」然後確認督導問題已解惑，可回到初始的督導問題，詢問受督者「你現在怎麼看問題？」以上是將具體經驗轉移到觀察與反思。接下來，督導者可問「你從中學到什麼，可用來幫助未來的個案？」再進一步將學習轉為更抽象的概念化與類化。

8. 制定有關案主的行動計畫

　　將洞察轉化為具體行動，受督者必須將習得的改變實際在治療情境中實驗，督導者可問「你如何將這些想法付諸實踐於你與案主的工作上？」

9. 安排家庭作業

　　督導者需要促進受督者有更廣泛的學習。受督者的學習除了來自督導過程，還要延伸到督導以外的活動中，使受督者可多討論任何跟個人或專業發展需求有關的內容，因此，督導者可建議家庭作業，例如閱讀相關書籍、文獻、參與研習、自我練習 CBT 方法。家庭作業的學習可彌補督導未能提供充分學習的缺口（如熟悉認知行為領域的研究與理論），並可作為督導前、後議程銜接的橋梁（Liese & Beck, 1997）。

10. 徵求對督導的回饋

　　最後，鼓勵受督者給予回饋，從受督者的角度檢視督導者對督導同盟之影響，檢查督導中有用的部分或引發的任何問題，使督導者有機會處理並對受督者的參與投入有完滿的結束。此外，受督者的回饋也可作為督導者修正督導議程的參考，有利未來 CBT 督導的進行。

（六）研究與評價

這些年來關於CBT督導的文獻和研究有明顯的發展，特別是培訓認知行為治療師的 CBT 督導廣被討論（Worrell, 2018），顯示一些心理治療師仍渴望接受認知行為治療訓練。研究指出CBT督導不僅能提升治療師CBT能力，對減輕治療師的焦慮也有效。Lau 等人（2004）為心理輔導人員設計 10 次長期督導課程，教導認知行為治療的應用，每次課程包括 30 分鐘的教導及示範，及 90 分鐘的團體個案督導。這些心理輔導人員分別輔導有焦慮與憂鬱疾病的案主，課程在進行之初，評估心理輔導人員的認知行為治療技巧，在結束時，使心理輔導人員填寫「認知治療量表」（Cognitive Therapy Scale, CTS），並每星期評估案主症狀（利用「貝克憂鬱量表」及「貝克焦慮量表」等）。研究結果顯示，此種課程設計不僅可提升心理輔導人員的認知行為治療技巧，同時對處理情緒及焦慮疾病之案主也有效。

Sholomskas 等人（2005）研究三種不同的培訓策略對臨床心理師之認知行為治療能力的影響。78 位心理師被分成三組，每組施予不同的訓練情境：第一組的臨床心理師只閱覽認知行為治療手冊；第二組的臨床心理師除閱覽認知行為治療手冊外，還可進入認知行為治療訓練網站；第三組的臨床心理師除閱覽認知行為治療手冊外，還須接受教導CBT模式的督導。結果顯示第三組的臨床心理師之認知行為治療能力顯著優於其他兩組之臨床心理師。

Rakovshik 等人（2016）運用CBT督導模式於網路培訓（Internet-based training, IBT）CBT治療師，以對具有廣泛臨床議題的患者提供CBT治療。他們實施為期三個月的網路培訓（IBT），探討有無接受督導對 CBT 治療師（N = 61）認知行為治療技能的影響。參與者被隨機分派至：(1)使用諮詢工作表的網路培訓組（IBT-CW, n = 19）；(2)使用 Skype 進行 CBT 督導的網路培訓組（IBT-S, n = 22）；(3)延遲訓練的控制組（DT, n = 20）。督導的運用與CBT的督導模式一致，採半結構、專注於提升個案概念化，使

用體驗式學習的方法，例如示範CBT和角色扮演，並運用蘇格拉底式提問以及透過觀察、反思和行為改變來探測治療師的信念。最後以「認知治療量表」（Cognitive Therapy Scale, CTS）比較參與者（治療師）CBT能力的變化。結果顯示，有督導之 IBT-S 組在培訓後的 CBT 能力顯著高於 IBT-CW 和 DT 組；與研究者預期相反的是，IBT-CW 組（無督導）與 DT 組（無訓練）之間沒有顯著差異。研究驗證了 CBT 督導比其他策略對提升治療師的 CBT 能力更有顯著影響。

由於CBT治療師的真實性受質疑，如自稱CBT治療師者未能表現CBT的實際行為，或接受過CBT培訓的治療師卻有相當大的理論／技術偏離，Milne 和 James（2000）就發現執行 CBT 督導結構的忠誠度非常糟。於是學者（Friedberg, 2018; Milne, 2018）呼籲培訓有能力的 CBT 督導者，以控制 CBT 臨床培訓的品質，關注 CBT 督導的訓練手冊、指南、實證實踐的研究，以培養具專業知識、有效性、實在與忠誠的督導者。Kennerley等人（2014）開發的「督導能力量表」（Supervisor Competency Scale, SCS），便用在督導者的培訓，目標是(1)使督導者能溝通 CBT 實踐標準；(2)幫助督導者對實踐加以反思與發展；(3)指出以上目標在督導議程中實現的程度；(4)提供詳細的回饋，或作為評估受督者表現的工具。參與培訓的督導者須繳交三種資料（督導錄影檔、受督者的回饋表、對督導形式的反思）以便被評量，其督導能力評量是根基於量表的六個實務領域：議程結構、增強學習、督導關係、歷（過）程議題、專業和倫理實務及反思練習，每個領域都有特定層面的能力評量指標，例如在「專業和倫理實務」領域包含的五個層面是：(1)在自己的能力範圍內實踐；(2)培養處理差異的能力；(3)尊重保密；(4)提升安全的 CBT 實踐（風險評估）；(5)鼓勵切實且安全的個案管理。

上述研究顯示 CBT 督導對 CBT 相關技能的發展具有積極的影響，然而，是哪些具體的影響？Kelly 和 Hassett（2021）訪談了四名受督者和四名經驗豐富的CBT督導者，使用主題分析評估研究參與者的反應。研究發

現CBT督導的重要特徵：(1)督導關係；(2)倫理因素；(3)通用的督導技能；(4)反映 CBT 療法；(5)督導者的知識；(6)解決困難。

正在進行的 CBT 臨床督導是否對受督者治療案主的結果有效？Öst 等人（2012）發現在經驗豐富的治療師的督導下，沒有經驗的實習心理師進行CBT對案主的治療結果，可以達到與經驗豐富的治療師相當的效果，但此研究是在瑞典的一場培訓中進行的，難以廣泛類推，Alfonsson 等人（2018）發現CBT督導對案主的治療結果及治療師的能力影響並不令人信服。因此CBT的督導培訓與案主治療結果之間的關聯有待研究。影響因素可能與許多的受督者會希望透過督導能協助其處理反移情、學習人際歷程技巧、個案概念化與理論處遇等複雜的技術（Falender & Shafranske, 2007）有關。

四、結論

認知行為取向督導較強調教導認知模式，以重建對受督者產生負面影響的非功能性的觀念和錯誤假設。相較於其他督導理論，本取向督導模式更具結構化和目標導向，故CBT取向督導模式的可操作性架構，相信後續仍會陸續開發。本取向督導模式有其價值，由於督導架構直接取自於認知行為理論，對於認知行為取向的諮商師或督導者而言，不僅能共同熟悉此理論，對理論的運用也具有平行性與一致性。受督者透過督導者的影響，藉由深思、分享、溝通想法與觀點，不僅可確認自己的問題及改變自己的行為，也可學習如何使用認知行為技術於諮商情境。特別是在督導過程中，受督者毫無保留地展露對案主的想法與感受，此現象對受督者在處理案主的相同情緒時，增加示範效果。

技術訓練取向督導模式

黃素雲

　　諮商督導有些著重於督導理論及模式的建立，有些則是致力於技術訓練的探討。有關技術訓練模式包含許多不同的訓練內容及方法，如 Kurtz 等人（1985）綜合歸納出七種模式：(1)以既有的諮商或教學模式作為督導訓練模式（Danish & Hauer, 1973; Marshall & Kurtz, 1982）；(2)發展模式（developmental model; Egan, 1975）；(3)結構學習訓練模式（structured learning training; Goldstein, 1973; Goldstein & Goedhart, 1973）；(4)人際歷程回憶（IPR; Kagan, 1975）；(5)自學與編序教材（self-instructional and programmed texts; Bullmer, 1975; Evans et al., 1979; Hackney & Cormier, 1979）；(6)自發學習課程（automated packaged programs; Milnes & Bertcher, 1980）；(7)跨文化課程（cross-cultural programs; Pedersen, 1975）。

　　技術取向的督導，有的強調學習人際互動的技術，如 Carkhuff（1969）的系統人際關係訓練模式（systematic human relations training model, SHRT），以及 Kagan（1972）的人際歷程回憶模式（IPR）；有的強調諮商技巧的分析界定及演練，如 Truax 和 Carkhuff（1967）、Egan（1975）及 Ivey（1971）；有的則強調文化的差異，如 Pedersen（1977）的跨文化三人諮商師訓練模式。近年來，Kagan 的人際歷程回憶模式、Ivey 的精微諮商督導模式（microcounseling training model, MC），及 Pedersen 的跨文化三人諮商師訓練模式相當受矚目。其中，精微諮商督導模式及跨文化三人諮商師訓練模式，在國內已有學者加以系統地探討（陳英豪等人，1992；鄭玄藏，1987；劉焜輝，1991），而人際歷程回憶模式卻甚少有國內學者加以探討，本章主要對這三種督導訓練模式深入討論。

一、人際歷程回憶模式

　　人際歷程回憶模式（Interpersonal Process Recall, IPR）是一種利用現場晤談錄影檔的錄放裝置，以幫助受督者回憶並描述個人的隱密行為，如想法、心願、感受及恐懼等，是發展自我督導能力及個人歷程的好奇心與覺

察力的方法，IPR 是有助於反思的策略（Griffith & Frieden, 2000），雖然是自我檢視（self-examination）的工具，但它最好是結合詢問者（inquirer）的幫助，及錄影檔的使用，以促進個人歷程的結構化。IPR 起初被用在諮商的從業者身上，為諮商的關係開創新的視野，也使 IPR 開始被視為諮商模式，近來 IPR 已被有效使用來解決諮商及督導關係的問題（Bernard, 1981, 1989）。此模式已被證實有助於諮商師、教師、半專業人員及醫學院學生，學習及改進面談、溝通及助人的能力，能提升人際的互動、促進學生及老師關係的建立（Bird, 1977）、減少職場工作相關壓力，及增進諮商的成效。

（一）發展背景

Kagan 和 McQuellon（1981）認為，人們對他人及自己隱藏著太多事件，這些隱藏的訊息（hidden messages）必須藉由技術，透過報告的互動方式來引導個人回憶，將自己的想法、情感及意圖表達出來，IPR 的訓練模式即是利用詢問者的功能達成此目的。

1960 年代初期，Norman Kagan 在密西根州立大學發展出人際歷程回憶法，隨後他以顯赫的教育教授職位在休士頓大學任教。他持續教授 IPR 以改良人類互動的品質，同時也鼓舞許多同事共同合作努力發展 IPR，直到 1994 年去世為止。

Kagan 年輕時擔任過大學心理師，那是他一生的重要階段。有一次他與同事一同觀看他們的教學錄影帶，他注意到當這些人回憶所看的錄影帶時，他們能夠察覺及評論他們內在經驗的豐富性，這些是外在觀察者無法猜測的，Kagan 也注意到他的好奇心似乎能幫助這些人探索更深入的經驗。

於是，Kagan 和同事們（Kagan et al., 1963）花了許多年的時間，致力發現人際互動的現象及其用處，並研究發展出一系列影片——「教師手冊」（Mason Media, Inc.），供醫學或心理衛生課程的老師使用。許多 IPR 理論及實務的觀點均源自於 Kagan 所帶領的工作坊及他製作的「教師手

冊」（Kagan, 1980），此「教師手冊」提供了有用的訓練腳本及建議，對於教育、工業、醫學及諮商輔導方面的教師訓練，有莫大助益。

（二）重要概念

　　人際歷程回憶模式認為影響人際互動的基本因素是：(1)人是互相需要的；(2)人害怕互相親近。Kagan（1980）認為，人是人類互相刺激的最大來源，也是痛苦和恐懼的潛在根源，害怕及無助的經驗在幼兒時期學習而來，是一種模糊的感受，個人不易察覺，也無法以邏輯的語言加以描述。基於這些觀點，IPR 的理論假設是：(1)個人覺察的最佳依據是在於他自己；(2)個人比其他人更能真實地詳細描述自己內在的覺察；(3)邁向自我主控權的重要一步是發現用自己的話去標示自己的經驗；(4)自我的呈現能促使對他人的呈現（Pedersen, 2000）。

　　IPR 模式與傳統著重於移情、解釋、無條件正面關懷及同理的諮商與督導模式不同，是一種自我發現（self-discovery）的方法，強調自我教育（self-educative）的功能，特別重視人際互動歷程的回憶；主張任何有意識的人，根據先前互動的記憶及對未來結果的預測，透過比喻、思考及身體的感受，將能經驗任何互動的歷程。Kagan 強調焦點應放在對事件的感受，特別是自己與他人間互動歷程的感受，而不是外在事件本身的細節。因此 IPR 是有目的地關注在會談期間正在發生的重要時刻，協助受督者進入治療過程，對錄製的會談進行非結構性審視、自我報告，及療效的評估。故 IPR 能：(1)提示不會想到的記憶或過程；(2)放慢治療互動，以便有時間能反映和表達複雜的經驗；(3)關注特定時刻而不是概括性回顧（Lloyd-Hazlett & Foster, 2014）。

　　IPR 模式假設要個人去描述其基本的想法與感受，最有效的方法是促進其回憶（Kagan, 1980），回憶的目的被認為是一種絞盡腦汁探索個人經驗與行為的管道，也是用來發現未來與人互動的可能方法之途徑。在 IPR 模式中，詢問者扮演著中心的角色，以促進個人回憶為目的，由於個人比

其他任何人更清楚了解自己經驗的意義，因此詢問者的角色是要促使回憶者回憶（recall）及自我分析（self-analysis），幫助回憶者將其隱藏的故事訴諸文字，使回憶者更加明瞭此故事。

　　IPR模式有個別的與相互的回憶兩種。個別回憶（individual recall）模式是一人扮演詢問者而另一人扮演回憶者，由回憶者回憶與一個或多人互動的經驗。在心理諮商訓練的示範裡，諮商師和案主可分別與不同的詢問者回憶他們的情境，案主的回憶內容可被錄下來，供諮商師研究。同樣地，此法也可應用在督導者的訓練過程中，即督導者藉由一個詢問者的幫忙，回憶他的督導情境（Carroll & Holloway, 1999）。

　　相互回憶（mutual recall）模式則是互動的雙方藉由一位詢問者的幫助，一同觀看彼此互動的錄影（音），彼此做相互的回憶，此法可以以不同的組合呈現，即由督導者扮演詢問者，諮商師及案主扮演回憶者（Borders & Leddick, 1987），共同觀看諮商錄影，或是督導者和受督者扮演回憶者（Page & Wosket, 1994），透過詢問者的幫助，一起對督導情境做回憶。Kagan（1980）認為，在執行相互回憶模式之前，最好已完成個別回憶模式，如此可以減少人際的恐懼，使互動的雙方更活潑開放。

　　綜合以上所述，一套IPR的訓練包含七個要素：(1)促進溝通的技巧；(2)假裝模擬；(3)諮商師回憶；(4)詢問者的訓練；(5)案主回憶；(6)相互回憶；(7)類化所學。根據Kagan的看法，IPR模式的用處在於（Kagan, 1980; Kagan & Kagan, 1997）：

1. 大部分的人從未有機會發展足夠的技巧，促使親密的人際互動，此模式允許個人以非威脅的方式面對他們的人際關係弱點。
2. 人若是害怕與人互動，僅教他們方法去接近人是不夠的，人需要被幫助去面對他們最恐懼的人際夢魘，此模式可使個人從安全的處境去「認識和理解潛在的想法和感受」，不致難以招架，進而克服此夢魘。
3. 透過小團體方式描述對諮商或督導情境的反應，透過詢問，個人被

鼓勵以言語表達他們的知覺、思想和感覺，可幫助個人拓展對隱蔽行為描述的字眼及措詞的內容，提升人們表達內心感受和想法的能力。

4. 藉由檢視真實的行為實例，個人可了解自身人際模式的表現，也得到實踐新行為的機會，特別是在安全的環境中能將未表達的想法和感受表達出來（尤其是消極的行為）。因此，此模式幫助人們經歷「發現—學習」的經驗。

5. 人通常會結合武斷和敵對的行為，諮詢者的角色可以協助人們學習獨斷而無敵對的關係技巧，透過回憶感受和處理分享／未分享的想法，提供學習自信的行為，亦即此模式可用以培養「人際的勇氣」。

6. 在回憶過程中，個人更了解自己和他人對關係的此時此地之想法和感受。可從案主那裡直接學習到人際的溝通與助人的特性。個人學習了解案主的生活形態發生在案主關係的此地—此時（here-and-now），也學到當案主與諮商師、教師或其他人交談時，案主對與之互動之人的感覺如何，及希望他人如何感覺他們。

7. 個人必須認識與了解此地—此時互動經驗的重要性，相互回憶可以協助人減少焦慮和縮短人際互動的距離，因著錄影的倒回，彼此有此地—彼時（here-and-then）的共同經驗，能夠討論彼此之間相互的知覺，及互相想從對方獲得什麼。此地—彼時可使兩人練習以新的方式回應他人。

8. 個人參與的過程有如互相扮演案主一樣，因此，個人在個別回憶模式中可擔任晤談者及案主的角色，或在相互回憶中扮演真實人物裡彼此影響的角色。例如老師們的教學情境被錄下後，老師與同事可進行一場個別回憶，同事扮演詢問者的角色，對老師—回憶進行詢問。接著，同事可進行一場學生—回憶，在當下沒有真實老師顯現的情境下，由同事參與學生的角色而由老師擔任詢問者。此外，也

　　可加入一位夥伴老師作為詢問者，對老師及學生（老師及同事擇一角色擔任）進行相互回憶，雙方均被鼓勵去描述彼此的互動與隱蔽的行為。

9. 從 IPR 學到的東西可以類推到其他關係中。

（三）督導目標與督導原則

　　IPR 透過督導者扮演詢問者的角色及受督者扮演回憶者的角色，有助於受督者學習：(1)了解別人所說的話；(2)了解別人對他的影響；(3)了解別人在適當時刻理解他的話（Pedersen, 2000）。因此，督導者協助受督者經驗內在互動歷程的複雜性，藉由回憶者了解對回憶歷程的主控權，及詢問者避免對回憶的內容做任何說明、解釋和建議，可使回憶者達到四個主要目標：(1)提高對隱蔽的想法和感受的覺察；(2)練習表達此時此地的想法和感受而不用擔心後果；(3)發現 how and where（自己擔任）諮商師未能處理案主的人際訊息和他們自己的感受；(4)透過立即性提升對案主的投入（Ivers et al., 2017）。這過程也讓受督者建立開放溝通的技術。Kagan（1980）提出四種開放溝通的技巧，他認為成功的諮商師應：(1)專注於案主的影響作用；(2)細心傾聽及嘗試充分了解案主的溝通，此溝通是彼此試著了解的部分；(3)極度真誠而非操縱或逃避案主；(4)鼓勵案主在諮商過程中進一步探索及採取主動角色。

　　督導的原則在於發現學習（discovery learning），督導者要能幫助受督者獲得基本的發現，然而「發現」並不在於倒回錄影檔而已，而是人性角色及技術的獨特結合（Kagan, 1980）。因此，詢問者的角色是人際歷程回憶督導的核心，也就是當督導者與受督者觀看一段諮商錄影（音）紀錄時，詢問者的角色使受督者將焦點放在早期與案主移情的內在經驗，根據先前與案主互動的記憶，透過想像、思考及身體感受，以經驗複雜的互動歷程；此時，詢問者語氣是自信的，甚至是挑戰的，具一致性且真誠地不帶批判性、不侵犯及不迅速細查受督者的經驗，有助受督者做好準備，探

索記得的經驗。由於記憶的退化快速，因此在情境錄下後最好於 48 小時內立刻應用人際歷程回憶，以便把握尋回原始經驗的最佳機會（Page & Wosket, 1994）。運用 IPR 督導步驟如下（Lloyd-Hazlett & Foster, 2014）：

1. 做開場（Setting the stage）：督導者以不具威脅性的方式向受督者介紹 IPR 技術和流程，強調實際的諮商療程所涵蓋的素材比受督者注意到的還更深更廣，並說明 IPR 目的是督導者和受督者共同探索和反思有關諮商期間案主和諮商師潛在的重要想法和感受。

2. 有目的的審閱及選擇錄製的素材（Purposeful review and selection of recorded clinical material）：在播放錄影（音）時，督導者或受督者若知覺到「觸發事件」（指受督者、案主或督導者感到不安、驚訝或困惑的情況），均可按暫停。有些督導者是全然由受督者按暫停，由於在督導期間不可能查看整個錄影（音），故可請受督者於督導前先預覽，選擇幾段用於督導中。

3. 發現導向的過程提問和反思（Discovery-oriented process questions and reflection）：一旦確定觸發事件，督導者運用兼具支持和挑戰性、簡潔和明瞭的提問（參考下節所示），促進受督者經驗諮商師在治療過程的此時此刻所發生的隱蔽想法和感受，並進行反思。注意不能採取教學方式來指導受督者可做哪些不同的事情。

4. 結束（Closure）：督導者已協助受督者探討對觸發事件的想法和感受，並對受督者的語言和非語言反應加以注意，並有給予足夠的空間來處理任何不一致後，IPR 督導過程就可結束。

（四）督導關係與督導內容

人際歷程回憶模式的督導關係是一種回憶者（recaller）與詢問者的關係，詢問者扮演著諮商師與案主之間的第三者，被賦予探索的權利，探索回憶者的人際互動可能觸及的範圍，並做見證以維持這盡可能擴及的歷程；而回憶者則根據與詢問者之間的關係，有權利決定探索是否持續。根

據 Kagan 的看法，詢問者的角色未必是資深者，諮商師本身也可經由訓練成為詢問者，應用人際歷程回憶模式於同儕督導上。由於人際歷程回憶的督導模式相當強調詢問的技術，雖然詢問者不需要是經驗豐富的專家，但詢問者的技術是回憶者回憶效果形成的重要關鍵。詢問以蘇格拉底式（Socratic）的方法為主，詢問的問題要能連結錄影中的諮商情境，檢視諮商師與案主的反應與內在對話，刺激受督者的學習，因此督導者扮演詢問者角色要注意發展自己的詢問技能，給予回憶者適當的引導。督導者在運用 IPR 期間，詢問問題是不可或缺的。Kagan（1980）列出一些有效的提問，如：

「在那時候你想的是什麼？」

「那讓你的感覺如何？」

「哪裡讓你有任何身體的感受？」

「哪裡有任何圖像、影像及記憶閃過你的心裡？」

「你認為他知道你要的是什麼嗎？」

「在那時你真的想要對他說的是什麼？」

「什麼阻礙你這麼做？」

「這裡有任何其他的感受或想法嗎？」

「你能告訴我在這一點上你的感覺是什麼？」

「你能再回憶多一些你的感受細節嗎？」

「有關其他人在這點上對你的看法，你還有什麼想法？」

「你想對他做些什麼？」

「你對他做了這些，他可能的反應如何？」

「什麼阻撓你無法這麼做？」

表 8-1 歸納各文獻的 IPR 提問（Bernard & Goodyear, 2014, 2019; Lloyd-Hazlett & Foster, 2014; Yaman, 2021），為協助督導者有效用於督導目的，參考 Ivers 等人（2017）略修訂 Harris 和 Werner（1976）IPR 提問的分類，包含用提問來激發受督者探索情感、檢核認知、尋找期望、檢核未說明的事項等等。讀者也可參考 Ivers 等人（2017）編製的提問列表，是運用 IPR

表 8-1
IPR 提問例句

聚焦	IPR 的提問
情感 （affective）	・這讓你感覺如何？ ・這讓你對他（她）有什麼感覺？ ・你有沒有察覺到任何感覺？ ・這些感覺對您意味著什麼？ ・這是一種熟悉的感覺嗎？ ・你想在任何時候表達那種感覺嗎？
認知 （cognitive）	・你當時在想什麼？ ・你想對他（她）說什麼或做什麼？ ・您有什麼想法嗎？ ・當你對他（她）說這話時，他（她）的反應可能是什麼？ ・是什麼阻止你這樣做？ ・說出你想說的話會有什麼風險？
身體感覺 （body sensa- tions）	・這些感覺是否存在於你身體的某個部位？ ・你的身體有什麼感覺嗎？ ・你是否意識到當時你的身體有任何變化？
想像 （images）	・那一刻你有沒有幻想過？ ・你有什麼圖片／圖像／記憶／畫面浮現在你的腦海裡嗎？ ・當時有什麼閃過你的腦海嗎？ ・那時你在想像什麼？ ・它有沒有讓你想起什麼？
期望 （expectations）	・你想讓他（她）告訴你什麼？ ・你想從他（她）那裡得到什麼？ ・你認為他（她）想從你這裡得到什麼？ ・那時你對他（她）有什麼期待嗎？ ・你希望你對他（她）說什麼？
相互感知 （mutual percep- tions）	・你認為他（她）對你有什麼感覺？ ・你認為他（她）知道你的感受／想法嗎？ ・你認為他（她）想給你什麼訊息？
聯想 （associations）	・他（她）有沒有讓你想起你生活中的任何人？ ・你希望對方如何看待你？ ・在這一點上，你對其他人對你的看法還有什麼看法？
未明說之處 （unstated ag- endas）	・這裡發生了什麼事？ ・這些似乎在說什麼？ ・你想做什麼？ ・這對你意味著什麼？
結尾 （ending）	・如果你可以重做療程或片刻的溝通，你會做哪些不同的事情？ ・回首往事，你覺得你對這次療程感覺如何？關於你的案主？

（Bernard & Goodyear, 2014, 2019; Lloyd-Hazlett & Foster, 2014; Yaman, 2021）

來提升受督者多元文化覺察極佳工具。

Kagan（1980）指出，詢問者與回憶者之間的關係就像教者與受教者的關係，通常彼此並不熟悉，因此詢問者對回憶者的自我發現歷程應多加給予關懷，切勿陷入批評、評量及指導。承襲個人中心的傳統，人際歷程回憶模式相當重視詢問者對回憶者的態度，無論回憶者選擇探索或忽視，詢問者都應接受而不應加以評斷，對回憶的內容也不應給予同情或附和其感受，也不做移情解釋，如此，才能幫助回憶者對探索歷程享有主權控制權。詢問者只注意回憶的內容在紀錄中是否有重演的現象，即使在探索敏感內容的期間，詢問者這樣的特別行為，提供了一個非常有價值的矯正性經驗（corrective experience），而不會侵犯對回憶者的關照及情誼。此外，詢問者與回憶者的關係，也會影響詢問者的技巧使用及回憶者的反應，因此，比較起同儕或陌生人，督導者所帶領的詢問情境可能會有不同的效果。詢問者與回憶者之間關係的品質及回憶者感受愛與無侵犯的支持經驗，是人際歷程回憶在督導的應用上有效的決定因素。

雖然人際歷程回憶法的督導模式不鼓勵面質方式，然而當錄影（音）顯示出肢體語言與回憶的經驗有差異時，大概這現象未能與「彼地—彼時」（there-and-then）關聯，回憶者對於自己及案主行為的發現，有時會忽略對「彼地—彼時」的覺察，因此回憶者難免會面質。雖然 Kagan（1980）在其手冊中對面質未提出建議，然而，一個活潑、親切及有能力的督導者，比急躁、挑剔及超自我中心的督導者較能勝任面質的問題。

在 IPR 督導模式中，督導者的焦點大都放在受督者的身體感受、想法或概念等成分，而似乎忽略喚起五官（看、聽、聞、嘗及觸）感受變化的描述。雖然回憶者在每一次執行探索過程中，因時間壓力，無法探索所有的成分，但若能使其經歷一系列督導過程，更普及去探索這些成分，回憶者較能全面地細查他們的經驗。

（五）實務應用

　　人際歷程回憶模式的督導過程相當簡單，可採個別的或相互的回憶模式進行，主要的目的是要幫助受督者更了解自己、案主、諮商師和案主的關係，及督導者與受督者的關係。當進行回憶的情境時，應讓回憶者了解時間的壓力，亦即腦子行動比聲音快（Kagan, 1980），回憶者心裡鑽動的想法及感受，未必有時間能一一加以詳細描述，加上觀看錄影檔很耗時間，因此僅可能選擇人際動力比重多的部分觀看，並省略細查一些感覺模糊且表達困難的經驗，以達到督導目的。

　　人際歷程回憶法的督導過程中應遵守兩個基本原則：(1)關於暫停或播放錄影（音）檔及探索觸及範圍的責任，應全然歸於回憶者；(2)注意的焦點應著重在回憶「彼地—彼時」（there-and-then），而用現在式來表達回憶（Borders & Brown, 2005）。

1. 個別回憶

　　由督導者扮演詢問者而受督者扮演回憶者的角色，一起觀看事先錄好的受督者—案主互動的諮商錄影檔（或錄音檔）。回憶者若對錄影（音）檔中的某部分有感覺，便可暫停錄影（音）。一旦回憶者先按停錄影（音），詢問者要鼓勵其探索在當時的整個意識範圍，使回憶者細查其想法、身體感受、希望、恐懼及選擇的行動，同時也猜想對方（案主）心裡想什麼？

　　詢問者應幫助回憶者在處理第一個回憶經驗時，體驗詢問者角色的用處，例如回憶者按停錄影檔後說：「我不知道他為什麼突然沉默，以前也發生過」，此時，詢問者並不扮演教導或指導的角色，而是對一些解決方式，給予回憶者時間及心靈的空間探索內在歷程。詢問者此刻是好的催化者，可詢問一些促進回憶的問題（見上述列舉的詢問問題）。詢問者應鼓勵與支持回憶者，盡可能探索可以觸及的深刻部分，避免有害的自我面

質。若此部分討論結束，即可繼續觀看剩下的錄影檔。

　　在開始進行 IPR 督導前，督導者須說一段指導語。以下列出 IPR 模式的實務練習，根據 Kagan 實際帶領 IPR 督導，開始的指導語如下：

　　當你（受督者）來見我之前，你與個案互動了，我想，這之中發生很多的事情，你對案主的印象或你認為案主對你的印象，通常大腦的運作比聲音快很多，所以，有很多事情不可能讓你有時間說或處理，或許更重要的是，可能有很多事情，你的知覺是模糊的，或不知道怎麼講，或不確定你是否敢去處理。當你聽錄音時，我知道，也許你現在可能會談很多這類事情，你會發現很多過程還繼續在你心裡，還有在案主心裡，很多都會回到你身上。每當你想起任何事時，就按暫停，我和你的角色將是追隨你的講述，它永遠是你的故事，就是你知道發生了什麼、你在那裡、你腦子裡發生了什麼，我的任務是幫助你盡可能地以語言的形式表達出來，這樣你就可以看到它並思考它，這將是一個讓你說出你想說的話的機會。

　　督導者與受督者（諮商師）一同觀看受督者與案主的諮商錄影，諮商情境是案主困擾於與父親的疏遠關係，覺得是自己不夠好才得不到父親的關愛，因而求助於諮商師。案主談到上週與父親的互動關係，不管父親是否流露出注意她的眼神，她試著用諮商師建議的方法主動與父親談話，然而她感覺父親仍是對她很冷漠，自信心受到很大傷害，案主開始質疑諮商師的技術，諮商師回應：「妳的信心太弱怎麼會成功？」

〈受督者按暫停錄影檔〉
回憶者（即受督者）：我好像覺得話說得太重了。
詢問者（即督導者）：那讓你的感覺如何？
回憶者：我覺得不太舒服且覺得有點對不起案主。
詢問者：在那時候你想的是什麼？

回憶者：我在想她對自己都沒自信，碰到一點挫折就退縮氣餒。

詢問者：你的身體有什麼感覺？

回憶者：我好像覺得不太舒服且有點急躁。

詢問者：你想對她說些什麼？

回憶者：嗯，現在想來，我想對她說：「讓我們一同回顧這一週來妳與父親的互動關係，妳覺得當妳主動與父親談話時，父親心裡怎麼想？」

詢問者：你對她說了這些，她可能的反應如何？

回憶者：我想她會感覺比較舒服。

詢問者：你認為什麼阻撓你無法這麼說？

回憶者：我想我在當時沒有想到比較適當的說辭，加上我覺得案主有些不負責任，逃避建立自己的信心，而將責任推諉給我，由於腦子想到的是案主的信心問題，因此才做那樣的回應。

2. 相互回憶

　　透過詢問者的幫助，督導者和受督者同時扮演回憶者，相互對督導情境做回憶。督導者和受督者一起觀看事先錄好的督導錄影檔（或錄音檔），任何一人若發現錄影中哪裡有問題或交代不清，便可暫停播放，誰按暫停誰就可以先發言，詢問者要鼓勵回憶者探索過去的互動歷程，使回憶者細查其想法、身體感受、希望、恐懼及選擇的行動。和個別回憶一樣，相互回憶模式相當強調詢問者問問題的技巧，問題的內容如前面所示並無太大差異，以下為相互回憶模式的晤談摘要：

〈錄影播放的內容〉

受督者：對於如何去幫助我的案主，我感到有些頭痛，我的案主好像不認為我可以幫助她，一方面我想這感覺也許很正常，每位諮商師都會遭遇到；然而另一方面我卻覺得，這讓我感到有點挫折，我難免會想，

由其他的諮商師幫助她，也許會更有效。

〈受督者按停錄影檔〉

回憶者（受督者面對督導者說）：我想我們之間的關係可讓我有安全感，說出心裡的話，我常對案主的話語感到敏感，我想我太過專注於自己及案主對我的看法，因而覺得很脆弱容易受影響。

回憶者（督導者面對受督者說）：當你向我訴說你的挫折感，及覺得你的案主好像不認為你可以幫助她，我心裡有些想法但我沒有說出，因為我不認為說出「你不需要這麼覺得」對你有幫助。

回憶者（受督者面對督導者說）：的確，我不認為你若這麼說對我有幫助，不過心裡感受這句話倒是挺有安全感。我想，當我想盡力去幫助案主時，難免會懷疑自己的能力，值得欣慰的是，我發現到因著安全感的建立，我可以說出內心的話，我想我也帶給我的案主安全的感覺，她才能無隱瞞地說出心裡的想法。

詢問者（面對督導者說）：在那時候你想的是什麼？

回憶者（督導者面對受督者說）：我想我希望你能多了解你自己，進而發現自己的優點及能力，看來你今天比以前更發現到你自己，也經驗到自己的優點。

（六）研究與評價

　　許多學者對 IPR 模式的研究結果分歧，Kagan 等人（1965）比較三種訓練方式：(1)錄影的人際歷程回憶：由督導者與案主觀看諮商錄影，接著由督導者扮詢問者而案主扮回憶者進行回憶情境，在受督者與督導者進行最後的回饋情境前，此督導者—案主情境須讓受督者觀看；(2)錄音的人際歷程回憶：與「(1)」的模式類似，只是督導者與案主的回憶情境以聽錄音的諮商方式進行；及(3)傳統的督導模式：由受督者聽諮商錄音，接著進行半小時的督導。研究結果發現，三種督導模式對於諮商師的有效性評量並

無差異。Ward 等人（1972）的研究也得到了相同的發現。此外，Kingdon（1975）指出，IPR（採相互回憶模式，由督導者扮演詢問者，諮商師及案主扮演回憶者）在一些變項上，如諮商師的同理程度、案主的滿足及督導者對受督者表現的評價，並未比傳統的督導方式有效；然而，IPR 模式對案主的自我探索（self-exploration）程度確有不同的影響。Spivack 及 Kagan（1972）認為，以 IPR 模式了解諮商過程比傳統的實習督導方式（如上課、討論及示範）有效，但在其他方面並無顯著不同。

　　顯然，IPR 的督導或培訓模式，雖和傳統模式都對諮商效果有助益，但應用的條件須加以考慮。Crews 等人（2005）探究培訓諮商師的諮商技能，發現參與者接受 IPR 模式或諮商技能培訓模式（Skilled Counselor Training Model; SCTM），對諮商技能的提升和辨識有助於處理案主問題的技能都有效，但 SCTM 組的提高程度明顯超過 IPR 組。研究者認為結果與 IPR 的屬性有關，強調 IPR 適合用在需要高度理解和豐富經驗的面向上，如個人分析、建立關係和適應案主需求等這些困難的目標，需要複雜、更高層次的理解。而 SCTM 培訓著重於學習更具體、特定和可測量的技能，這些技能可能更適合剛開始接受培訓的諮商師，對初學者提供了一個實用的框架。故 IPR 督導更適合已具備基本諮商技能（如專注、採問、摘要）和進階諮商技能（如自我表露、立即性和挑戰技巧）、諮商經驗豐富的諮商師，邁向個人化的理論取向來幫助案主。正如 Lloyd-Hazlett & Foster（2014）認為 IPR 的督導者要考慮受督者的發展水平，高程度的受督者最適合 IPR 這種非結構性的督導；處於較低發展水平的受督者較受益於有結構、具體和指導性的督導環境。

　　IPR 模式自 1990 年以來在諮商歷程研究中廣泛使用，國內劉焜輝和呂承芬（1997）的研究可見端倪，此模式應用在研究方法上具有創新性，是互為主體（intersubjective）的研究方法，從諮商治療到督導實務的研究，目前在國內外仍受青睞與具有貢獻（彭秀玲等人，2011；張淑芬、廖鳳池，2010；翁令珍、廖鳳池，2007；Larsen et al., 2008; Macaskie et al.,

2015）。在諮商督導的研究上，Schofield 和 Grant（2013）運用 IPR 訪談與觀看督導會話錄影來檢視配對的督導專家和受督者每一時刻的督導互動經驗，探討影響督導過程中有關想法、感受和行動的一系列複雜因素，並反思督導議程。IPR 訪談提問涉及一些核心問題，包括督導議程、焦點和期望、重要的目標、理論應用、有益和無益的部分、督導關係的品質，以及督導對受督者及案主治療結果的影響；研究者也提出廣泛的過程提問，使督導者與受督者對督導會話錄影，能有詳細說明和深入的回應，進而蒐集更豐富的資料。

在醫學教育上，通常醫學院的學生對人類的健康與疾病有相當的興趣，在他們能獲准幫助病患前，需要付出六、七年學習相當多的醫學知識與技術，因此有極長的時間無法真正接觸（或晤談）病患。IPR 應用在醫學的訓練上，可以幫助學生提早獲得晤談病患的經驗，將焦點放在回憶過程中認知和感受的部分，體驗臨床的經驗。Jason 等人（1971）研究醫學院學生的晤談技巧的方法，發現人際歷程回憶模式有助於提升晤談技巧。另外，Benedek 和 Bieniek（1977）也運用 IPR 模式訓練精神病院的新手醫師，以具備晤談技巧、自我觀察及同理心三方面特定的技術。

IPR 模式可應用在婚姻諮商上，藉由觀看夫妻諮商的錄影，夫妻彼此可透過個別回憶或相互回憶方式，了解內在人際歷程的衝突與恐懼，澄清複雜關係，促進情感和諧。雖然 IPR 在處理人際恐懼方面得到支持（Lloyd-Hazlett & Foster, 2014），但涉及高度的自我表露（self-disclosure），因此對於文化背景著重隱私者，IPR 模式的使用是一項挑戰；雖然 IPR 探索會帶來一些風險，但對積極的治療效益仍受肯定。

二、精微諮商督導模式

精微諮商（microcounseling）是美國諮商心理學家 Allen E. Ivey 及他的同事 Normington 等人（1968）所發展出的一種諮商溝通的訓練方法，可

被應用在教學、諮商、醫療及各種助人關係領域（如義工活動、警察晤談）的溝通技巧訓練上，具教學與實務架構，Ivey和Authier（1978, p. 15）說：「精微諮商是理論與實務、課堂與晤談情境，及說了些什麼與做了些什麼之間的橋樑。」

精微諮商的「micro」一詞，「是有計畫地加以統整的系統，是細密的系統化。以明確的小單元組成，以循序漸進的方法去學習」（劉焜輝，1991，頁4）。原意是「有所意圖的諮商」（intentional counseling），根據Ivey的看法，指任何諮商或心理諮商的目標，都希望導致案主成為有意圖且能主宰自己生活及生命的有用之人。精微諮商是綜合專業諮商、心理諮商以及人際關係理論與技巧的學說，專注於有效的基本技巧，適合各理論基礎的人使用，而不強加任何理論取向或世界觀（Ivey & Daniels, 2016）。精微諮商的理論與訓練方法已廣泛被使用，並在美國、葡萄牙、德國、紐西蘭、澳洲、英國及日本等國家受到重視（劉焜輝，1991）。在台灣，學術研究及實務訓練均有運用此模式。

（一）發展背景

精微諮商〔或精微訓練（Microtraining）〕起源於1966-1968年，主要想揭開和確定諮商和心理治療專業上的具體晤談溝通技巧（Ivey & Daniels, 2016），於是Ivey等人（1968）提倡最具影響的行為訓練模式，著重溝通技巧訓練，將精微（或稱微觀）技巧引入諮商領域，用來訓練實習諮商師。認為精微技巧是會談中的溝通技巧單位，可以幫助諮商師更有意圖地與案主互動。隨後Hackney和Nye（1973）也提出類似的模式，著重於「必要的」（necessary）諮商技巧，強調督導者教導理論及技術示範。

學者進而將精微技巧在督導的應用，發展出一套系統性與結構性方法，例如Richardson和Bradley（1984）將精微技巧和督導訓練結合，發展出精微督導模型（microsupervision model），以三個階段：評估（assessment）、示範（modeling）和轉移（transfer）作為督導培訓技能領域，具

有確定培訓技巧、提供教育和糾正功能。

　　Russell-Chapin 和 Sherman（2000）有感於量化和標準化諮商師的技能很重要，但卻沒有一致性的衡量和評估諮商師培訓的技能。於是 Ivey 和 Ivey（2003）為減少治療的複雜性，將諮商工作標準化，分解為可觀察和可學習的技能，諮商師掌握這些技巧便能讓個案感到被傾聽和理解。Russell-Chapin 和 Ivey（2004）也將精微技巧的方法具體化，開發出精微諮商督導模式（Microcounseling Supervision Model, MSM），利用特定技巧組成的「諮商晤談評分表」（Counseling Interview Rating Form, CIRF），讓督導者和受督者以結構化的方法來審視諮商療程，提供機會教導和分類所需的基本諮商技巧，具有積極、糾正、質量並重的回饋功能。

　　從 1960 年代後期，Ivey 與同事們已專事研究專注及具影響性的技巧，他的訓練影片也廣被應用在多元諮商和發展、團體、兒童、青年和短期諮商。精微諮商訓練模式是 Ivey 早期的創新工作，他的其他貢獻尚有將多元文化的覺察、知識和能力融入諮商實務。精微諮商最初並未考慮文化的議題，但自 1970 年的一場精微諮商工作坊，一位阿拉斯加社工反映其服務的文化團體（Inuits 因紐特人／北美的愛斯基摩人）認為眼神的接觸是侵犯和敵意的，自此 Ivey 對多元文化差異進行廣泛研究，1980 年的 *Counseling and psychotherapy: skills, theories, and proctice* 是 Ivey 將多元文化的覺察和知識融入諮商實務中的第一本著作（Ivey & Daniels, 2016）。

　　後續 Ivey 與同事也致力探究多元文化的複雜性和差異性如何影響溝通與諮商專業。此外，Ivey 也開創了精微諮商和發展諮商與治療（developmental counseling and therapy, DCT）（Ivey, 1990），綜合不同的諮商理論和實務到具影響性且有用的發展架構。Ivey 仍不斷在其他專業區域有所貢獻，這十幾年來，專研精微諮商和神經科學與諮商之研究，著作、發表與演講甚豐。至今 Ivey 寫過 40 本書並發表過精微諮商的論文兩百多篇，他的書已被翻譯成 21 種語言，他的貢獻也在諮商的歷史形成了版圖。

（二）重要概念

精微諮商督導模式（MSM）的概念在於精微技巧方法（microskill ap-proach，也和精微諮商／精微訓練互稱），其精粹在於精微技巧階層（microskill hierarchy），精微技巧（microskill）是晤談溝通技巧之基本單位，是不連續的技巧，可被觀察、評量及練習，可促進助人者與案主更有意圖地互動與溝通，也可提供助人者多種可行的方法，以適應不同類型的案主，是建立意圖性諮商的基礎。因此，精微技巧階層對有效的意圖性諮商，提出了具體實用的步驟。以下列出 Ivey（1994）的精微技巧階層，如圖 8-1 所示。

層次一是適合於文化及個人的專注行為，為精微技巧基礎的形成，專注行為包括適合文化背景的眼神接觸、身體語言、音質和語言的探索。

層次二是基本的傾聽技巧系列（the basic listening sequence, BLS），主要在促進親近關係和諮商情境的建立、資料的蒐集，及案主溝通的內容與情感的澄清。此傾聽技巧系列包括：

1. 探問技術

用以促進資料的蒐集、表達好奇，及提供探索機會，可促使晤談的開始及進行順利。開放式的探問可以鼓勵來談者說話，提供較多的資料，通常探問句中帶有：什麼（what）、如何（how）、為什麼（why）及能夠（could），例如，你能夠告訴我什麼使你這麼生氣嗎？而封閉式的探問，例如，你是學生嗎？雖然也能提供資料的獲得（如歷史背景），但使用過多會阻礙溝通。

2. 觀察案主技巧

有助於了解案主在晤談中的行為，及在某些情境中的反映模式，提供助人者選擇有用的晤談技巧及諮商處遇方法，促進案主的成長與發展，是

◆ 圖 8-1 精微諮商技巧階層圖

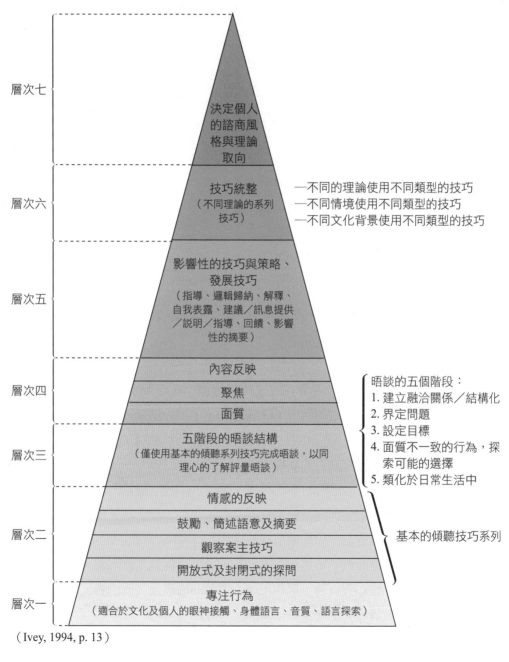

層次七

決定個人
的諮商風
格與理論
取向

層次六

技巧統整
（不同理論的系列
技巧）

—不同的理論使用不同類型的技巧
—不同情境使用不同類型的技巧
—不同文化背景使用不同類型的技巧

層次五

影響性的技巧與策略、
發展技巧
（指導、邏輯歸納、解釋、
自我表露、建議／訊息提供
／說明／指導、回饋、影響
性的摘要）

層次四

內容反映

聚焦

面質

晤談的五個階段：
1. 建立融洽關係／結構化
2. 界定問題
3. 設定目標
4. 面質不一致的行為，探
索可能的選擇
5. 類化於日常生活中

層次三

五階段的晤談結構
（僅使用基本的傾聽系列技巧完成晤談，以同
理心的了解評量晤談）

層次二

情感的反映

鼓勵、簡述語意及摘要

觀察案主技巧

開放式及封閉式的探問

基本的傾聽技巧系列

層次一

專注行為
（適合於文化及個人的眼神接觸、身體語言、音質、語言探索）

（Ivey, 1994, p. 13）

諮商評估的重要技術，包括觀察案主口語、非口語、不協調及衝突的行為。

3. 鼓勵、簡述語意及摘要

能提升正確地聽見案主訊息的能力，並能將對此訊息的了解與案主溝通，是促進澄清與建立關係的重要技巧。鼓勵可以是簡短的反應，如「嗯」、「繼續」、「告訴我多一些」，或重述一個或兩個案主剛提到的字眼，也可以是身體的動作表示，如加強手勢或點頭。簡述語意是重述案主先前話語的本質，注意的焦點在於話語的內容。而摘要類似簡述語意，雖是將案主話語的重點重述一遍，但卻包含了案主的想法，摘要可在結束晤談時使用，或在下一次晤談開始時使用。

4. 情感反映

通常案主的用詞與行為伴隨著情感與情緒，情感反映則是將案主所釋放出的模糊且隱藏的情緒清晰化，幫助案主了解。

層次一與層次二主要在完成四個目標：(1)達到全面性摘要案主的問題；(2)建立案主事實的狀況；(3)確定案主主要的情感與情緒；(4)決定案主想法的基本結構（Ivey, 1994）。新手諮商師的訓練特別強調具備此兩種技巧，作為更高層次技巧的基礎。

層次三是五個階段的晤談結構，包括：(1)建立融洽的關係與結構化；(2)蒐集資料、界定問題及確定有價值的部分；(3)設定結果和目標；(4)面質案主的不一致行為，和探索可能的選擇；(5)類化所學至日常的生活。

層次四是面質、聚焦與內容反映。面質可促進了解案主不一致及不協調的情感、認知與行為，聚焦可以引導諮商的溝通，而內容反映可了解案主在意義、價值、信念及目標層面上的經驗獨特性。

層次五是影響性的技巧與策略及發展的技巧，主要在幫助案主採取行

動。指導在於引導案主如何採取行動及完成任務。邏輯歸納在幫助案主了解其行動功能的因果關係，使能對某一行動做結果預測。解釋是以一種新的術語將案主的思想、情感與行為重新定義，通常從理論的觀點詮釋案主的行為，對案主面對某一種情境時提供可行方法，及認識多種解釋之可能性，鼓勵案主具備彈性的認知與行為。自我表露可使助人者分享自己的經驗，具示範作用，可提供案主學習的管道。建議／訊息提供／說明／指導可以增廣案主的訊息與經驗，幫助其做決定與計畫目標。回饋可促使案主了解別人如何看待他（她）。影響性的摘要是將案主在諮商情境中所說與所想的，斟酌時間與用詞，做簡短有力的摘述，幫助案主了解諮商過程的重點。

層次六是技巧統整，是將精微的層次技巧與意圖性諮商的概念統整到有效的諮商計畫中，以幫助案主成為有功能之人。不同的諮商體系強調不同的精微技巧，表 8-2 說明不同理論取向的晤談者如何使用精微技巧。

層次七是決定個人獨特的諮商風格與理論取向，是諮商師與案主成長與發展的最高境界。從精微諮商的觀點，各種理論取向均有其獨特的貢獻，個人的諮商風格與理論取向決定何種助人之策略較適合自己，同時也會考慮選擇何種理論與技術最有益於案主，個人本身的助人類型與理論取向隨著接觸案主的增多而得以發展。

（三）督導目標與督導原則

Ivey（1994）認為，精微諮商督導模式的四個督導層次包括：層次一，辨識與分類（Identification/classification）：能具備辨認及歸類晤談行為的基本能力，可由練習情境中觀察其他人的行為來操練。層次二，基礎的精通（basic mastery）：能在晤談中表現一些基本技術，如能使用開放式或封閉式的探問。層次三，活用的精通（active mastery）：具不同的進階技能以迎合特定的需要，例如自我表露技巧，可幫助案主在晤談情境中獲得啟示。層次四，教導的精通（teaching）：具備能夠教導他人技巧的能

表 8-2
各種理論取向之晤談者使用精微技巧範例

精微技巧的指導		非指導性 Rogerian 個人中心諮商	行為諮商	心理動力學派	完形學派	特質因素學派	Tavistock 學派	職業決定	事件問題解決	醫療診斷晤談	矯正質問	傳統教學	學生中心教學	折衷學派
專注的技巧	開放式探問	○ ○	◐	◐	◐	●	◐	◐	◐	◐	●	◐	●	◐
	封閉式探問	○ ○	◐	○	○	●	◐	◐	◐	●	●	◐	○	◐
	鼓勵	◐ ◐	◐	◐	◐	◐	◐	◐	◐	◐	◐	◐	○	◐
	簡述語意	● ●	◐	◐	◐	◐	◐	◐	◐	◐	○	◐	◐	◐
	情感反映	● ●	◐	○	●	◐	◐	○	◐	◐	○	○	◐	◐
	內容反映	◐ ●	○	◐	○	○	◐	◐	◐	◐	◐	○	◐	◐
	摘要	◐ ◐	◐	◐	◐	◐	◐	◐	◐	◐	◐	◐	◐	◐
影響性的技巧	回饋	○ ●	○	○	◐	○	◐	○	◐	◐	◐	◐	●	◐
	建議／訊息提供／指導／其他	○ ○	◐	○	○	●	○	◐	◐	◐	●	●	◐	◐
	自我表露	○ ●	○	◐	◐	○	◐	○	◐	○	○	○	◐	◐
	解釋	○ ○	◐	●	◐	◐	◐	◐	◐	◐	◐	◐	○	◐
	邏輯歸納	○ ○	◐	○	○	◐	○	◐	●	◐	◐	◐	○	◐
	指導	○ ○	◐	○	◐	◐	○	◐	●	◐	●	◐	○	◐
	影響性的摘要	○ ○	◐	○	◐	◐	◐	●	◐	●	◐	◐	○	◐
面質（結合的技巧）		◐ ◐	◐	◐	◐	◐	◐	◐	◐	◐	◐	◐	◐	◐
聚焦	案主	● ●	●	●	●	●	●	○	◐	◐	◐	◐	●	◐
	諮商師、晤談者	○ ◐	◐	◐	◐	○	◐	○	◐	◐	◐	◐	◐	◐
	相互／團體／我們	○ ◐	◐	◐	◐	○	●	◐	◐	○	○	◐	◐	◐
	其他人	○ ◐	◐	◐	◐	◐	◐	◐	◐	◐	◐	○	◐	◐
	主題或問題	○ ○	◐	○	◐	●	◐	●	●	●	●	●	○	◐
	文化／環境的脈絡	○ ○	◐	○	◐	◐	◐	◐	◐	○	○	◐	◐	◐

（續下頁）

表 8-2
各種理論取向之晤談者使用精微技巧範例（續）

內容要點（引起注意或加強的主題與關鍵語）	情感	人際關係	問題解決的行為	潛意識動機	此地此時的行為	問題解決	權威，責任	未來的計畫	問題解決	疾病診斷	犯罪的訊息	訊息／事實	學生的想法／訊息／事實	多樣化
晤談者晤談的時間	少	中	多	少	多	多	少	多	多	多	中	多	中	多樣化

● 常用的技巧　◖一般使用的技巧　○隅爾使用的技巧

（Daniels et al., 1997, p. 284）

力，例如能教導案主溝通的技巧。精微諮商督導模式的督導目標是訓練受督者達到層次四的能力，培養受督者成為一個具有彈性且有自信的助人者，促進案主在多元的文化及環境背景下，能夠適應與成長。督導者運用多種方法，例如角色扮演、討論、錄影摘錄回顧和回饋等，協助受督者達到目標（Ivey & Daniels, 2016）。

關於技巧的學習包含五個基本訓練原則（Daniels et al., 1997）：

1. 一次只教一個精微技巧。
2. 針對學習採用許多不同方法，強調練習者的技術成長。
3. 當練習者能夠對自己與專家示範的行為做比較與對照時，練習者的自我觀察及自我面質有助於行為的改變。
4. 此模式常被感覺是真的諮商或晤談，往往開始是角色扮演，最後也常成為真實的互動。
5. 練習者必須有機會類化技巧於類似情境中。

（四）諮商晤談評分表
（Counseling Interview Rating Form, CIRF）

　　為促進受督者具體且結構化的學習諮商技巧，可進一步使用CIRF（表8-3），將受督者所寫的晤談逐字稿或錄影（音）的晤談內容做評分，此表包括諮商晤談階段及具影響性的技巧（Ivey & Ivey, 2003）。量表有六部分，除了諮商晤談五個階段（A.開放、B.探索、C.問題解決、D.行動，以及 E.結束），尚有外加 F.專業精神。每部分都有列出對應的技能或任務。最後，在 CIRF 表格下方提供訊息回饋 G.說明優勢和需要改進之處。當督導者與受督者在督導中觀看受督者提供之諮商療程錄影（音），督導者依據CIRF表列出的 43 項技巧，計算諮商師使用精微技巧的次數，再針對諮商師表現該技巧的精熟程度評分。1 分表示諮商師／受督者能使用或確認諮商技巧，但對案主不太有效（相當於督導層次一和層次二基礎的精通）；2 分表示諮商師／受督者能精熟並有意圖地使用該技巧，案主能依預期做反應（多數 CIRF 得分 2 是理想分數）（相當於督導層次三活用的精通）；3 分意味著諮商師／受督者正在示範或教導案主新技能或概念（得 3 分較不常見）（相當於督導層次四教導的精通）。最後計算總分，依分數落點區間，可讓受督者了解具備精微技巧能力程度，此外，透過評量表也看出哪些技巧常用、哪些技能不太發揮。

　　此評量表的使用提供督導者及受督導以下功能（Russell-Chapin & Ivey, 2004; Russell-Chapin & Sherman, 2000）：

1. 提供教導架構（teaching structure）：讓督導者與受督導者有具體可操作的架構，能夠更有責任地觀看錄影檔及做有效且適當的回饋，支持受督導者朝向成為諮商師而努力。
2. 有意圖地審視諮商技巧（reviewing microcounselling skills with intention）：受督者／諮商師的技巧運用，能符合個人諮商風格，且能滿足案主的不同需求和文化。

表 8-3
諮商晤談評分表

指標	次數	評語	技巧熟練的評分 3分：教導程度 2分：活用程度 1分：基本程度
A.開放／建立融洽關係			
1.問候			
2.角色定義／期望			
3.行政任務			
4.開始			
B.探索階段／確定問題 精微技巧			
1.同理／親近關係			
2.尊重			
3.非口語訊息一致			
4.輕微鼓勵			
5.重述			
6.速度／引導			
7.言語跟循			
8.情感反映			
9.語意反映			
10.澄清			
11.開放式問句			
12.摘要			
13.行為描述			
14.適當的封閉式問句			
15.知覺檢視			
16.沉默			
17.聚焦			
18.回饋			

（續下頁）

表 8-3
諮商晤談評分表（續）

指標	次數	評語	技巧熟練的評分 3分：教導程度 2分：活用程度 1分：基本程度
C.問題解決技巧／定義技巧			
1.定義目標			
2.探索／了解困擾問題			
3.發展／替代的評估			
4.實施替代方案			
5.特殊技術			
6.歷程性的諮商			
D.行動階段／面質不一致			
1.立即性			
2.自我表露			
3.面質			
4.指導			
5.邏輯後果			
6.解釋			
E.結束／概括			
1.內容／情感摘要			
2.檢視計畫			
3.重新安排時間			
4.結束療程			
5.評估療程			
6.追蹤			
F.專業精神			
1.符合發展水平			
2.倫理			
3.專業（如：準時、服裝）			

（續下頁）

表 8-3
諮商晤談評分表（續）

指標	次數	評語	技巧熟練的評分 3分：教導程度 2分：活用程度 1分：基本程度
G. 優勢之處			
改善之處			

總分：＿＿＿＿＿〔累積分數（技巧熟練的評分×次數），僅採精微技巧B階段的部分，其他階段的記錄供討論用〕
A：精熟 52-58 分　B：基礎 46-51 分　C：待加強 41-45 分

（Russell-Chapin & Ivey, 2004）

3. 善於將諮商技巧分類（classifying counseling skills with mastery）：能辨識和區分在諮商會談中表現出的實際技巧。
4. 總結和處理督導需求（summarizing and processing supervisory needs）：對每次展示的技能標記頻率（次數）；確定諮商做的是基本或進階技巧；督導者提供優勢與改善的回饋；可在課堂或督導情境中將督導或督導團隊的評分與受督者的評分進行比較。

（五）督導關係與督導內容

　　精微諮商督導模式的督導關係具高度的指導性，「指導」可被視為是督導的方式，特別是在督導關係初始階段常會被使用，然而，當督導者堅決使用指導並認為對督導歷程有效時，「指導」也可以是督導者的技術，這類的督導者就不只有在受督者的初學階段使用指導而已，在督導過程中，督導者將視受督者的準備狀況及程度，幫助受督者習得進一步的諮商技術（Bernard & Goodyear, 1998）。

　　精微諮商督導模式的督導關係強調提供受督者一個正向的關懷與安全的學習環境，重視溫暖、支持和尊重的關係；強調受督者行為的正向面，尊重及肯定受督者的意見及成為助人者的決心；對於受督者的努力，督導者也應以同理心、支持、鼓勵的語言或非語言的行為給予肯定。

　　督導重視此地—此時及立即性處理受督者的行為或是督導關係，對受督者的行為改變做回饋時，強調具體的溝通，使受督者清楚了解哪裡需要做改變，發問和給予指示有助於溝通的具體化，以幫助受督者避免與案主做模糊的溝通。

　　督導內容主要是與受督者分享意圖性諮商的概念及教導精微諮商技巧，精微諮商技巧的內容視受督者的經驗與其理論基礎而決定，不同理論取向的受督者使用的精微技巧也因而不同。表 8-4 顯示不同理論取向的受督者可能使用的基本精微技巧。

（六）實務應用

　　精微諮商督導模式的督導重視培育受督者成為一個有意圖的諮商師，使之能夠幫助案主達到生活的改變，強調諮商師具備基本的技巧，因此在督導過程中，督導者並非要求受督者一次運用所有的精微諮商技巧，而是讓受督者學習將諮商過程有系統地分化到一個個小單位，加以經驗與學習。

　　精微諮商督導模式可以是一對一或團體的形式（Forsyth & Ivey, 1980; Ivey, 1994）。就一對一而言，依據 Forsyth 和 Ivey（1980）的模式，督導者可鼓勵受督者藉由學習單一及各別的精微技巧，認識整個晤談過程的複雜性，可藉由觀看影片中專家的示範或其他被訓練者的行為，觀察這些精微技巧對案主溝通與助人關係的影響。Forsyth 和 Ivey 的精微諮商督導模式指出督導應遵循四個步驟：

表 8-4
十二種諮商和心理諮商理論所使用的份量、質性及主要技巧

理論	精微技巧：量的取向											焦點						同理心：質的取向								
	封閉式探問	開放式探問	隱喻鼓勵	簡述語意	情感反映	摘要	指導	內容表達	情感表達	影響性摘要	解釋	受輔助者	其他人	主題	輔助者	相互	中心環境	初級同理心	次級同理心	正向關懷	尊重	溫情	具體化	立即性	面質	真誠
心理動力學派	×	×	×	□	×	□	□	×	×	□	×	×	×	□	□	□	□	×	×	×	□	×	P	×	□	
行動學派	×	×	×	×	×	×	×	×	×	□	×	×	×	□	□	×	□	×	×	×	□	×	F	×	□	
非指導學派	□	×	×	□	□	×	□	□	□	□	□	□	×	□	□	□	□	□	□	□	□	□	H	×	×	
現代 Rogerian 學派	□	×	×	□	□	×	□	□	□	□	□	□	×	□	□	×	□	□	□	□	□	□	H	×	×	
存在－人本主義學派	□	×	□	□	□	□	×	×	□	×	□	□	□	□	□	□	□	□	□	□	□	□	H	×	×	
完形學派	×	×	□	□	□	×	×	×	×	□	□	□	□	□	□	□	□	□	□	□	□	□	H	×	×	
超個人心理學派	×	×	×	×	×	×	×	×	×	×	×	×	×	×	×	□	×	×	×	×	×	□	F	×	×	
特質－因素學派	×	×	×	×	×	×	×	×	×	×	×	×	×	×	×	×	×	×	×	×	×	×	F	×	×	
理性－情緒學派	×	×	□	□	□	×	×	×	×	□	□	□	×	×	×	□	□	□	□	□	×	P/H	×	□		
交流分析學派	□	×	×	×	×	×	×	×	×	×	□	×	×	□	□	□	×	×	×	□	×	P/H	×	□		
現實諮商學派	×	×	×	×	×	×	×	×	×	×	×	×	×	×	×	□	×	×	×	×	×	P/H	×	×		
策略學派	×	×	□	□	□	×	□	□	□	×	□	×	×	□	□	□	×	×	□	□	×	P/H	×	□		

（Forsyth & Ivey, 1980, p. 255）

註：⨉最常用到的取向

　　× 常用到的取向

　　□ 可能用到，但並非主要理論取向

　　P 主要強調過去式的立即性

　　H 主要強調現在式的立即性

　　F 主要強調未來式的立即性

1. 一次教一個技巧（teach one skill at a time）

此為督導的一部分，受督者應將所學習的技巧與諮商的對象連結，即使此技巧是整個諮商處遇過程中的一小部分，督導者也應鼓勵受督者認真熟練地運用此技巧於諮商情境中。若一個技巧相當複雜（如系統減敏法），可做部分分開學習，到最後才加以統整練習。

2. 展示技巧（present the skill）

示範是精微技巧訓練的重要部分，督導者可做現場示範，或播放特定技巧的影片，若只做口頭的技巧說明無法彰顯效果。

3. 練習技巧（practice the skill）

受督者只看技巧的示範是不夠的，督導者在督導中應讓受督者有練習機會，並要求受督者要在下一次諮商情境中確實完成練習該技巧，同時也加以錄影或錄音，將受督者的自我示範與教導做整合。

4. 熟練技巧（allow for mastery）

督導者准許受督者在未熟練某種技巧前即結束練習機會，是督導過程中常犯的錯誤。唯有受督者對該技巧達到熟練程度，督導者才能要求受督者將其用在諮商中。若未達熟練程度，往往是因督導給予的練習時間不夠、示範不足，或教導的技巧超越受督者能力所及。後者的原因是最嚴重的錯誤督導（Breunlin et al., 1988），會增加受督者的焦慮，甚至阻礙受督者學習的動機，因此督導者應細查受督者未能熟練技巧的原因，以修正督導的方式。Lambert 和 Arnold（1987）認為，回饋（feedback）與練習（practice）的結合有助於幫助受督者熟練技巧。

督導者對初學受督者在精微技巧的訓練上可採以下九個步驟（Ivey, 1971），訓練的過程大約一小時，通常此過程會在第二小時重複，再視需

要做進一步安排，直到受督者在該技巧上表現出自信為止。

1. 受督者被指示去晤談一位有真實問題的自願個案。
2. 受督者錄下五分鐘的晤談錄影檔。
3. 案主離開晤談室，請其完成一份評量表或接受督導者額外的晤談並錄影（這些資料之後與受督者分享）。
4. 受督者閱讀晤談技巧的手冊，此手冊描述助人的系列技巧。
5. 觀看督導者技巧示範的錄影。
6. 受督者與督導者觀看晤談錄影，使受督者了解原始技巧發展的情形。
7. 督導者與受督者共同評論技巧，並為下次受督者與案主的晤談做計畫。
8. 受督者重新晤談相同的案主，並錄下另一個五分鐘晤談錄影檔，特別將注意力放在單一的技巧上。
9. 督導者給予受督者最後的回饋與評量。

在團體練習上，可鼓勵受督者去觀察同儕晤談的互動，並藉由對同儕的回饋，調整自己對技巧的認識。在運用精微諮商訓練的課程、手冊或影片示範的實地教學後，可將練習者分為三人或四人一組。以四人一組為例，一人扮助人者，另一人則扮案主，此兩人共同角色扮演一個約三或四分鐘的諮商情境，另兩人則充當觀察者及協同訓練者；在角色扮演結束後，由觀察者給予助人者回饋。活動結束後，則換人扮演助人者、案主、觀察者及協同訓練者，每人都要有機會輪流去經驗不同的角色。督導者則須要有好的團體促發技巧，視需要給予團體指導（Daniels et al., 1997）。若是三人一組的團體，則輪流扮演助人者、案主及觀察者，過程與四人一組方式相同。

（七）研究與評價

諮商溝通技巧是心理師培育的重要要求，Kuntze等人（2009）對心理

學系學生進行研究，結果證明精微諮商方法在訓練諮商溝通技巧方面是有效的。該研究針對 583 名心理系大一或大二的學生，分別被分派到：新生組（沒有接受過任何諮商溝通技巧的培訓）、大一生組（接受過基本技能培訓）、大二生組（接受進階技能培訓）和控制組。除呈現總體效果外，該研究分別在基本技能（七項：輕微鼓勵、探問、解釋、情感反映、具體化、摘要，和澄清）和進階技能（五項：高層次的同理心、面質／挑戰、正面的重新標示、自我表露，和直接引導）培訓之後，再針對單獨諮商溝通技巧的充分使用進一步探究。研究使用組間設計、組內設計和前測—後測—控制組設計來檢視這些技能的分數（採用「諮商溝通技巧進步測驗」，communication skills progress test; CSPT），結果顯示，七項基本技能和四項進階技能的效果大。一項進階技能的效果適中。研究建議精微諮商方法對提升各個精微技能程度是非常有效的，接受基本技巧培訓的學生表現好過於進階技巧組。後者似乎需要更多的培訓才能達到相同的精熟程度。

　　語言處理被認為重要又有用，已廣泛融入不同治療領域，Gooding（2017）闡述音樂治療重視語言處理技能的發展，所有音樂治療師都必須能夠積極傾聽、提供語言指導、促進治療進展的轉移、調解案主之間的問題，並分析歌詞。音樂治療領域也因音樂元素的複雜性所需語言處理技能也不同，精微諮商模式非常適用音樂治療師培訓所需的技能，因為此模式以階層方式處理技能，可與不同理論方法的音樂治療教育相結合，有助於教導音樂治療師組織技巧的發展。

　　精微技巧已廣泛被應用在訓練不同文化背景之諮商專業人員學習助人的技巧（Pedersen & Ivey, 2003），國內一些助人技巧相關書籍（如林美珠與田秀蘭合譯，2021），對精微技巧的技術如專注行為、開放式或封閉式探問、自我表露等，也有討論技術運用時應注意的文化差異現象。精微技巧的訓練起初用在學校諮商或心理衛生診所等機構，目前已被證實用在企業機構也相當有效。

雖然研究已證實，精微技巧對案主的行為改變有正面影響，然而，如何去培養一個有效的精微諮商助人者是很大的挑戰，因此訓練與督導應受重視，加強督導者的訓練更是當務之急。國內熟練精微技巧的諮商師或諮商師對精微技巧的推廣亦不普遍，因此類似此主題的研討會與工作坊應廣泛推行。

三、三人諮商師訓練模式

諮商師對少數民族文化的無知，常造成很多少數民族的案主受到不當的診斷和不利的安置，例如誤診少數民族的案主為智能不足、人格異常等，這些不利於少數民族的事實引起社會、心理及教育學家之重視，文化對諮商關係的影響也已引起學者的研究，除 Ivey（1994）的精微技巧外，三人諮商師訓練模式便是一個容易準備與實施，適用於各種對象，能在多樣性和跨文化環境中使用的方法（Pedersen, 1977, 2000）。

（一）發展背景

Paul Pedersen 於 1970 年代任職於美國明尼蘇達大學並負責國際學生諮詢辦事處之業務，有感於國際學生與輔導員之間有很大的文化差異，輔導員很難正確地猜測案主所想但沒說出的內在對話，造成很多的隱藏訊息（hidden messages）存在於晤談中。為了幫助輔導員了解不同文化案主的內心想法，凸顯輔導員和案主因為文化背景的差異，而未能正確掌握晤談中的問題，Pedersen（1997）發展出跨文化三人諮商師訓練模式（A Cross-Cultural Triad Training Model for Counselors），簡稱三人諮商師訓練模式（the Triad Training Model for Counselors），適用於多元文化諮商的需求，以探索案主的內在對話。三人諮商師訓練模式自此以各種形式廣泛應用於諮商師培訓。Pedersen 認為，所有的諮商或多或少會存在多元文化的議題，無論是案主或諮商師、諮商環境或晤談中所牽涉的重要他人，文化的影響

均會反映在諮商關係中，文化包括個人背景特徵、社會地位、群聚性等變項，以及民族特性（Patterson, 1986; Pedersen, 1999）。

（二）重要概念

Pedersen（2000）認為溝通是一種訊息的傳遞，每一個諮商的脈絡裡都包含著三種同時的對話：(1)案主與諮商師之間可監控的口語對話；(2)諮商師自己的內在對話，用來探索一些相關或不相關的因素，此對話僅諮商師自己可監控；(3)案主自己的內在對話，用來探索一些相關或不相關的因素，此對話僅案主自己能監控，諮商師並不知案主正在想什麼，不過，諮商師知道某些案主的內在對話是正面（積極）的，而某些卻是負面（消極）的。所有的諮商均是案主內在對話的傳達，成功的諮商決定於案主所想但沒說出的訊息是否與諮商師清晰的傳話相呼應（Braiker, 1989），在諮商師與案主之間，清晰（explicit）與隱含的（implicit）訊息愈是不同，隱藏訊息就愈存在於諮商晤談中。因此，三人諮商師訓練模式的理論重點在於如何使諮商師知曉這些隱藏訊息，諮商師的勝任與否，即建立在能夠適當地反應隱藏訊息的能力。

三人諮商師訓練模式是一種結合來自不同文化的諮商師和案主的角色扮演晤談的模式。可以說是融合許多學派的特色，例如此模式很像完形學派裡案主發展「好我」（good me）與「壞我」（bad me）的形象作為自己的心理心像（mental images），好我就像利諮商師的正面內在訊息，而壞我則像反諮商師的負面內在訊息，透過利諮商師與反諮商師將思考過程清晰化，有助於提升諮商師的技術，促使案主的內在對話與案主的決定和行為連結。此模式也像心理劇（psychodrama）利用模仿及角色扮演方式，改變受訓諮商師的概念（Pedersen, 2000）。

三人諮商師訓練模式是一種利用模仿（simulation）的方式，為使案主內在的對話明確清晰而設計，因為模仿對學習諮商技巧提供相當安全的方法，不需要侵犯到真實的案主。由於模仿的安全，受訓諮商師在已經說或

做了錯事後，可以犯錯及學習矯正技術，透過角色模仿的重新演練及接受回饋的方式，可幫助諮商師發展更多的自信及更高程度的技巧。三人諮商師訓練模式則在模仿的諮商晤談情境裡，利用三種訓練人物來搭配諮商師（Pedersen, 2000），第一個訓練人物擔任指導的案主（coached client），模仿呈現案主求助的問題。第二個訓練人物擔任指導的反諮商師（coached anticounselor），清楚地說明案主可能想到但沒說出的負面內在訊息，藉由強調或誇大負面內在訊息，企圖妨害諮商過程，因此，反諮商師的角色主要是與諮商師唱反調，提供的好處包括：(1)迫使諮商師更知曉案主的觀點及看法；(2)明確表達案主可能會說的負面、困窘及不敬的評語；(3)迫使諮商師檢查自己的防衛心；(4)當諮商師仍有時間做補償時，立即指出諮商師不當的處遇；(5)使諮商師分心，因此促使諮商師更一心一意地注意案主（Pedersen, 1997）。

第三個訓練人物則擔任指導的利諮商師（coached procounselor），詳述案主可能想到但沒說出的正面內在訊息，促使諮商過程順利。因此，利諮商師的角色主要是提供有利於諮商師的訊息，提供的好處包括：(1)提供諮商師困惑或需要支持時的諮詢者；(2)給予諮商師有關案主明確的資訊，促進諮商師的諮商成效；(3)扮演諮商師的夥伴共同解決問題，而不是讓諮商師孤軍奮鬥；(4)幫助諮商師不偏離重點，或避免敏感的問題，以免增加案主的抗拒；(5)對諮商師提供有利的回饋及成功的策略（Pedersen, 1997）。

此模擬的結果形成諮商師、案主、反諮商師及利諮商師的四面對話，提供諮商師在模仿的諮商晤談裡，能接觸案主的內在對話。三人諮商師訓練模式因為利諮商師與反諮商師的持續、直接且立即的回饋，具有強而有力的諮商效果，諮商師與案主有愈多相似處，諮商師較有可能正確地預料案主的內在對話；反之，諮商師與案主間文化差異愈大，諮商師則較難正確地預料案主的內在對話。但透過利諮商師與反諮商師的角色，諮商師可更為熟悉具不同文化背景的案主，將案主想到但不說的正面或負面訊息結

合到諮商晤談情境裡（Pedersen, 1994）。三人諮商師訓練模式應用在以下狀況效果更好（Pedersen, 1997）：

1. 諮商師在晤談期間需要正面及負面的回饋。
2. 模仿晤談反映現實面的真實事件。
3. 模仿晤談在諮商師考慮到安全的狀況下進行。
4. 利諮商師與反諮商師是受過嚴謹訓練者。
5. 在晤談期間，對諮商師與案主的回饋是立即且清楚的。
6. 訓練人物對案主的背景清楚了解。
7. 諮商師在同時傾聽利諮商師與反諮商師時，需要學習如何專注於案主。
8. 晤談是以自然而非依靠底稿方式進行。
9. 如果互動過程能被錄下，討論會更有效。
10. 模仿晤談應簡短（八至十分鐘），避免造成諮商師在晤談期間（或之後）對訊息招架不住。

（三）督導目標與督導原則

三人諮商師訓練模式的督導目標在於幫助受督者發展多元文化的能力，包含三個發展層次的能力：(1)文化的覺察；(2)有關文化的事實及資料方面的知識；(3)適當處遇的技巧。文化覺察的養成是督導的基本階段，人與人之間愈相似，彼此便能愈正確地溝通（Triandis, 1977），因此督導者本身應具備文化覺察的能力，以了解受督者，並幫助受督者發展文化覺察的能力，了解案主的內在對話，建立良好諮商關係。

如果多元文化的覺察幫助受督者在諮商情境中問對問題，那麼，多元文化的知識則幫助受督者對問題找到正確的答案，因此在幫助受督者建立文化覺察的能力之後，督導應著重於發展受督者多元文化知識的能力，亦即了解案主文化的世界觀。由於行為顯示在文化的脈絡裡，因此，有意義的知識能幫助諮商師更有效地了解案主的生活經驗、文化傳承及歷史背

景。

　　處遇的技巧建立在多元文化的覺察及無所不包的文化相關知識上，使得諮商師能夠抓對方向與時機，採取正確的行動。有能力的諮商師對來自不同文化背景的案主，能運用文化的覺察了解案主的文化偏見及制度化的障礙，並採用多元文化的知識去了解諮商如何符合案主的需求。因此，有能力的諮商師能應用適當的態度與信念，尊重來自不同文化背景的案主，針對案主的價值與文化觀點，使用適當的處遇技巧。多元文化的處遇技巧很難被評量，因為相同的行動未必適用於不同文化背景的案主。

（四）督導關係與督導內容

　　三人諮商師訓練模式強調多元文化的重要性，因此，無論諮商或督導關係的建立都應著重文化的了解，因為每個人以自己文化偏見的觀點來認知這個世界（Pedersen, 1997），若受督者無法分享督導者的文化背景，彼此對事物的認知或觀點必有很大的落差，防衛心態也將存在於督導關係中，導致督導關係不明確。因此，督導者應從文化的觀點看待督導關係中受督者的認知與行為，以使督導能順利進行。

　　三人諮商師訓練模式重視從錯誤中學習，即使是老練的諮商師犯下的錯誤，也可能與技巧生疏的諮商師一樣多，因此督導者應包容受督者嘗試錯誤。更重要的是：(1)鼓勵受督者從錯誤中學習技巧，知道如何擺脫錯誤所造成的問題；(2)鼓勵受督者學習復原的技巧，避免因犯下錯誤而裹足不前。

　　督導內容強調「想法」（thought）而非「說」（saying）的訊息，特別是隱藏的內在對話，這些隱藏的訊息深刻地影響著諮商的歷程。因此，督導者應幫助受督者了解：(1)諮商師與案主之間清楚的口語交流；(2)諮商師自己本身的內在對話；(3)案主的內在對話。內在對話包含正面及負面的想法，不同於認知學派過於強調正面想法的功用，在三人諮商師訓練模式的督導情境中，負面的想法是需要且無可避免的，督導者的主要工作則是幫助受督者偵測及修正自己正面及負面的想法，使正面及負面的想法在生

活中得以達到平衡，進而在諮商的情境中，幫助案主覺察正面及負面的想法在其生活中的角色，發展調適的方法。

（五）實務應用

對不同文化的案主而言，三人諮商師訓練模式的運用最能夠進入案主的內在對話，應用在督導上，可使受督者的多元文化能力立即且持續地被反諮商師及利諮商師測試，使受督者具有的偏見及刻板印象很容易被察覺，進而修正自己的能力與技術，讓案主獲得最大的利益。因此，三人諮商師訓練模式對諮商師的教育與訓練具有莫大效用。

三人諮商師訓練模式通常被應用在諮商師的訓練上，其形式可以是三人一組，由三個諮商師受訓者組成三人訓練小組，分別擔任指導的案主、指導的反諮商師及利諮商師，模仿晤談的情境，最後由訓練者（或督導者）帶領參與的成員共同討論。另一種形式是以團體的方式進行，團體中分三人一組，過程與前者相似，參與的成員可以輪流擔任案主、反諮商師及利諮商師。

三人諮商師訓練模式應用在督導上，督導者可鼓勵受督者參與相關機構所舉辦的三人諮商師訓練模式工作坊，或由督導者先介紹三人諮商師訓練模式，或播放有關三人諮商師訓練模式的示範影片，使受督者了解及熟悉三人諮商師訓練模式的使用。

督導的方式可邀請三個訓練人物與受督者（諮商師）一同觀看真實晤談的錄影檔，每播一小段就暫停一下，請擔任指導的案主模仿錄影檔中的案主，與受督者對話。接著，由利諮商師及反諮商師說出諮商師的表現，反諮商師明確地說出不利於諮商師的話，說明指導的案主可能想到但沒說出的負面內在訊息；而利諮商師明確地說出有利於諮商師的話，說明指導的案主可能想到但沒說出的正面內在訊息。每進行十分鐘，就由督導者鼓勵參與的成員共同評論與回饋。督導者從反諮商師及利諮商師的角色，可以觀察到受督者的多元文化的能力，督導者應注意受督者的能力發展，包

括多元文化的覺察、多元文化的知識及多元文化的技術，在督導者指導受督者諮商晤談的過程中，應強調內在訊息的獲得及多元文化的影響。因此，督導者應重視受督者學習以下四種技術（Pedersen, 2000）：

1. 釐清問題（articulating the problem）

Pedersen 認為，每個人以自己文化偏見的觀點來認知這世界，若案主與諮商師的文化背景不同，對於討論的問題，案主便較少能分享自己的觀點。督導者可幫助受督者運用一些精微技巧，釐清案主因文化觀點所衍生的問題，這些精微技巧包括：

1. 認知的理性洞察（cognitive rational insight）：能正確地界定案主所呈問題的相關感受。
2. 重述（paraphrase）：注意案主的語意內容，抓住要點重複敘述案主剛剛的語句。
3. 情感反映（reflection of feeling）：能夠注意案主行為的關鍵性情感與情緒面。
4. 摘要（summarization）：晤談較長的一段時間後，諮商師反映案主的感受，回應案主的想法。
5. 具體性（concreteness）：諮商師使用明確且具體的語句，避免模糊不清的用語。
6. 立即性（immediacy）：諮商師從相同的時間角度（過去、現在或未來）去理解案主的話語。並對當下治療關係發生的狀況，即刻做討論與處理。
7. 尊重（respect）：諮商師使用與自我或案主有關的話語時，應展露尊重，否則負面或輕視的話語將導致案主退縮或不悅。
8. 真誠（genuineness）：諮商師與案主能注意彼此間的口語與非口語訊息的一致，代表真誠有效的溝通。
9. 積極關懷（positive regard）：諮商師關注於案主並示範信念，此信

　　念能夠幫助案主改變或處理自己的生活。

10. 跟循（tracking）：諮商師能正確地跟隨，甚至預期晤談中的案主
　　下一步將說什麼。

2. 辨識抗拒（recognizing resistance）

　　督導者應重視案主與諮商師之間，因文化背景的差異而對特殊術語產
生抗拒，從觀察案主與反諮商師之間的互動，可確定抗拒的特性；亦即若
案主接受反諮商師所言，認為反諮商師所言正確，那麼諮商師就應修正自
己的處遇方式，接納反諮商師所言。確認不同文化的案主對特殊術語的抗
拒，可運用以下的精微技巧：

1. 壓力處理的洞察（stress-coping insight）：諮商師能夠正確地定義案
　　主對問題的反應。

2. 價值衝突（values conflict）：諮商師能夠確定案主信念的矛盾之
　　處。

3. 探問（questioning）：諮商師能夠考量文化的適切性，使用開放或
　　封閉式的問話。

4. 指導（directions）：諮商師能夠告知案主如何運用文化的適切方式
　　去處理問題。

5. 面質（confrontation）：諮商師能夠清楚地說明案主自我之間或自我
　　與他人之間的差異。

6. 解釋（interpretation）：諮商師能夠正確地重新詮釋案主的口語與行
　　為。

7. 專注於主題（focus on topic）：諮商師能夠正確地定義案主的特殊
　　主題或問題。

8. 專注於群體（focus on group）：諮商師能夠知曉支持的群體對案主
　　的影響。

9. 鏡射（mirroring）：諮商師能夠反映與調適聲音語調、身體姿勢或

其他溝通形式，以便與案主同調。

10. 自我覺察（self-awareness）：諮商師能夠清楚知道自己所做的可能
抗拒了案主。

3. 減少防衛（diminish defensiveness）

在多元文化的諮商晤談裡，諮商關係往往很模糊，不明確的情境往往
使得老手諮商師難以控制感到威脅的衝動，對自己的能力沒把握，造成諮
商師防衛的行為而無法專注在案主的訊息上，降低了案主與諮商師之間親
近關係的建立。督導者可從反諮商師致力於妨礙諮商晤談的過程中，觀察
到諮商師顯露出來的防衛行為，諮商師也可透過三人諮商師訓練模式檢核
自己的防衛行為。督導者可幫助受督者運用以下的精微技巧，提升非防衛
的行為反應：

1. 幽默感（sense of humor）：諮商師藉由幽默感的適當使用，以促進
與案主之間的親近關係。

2. 自我表露（self-disclosure）：諮商師考量文化的適當性，自我表露
有關自己的訊息，增進與案主之間的親近關係。

3. 評量（evaluation）：諮商師能夠評量案主的表情、態度及反應的語
調，以獲得隱藏的訊息。

4. 敘述（description）：諮商師能夠對案主的反應做描述，而不去評論
反應是好或壞。

5. 自發性（spontaneity）：諮商師能夠是自發的，而不是策略性的，
以增進與案主之間的親近關係。

6. 接納（receptivity）：諮商師能夠考量文化的適當性，接受案主的建
議。

7. 承認防衛（admitting to being defensive）：諮商師能夠坦誠自己無意
冒犯的防衛行為。

8. 道歉（apologizing）：諮商師能夠為自己的過失負責及道歉，這能

鞏固與案主之間的親近關係。

9. 計畫（planning）：諮商師在晤談告一段時間後，能夠發展及詳細說明行動計畫。

10. 巧妙操作（manipulation）：諮商師能夠使案主接受，能依案主的興趣巧妙地處理相關事項。

4. 復原技巧（recovery skills）

受督者在多元文化的諮商晤談裡，犯錯在所難免，督導者在督導過程中，不僅僅是教導受督者如何避免犯錯，更重視教導受督者如何從犯錯的經驗裡復原。一般而言，老手諮商師所犯的錯誤未必比新手諮商師少，但比新手諮商師復原快。督導者可教導受督者運用以下的精微技巧，學習擺脫問題的技術：

1. 改變主題（changing the topic）：諮商師能夠適當地針對矛盾的互動，重新引導晤談。

2. 聚焦（focusing）：諮商師能夠重新將晤談的焦點放在基本問題上，而不是在矛盾的問題上。

3. 挑戰（challenging）：諮商師就案主知覺到的事實真相面質案主。

4. 沉默（silence）：諮商師能夠容忍晤談中某些時候的沉默現象，有助於多元文化良好關係的建立。

5. 角色反轉（role reversal）：諮商師能夠對案主請求諮詢，作為解決問題的資源。

6. 轉介（referral）：諮商師能夠考慮文化的適當性與時機，轉介案主。

7. 結案（termination）：諮商師結束晤談應考量文化的適當性。

8. 裁定（arbitration）：諮商師讓第三者或「文化中間人」以合乎文化的方式調解爭論。

9. 隱喻的分析（metaphorical analysis）：諮商師能夠幫助案主發展一

些比喻，以彰顯案主的觀點。

10. 定位（positioning）：諮商師能夠確認案主的需求與機會，以便為
    案主謀求利益。

　　三人諮商師訓練模式通常被用在文化差異的諮商過程中，以下是一位
受督者所錄製的有關種族差異晤談案例錄影檔，在督導過程中播放一段，
並找三人分別擔任指導的案主、指導的利諮商師與指導的反諮商師，由指
導的案主模仿影片中案主的困擾問題，與諮商師、利諮商師與反諮商師展
開四面對話，而督導者則給予指導與引導討論情境。其中，諮商師、利諮
商師與反諮商師都是平地人且為女性，而案主是男性的原住民。

諮商師：○○你好，能否談談你的困擾？

指導的案主：我想談的是有關人際交往，我感到有些困擾，不知如何解
　　　　　　決。

諮商師：你能否再說仔細些，是怎樣的人際問題？

指導的案主：我覺得與平地的同學交往起來好像有距離，不容易彼此了
　　　　　　解，我自己甚至感到有些卑微，讓人看不起。

反諮商師：很可惜諮商師是平地人。

諮商師：聽起來你好像感到很挫折，在人際關係方面無能為力。

指導的案主：嗯！

利諮商師：諮商師能做到情感反映，同理案主的感受。

諮商師：你認為可能的原因有哪些？

指導的案主（想了一下）：我想是不是因為種族差異的關係？

諮商師：能不能說說看，為什麼你認為你的問題與種族差異有關係？

指導的案主：一些平地的學生對原住民孩子都很……他們對我們存有異樣
　　　　　　的看法，就這樣。

反諮商師：我想案主對諮商師有點不耐煩，我很懷疑案主是否還需要與諮

商師繼續談下去？

諮商師：你的生活中有哪些經驗讓你有這種感覺，能不能舉例說明？

指導的案主（想了一下）：例如課堂上的分組，同學不太會找我與他們成組，往往都是老師以哪組人數少，將我安插在哪組。常常因為要打工，所以小組開會我很少參加，即使參加了也常覺得無法融入團體，往往都是保持沉默，感覺很不舒服。

利諮商師：案主對諮商師沒有不舒服的感覺，所以案主才會說。

諮商師：聽起來在課業上你很難與平地同學合作。

指導的案主：可以這麼說。

反諮商師：案主不知道可以對諮商師再多說什麼。

諮商師：除此之外，還有沒有其他例子？

指導的案主：找室友住也不容易，學校後來把我安排與僑生同住，他們問題也很多，例如喝酒、打架鬧事等……（停一下）我覺得平地的學生似乎看不起原住民孩子，他們的偏見讓我覺得被歧視。

利諮商師：諮商師與案主建立了良好關係，諮商師得到了案主的信任，使案主願意說多一些。

諮商師：聽起來你對文化與你不同的同學感覺不一樣。

指導的案主：我不知道。

利諮商師：諮商師說到重點了。

反諮商師：諮商師這樣的斷言讓案主困惑。

諮商師：你對我的感覺如何？會不會覺得有壓力？

指導的案主：嗯……妳是個諮商師，是幫助我的人，我覺得妳挺親切的，我不覺得有壓力。

利諮商師：諮商師注意到文化差異的問題，也留意到案主的感受。

反諮商師：案主有防衛才這麼說。

〈討論時間〉

督導者：經歷十分鐘的晤談，妳（指受督者）經驗到什麼？

受督者（諮商師）：我覺得案主的問題與文化差異有關，因此我會迫切想
　　了解他對我的感覺，及了解晤談對他是否會不舒服；若有的話，我可
　　以及早處理他的壓力，好讓晤談得以順利進行。

督導者：反諮商師的回饋對妳有否幫助？

受督者：反諮商師的說明讓我看到被我忽略掉的案主的反應部分，以及想
　　說卻沒說出的內在訊息，提醒我自己不要犯相同的錯誤，或對已造成
　　的錯誤做彌補。

督導者：能否舉例說明？

受督者：當我詢問案主對我的感覺及是否會感到不舒服時，反諮商師的說
　　明提醒我注意案主的防衛部分，所以我會想，也許這樣問會使案主對
　　文化差異的問題更敏感，所以反諮商師的說明，讓我能夠看到我自己
　　可能沒有想到的案主的反應，提醒我自己反省我的口語或表情態度是
　　否傷了案主。

督導者：利諮商師的回饋對妳影響如何？

受督者：我覺得利諮商師的話似乎反映了我的想法與動機，使我更有信
　　心。

督導者（面對指導的案主、利諮商師與反諮商師）：妳們的看法如何？

指導的案主：我覺得利諮商師與反諮商師的確能反映我沒有說出的想法，
　　例如諮商師問：「你對我的感覺如何？會不會覺得有壓力？」老實說
　　我覺得我沒說真話，我真覺得有些壓迫感。而利諮商師幫助我看到諮
　　商師做得不錯的部分，例如諮商師對文化的覺察力。

利諮商師：我覺得諮商師很nice，能注意文化差異的問題，她很關心案主，
　　也很認真要幫助他，沒有輕視他的感覺，這是很難得的事。作為利諮
　　商師的角色，我似乎有點預期諮商師的下一個反應會如何。如果諮商
　　師的反應如我所預期，我較容易立即說明她做對的地方；若諮商師的
　　反應不如我所預期，我就會有些緊張，需要盡快想諮商師做對的部分。

反諮商師：身為反諮商師，我有一種「雞蛋裡挑骨頭」的感覺，盡挑諮

師犯的錯誤，我覺得諮商師最後問案主對她的感覺，倒讓我覺得案主也許會認為諮商師是不是以為案主不喜歡她。案主說他對此晤談不覺得有壓力，也許是客套話，我建議諮商師注意案主可能產生的防衛現象。

利諮商師：我覺得諮商師問案主對她的看法並無不妥，這樣問也許可使案主覺察到自己是不是有點批評平地人，自己的話是不是讓諮商師難過，案主也可以經驗到──雖然自己說平地同學的不是，但並不是每個平地人對原住民都不好。

（六）研究與評價

　　三人諮商師訓練模式使用在諮商教育領域已逾 50 年之久，使用者認為諮商師在經過一系列晤談訓練，搭配利諮商師與反諮商師的角色，可使晤談情境的問題更明朗化，確認抗拒的技巧能提升，防衛心及威脅感減少，現實我與理想我也變得較為一致。Sue（1980）在海沃加州州立大學（現為東灣加州州立大學）對三人諮商師訓練模式做測試，發現反諮商師的形式對自我覺察的達成、文化敏銳度的發展及政治或社會觀點的了解相當有效，而利諮商師的形式對案主特殊的歷史、經驗及文化價值等知識的獲得則相當有效；其中，反諮商師的設置形式更超越利諮商師的形式，對多元諮商的學習相當有效。一般而言，透過對諮商師立即性的回饋，反諮商師可引發種族、偏見及價值衝突等問題，實驗中也發現，參與者對利諮商師較感舒服，而對反諮商師較感焦慮。

　　此模式適用於各種對象，Pedersen 已使用在外國學生、少數族群、酒精或藥物濫用者、殘疾或性別差異者的案主上（Pedersen & Ivey, 2003）。Pedersen 和 Brooks-Harris 也製作影片（名稱為 Pedersen's Triad Training Model: Five Vignettes of Culturally Different Counselors Interviewing a Single Client），針對五種不同文化背景之諮商師（包括非裔美國女性、亞裔美國

男性、白種女性、白種男性及西班牙男性）對同樣的案主（亞裔美國人）
晤談，透過利諮商師與反諮商師之觀察和評論，是幫助諮商師了解多元文
化問題強而有力的方式。Kennington 於 1999 年使用三人諮商師訓練模式訓
練來自不同國家的諮商科系的學生、老師及諮商師，包括台灣、沙烏地阿
拉伯、巴勒斯坦、迦納、亞美尼亞、非洲及歐洲裔的美國人，探索諮商不
同國籍的人所遭遇的隱藏訊息（此隱藏訊息決定親近關係的建立），發現
諮商師、反諮商師及案主的晤談形式，比標準的晤談形式更能反映深層的
情緒結構（引自 Pedersen, 2000）。

　　本章介紹的三種技術取向督導模式，也有學者將之做比較。Holwill-
Bailey（引自 Bailey, 1981）將三人諮商師訓練模式及人際歷程回憶與傳統
人際關係的教導方式做比較，發現三人諮商師訓練模式及人際歷程回憶比
傳統式教學效果好，但三人諮商師訓練模式及人際歷程回憶兩者之間並無
顯著差異，兩種方法同樣有效。國內陳英豪等人（1992）研究三人諮商師
訓練模式與精微諮商督導模式的效果，結果發現接受精微諮商督導模式的
受試者，其對諮商反應效率之辨識能力，明顯優於接受三人諮商師訓練模
式之受試者，在諮商情境之反應（如運用同理心、探問、摘要等）能力方
面也略高於三人諮商師訓練模式，但並無顯著差異。

四、結論

　　本章三種技術取向之督導模式都是具體可操作的督導方法，雖然各有
特色與效果，但三者有頗多共通之處，均可在多種督導環境，包括個人督
導、現場督導和團體督導運用；也能結合其他督導模式運用，實際上靈活
性很高；三種取向也相當重視文化的差異與文化覺察；相較其他督導模
式，三者使用錄影（音）進行督導的頻率高。實務工作者若要運用技術取
向之督導模式，最好能經過督導培訓後再運用於督導實務中。

發展取向督導模式

黃素雲

　　督導的理論有兩大主流（Bernard & Goodyear, 1992），一種是以諮商
與心理治療理論為基礎所發展出的督導理論，如心理動力取向督導模式、
當事人中心取向督導模式及認知行為取向督導模式等，強調平行歷程（par-
allel process）存在於諮商師與案主的問題、督導者與受督者的問題之間，
亦即理論適用於諮商或心理治療，也一定適用於督導過程。Goodyear等人
（1983）研究發現，相同理論的應用對受督者與案主的發展並無差別，因
此諮商治療理論亦可運用於督導情境中。

　　另一種則以概念與發展取向為重點的督導模式，如發展模式及個人過
程督導模式等，強調理論模式對督導過程的獨特性，並不僅是諮商理論的
延伸。如Loganbill 和Hardy（1983）指出督導與諮商不同，應從諮商理論
中發展獨立模式；Russell等人（1984, p. 625）反對有效能的治療師也必是
有效能的督導者的說法，指出「學習成為一位有效能的督導者需要的知識
與技術，超過諮商所使用的理論知識與技術」；又如 Loganbill 等人
（1982）視督導為一種活動，有別於諮商。

　　因此，「發展性督導模式」的興起主要是彌補以既有的諮商理論為主
的督導理論之不足，強調督導過程所發生的現象，認為諮商師的專業成長
依個人諮商經驗的增加而有不同的專業需求，督導者的角色和督導環境應
配合受督者的成長與改變，發揮有效的督導功能。理論學者已經建議督導
是一個發展的過程，具有啟發性及時代的精神（Bernard, 1979; Blocher, 1983;
Littrell et al., 1979; Loganbill et al., 1982; Stoltenberg, 1981; Yogev, 1982）。

　　許多理論學者對督導的發展概念看法不一，Russell等人（1984）以Er-
ikson 的發展階段及達成衝突解決或技巧熟練為發展模式的依據；Borders
（1986）將發展模式分為督導者角色、督導者動力，及督導學習環境三部
分；Holloway（1987）以個人初始能力能否連結心理社會發展理論來區分
發展模式；而Chagnon和Russell（1995）則認為發展概念建立在兩個假設
上：第一是透過一系列的步驟，成為勝任的受督者的過程，第二是對不同
程度的受督者提供合理的督導環境，使受督者能夠滿足與成長。

綜合言之，發展性督導模式種類繁多，根據對諮商督導的分析，以下建議幾種基本、常用且近年來被熱衷討論的發展性督導模式：諮商師複合督導模式（CCM）、整合發展督導模式（IDM）、系統認知─發展督導模式（SCDS）、反思性發展模式及循環發展督導模式。其中，諮商師複合督導模式以發展階段描述諮商師的專業成長，以提供適當的督導環境，強調督導者與受督者密切配合的重要性；整合發展督導模式則彌補諮商師複合督導模式的缺點，將諮商師專業成長的發展階段描述更具體，並補充發展階段在諮商領域的變化現象；系統認知─發展督導模式使用皮亞傑術語來描述不同類型的學習者，重視督導環境需與受督者的發展方向匹配；反思性發展模式認為反思有助諮商實務的提升，反思本質上是發展的，著重探討督導中所發生的反思過程；而循環發展督導模式反對以「階段」觀點來說明諮商師的專業成長，強調督導過程是連續循環的過程（蕭文，1999）。

一、諮商師複合督導模式

Eckstein和Wallerstein（1972）以動力取向說明督導的發展方法，他們認為督導的發展經歷三階段：首先是開始階段，即督導者與受督者彼此互相了解；其次是遊戲階段，人際的衝突使受督者選擇防衛或衝突，督導者的角色是諮商師或教師；最後是結束遊戲階段，督導者傾向於較沉默而較少給予主動指導，以促進受督者獨立。此理論雖不同於現今的發展性督導模式，但其觀點提供了歷史的價值──從階段的考量檢視發展歷程。

Stoltenberg（1981）的諮商師複合督導模式（CCM）採階段性的觀點，認為諮商師的人際知覺、專業認同、自我覺察、動機、情緒、認知結構與技術等，均會隨諮商經驗的增加而循序逐階發展，為督導提供特別的訓練指引；特別強調諮商師從新手到老手的整個成長歷程的發展階段，為督導的理論、實務及研究提供一整合性的觀點。此模式在發展性督導模式

中相當受重視，自 1981 年發表以來，已引起學者廣泛的討論與研究（Borders, 1990; Grater, 1985; Holloway, 1987; Krause & Allen, 1988; Stoltenberg & Delworth, 1987）。

（一）理論基礎

Stoltenberg 和 Delworth（1987）認為，目前諮商師的督導大都著重於訓練理論的重要性或技巧的獲得，而缺乏有系統的督導發展模式。發展理論的衍生無可避免地會以學者的觀察及解釋為憑，並非根據理性和法規，而理論無對與錯之分，只有較有用或無用之別。根據這樣的認知，Stoltenberg 和 Delworth 提出一套不是「正確」，但卻是最有用的理論，目的在於幫助人們了解行為的發展及預測未來。

諮商師複合督導模式是 Stoltenberg（1981）發展出的督導架構，此理論模式的形成主要修改自 Hogan（1964）的諮商師發展模式（the model of counselor development），並融入 Hunt（1971）的概念系統理論（conceptual systems theory）和 Harvey 等人（1961）的理論概念。由於諮商師複合督導模式保留 Hogan 的主要理論觀點，因此以下約略介紹 Hogan 的諮商師發展模式。

Hogan（1964）最早提出諮商師發展模式，強調督導是一個發展的過程，受督者在訓練的過程中會經歷四個發展階段，每個發展階段所呈現的困擾問題不同，而這些困擾最終會引導受督者對案主、督導者及自己有更深刻且正確的認知，同時也能增進受督者在諮商工作中的獨立性和創造性。

Hogan 認為，受督者通常在第一階段有較強的動機，然而心理及行為表現較為依賴、缺乏安全感及洞察力，他（她）們往往會以「模仿」（imitation）方式向督導者學習，因此，督導行為宜著重在教導（teaching）、解釋（interpretation）、支持（support）、示範（modeling）及覺察訓練（awareness training）等方式。第二階段的受督者動機較為搖擺不定，表現較為猶豫不決，對督導關係容易產生依賴—自主的衝突（dependency-auto-

nomy conflict），督導行為除了持續支持及舉例的方法外，宜著重矛盾－
澄清（ambivalence-clarification）的督導方式。

　　Hogan 認為，受督者的專業自信、獨立性、安全感及洞察力在第三階
段有增加的傾向，動機也逐漸穩定，對督導者不再完全依賴，而是有條件
的依賴（conditional dependency），督導行為採協同方式，以分享及舉例
的方式搭配專業及個人的面質技術。第四階段的受督者有自主性、穩定的
動機及洞察力，當面臨個人及專業的問題時，有覺察是否需要面質（the
need of confrontation）的能力（Stoltenberg & Delworth, 1987）。

　　Hogan 強調督導者對處於不同發展階段的受督者應施予不同的督導行
為，以促進受督者在每一階段順利發展。Hogan 也強調一個人可能會多次
地重複某個發展過程。當發展發生時，督導者及受督者的角色也隨之變
化，督導者的角色由專家到諮詢者，而受督者的角色則由學生到同僚（近
似同儕的關係）（Stoltenberg & Delworth, 1987）。

　　Stoltenberg 認為，Hogan 的模式未能說明心理學中的發展理論作為督
導架構理論，對各階段性質描述也過於簡化和籠統（吳秀碧，1992a）。因
此，Stoltenberg 將 Hogan 的模式加以修改與補充，保留 Hogan 的觀點，強
調諮商師由依賴的新手發展成獨立的老手要經歷四個不同發展階段；同
時，也取用 Hunt 的觀點，認為要經歷與其相符合的督導環境階段，因此當
諮商師的發展由一階段進入另一階段時，督導的環境要能適用於受督者的
需要及反應。

　　根據 Stoltenberg（1981）的諮商師複合督導模式，受督者在第一階段
的特質通常是擁有少量的諮商技巧，他們相當關心諮商的原理與規則，期
望結構式的指導，企圖模仿督導者及循著對的方式做事；因此，這些初出
茅廬者相當服從權威，有賴督導者指引他們學習人格理論、評估診斷和其
他相關學術的問題，以增進他們對人類行為知能的了解。同時，督導在此
階段也應訓練受督者具備基本的諮商技巧，如情感反映、澄清、同理等相
關技巧。第一階段的督導理想環境是在標準化的結構中鼓勵受督者自主

（Hunt, 1971），此法可以平衡受督者勇於接受挑戰，試著採取新的方法來解決案主問題，此時期的受督者極度渴望督導及諮商情境結構化。

　　第二階段受督者的特質有依賴和自主衝突的傾向，一方面他們想在諮商實務中發展出自己，另一方面卻仍有著強烈的依賴。當他們深受自己的動機及行為困擾時，自我覺察力也會增加；由於對剛獲得的諮商技術感到過度自信，另一方面對增加的責任感感到憂心，造成他們的動機往往搖擺不定。對應於 Hunt（1971）所提此階段處於負面獨立階段（negative independence stage），因此受督者會致力尋求獨立，且變得比較自我肯定，以選擇理想且有效的行為；此階段也是經歷自我輪廓（self-delineation）過程，因此受督者不再受限於模仿督導者，取而代之是定位自我的認同。經驗不同諮商風格的現象也會在此階層出現，受督者會以案主為考量，而產生不同意督導者看法的情形。

　　第二階段的督導理想環境，如 Hunt（1971）所提，是高自主低標準的結構，此時的督導環境著重於培養受督者做決定的能力，以便應用及處理個人在諮商情境的一切行為。因此，督導者較多是提供參考資料來源，較少給予指導及建議，此階段的受督者學習評估自己的優缺點，靈活統整理論與技術，使之存在個人的價值系統裡。

　　第三階段受督者的特質是，由依賴和自主的衝突發展到專業自信的增加及對諮商師認同的提升，已能夠洞察依賴的需要及主宰動機，發展出較為穩定及健康的動機，而不隨情境的壓力而搖擺不定（Hogan, 1964）。受督者在此階段呈現條件式的依賴（Hunt, 1971），對他人的同理能力增加，能高度區分人際的取向，因此不會一味地接受任何人教導的技術；也由於了解人際的不同而能成為有耐性的諮商師，能尊重及欣賞不同的理論取向，並能因能力的增加而幫助各類的案主。

　　第三階段的督導理想環境是督導的關係變得較像同儕般的互動，強調彼此經驗分享與相互列舉實例（Hogan, 1964）。由於受督者在此階段對諮商師的認同更加確信，因此，即使督導者採取適當的專業及個人的面質，

受督者也能夠以客觀的態度面對督導者的直接面質。

　　第四階段的受督者已成為精熟的諮商師，對個人能力的限制已有足夠的察覺能力，能夠獨當一面地從事實務工作，即使動機受點動搖也能夠充分發揮功用，能了解自己的需要而去面質現場的困擾，如諮商專業的問題。已經能夠任意地與他人互相依賴，及有效地統整個人價值體系裡的專業標準。

　　第四階段的督導理想環境是讓受督者獨立運作，既然已有充足的自我知識及統整的諮商師認同，受督者已能夠在所有專業的情境下充分發揮功用，有足夠的洞察力知道是否需要專業的及個人的諮詢。此時的受督者已有能力成為一個督導者，督導新手諮商師。此階段面對精熟的諮商師，督導的關係成為同僚關係，督導者是同僚督導的參與者。表 9-1 重點摘要諮商師複合督導模式的概念。

表 9-1
諮商師複合督導模式的概念

諮商師階段	諮商師特質	理想環境
1	**依賴督導者** 模仿；神經緊繃；缺乏自我及他人的覺察；以少量的理論知識與技術經驗做分析性的思考	在標準化的結構中鼓勵自主；督導者使用教導、解釋、支持、覺察力訓練，列舉實例說明；督導要有結構
2	**依賴和自主的衝突** 自我覺察力增加；動機搖擺不定；致力尋求獨立；變得比較自我肯定及不模仿	鼓勵高度自主，降低標準化的結構；督導者使用支持、矛盾澄清、列舉實例說明，及少指導
3	**有條件依賴** 伴隨洞察力的增加，發展出對諮商師的認同；動機較為穩定；同理能力增加；人際取向的辨識力增加	由受督者來提供結構且自主的情境；督導者的對待較像同儕般，能有較多分享，相互列舉實例說明，及相互面質
4	**精熟的諮商師** 充足的自我及他人的覺察，自我優缺點的洞察，願意與他人互依，已有統整的諮商師認同與專業標準	受督者在大部分環境下能充分地發揮功能；如果繼續督導，則成為同僚關係

（Stoltenberg, 1981, p. 60）

（二）督導目標與督導關係

在諮商師複合督導模式裡，受督者不僅被視為經驗不足或缺乏技巧的諮商師，也被視為一個正在發展過程中的獨特個體，以達到諮商師認同的最高境界。因此，督導的目標在於幫助受督者獲得相當程度的專業經驗，達到高階段的發展及諮商師的專業認同。

好的督導關係著重於愉悅的督導者—受督者關係的存在，及督導者支持與鼓勵受督者在各階段的發展經驗，對於第一階段的受督者，督導者的角色像教師，以教導、示範等結構化方式訓練受督者，使其獲得基本技巧，並鼓勵其獨立自主。Worthington 和 Roehlke（1979）指出良好的督導應具備：(1)督導者與受督者之間建立愉悅的關係；(2)督導者能夠提供相當的結構性督導時間；(3)督導者應教導受督者如何諮詢；(4)督導者鼓勵受督者去嘗試新技術。

當受督者進一步發展，督導關係轉為平行教導，督導者的角色像諮詢師，較著重概念分析技巧的發展，而較少結構式訓練，此時督導者用更多的支持與鼓勵，以幫助受督者個人及專業的成長。Worthington（1984）指出，支持與鼓勵對每一階段的受督者特別重要。督導者應隨時注意受督者的發展，隨著受督者自我覺察力的增加、模仿的需求減少及對不同諮商技巧的探索增加，督導者逐漸減少結構化指導模式，而採非指導性的督導模式，支持、矛盾澄清、少量指導及提供參考資料等技巧的使用，較適合受督者的需要。值得注意的是，受督者仍會出現一些依賴的現象，督導者應視需要給予指導，因此督導者持續地保持敏銳及同理心，有助於掌握受督者的發展。

當受督者對諮商師的認同更明朗化時，督導的關係走向同儕般的互動，督導者與受督者同時能從督導經驗中獲得洞察與支持，督導的過程宜傾向於經驗的分享，及督導者與受督者相互列舉實例說明（Hogan, 1964）。面質技巧的運用此時較能被受督者接受，督導者也能很自若地面

對自己的優缺點，不會因為失去受督者的尊重或注意而感到恐慌。

當受督者發展成為精熟的諮商師，可以獨當一面，充分於實務工作中發揮功用，督導關係成為同僚關係，督導者則成為同僚督導的參與者，督導者可作為受督者評估個人或專業需要時的諮詢對象。

（三）督導原則與督導內容

依據諮商師複合督導模式的觀點，受督者專業發展的速度有賴於本身的技巧與特質及督導環境，因此督導強調兩個原則。第一是由於每位受督者的資質和經驗不盡相同，受督者要在適當的督導下，才能由一位新手發展到專業諮商師的境界，因此督導要符合「因材施教」原則。第二是督導者應對受督者過去的實務經驗及學習背景有所了解，負起責任去提供一個適合此受督者的環境，對受督者的不同發展階段施予不同的策略，適應受督者的需要及反應，以促進其穩定的發展（王文秀，1992）。

基於上述兩個重要督導原則，Stoltenberg（1981）提出兩個有效督導的重要技巧：區辨力（discrimination）及創造環境。區辨力是有效督導者應具備的重要特質，督導者要有能力去區辨受督者的行為及了解他們的需要及能力，督導者也要能夠了解受督者的防衛行為，及這些行為對受督者由一階段發展到另一階段的影響。

由於不同的受督者具有不同的特質及發展狀況，督導者的區辨力包括了解受督者獨特的諮商風格，及最適當的督導與案主的類型。督導者應注意四個受督者的特質取向：(1)認知：考慮受督者所能發揮功能的概念階段；(2)動機：依據不同動機，決定適當的回饋與讚美；(3)價值：考慮受督者可忍受的訓練目標的類型；(4)感覺：考慮如何使受督者達到最佳的學習，是「看」不同模式的諮商過程？或「聽」督導者說明過程？

督導者區辨可能的環境後，進而創造該環境。創造環境是另一個重要督導技巧，督導者在不同的階段可營造的環境不盡相同，為幫助受督者發展對諮商師的認同，不同督導環境的提供是必要的。督導者應考慮受督者

的特殊需要，以舒適愉快的態度去創造適當的環境，並有彈性地變化督導方式，以適應受督者的特質。

（四）實務應用

　　發展取向督導模式視督導為一個發展的過程，在實務工作的應用上，應注意受督者的發展階段，著重個別差異，對不同程度的受督者能夠提供適當且理想的環境。發展模式的督導歷程中，可對諮商療程做錄影，有助於督導者與受督者直接觀察其行為表現；同時也提供督導者密切監督案主及受督者的行為，保障受督者與案主的福利。以下就受督者的發展差異，分別探討實務工作的進行。

　　階段一的受督者通常以督導者的建議，及案主行為處理的應用情形，作為與督導者討論的主題。由於受督者在此階段缺乏自信及安全感，相當依賴督導者給予建議及指導，因此督導者為滿足其模仿的特性，盡可能提供角色扮演的機會，讀物的指定和討論有助於增進受督者的知識，了解諮商的性質，同時也能減少受督者的焦慮，幫助受督者將理論與實務連結。督導者藉由受督者在督導與諮商兩情境的情緒探索，可幫助受督者了解自己如何對（或受）案主的影響。以下說明督導者與階段一的受督者看完諮商療程錄影檔後之談話內容：

督導者：你願不願意說說自己的感覺？
受督者：我覺得很焦慮，與案主談話的過程中，我不知道該怎麼做才好。
督導者：你覺得哪部分你有困難？
受督者：嗯……（想了一下）我也不知道，妳可以給我意見嗎？
督導者：這是你初次的實習，過去你也沒有晤談的經驗，所以你不必太灰
　　　　心，也先別給自己太大壓力，你已經做得不錯了，例如你能同理案
　　　　主、傾聽案主的談話等……（停了一下）給你自己一些時間調適，我
　　　　想若你能用心接受督導，自己也認真吸取知識，加上實務的磨練，你

　　會成為優秀的諮商師。

受督者：謝謝妳的鼓勵。

督導者：我想我們先討論你所使用的一些助人技巧，我發現你好像很緊張，不知如何與案主談話。

受督者：對，每次案主在說話，我就滿腦子想著下一句要說什麼。

督導者：慢慢來，每個人都會經過這樣的經驗，我們先就部分的諮商晤談做討論（督導者播放該部分對話），這裡你看到什麼？

受督者：嗯……（想了一下，搖搖頭說不出來）

督導者：這個案主說她對媽媽的去世感到相當難過，常想起與媽媽相處的種種，而無法專注於課業……針對案主的情緒部分，你忽略了情感反映的技巧。現在我們角色扮演一下，你扮案主我扮諮商師。

受督者（扮演案主角色）：媽媽去世後，我常會想起她而哭泣，對許多事提不起勁，尤其是無法專心讀書。

督導者（扮演諮商師角色）：媽媽的去世讓妳相當難過傷心！

督導者（回到現場）：你覺得如何？

受督者：好像覺得妳能夠了解我的感受。

　　階段二的受督者自我覺察力增加，逐漸不依賴督導者，努力尋求獨立，變得比較自我肯定及不模仿督導者，然而動機有些搖擺不定，督導宜採支持與鼓勵的態度，減少結構性的督導並盡量少指導，使用矛盾澄清及列舉實例說明的方式，促進受督者高度自主的能力（Stoltenberg, 1981）。

督導者：今天妳想談些什麼？

受督者：我想談談我的案主，她說她不喜歡與人打招呼，因為覺得打招呼的方式太僵化——點頭、說「嗨」，就沒了，每天重複好幾次，沒意思。她覺得別人都認為她很怪、很酷，不再自討沒趣與她打招呼……我問她：「會不會在意別人不理妳？」她說：「不會。」所以我有些

　　　　拿捏不定，是不是應該幫助她改變？

督導者：改變什麼？

受督者：改變她不與人打招呼的行為，因為不與人打招呼是不對的，可是
　　　　若我這麼做是否會引起她的不滿，甚至對我產生防衛。

督導者：妳覺得她會想改變嗎？

受督者：嗯……（想了一下）也許不會吧，因為她不在意別人不理她的行
　　　　為。

督導者：妳是說這情況不太困擾她？

受督者：嗯……（點頭）

督導者：如果這不是困擾的問題，案主為何常停留在這話題談論？

受督者：妳是說案主在意打招呼的問題。

督導者：對，且這問題也反映出案主關心的一件事，妳知道嗎？

受督者：妳是指案主沒有朋友。

督導者：是的。這就像有些案主說到自己不在意心儀的對象拒絕她的邀
　　　　約，但常在諮商情境中提到這件事，因此諮商師應留意此案主的自信
　　　　及感情問題。

　　　　階段三的受督者有較堅定的動機，不會一味地採用任何人教導的技
術，能尊重及欣賞不同的理論取向，督導者以對待同儕的方式與受督者互
動，彼此能有較多的分享，督導過程著重相互列舉實例說明及相互面質
（Stoltenberg, 1981）。

督導者：近來的諮商晤談如何？

受督者：還算順利，不過有個案主讓我有些困擾，妳知道○○○有參加研
　　　　究所考試，在這次諮商中他告訴我考上了 XX 研究所，可是我上網查
　　　　了一下，他沒在名單中，我覺得很難過，他騙我。

督導者：妳想過為何會這樣嗎？

受督者：也許是自尊心的影響。

督導者：怎麼說？

受督者：因為他覺得考不上很丟臉，可能認為我會看不起他。

督導者：如果跟自尊心有關，那他被女朋友羞辱及甩掉的事為什麼會告訴妳？

受督者：嗯！是有點矛盾。不過，我在思考過去的諮商情境是否有些事他有說謊。

督導者：聽起來好像妳不信任他？

受督者：是有一點……不過我知道這樣不對。

督導者：這事對妳產生許多影響？

受督者：是，這事並不全都是負面的，它也反映出諮商中的許多問題值得注意！例如彼此的諮商關係，他的自尊心問題、自我接納問題及他的人格特質等。

督導者：下一次的晤談妳打算怎麼做？

受督者：我不會告訴他我的發現。我會假裝不知道真相而與他晤談，我會關心他的發展。

督導者：必要時可以面質，讓他看到行為不一致的地方？

受督者：是！不過我想還是先加強建立關係，先觀察狀況再與妳討論。

　　階段四的受督者有充足的自我及他人的覺察，對自己的諮商技術有自信，已有統整的諮商師認同與專業標準，有能力承擔案主及督導者的挑戰。由於受督者已能獨當一面，不太需要督導者，因此是否需要督導則由其自我決定；若進行督導則為同僚的互動關係，強調傾聽、支持、鼓勵與接納（Stoltenberg, 1981）。

（五）研究與評價

　　Reising 和 Daniels（1983）研究發現，Stoltenberg 的諮商師複合督導模

式比單一模式更能充分顯示督導的結構，也發現確有階段存在現象，許多的實證研究也支持諮商師的專業能力發展呈階段性的發展，在督導過程中，不同發展階段的諮商師的需求也不相同（Gidden & Tracey, 1992; Heppner & Roehlke, 1984; Krause & Allen, 1988; Marikis et al., 1985; McNeill et al., 1985; Miars et al., 1983）。Miars 等人（1983）認為，諮商師複合督導模式的影響與貢獻在於：(1)啟發「因材施教」，督導不只針對新手諮商師，也應擴及進階諮商師的訓練，對不同發展階段的受督者給予不同的督導方式；(2)理論架構擺脫傳統諮商理論的束縛，自成一格，應用價值高；(3)強調督導者的角色與功能，致力促進受督者的發展。他們研究督導者對不同經驗階段之諮商實習生的督導，是否察覺有任何差異，結果發現督導者覺察到針對不同經驗階段之諮商實習生的督導行為有顯著差異，亦即督導者對經驗不足的諮商師，強調支持、教導主動、指導及密集監督，而對經驗豐富者傾向於較少給予指導、結構及支持，關心諮商師的個人發展，重視其處理案主的反抗、移情及反移情等問題。

　　雖然 Stoltenberg 的諮商師複合督導模式確有其價值存在，然而在理論的發展與驗證過程中，卻有不少質疑之處。例如諮商師的專業發展過程是呈連續性？抑或是階段性？若是階段性，為什麼發展只有四個階段？四個階段是否存在？階段間的分界點評量標準何在？督導者本身的理論涵養與技術訓練是否對受督者發展階段的知覺有影響？此外，有關 Stoltenberg 督導模式的實證研究以美國教育制度背景為主，在國內的適用性有待驗證（吳秀碧，1992a）。

二、整合發展督導模式

　　Finkelstein 和 Tuckman（1997）在文章中，因談到心理學的訓練對受訓者的技能與知識的發展，特別論及訓練與督導的議題，而引起廣泛的注意。其中，Finkelstein 和 Tuckman 提到受訓者由初始的焦慮、自我聚焦及

依賴督導，到養成具有心理評估的知識與經驗，最後達到即使沒有督導也
能在心理評估上有穩固的自信。整合發展督導模式（IDM）不僅運用到Fin-
kelstein 和 Tuckman 對心理學受訓者發展的觀點，還超越 Finkelstein 和 Tu-
ckman 的理論，更廣闊地談到受訓者的一般專業發展，也就是強調受訓者
的成長與發展是一個持續的過程。

　　雖然發展督導模式在近幾年已造成很大的影響，然而許多學者認為，
發展取向督導理論仍未能提供具體的應用，對督導的過程缺乏廣泛性的引
導。此外，一些諮商實務者及研究者認為，將受督者的發展分為幾個階段
的觀點太簡化而不切實際。例如 Holloway（1987）認為，Stoltenberg 的諮
商師複合督導模式只純粹描述階段的現象，對階段之間如何產生移轉並未
加以解釋；事實上，諮商督導實務包含了責任與專業領域的不同組成，需
要廣泛的技巧、知識與經驗。針對此缺點，Stoltenberg 等人（1998）整合
了兩個有名的督導模式：諮商師複合督導模式（Stoltenberg, 1981）及 Log-
anbill 等人（1982）的模式，發展出更周延的模式——整合發展督導模式。

（一）重要概念

　　整合發展督導模式（IDM）保留人性發展理論及早期督導發展理論的
優點，對諮商師的階段發展、轉移過程，及各階段在諮商領域的運作，提
供了更具體的說明，能協助督導者掌握不同發展階段之受督者的行為特
質，提供更明確的評估，及發揮不同的督導功能。

　　整合發展督導模式包含三個基本結構：第一個結構是自我與他人的覺
察，以自我偏見、案主世界的覺察及自我覺察為依據，著重於認知與情感
的層面；認知的層面主要在描述各階段間思考過程的內容，而情感的層面
主要在說明情緒的改變。第二個結構是動機，指的是受督者在諮商的訓練
和實務上的興趣、投入與努力情形。第三個結構為自主，是隨著其他結構
的改變，受督者獨立程度的改變情形隨著諮商經驗和督導的增加，使受督
者由依賴督導者成為自主的專業者，自主可幫助個人評估是否需要額外接

受督導與諮詢有關專業問題。Stoltenberg 等人（1998）認為整合發展督導模式的三個結構反映在每個發展的階段裡，可以說明受督者的功能。

1. 階段一

(1)自我與他人的覺察

此階段的受督者由於要學習新的理論、技術與策略等，對自我表現的評量往往根據有否真正依照指示的技術或將習得的特別策略應用在案主上。由於自我專注導致受督者面臨較多的困惑與焦慮，因此較少留意到案主的想法、感受與反映的訊息，及處理自己在認知與情感方面對案主的反應。受督者的認知層面在此階段受到困惑、焦慮與不確定感的攪亂，情感層面也因預期他人（案主與督導者）負面的評價，而引發負面的情緒，導致影響受督者在此階段的有效表現。

(2)動機

此階段的受督者有高度的動機，某些動機主要是希望由新手成為專家的強烈渴望所推動；有些則是希望能超越此階段的困惑、焦慮與不確定感，因此冀求正確地處理案主問題，往往反映著受督者學習與成長的動機；此外，某些動機來自對專業的渴望，因為專業效果的認知往往能提升受督者的自信，加強其對生涯的選擇。

(3)自主

此階段的受督者由於缺乏知識、經驗及對諮商過程的了解，較依賴督導者提供具體的督導結構，也因了解有限，受督者會反覆思考其他權威人物或資源所提供的訊息。

2. 階段二

(1)自我與他人的覺察

在認知方面，此階段的受督者較能夠脫離自我偏見，將注意力由自己身上轉移到案主身上，對案主的看法比階段一複雜，能夠較完全地了解案主的世界。在情感方面，由於受督者較不受焦慮與困惑的束縛，因此較有可能完全發展對案主的同理心，體驗案主的情緒感受，受督者能夠藉由語言或非語言的線索，了解案主內心深處的情緒經驗。值得注意的是，受督者有可能與案主一樣有糾結（enmeshment）、反移情（countertransference）及處遇癱瘓（intervention paralysis）的情緒困擾。

(2)動機

在此階段隨知識的增加，受督者對自我效能的認知所引發的自信會受到動搖，導致兩種極端的反應可能產生。有些受督者是愈挫愈勇，會積極尋求額外的支持與輔導，在學習與成長上展現高度的動機；有些則是因挫折而退縮，減少從事相關諮商實務的活動。

(3)自主

此階段的受督者面臨依賴與自主間的衝突，有時表現高度的自信，相當自我肯定地想發展自己的見解；有時當事情不順遂時，變得特別依賴督導者或產生逃避的心態，像停滯在階段一的發展一樣。

3. 階段三

(1)自我與他人的覺察

受督者的注意力又與階段一一樣，轉回到自己身上，只不過在此階段

的自我專注內容與階段一有差異。此時的受督者能夠接受個人在專業上的優缺點，同時也保有階段二的同理與了解案主的重要發展。當受督者能夠轉向自己，並反映自己的客觀反應於案主身上時，也就能夠留意案主及其提供的訊息。隨著自我知識的發展，受督者較能夠充分地在臨床情境中運用自如。

(2)動機

此階段的動機是更為穩定的高階段動機。週期性的動機擺盪難免持續存在，但已逐漸窄化，取而代之的是，受督者對自己的專業發展與實務的角色認定更為明確。

(3)自主

此階段的最大特色是受督者對諮商工作持有責任心與承諾，當受督者能掌控何時需要諮詢時，對自我自動自發與專業判斷的堅定信念就不易動搖，獨立實務練習的重要性就更實際化，督導關係著重於穩固個人所學及擴展個人見解，因而同僚關係的督導角色逐漸取代不同專業層級的督導關係。

4.階段三：統整

整合發展督導模式假設階段三在任何層面中是最高階段的發展，但在諮商實務中，個人的成長仍保有相當大的空間，受督者的重要任務是將各層面間的實務經驗，依技術與理解階段做統整。當受督者發展到階段三後，統整所學的知識、技術與實務經驗是必然的現象。

(1)自我與他人的覺察

此時，受督者要能夠充分了解自己在各層面間的諮商實務，要能夠檢視專業的認同展現在個人生活的衝擊，及察覺個人的特質如何影響各樣的

諮商角色，及這些角色認同的一致性與統整性。

(2)動機

受督者有高度且穩定的動機，在各層面上表現顯著，能夠了解自己在哪些層面上動機減弱，及什麼原因導致動機不高，對新領域實務經驗的專業發展有極高的興趣。當考量重要層面與專業角色時，能夠調整個人與專業的目標。

(3)自主

受督者在各層面上能夠做概念的及行為的轉移，具有高度的流暢性，然而，受督者有可能重新專注於新層面的練習，導致自動自發的程度受改變，而與相關層面的發展階段所表現的自主不一致。儘管如此，受督者對於自己在大部分層面間的個人實務表現，有相當穩固的專業認同。表 9-2 摘要各發展階段的結構說明，並包括各階段間的轉移過程。

每一個專業發展階段的結構特色，代表著發展過程，然而發展是個複雜的歷程，Stoltenberg 和 Delworth（1987）以八個特殊的諮商領域描述各發展階段、督導者、受督者、督導環境與各層面的互動關係。這八個領域的功能是：(1)評估專業諮商師臨床實務的發展（Stoltenberg et al., 1998; Stoltenberg & McNeill, 2010）；(2)提高諮商師對諮商領域的專業定位（Bernard & Goodyear, 2019）。八個特殊的領域分別為介入技能、評量技術、人際評估、個案概念化、個別差異、理論取向、治療目標與計畫，及專業倫理。「介入技能」指諮商師執行諮商處遇的自信與能力；「評量技術」指諮商師處理心理評估的自信與能力；「人際評估」指概念化案主的人際動力；「個案概念化」包含（但不受限於）診斷，涵蓋諮商師了解案主的特質、歷史與生活環境如何交融而影響案主的適應（個案概念化格式表可參考表 9-3）；「個別差異」是了解種族與文化對個人及人格特異性的影響；「理論取向」包含諮商與心理治療理論，及折衷與整合的方法；「治療目

表 9-2

發展階段及階段間之過渡期

發展階段	督導環境		
	覺察	動機	自主
階段一	1. 自我察覺受圍限 2. 高自我聚焦 3. 評量見解與觀點 4. 未能覺察優缺點	1. 高動機 2. 高焦慮 3. 專注於技巧的獲得	1. 需要結構化的督導 2. 正向的回饋 3. 少量的直接面質
轉移至階段二過渡期	開始由注意自己轉向案主	學習新方法與技術的動機減少	渴望學習
階段二	1. 較聚焦於案主 2. 更能同理 3. 更能了解案主的世界觀 4. 可能陷入死胡同，而喪失功能 5. 適當的平衡是關鍵	1. 動機，有時自信高 2. 複雜且不穩定的自信增加 3. 困惑、失望、猶豫不決	1. 依賴與自主的衝突 2. 相當有主見，追求自己的應辦事項 3. 較能獨立地執行 4. 只要被要求，便能投入 5. 平時會依賴或逃避
轉移至階段三過渡期	開始聚焦在對案主有的自我反應	渴望個別化的取向增加	1. 更有條件地自治 2. 對圍限之處有較佳的了解
階段三	1. 接受自我的優缺點 2. 高同理與理解 3. 聚焦於案主、過程與自己 4. 運用治療過程建構的反思於諮商情境中	1. 穩定的動機 2. 保留懷疑，而非無能 3. 聚焦於整體的專業認同	1. 在自信上有堅定的信念 2. 知道何時尋求諮詢 3. 保持責任心
轉移至統整過渡期	1. 個別化的了解存在各相關層面中 2. 監督個人在專業上的衝突	在各層面中，力求穩定的動機	1. 在各層面中，概念及行為能並進 2. 在各相關層面中，專業的認同堅定

（Stoltenberg & McNeill, 1997, p. 190）

表 9-3
個案概念化格式與內容

1.諮商資料	⑴諮商師姓名 ⑵身分（學期實習、全職實習、職員等等） ⑶機構／學校場所 ⑷接案次數 ⑸接案類型（個別、團體、婚姻、家庭）
2.案主基本資料	⑴姓名（保密起見，以簡稱代之） ⑵出生日期／年齡 ⑶性別 ⑷婚姻 ⑸小孩（住或不住在家裡、年齡、性別） ⑹生活狀況（房子自有或租、透天或公寓、同住的人及與案主的關係）
3.社經資料	⑴職業狀況（案主、家庭成員） ⑵家庭平均月收入 ⑶交通（自己開車或使用交通工具） ⑷其他經濟資源（自己的房子、活存、家人支援） ⑸經濟壓力（債務、小孩撫養及栽培）
4.呈現的問題	⑴突發因素是哪些？ ⑵問題持續多久？ ⑶以前曾發生過嗎？什麼情況下發生？ ⑷在哪方面，一些問題彼此相關？
5.相關歷史	⑴家庭及關係歷史 　①原生家庭問題 　②過去婚姻／重要的關係（維繫期間、崩潰因素、性功能、性愛好） 　③小孩（目前和以前的關係及目前狀況如何） 　④目前家庭狀況及結構 ⑵文化的歷史與認同 ⑶教育歷史 　①小孩／發展過程 　②成人／目前狀況 ⑷職業歷史（類型、穩定性、滿足） ⑸醫療歷史（手術、疾病、意外傷害、家族疾病類型） ⑹健康習慣（睡覺、飲食、抽煙、運動） ⑺心理健康歷史（過去的問題、診斷、症狀、評估、目前及原生家庭心理健康歷史） ⑻目前用藥（藥量、用途、效果、副作用）

（續下頁）

表 9-3
個案概念化格式與內容（續）

5.相關歷史	(9)法律的歷史（訴訟、行車糾紛、坐牢、緩刑等） (10)酒精／藥物濫用 (11)家庭（目前或原生家庭）酒精／藥物歷史
6.人際因素	(1)打扮樣子 (2)身體外觀 (3)自我風格 (4)獨特關係（依賴、服從、攻擊、控制、退縮） (5)對諮商師的行為
7.環境因素	(1)尚未提到的環境因素，對案主造成壓力（細節的相關問題） (2)尚未提到的環境因素，對案主形成支持（如朋友、家庭、休閒活動）
8.人格動力	(1)認知因素 　①智力 　②心理警覺 　③負面認知 　④正面認知 　⑤新奇的生活特色與內容 　⑥洞察程度 　⑦判斷能力 (2)情緒因素 　①獨特的或最普遍的情緒狀態 　②晤談時占據的心情 　③固有的情緒（感） 　④案主能夠表達的情緒範圍 　⑤案主生活方面循環的情緒 (3)行為因素 　①心身相關的症狀 　②實際存在的問題習慣及態度
9. 測驗使用（過去及最近）	(1)方法或工具 (2)評量者、地點、日期、測驗的理由 (3)測驗結果
10. 生活轉銜／調適技巧	(1)處理技巧：解決困境的具體努力（例如：預防、準備） (2)社會的資源：支持性的社會網絡 (3)心理的資源：適應的人格特質（例如：自我效能、耐勞、樂觀）
11. 正式診斷	(1) DSM-V 診斷 (2)符合診斷標準的症狀清單

（續下頁）

表 9-3
個案概念化格式與內容（續）

12. 諮商師的個案概念化	諮商師對案主問題及其影響之看法，包含案主人格特質、關係及環境影響
13. 諮商計畫	基於上述的資料，針對案主呈現的問題，提出與理論取向一致的諮商計畫
14. 問題	註明與案主有關的疑問及要在個案討論中説明的問題

（Stoltenberg et al., 1998, pp. 187-191）

標與計畫」說明諮商師在心理諮商的情境下，如何組織心力來幫助案主；「專業倫理」說明諮商師的發展受到實務專業標準和個人倫理的交互影響。

　　Stoltenberg 和 McNeill（1997）將 Stoltenberg 和 Delworth 的理論整理如表 9-4，說明各階段在八個諮商領域的發展與變化。表 9-5 則為諮商師的發展在八個諮商領域間的變化過程。

表 9-4
各階段在八個諮商領域的發展與變化

各階段在各層面之發展與變化		
層面	階段一	階段二	階段三
介入技能	1. 基礎的諮商技巧 2. 結構性的技巧運用 3. 渴望學習與練習 4. 對案主運用技巧	1. 發展更多技巧但並非完善統整 2. 有能力聚焦於案主並引導解決困惑	1. 較佳的發展性技巧 2. 更有創造性及統整性去運用技巧 3. 能針對案主特殊需求做改變
評量技術	1. 依據課本或手冊內容結構化地對案主做適當診斷 2. 焦點放在一致性而非差異性	1. 聚焦於案主身上 2. 對案主相關議題有少許了解	1. 評估角色有穩定性覺察 2. 診斷分類受案主的環境背景所影響
人際評估	1. 忽視或歸因太多病因以致不能正常反應 2. 對不預期的陳述難以反應 3. 依賴督導確認或提供替代性概念	1. 更知道案主的觀點 2. 可能過度順應案主 3. 難以針對反移情做正確的覺知	1. 避免刻板化的想法 2. 聚焦在案主及對案主的反應 3. 有更完整的了解，勝於督導

（續下頁）

表 9-4

各階段在八個諮商領域的發展與變化（續）

各階段在各層面之發展與變化			
層面	階段一	階段二	階段三
個案概念化	為了切合理論取向選擇訊息，聚焦的訊息不連貫	1. 更正確 2. 更完整了解案主的觀點 3. 過度順應的危險	1. 了解案主如何互動以成為一個完人 2. 了解診斷的標準，聚焦在案主適切的組型
個別差異	1. 太過依賴自己的經驗及世界觀 2. 刻板印象 3. 自我聚焦，難以去同理案主	1. 覺察提升 2. 仍有一些刻板的想法，視案主為異議分子 3. 對各種人性經驗更開放	1. 視案主為獨特的個體及脈絡裡的個體
理論取向	1. 傾向於專注一種方法 2. 排除替代方案 3. 彈性受限	1. 更多個人化及可選擇的取向 2. 不確定何時選用何種取向、方法或如何變化 3. 難以做適當的選擇	1. 智識化、彈性化 2. 不被理論所驅使 3. 了解理論的優缺點 4. 喜歡不同見解的對話
治療目標與計畫	1. 難以想像開始到結束的過程 2. 難以轉換目標到特殊的處遇，反之亦同	1. 難以明確化 2. 可能困惑於概念衝突，難以發展穩固計畫 3. 當初始的治療計畫無用時，容易沮喪	1. 大大地進步 2. 計畫隨著評估與概念化適時更正 3. 計畫更加聚焦、密切連貫及合乎現實
專業倫理	1. 依賴督導解決倫理困境 2. 反覆謹記規範而未統整	1. 了解倫理決定的分歧性 2. 關心案主保護性	1. 廣泛地覺知 2. 可以處理複雜的問題 3. 有動機去察明其他規範；個別化地統整倫理議題

（Stoltenberg & McNeill, 1997, pp. 191-192）

表 9-5
諮商師的階段發展在八個諮商領域間的變化過程

	階段一	階段二	階段三
介入技能	缺乏經驗，傾向要求學習具體可用的技巧，而且希望有具體的結構可以遵循，知道何時用什麼技術	因聚焦在案主身上，可能導致對自己的技術缺乏信心，甚至產生能力退化現象，因此希望多學些技術以幫助案主	能夠熟練且有彈性地運用技術
評量技術	依賴督導者指示如何選擇評量工具，在解釋測驗結果時，解釋測驗的方式往往過度依賴手冊	評估技術較為成熟與進步，但因聚焦在案主身上，認為測驗不夠精確或缺乏人性，因而低估測驗的功用	對評估技術有明確認識，有個人偏好的一些測驗
人際評估	容易忽略自己對案主的影響或案主對自己的影響，對案主有預期的既定概念，若案主的行為不在預期內，自己會不知所措	不清楚自己對案主的評估是出自自己的習性或依據案主線索所做的正確評估	能覺察案主與自己對案主的反應，而且可以覺察影響案主的重要因素
個案概念化	以片段的資料形成個案概念化，關於案主的資料蒐集也限於自己所知的理論相關資料，對案主缺少正確認識	對個案概念化較為正確與完整，然而因過度以案主的世界觀為主，而忽略以客觀角度認識案主	能夠正確地形成個案概念化，不過度主觀或過度遷就案主的立場去分析案主
個別差異	以自己的立場看案主，以為案主與自己有許多相似之處，而忽略了性別、文化與背景的差異，有時以為案主與自己完全不同，因此以為沒有共同經驗來了解案主	會注意到案主的性別、文化與個別背景的差異，容易以刻板方式將案主分類	能夠有效地就案主的獨特性，了解個別差異
理論取向	選擇易懂且較普遍的理論，無法全面有效地因應案主不同的問題	不再固守少數的理論與技術，會使用技術但卻無法清楚說明為何使用該技術	有自己中意的理論取向，但不拘泥使用自己喜歡或熟練的理論取向，能因應案主不同的問題而選用理論取向

（續下頁）

表 9-5
諮商師的階段發展在八個諮商領域間的變化過程（續）

	階段一	階段二	階段三
治療目標與計畫	缺乏診斷諮商的整個歷程的能力，因此可能有治療的目標，卻無具體有效的配套計畫	容易站在案主立場而覺得做計畫相當困難，一旦計畫行不通便容易氣餒	能正確診斷案主問題，訂定適當的治療目標，及有效的計畫
專業倫理	死守條文不知變通，遇到不熟的情境就會不知所措，甚至以為倫理判斷容易，只要遵循條文即可	能就案主狀況彈性運用原則，然而有時過度保護案主而忽略保護自己	對諮商的專業倫理道德有廣泛的認識，有能力處理兩難情境

（資料整理自吳秀碧，1992a）

（二）督導目標與督導關係

　　IDM 的主要督導目標是提高專業諮商師的能力，讓受督者在發展層級上能夠進步，包含八個特定領域及三個結構的進步。第一個結構中的督導目標，即自我與他人的覺察，是協助受督者在諮商關係中更加了解自己和他們的案主；第二個結構是動機，督導目標是辨識受督者對諮商專業的參與動機是健康的（Loganbill et al., 1982），提升受督者對諮商實踐的興趣、投入和努力；最後的結構是自主，督導目標是協助受督者從高度依賴轉為更獨立、自主的實踐，視需要適時提供額外督導或諮詢（Anderson, 2000）。

　　階段一的受督者因缺乏經驗，容易焦慮與不安，且較為依賴督導者，督導關係著重於信任的建立，因此，支持、接納及了解受督者的犯錯是難以避免的，有助於信任關係的建立。此外，同理受督者的感受，與受督者分享自己曾經作為初學者的經驗，也可促進督導信任關係的建立，減少受督者的焦慮與不安。

由於先前其他督導關係經驗的影響，導致受督者對目前的關係有不同的期待。例如對先前督導關係不滿意的受督者，會有較大的渴望期待獲得有品質的督導；相反地，對先前督導關係滿意者，對目前的關係也會有類似的高期待。因此，督導者應評估受督者過去的督導關係，尊重與了解受督者對目前關係的期待，討論不同的督導風格，及可能造成的潛在影響。

受督者發展到階段二，自信逐漸在增加中，但由於經驗不足，導致依賴和自主間呈現衝突的現象。此時，督導者若對受督者的自動自發缺乏鼓勵，及對有關案主的利益缺乏指引，將會引起受督者的不滿與反抗，有自信的受督者往往會「過度監督」（Stoltenberg et al., 1998），對督導關係具有破壞性。

階段三的受督者經歷了相當的訓練及實習的洗禮，通常深具專業的經驗，較傾向於將督導者視為資深的同僚角色，而不是無懈可擊的專家角色，因此督導較多是施與受的過程，也就是根據問題形式，專家角色可由督導者轉移到受督者身上。階段三的受督者面臨新的環境也可能產生退化現象，督導者可扮演非指導性的諮詢角色，參與受督者的專業發展，並幫助其適應新的環境。

（三）督導原則與督導內容

整合發展督導模式強調督導者需要有足夠的知識和經驗，使受督者能夠有效勝任諮商的任務。由於受督者在各層面上發展階段不一，督導者也應具有在各層面上的專業知識與技術，以提供充分的督導效果，倘若督導者無法面面俱到，則可考慮充實督導陣容，選擇加入具有足夠專業知識與技能的督導者，督導責任必須充分說明，以避免督導者之間的衝突。Stoltenberg 等人（1998）將督導不同階段之受督者所需的督導環境，對一般考量、個案分派、處遇及機制做詳細之說明。Stoltenberg 和 McNeill（1997）將督導環境歸納如表 9-6，筆者加入少許補充。

表 9-6
整合發展督導模式的督導環境

階段		督導環境
階段一	一般考量	· 提供結構及維持焦慮於容易控管的階段 · 督導者被視為是專家及角色模範 · 受督者的自信隨著較明瞭於理論與技巧而發展 · 鼓勵自主，早期發展（指導往往比問題解決容易） · 鼓勵適當的冒險
	個案分派	· 輕度問題的個案或特定問題的持續個案
	處遇	· 催化（支持、鼓勵） · 規範：建議方法等 · 面質：使用於受督者焦慮消除與自信增加時 · 概念化：些許使用，結合理論、診斷與治療 · 接觸反應：適用於階段一晚期及階段二之受督導者
	機制	· 觀察（錄影檔或現場） · 技巧訓練 · 角色扮演 · 解析動力（限於案主或受督導者） · 閱讀 · 團體督導 · 適當平衡模糊與衝突 · 先說優點再說缺點 · 密切監督案主
階段二	一般考量	· 較少提供結構，更多自主鼓勵，特別在退步與緊張時 · 澄清模糊，持續示範，少教導 · 可能看到受督者對督導／督導者產生抗拒
	個案分派	· 有嚴重問題之較困難的個案（如人格疾病） · 受督者自信動搖
	處遇	· 催化 · 規範：偶爾使用 · 面質：能夠處理面質 · 概念化：提供更多替代性觀點 · 接觸反應：過程評論，強調反移情，對案主及督導者情感反應的平行歷程
	機制	· 觀察（錄影檔或現場） · 角色扮演：雖然較不重要 · 解析動力：參考上述的「接觸反應」，平行歷程 · 團體督導 · 拓展受督導者對案主的覺知與治療方法

（續下頁）

表 9-6
整合發展督導模式的督導環境（續）

階段		督導環境
階段三	一般考量	・結構由受督者主導，更聚焦於個人及專業的統整與生涯決定 ・不設想所有層次都達到階段三 ・聚焦在提升階段稍低的層次，並鼓勵達到階段三之統整 ・評估假的（可能誤評的）階段三受督者，留意受督者平行歷程（如果督導者還有督導其他人，可比較他們程度是否一致）
	個案分派	・有能力處理各式各樣的個案 ・可依受督者較少經驗的、具不同文化背景的，或診斷類別選取個案
	處遇	・催化 ・規範：較少使用，除非受督者在某些層面尚未達到階段三的水準 ・面質：偶爾需要 ・概念化：來自個人的取向 ・接觸反應：受督者面臨阻礙或停滯時使用
	機制	・同儕督導 ・團體督導 ・力求統整

（Stoltenberg & McNeill, 1997, p. 196）

（四）實務應用

　　諮商師的階段發展速度不一，並非由經驗年資、年齡或實習次數決定，良好督導品質的提供，及諮商實務經驗的內容，是影響專業發展的速度與深度的關鍵。整合發展督導模式在實務應用上，強調督導者了解受督者在各階段的發展特徵，提供適當的督導策略，才能促進受督者的專業發展。

　　有關受督者的程度評量，可參考表 9-7 的「受督者層級量表（修訂版）」（Supervisee Levels Questionnaire-Revised, SLQ-R），受督者的階段發展有賴督導者給予適當有效的督導，而督導者所使用的策略與技術並非完全適用於每一個受督者，督導策略與技術對受督者的適用性端視有效的資源及當下情境的需要而定。

表 9-7
受督者層級量表（修訂版）

	從來沒有	很少	有時	一半一半	常常	大部分是	一直都是
1. 在諮商／治療的情境中，我能真正感覺到放鬆與自在	1	2	3	4	5	6	7
2. 透過督導者最低限度的幫助，我能夠批判諮商錄影及獲得洞察	1	2	3	4	5	6	7
3. 在諮商／治療的情境中，我能夠自發自主，且行為得宜	1	2	3	4	5	6	7
4. 我對與不同類型的案主建立諮商關係缺乏自信	1	2	3	4	5	6	7
5. 我能應用一致的原理幫助案主	1	2	3	4	5	6	7
6. 當事情未按照計畫時，我會困惑；我缺乏自信去處理非預期的事	1	2	3	4	5	6	7
7. 我大致表現不穩定；幾天好幾天差	1	2	3	4	5	6	7
8. 我相當地依賴督導者來了解如何解決案主問題	1	2	3	4	5	6	7
9. 我能夠自在地面質我的案主	1	2	3	4	5	6	7
10. 在大部分諮商／治療中，我會想著下一個反應而不是提供適當的處遇	1	2	3	4	5	6	7
11. 我的動機一天比一天動搖	1	2	3	4	5	6	7
12. 有時，我希望我的督導者能在諮商／治療的情境中，助我一臂之力	1	2	3	4	5	6	7
13. 在諮商／治療的情境中，我發現很難專心，因為在意自己的表現	1	2	3	4	5	6	7
14. 雖然，有時我很想從督導者那兒得到建議與回饋，但有時又很想以自己的方式做事	1	2	3	4	5	6	7
15. 有時案主的情況似乎沒有希望，使我不知道該做什麼	1	2	3	4	5	6	7
16. 我認為督導者允許我出差錯是很重要的	1	2	3	4	5	6	7
17. 思及我目前的專業發展，我相信，我知道何時需要督導者的諮詢，何時不需要	1	2	3	4	5	6	7
18. 有時我疑惑自己是否適合當一位諮商師或治療師	1	2	3	4	5	6	7

（續下頁）

表 9-7
受督者層級量表（修訂版）（續）

	從來沒有	很少	有時	一半一半	常常	大部分是	一直都是
19. 關於諮商／治療，我視我的督導者為教師及良師	1	2	3	4	5	6	7
20. 有時我感到諮商／治療很複雜，我將無法全部學習到	1	2	3	4	5	6	7
21. 我知道當一位諮商師，我的優點及缺點是什麼，使我足夠了解我的專業潛能及限制	1	2	3	4	5	6	7
22. 關於諮商／治療，我視我的督導者為同儕或同僚	1	2	3	4	5	6	7
23. 我很了解自己，並將之統整到我的諮商／治療風格	1	2	3	4	5	6	7
24. 我發現我能了解我的案主之世界觀，幫助他們客觀地評估可行的選擇	1	2	3	4	5	6	7
25. 以目前我的專業發展階段而言，我在能力上的自信，例如渴望做諮商／治療，一天比一天堅定	1	2	3	4	5	6	7
26. 我發現我能夠同理案主情緒反應，但仍幫助他們聚焦在問題解決	1	2	3	4	5	6	7
27. 我能充分地評估我對案主的人際影響及使用諮商／治療知識	1	2	3	4	5	6	7
28. 我能充分地評估案主對我的人際影響及使用諮商／治療知識	1	2	3	4	5	6	7
29. 我相信我能展現一致的專業客觀性及能力，發揮諮商師的角色，而不過度地與案主糾結	1	2	3	4	5	6	7
30. 我相信我能展現一致的專業客觀性及能力，發揮諮商師的角色，而不過度地疏離案主	1	2	3	4	5	6	7

（McNeill, Stoltenberg, & Romans, 1992）

計分：將量尺所包含的題項分數相加，除以題數

1. 自我與他人覺察：1，3，5，9，10*，13*，24，26，27，28，29，30

2. 動機：7，11*，15*，18*，20*，21，23，25

3. 依賴－自主：2，4*，6*，8，12*，14，16，17，19*，22

（*表示反向計分）

1. 階段一

　　對階段一的受督者而言，由於剛接受訓練，對督導的過程缺乏認識，而有焦慮與不確定感，因此，督導者在督導過程中應明確說明督導的期待，提供受督者具體的結構，使其有規範可循。例如，受督者可能忘記錄音或錄影，或猶豫對案主錄音及錄影的要求，若督導者採面質或要求說明，會加深受督者的焦慮；督導者此時不妨以清楚、令人說服的理由，告知受督者錄（音）影的要求，此簡單、明確的訊息釋放有助於受督者改善其缺點，而不傷其自尊。

督導者：關於督導的進行，有些規則要遵循。

受督者：是。

督導者：首先是要對諮商晤談過程錄影或錄音，在督導的時候帶過來，我們一起看錄影（音）檔，有問題之處，我們一起討論。督導時間大約一到二小時，督導進行前若能先準備一些問題最好，若沒有也不必太有壓力，我想督導進行一兩次妳就會進入狀況。（停了一下）有沒有其他問題？

受督者：為什麼要錄影？

督導者：錄影對案主的利益及問題評估有莫大幫助，這是我要求錄影的原因。

受督者：萬一錄影沒錄成怎麼辦？

督導者：案主來談之前，先確定錄影設備設置妥當，錄影就沒問題；萬一沒錄成也別緊張，熟悉操作方式，下次做成即可。我建議也錄音，萬一錄影檔有問題，錄音檔可以取代。

　　由於受督者知識有限，對督導者給予的參考資料及閱讀清單，常會表現渴望學習及積極反應的態度。督導者對提供參考閱讀資料時要考量其廣

度和深度，例如受督者不易統整認知治療的資料與客體關係的讀物，因此，參考閱讀資料的提供先以一個方向為原則，等受督者能夠呈現這方面的知識與技術後，再擴大閱讀資料的範圍。

受督者：我的案主希望我能幫助他做好壓力管理，妳覺得可以使用哪些技術？

督導者：妳認為呢？

受督者：大概需要運用行為學派的技術。

督導者：哪些技術？

受督者：例如放鬆技巧。

督導者：很好，我這裡有資料及影片示範是有關放鬆技巧，妳可以拿回去看，有問題再討論。關於這個案主，可能還需要探討他對事件的看法，非理性的認知可能是壓力來源。

受督者：那我該怎麼做？

督導者：先學放鬆技巧，讀一些行為學派的東西，以後再談認知的東西。

　　對階段一的受督者而言，督導者所使用的督導技術以觀察受督者的諮商工作為原則，很多的督導者僅要求受督者以口語或文字的自我報告替代，其實是不夠的，因為階段一的受督者尚無法正確地處理自己在情境中的一切行為，因此往往孤立了案主的問題，而使自己無所適從。若督導者能採直接觀察，即使是透過錄影檔，督導者可就所理解的情境指導受督者的缺失及未覺察的地方。直接觀察（若不能看至少能聽錄音）是最直接且快速有效幫助受督者的技術，否則受督者的成長機會將受延遲。

　　現場觀察或伴隨諮詢小組也是可使用的督導技術。現場視訊觀察是極佳的方法，此法的優點在於督導者可對當下的情境提供立即的結構、支持、回饋與建議給受督者，而缺點則是督導者須投入的時間多，且隨著情境的觀察有時有分心的時候。此外，此法使得受督者認為有他人幫忙，而

傾向於逃避責任，將處理諮商情境的責任歸在督導者或諮詢小組身上。事實上，適度的困擾與壓力可幫助受督者處理諮商的情境。

　　團體督導的技術也可提供一個支持的環境，幫助受督者探索及了解諮商的過程；也能幫助受督者獲得額外的處遇方法、個案分析的觀點，及其他諮商技巧的練習。督導者使用該技術要相當小心，因階段一的受督者自信不足，過多的負面回饋及建議會導致受督者高度的焦慮與自信的挫敗，因此為了受督者的成長，督導者宜鼓勵團體成員給予正向的回饋及建設性的評論。

受督者：我這個案主說她鼓起勇氣向一位男孩子表達愛慕之意，不幸被拒
　　　　絕，我跟她說男孩子不會想交往年紀比自己大的女孩，我覺得我的話
　　　　好像傷到她。

督導者：在座的成員有無要回饋的？

成員A：我想對新手諮商師而言，常會將焦點放在自己身上，常會想著我
　　　　這麼說對不對，其實這是很正常的反應。我認為妳若覺得自己的解釋
　　　　不妥，可以進一步了解案主的情緒反應，察覺案主是否受到傷害，再
　　　　決定是否要澄清。

成員B：我覺得妳別太自責，其實整個晤談過程妳也有表現很稱職的地方，
　　　　例如妳的專注傾聽及同理心都相當不錯。

督導者：我認為案主並沒有抗拒的反應，顯示妳的話應不至於傷害她，妳
　　　　有這樣的感覺比沒感覺更有建設性，經驗的累積將對妳諮商專業的發
　　　　展有幫助。

〈轉移階段〉

　　階段一的受督者在經歷成功的督導後，實施處遇的能力會提升，自信增加，困擾、焦慮及自我專注減低，動機與自主性會漸增。也因此，階段一的受督者可能對督導者表現出過度驕傲的狀況，此刻正是幫助受督者邁

進階段二的時機，因此督導者多留意受督者的反應、指派稍難處理的案主
（如人格疾病）給受督者，並擴展其諮商過程的視野，是相當重要的任
務。受督者可能會因了解到「諮商並非那麼容易，而簡單的解決方法卻不
多」，進而產生反抗心態，此感受有助於受督者不至於停滯在現況，而能
邁向更高階段。

受督者：我的案主進步很多，她已不再曠課，成績也有穩定的進步，也沒
　　　　有那麼情緒化。
督導者：妳對她發揮了作用？
受督者：我想是，最主要的是我能與她建立良好關係，也運用很多同理、
　　　　專注傾聽、情感反映與增強的技巧。我能贏得她的信任，使她願意接
　　　　受我的輔導。
督導者：很好，看來妳比較熟練用這些技巧幫助案主發展新行為？
受督者：是。
督導者：認知的重建部分好像做得較少？
受督者：我覺得案主只要有變化就好了，用什麼方式並不重要，不是嗎？
督導者：認知問題會產生行為改變，兩者是有關聯的。我將安排一個缺乏
　　　　自我肯定的案主給妳，考驗妳運用認知行為學派的技巧。

2. 階段二

　　階段二所產生的衝突，也會導致部分受督者產生被動攻擊的行為，他
們可能會選擇自認表現成功的案主與督導者討論，而隱藏會挑戰其技術與
處遇決定的案主；他們也可能被動地同意督導者的指導，但卻不執行這些
指示，因此督導者會有不被尊重的感受及挫折感。為防止這類問題產生，
督導者最好能夠先察覺自我的困擾，並了解受督者在各層面上的發展階
段，協助受督者以案主利益為考量，並在接受挑戰、自主和成長方面力求
平衡，以減少其防衛之心。確認阻撓受督者專業發展的困難案主是此刻的

重要任務，為幫助受督者全面的功能及保護案主的權益，督導者應要求受督者錄下所有持續的案主，以便督導者在督導情境中可監督任何一個受督者所處遇的案主，監督受督者的進步狀況，督導者可使用現場督導形式或透過觀看（聽）錄影（音）檔的方式進行。由於階段二的受督者面臨督導與諮商關係的同一過程，在自我與他人覺察的發展上功能明顯，能夠真誠及開放地處理自我覺察、防衛、移情、反移情及督導關係的能力增加，有利督導者此地—此時（here-and-now）採面質及處理督導關係失功能之處。

督導者：上次的督導我們談到案主的人格問題是傾向於猜疑他人，有較多負面想法，要妳去面質她的非理性想法，現在情況如何？

受督者：有，我有做，但因為案主的非理性思考太多，我因為不想讓案主壓力過大，只選擇她與室友居住問題做討論，並沒有……應該說有談一點點她的家庭問題。

督導者：案主最主要的問題是什麼，我記得是家庭問題啊，她想改善與家人的關係，不是嗎？

受督者：因為案主在這星期與室友不和，我認為應該立即處理這問題，所以並沒談太多家庭問題。

督導者：談室友的問題也可以引進探討家庭問題。

受督者：有，我有做到，例如談到與室友溝通的問題，我也鼓勵她應該與母親做溝通，我還有與案主做角色扮演，效果還不錯。

督導者：嗯！很好，妳能夠自己做判斷，並適時運用助人技巧。我想，為促進我們的督導效果，我希望每次妳都能持續錄製與個案晤談的過程，如此可以幫助我對妳以及案主深入了解。

此外，以團體督導形式將階段二的一些受督者、同事與專業人員聚在一起，要求受督者將持續個案的輔導情況做詳細說明，加上來自同儕與專業人員給予的詢問及挑戰，有助於受督者了解案主問題、類別及諮商方法

的多樣性。請參考階段一團體督導的範例。

〈轉移階段〉

　　此刻著重的是了解受督者在哪些層面上表現出自主與自信，並激發受督者的責任感，使其能在專業發展不佳的層面上繼續努力。受督者在階段二的末期已能體會所遭遇的困惑及複雜狀況而產生的動機動搖是正常的反應，此現象也導致受督者在進入階段三後有高度穩定的動機。

督導者：我督導你有一段時間了，今天我想和你談一下你的發展狀況，你
　　　　覺得自己有沒有成長？在哪些方面你覺得自己較有自信，也較能自
　　　　主？

受督者：我覺得自己有成長，真的！我覺得自己較有自信的部分在於與案
　　　　主建立關係、基本助人技巧的運用及專業倫理的認知，較沒自信的部
　　　　分包括理論取向的拿捏、諮商目標的確定、問題概念化，及特殊技巧
　　　　的使用（如空椅技術）。（想了一下）大概是這樣吧！

督導者：嗯，你能夠自我覺察，很好。我的看法是你在問題概念化，及理
　　　　論技術的取決上較弱，雖然有些地方有待加強，不過你一直都有進
　　　　步，這是好現象，繼續堅持，多做功課，相信你會成為一個熟練的諮
　　　　商師。

受督者：謝謝你的鼓勵，你對我觀察入微，真是令我感動，我覺得自己在
　　　　問題的分析及理論技術的選擇上常會猶豫，缺乏肯定及清楚的判斷。

督導者：不過這是正常的經驗，這也是讓你不斷進步的動力，相信多磨練
　　　　定能克服這些困難。

3. 階段三

　　針對階段三的受督者，督導過程不再著重由督導者提供結構，相反地，是由受督者提供大部分的結構，由於受督者在此階段已能正確知道自

己在督導過程中需要什麼，因此能有效利用諮詢，以促進個人專業的發展。值得注意的是，督導者不可假設受督者在任何層面上都具有階段三的功能，即使受督者在許多層面上已具備高度專業功能，督導任務也以幫助受督者在各層面間的概念、訊息、技術與知識統整為焦點。

受督者：我想談談○○○案主，我覺得她與家人的互動讓她的問題更惡化，有些問題可能不是她能控制的，所以可能要她的家人配合，才能更有效地改變她。

督導者：妳希望她的家人能做怎樣的配合？

受督者：我想與她的父親溝通，希望不要過於重男輕女，輕蔑案主的想法與能力；也要與她的母親溝通，不要自怨自艾，認為生下案主是多餘。所以我想與妳商量找他們來的可行性。

督導者：我同意妳的看法，不過要注意的是，要讓案主知道妳有這樣的考量，聽聽她的想法，納入評估的考量；同時也讀讀家族治療的相關理論，妳對家族治療的理論與技術的了解尚沒有其他的理論取向強，可能要先自我準備好再晤談其父母親。

怎樣的個案適合指派給階段三的受督者呢？基本上，受督者到達階段三已有相當的能力有效處理各類的個案，如果可能，個案的指派最好著重在階段三尚未獲得的個案經驗為主；換言之，個案的選擇以受督者較少經驗的、不同文化背景的，或不同診斷類別等等為主要考量，如此可以堅固受督者所學，幫助其進入統整階段。督導者並非所向無礙，許多進階的受督者在與督導者共事前，已具有豐富的經驗，這些經驗有可能是督導者在技術與知識上受限的部分，例如受督者在處理性侵害的個案經驗比督導者豐富。

督導者：我們的督導進行也有一段時間了，看著你在專業上不斷的成長突

破我感到很欣慰，現在的你已具備充足的知能，幾乎可以獨當一面不太需要督導，對於你現在的情況，我鼓勵你多獲得一些不同的個案經驗，例如受虐、文化差異或死亡恐懼的個案。

受督者：嗯！這對我而言是不同的經驗，可能會有很大的挑戰，我願意嘗試接觸不同類型的個案，這對我專業成長幫助很大。

當受督者的發展由階段一經歷階段二再到階段三，督導者所應用的督導技術愈來愈少，基本上，受督者達到階段三的程度幾乎可以獨當一面，較少需要特殊的督導技術，因此，督導技術對階段三的受督者而言不似在階段一或二來得重要。階段三的督導技術已較少使用監督或直接觀察受督者對待案主的行為，而是較著重協同的方法，如此持續的督導過程有助於階段三的發展統整工作。以下提供幾種有用的協同方法：

第一，受督者可以與督導者或同事觀賞自己錄製的錄影檔，從中得到他人對個案處遇的看法，幫助受督者回到情境中，並對整個諮商過程得到客觀觀點。

督導者：各位看完錄影有沒有要回饋的？

同事A：我覺得妳（指受督者）用很多解釋技巧，使案主更清楚明白事情與自己的關係，很好，不過妳做太多的解釋而忽略案主的說明，會不會使案主覺得妳不認同他，進而產生防衛之心。

同事B：我覺得妳做得很好的是，妳幫助案主做認知的重建及發展新的行為，不過，我認為妳比較著重在案主對問題的心理層面，而缺乏探討案主的原生家庭的關係層面。

督導者：（朝向受督者）妳對兩位的回饋有何看法？

受督者：謝謝你們的回饋，我會注意解釋的使用並關注案主的反應，至於原生家庭的部分，我的確聚焦在案主的心理問題，而忽略關係的動力對案主的影響。

督導者：能不能說說看？

　　第二，受督者也可參與觀賞他人的錄影檔，特別是與擴展自己的技術或理論取向相關的錄影檔，對提升專業的能力有莫大幫助。

督導者：觀看○○○的錄影，妳有無問題？
受督者：看完錄影使我對敘事治療的使用更加了解。我想這方法對我的一個案主有幫助，他被兒子送進老人院，每天悶悶不樂也不說話，這方法可讓他談談過去人生最得意的時候，及發現自己的價值。

　　第三，協同的團體督導方法對階段三的受督者也很受益，此法可提供同儕間彼此諮詢、挑戰及支持的環境，分享諮商經驗與問題。請參考階段一團體督導的範例。

　　督導者應幫助受督者檢視八個特殊的諮商領域，督導者與受督者可共同觀看 30 分鐘受督者所錄的諮商情境，觀看完畢後，督導者分別根據八個諮商領域，針對受督者在各層面的發展階段給予明確的回饋，督導者並畫出「諮商師發展側面圖」（圖 9-1），讓受督者知道他／她在哪些層面已達階段三，哪些層面尚停留在階段二的程度，幫助受督者清楚了解自己可以再加強的方向。

　　若以十人的團體督導方式進行，在錄影播放前，督導者即分派成員任務，除了督導者與受督者外，其他八位成員每人觀察一個諮商領域，在受督者諮商錄影播放完畢後，每個成員依據被指定觀察的部分，輪流給予受督者回饋，待每個成員回饋完，受督者針對回饋做說明，最後由督導者給予總回饋與指導。若團體人數為六人，成員每人觀察二個諮商領域。

（五）研究與評價

　　由於 IDM 兼具描述性（對受督者的發展有貼切概述）和規範性（介入

◆ 圖 9-1 諮商師發展側面圖

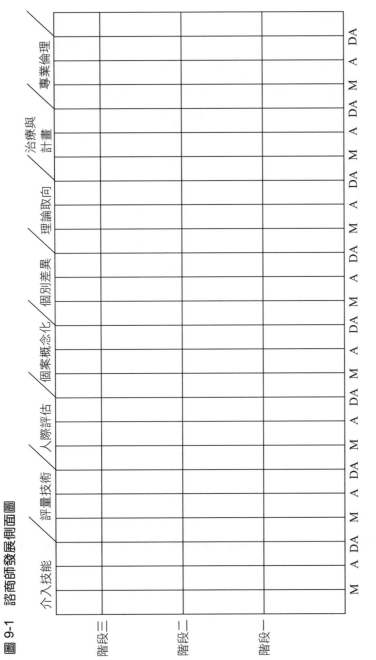

註：M＝Motivation, A＝Awaremess, DA＝Dependency/Autonomy
　　動機　　　覺察　　　依賴／自主

（Stoltenberg et al., 1998, p. 137）

措施是根據每個發展程度適當規劃和標準化的），是最有趣、最受討論、研究最多的發展督導模式之一（Salvador, 2016）。不少實驗研究支持統整發展的督導模式（如 Bear & Kivlighan, 1994; McNeil et al., 1992），研究的內容種類繁多，例如，Leach 等人（1997）針對整合發展督導模式領域中的個別差異與介入技能深入研究，結果發現階段不同的受訓者在個別差異及介入技能也不同。學生具有實習及個案的經驗，在「受督者層級量表（修訂版）」（見表 9-7）上，達到階段二的程度；同時，階段二比階段一的諮商師受訓者在「諮商自我評估量表」（Counseling Self-Estimate Inventory, COSE）的五個因素上，呈現較具自我效能，包含精微技巧、過程、困難的個案行為、文化能力、價值的覺察。另外，諮商師受訓者若之前有治療較多性侵害個案的經驗（至少七個），在困難的個案行為因素上，比經驗少者（至少三個）更具自我效能；治療性侵害個案的經驗與治療憂鬱個案的經驗相比，更能在困難的個案行為方面增進自我效能。

　　吳秀碧（1992a）依據 Stoltenberg 的督導模式，對我國準諮商師諮商實習督導的適用性進行研究，結果發現，根據 Stoltenberg 的整合發展督導模式架構所編製的「諮商師專業發展量表」具有良好信度、效度及鑑別力，能夠評估諮商實習的訓練效果。同時，教育程度愈高之準諮商師，其專業發展程度也愈高，顯示 Stoltenberg 的督導模式在我國的準諮商師之諮商實習督導具有適用性。

　　IDM 也被廣用與其他督導方法或模式結合，如 Mason 和 Mullen（2022）提出任務取向發展督導模式，將 IDM 與 CBT 督導模式結合，為督導者提供新的視角，提升受督者在個案概念化技能、自我覺察以及文化的覺察和理解三面向的發展。IDM 也結合阿德勒介入技巧協助受督者的發展，如「鼓勵」有助建立尊重、支持的關係；「act as if」技巧可用來減緩受督者的焦慮；「假設解釋」技巧可幫助受督者辨識其行為背後的目的和動機。一些阿德勒擁護者已開發評量工具，可用來理解受督者的發展程度（Bornsheuer-Boswell et al., 2013）。IDM 還有結合反思的方法（Storlie et al., 2017），運用反思日誌協助受督者檢視自己的專業表現在八大諮商領域的發展為何，促進受督者的成長和發展。亦有學者（Simon et al., 2014）受IDM與系統督導模式啟發，發展出發展／生態／問題解決（Developmental/Ecological/Problem-Solving, DEP）模式，為有志從事學校心理與諮商工作的實習生提供了專業發展的框架。

　　本章作者曾實際教導受訓督導者演練整合發展督導模式之歷程與技巧。過程中，受訓督導者認為此一模式可以幫助他們：(1)運用「受督者層級量表（修訂版）」了解受督者的程度；(2)以發展的觀點看待受督者，會以因材施教的態度，指導受督者進步；(3)能夠以八個諮商領域為督導內容，檢視受督者進步狀況。實施此模式的困難則在於：(1)「受督者層級量表（修訂版）」中有些項目難以回答；(2)要熟練此模式才能對受督者在各個諮商領域的發展階段做清楚說明；(3)八個諮商領域仍舊籠統，各層面所涉及的細節次項目並未明列，使督導者無法有充分的指標，協助受督者探討該層面所屬相關之議題。

　　雖然發展模式看起來很有效，但重要的關鍵要素仍影響督導品質（Mason & Mullen, 2022）。Winter和Holloway（1991）指出發展程度較高的受督者仍更喜歡專注於諮商技能的發展並要求回饋；然而，IDM的督導者可能不會如其所願。此外，雖然督導結構隨著發展程度提升而減少，但各個階段的受督者都希望有一個高層次的督導結構及任務導向（Ladany et al., 2001），特別是當遇到新的臨床問題時（Jacobsen & Tanggaard, 2009）。Ronnestad和Skovholt（1993, 2003）也提出IDM的弱點：(1)主要側重於研究生之諮商師養成的發展，很少應用於取得學位後的督導；(2)適用於每個受督者發展階段的具體督導方法有限。故提出有名的諮商師專業發展模式（the Rønnestad and Skovholt lifespan developmental model），但相較於諮商督導的應用，此理論用在探討諮商師專業發展較多而督導著墨較少，故Benard和Goodyear（2019）的督導專書已將原先列在發展督導模式中的此理論刪除。

另外，IDM模式有許多議題仍需要被驗證，例如：(1)諮商師在各層面的特質及應該提供的督導環境；(2)此模式在其他專業實務領域（如社工、醫護人員的督導）的應用（Stoltenberg,1993; Stoltenberg et al., 1995）；(3)人際影響對不同類型受訓者的發展（如文化、性別差異的督導）（Vasquez & Mckinley, 1982）。另外，由於國內一些訓練環境不太要求錄影或錄音的使用，更遑論現場督導，這些困難確實阻礙督導者去評量及提升受督者的能力。

三、系統認知─發展督導模式

系統認知─發展督導（SCDS）是一種人性化方式和個性化理解的督導模式，有明確的發展和結構過程，為督導者提供了具體的概念和框架，可以用來推動受督者的專業精熟。

（一）發展背景

Rigazio-DiGilio 最初受 Ivey 的發展治療理論所影響（Ivey, 1986, 1991; Ivey & Rigazio-DiGilio, 1994; Rigazio-DiGilio & Ivey, 1990, 1991），隨著 Ivey 將發展諮商和治療的概念擴大發展，作為系統框架與新皮亞傑發展理論整合，用以評估和促進兒童的認知發展（Ivey & Ivey, 1990），Rigazio-DiGilio（1994a）將發展治療理論擴展至生態系統中，提出共構發展方法在生態系統處遇之應用，並以系統認知─發展治療理論（systemic cognitive-developmental therapy, SCDT）訓練婚姻與家庭專業人員，提升診斷與處遇的能力（Rigazio-DiGilio, 1994b）。Rigazio-DiGilio 和 Anderson（1994）也將認知發展模式應用在婚姻與家庭治療的督導上，發展出系統認知─發展督導模式（systemic cognitive-developmental supervision model, SCDS）（Rigazio-DiGilio, 1994a），故 SCDS 是在系統認知─發展治療（SCDT）的理論基礎上發展的（Rigazio-DiGilio, 1996），並將皮亞傑的發展理論連

結到督導過程中的建構取向（Todd & Storm, 2014），具有綜合性、發展性、共構性、整體性和系統性假設（Redd, 2016; Rigazio-DiGilio, 1994c）。

Rigazio-DiGilio 將 SCDS 應用在家庭治療領域（Rigazio-DiGilio, 2016），強調環境和案主系統互惠的生態系統，試圖解決該專業的複雜性、差異性、多樣化和多元文化的需求，為婚姻和家庭治療師（MFT）提供個性化的督導環境，有效的系統督導者應該了解如何運用自然生態來共構學習環境，以促進治療師和案主成長（Rigazio-DiGilio, 2014）。

（二）重要概念

SCDS 模式將諮商師在諮商與督導脈絡中獲得的經驗、解釋和互動，採用皮亞傑術語分類成四種認知—發展導向（cognitive-developmental orientations），反映諮商師看待世界（和案主）的觀點。此外，此模式也強調對應認知—發展導向提供督導環境的重要性，以提升諮商師的能力。這四種認知導向各有優缺點，僅反映受督者的學習類型與認知風格，並未假設哪種導向較優越，因此有別於本章中的其他發展模式。這四種認知導向看似以垂直方式呈現，但卻是水平的發展模式，因為受督者在擴展他們的概念和經驗能力的同時仍保有原有的類型與風格。

每個導向均有受督者能發揮的優勢及受限的弱勢。Bernard 和 Goodyear（2019）對四種導向描述如下：

第一種認知導向類型是感覺動作（sensorimotor），處於此導向的受督者在情緒及本能上較易受案主及諮商情境所影響。受督者若能勝任這種導向，則容易辨識和處理感受，較能夠解決移情和反移情的問題。如果受此導向束縛，受督者可能易隨情緒起舞，而干擾諮商專業概念與技能的學習。對於諮商／治療的介入，他們較依賴「感覺是對的」而不是以可靠的治療計畫為基礎。

第二種認知導向類型是具體（concrete），受督者通常以線性的因果關係觀察世界和他們的案主。具體導向受督者的思考是相當按時間順序排列

的，通常是以案主呈現事件的順序來描述案主。這類的受督者具有 if-then
（如果—那麼）的推理能力，可以預測案主的行為模式；但難以看到其他
觀點而忽略對案主的了解。他們也難以從具體轉向更細微去理解諮商或治
療的潛在方向（Bernard & Goodyear, 2019）。

　　第三種認知導向類型是形式（formal），這類受督者會從多個角度分
析情境，會自動反思，會依督導的回饋而輕鬆修改治療計畫，能輕易將療
程中的特定會話與治療中的主要議題連結起來；但若形式導向太主導，這
類型受督者可能過度看重分析能力而低估情緒和行為在諮商中的作用，難
以將他們對案主主要議題的理解轉化為實際實踐，當這些分析能力受到挑
戰時可能會遇到困難（Bernard & Goodyear, 2019）。

　　第四種認知導向類型是辯證（dialectic），這類受督者較沉浸在思考他
們的想法，會挑戰他們自己的假設，更有可能考慮歷史和文化背景，這些
假設為他們的個案概念化提供訊息。這類受督者可能會被多重觀點所淹
沒，難以做決定與承諾。

　　Rigazio-DiGilio（2014）針對 SCDS 運用過程提出五個基本假設：

1. 受督者的訊息處理方式能夠被辨識。
2. 督導環境能和受督者的訊息處理方式以及個案系統的臨床需求相符
　 合。
3. 督導者能設計與受督者目前的訊息處理方式相符合的活動，並能將
　 活動引入督導環境。
4. 督導者能監控受督者的能力和個案系統的進展。
5. 督導者能監控受督者的信心，從依賴、獨立到相互依賴的督導立
　 場。

（三）督導目標與督導關係

　　根據 SCDS，諮商師的成長是透過適當的督導環境來促成。督導者的
目標是確定每個受督者的主要導向（primary orientation），幫助受督者變

得更有彈性，能從附屬導向（ancillary orientation）發展到自然成形的導向來看待世界。表 9-8 描述了四種不同的督導環境，可用於區分每個受督者的獨特世界觀，並依此來施予督導。每種督導環境有相關的督導目標。

　　SCDS 的督導者須根據受督者的專業需求調整溝通和互動方式（Glickman et al., 2014），受督者在不同導向的認知形態，需要督導者以符合他們需求的方式進行督導，督導者應協助受督者在這四個導向充分發揮優勢，讓他們可以在與案主治療期間，無論遇到任何情況，均能靈活應變，提供更實質的幫助。使用這種方法的督導者是靈活的，因為他們能夠根據受督者的需要改變他們的方法。

（四）督導原則與督導內容

　　Rigazio-DiGilio 認為督導者須協助受督者成功地移動導向，諮商師必須在他們的主要導向上有充分的能力發揮，表現得心應手才能順利移向附屬導向，故此模式鼓勵督導者依據受督者的認知風格來實施督導（Rigazio-diGilio, 1997; Rigazio-DiGilio & Anderson, 1994; Rigazio-DiGilio et al., 1997），督導是採用風格匹配（style-matching）原則，提供的督導環境要對應受督者的主要導向。Todd 和 Storm（2014）描述各導向強調的重點、督導環境與督導形式（modalities）如下：

　　對處於感覺動作／基本導向（sensorimotor/elemental orientation）的受督者，強調的重點是指導受督者感知和執行的技能，並處理移情／反移情的情緒議題，幫助受督者將大量的情緒資料轉化為可行的治療框架。督導者主要提供指導的環境（directive environment），協助受督者在安全的前提下，探索感覺並處理情緒，發展專業與個人能力。此種督導環境運用協同治療團隊、現場督導給提點以及角色扮演的督導形式呈現。

　　對於具體／情境導向（concrete/situational orientation）的受督者，強調的重點是協助受督者從線性、互動的框架中，了解關於自己、家庭及督導者的想法、感受和行為。督導內容包含制定治療計畫、掌握新的介入措施

和形成治療同盟。督導者主要提供訓練的環境（coaching environment），此種督導環境採用現場督導、錄影播放和行為演練的督導形式。現場督導以療程前做計畫（planning）、療程中做諮詢（consultation）和療程後獨自做簡報（debriefing）的方式進行（Rigazio-DiGilio & Anderson, 1994）。

　　對於形式／反思導向（formal/reflective orientation）的受督者，強調的重點是協助受督者檢視任何從治療和督導脈絡中所引發，發生在自己和案主身上的想法、感覺和行為模式，協助受督者（諮商師）辨識出現在自我、案主、諮商情境和督導情境中的普遍主要議題。督導者主要提供諮詢的環境（consultative environment），協助受督者以經過編輯的錄影片段，利用案例展演（case presentations）形式，說明跨療程或案主的主要議題，聚焦於諮商遭遇的困境，並提供個案概念化分析進行討論。此外，運用日誌（journal writing）可讓受督者發展複雜與抽象的思考，有助辨別主要議題與運作模式（Rigazio-DiGilio et al., 1997）。

　　對於辯證／系統導向（dialectic/systemic orientation）的受督者，強調的重點乃是找出支持諮商師信念系統的核心認知與後設認知過程。鼓勵受督者檢視背景脈絡和歷史的影響，以便在諮商、督導和發展上的假設能被督導者和諮商師解構，此種內省（introspection）對諮商和督導均能造成替代性的概念化作用。處於辯證導向的受督者，已能深刻理解一兩個理論並有效統整許多治療方法，故需要協同的環境（collaborative environment）來維持個人和專業發展。督導是採用錄音／錄影和案例展演的形式，聚焦於認識論和本體論的議題討論，並運用同儕諮詢以及督導者直接分享想法的方式來進行。

　　表 9-8 說明督導環境與目標外，也呈現與之對應的技術，不僅與受督者訊息處理風格相符（橫向發展），也有利於受督者轉移到另一個環境

表 9-8
四種與信息處理方式相符之督導環境

感覺動作／基本信息處理方式之指導督導環境		
督導環境	**督導目標**	**技術**
督導者採指導風格，鼓勵受督者安全地探索立即的、基於感覺的經驗，並整合這些突出的經驗到連貫的視框中	・發展個案概念化技能 ・明確並直接體驗案主和受督者的感受 ・減少焦慮 ・確認移情／反移情議題	・現場督導、call in 指導、提出建議 ・聯合治療 ・著重於個案概念化的數位督導* ・專注於個案概念化的團隊督導 ・指導，獨立閱讀 ・角色扮演、雕塑、體驗活動

具體／情境信息處理方式之訓練督導環境		
督導環境	**督導目標**	**技術**
督導者採半指導式訓練風格，協助受督者從 if／then（如果─那麼）的線性角度構思想法、感受和行為，幫助他們在諮商的遭遇中採取更有預測性和意圖性的行動	・學習／練習策略和技術 ・精通 if／then（如果─那麼）推理 ・提升跟循技術 ・提升可預測性／意圖性 ・了解整個諮商和督導的決策過程	・課前／課中／課後進行現場督導 ・著重於掌握概念和執行技能的數位督導* ・專注於概念和執行技能的實務練習 ・準確描述案例展示

形式／反思信息處理方式之諮詢督導環境		
督導環境	**督導目標**	**技術**
督導者採諮詢角色，與受督者合作，使其對自我、案主、諮商理論和療法、以及諮商和督導關係的恆常模式有更多的理解。這種環境強調反思和抽象分析技能	・反映／分析自我和臨床信息 ・一般化評估和介入技能 ・確定自我、案主、諮商和督導的主題和模式 ・共構平行類似經驗，幫助案主擴展視野和行動	・著重於辨識案例和諮商遭遇中的相似模式和主題 ・協助建構和使用後設視框 ・獨立，自我評估練習

（續下頁）

表 9-8

四種與信息處理方式相符之督導環境（續）

辯證／系統信息處理方式之協同督導環境		
督導環境	督導目標	技術
督導者和受督者協同投入核心認知和後設認知過程，例如人—境辯證和個人建構	·認識／挑戰假設和規則 ·認識／挑戰對世界觀建構以及對行為的發展性和脈絡性的影響 ·評估個人的信念和建構的變數	·督導著重於認識論和本體論的議題 ·聯合治療 ·同儕諮詢 ·共構假設和計畫 ·對於普遍性和未辨識的偏見，分析自我和治療框架

（Rigazio-DiGilio, 2014, p. 623）

*數位督導（digital supervision）係指督導方式依賴數位的技術，來提供受督者有意義的督導環境，例如使用電話、影片、skype、教育平台、社交媒體（如 Facebook、Twitter 等）。

（縱向發展）。

（五）實務應用

　　Todd 和 Storm（2014）說明有關 SCDS 的評估和介入，建議使用具發展的、組織的提問，讓提供的督導更貼近受督者與案主的即時需求。督導開始時，督導者須問諮商師（受督者）一系列問題，第一組提問用以獲得諮商師的主要和附屬導向。第二組提問聚焦於評估與介入，協助諮商師在整個督導過程中探索各特定導向的資源，針對每個特定導向的提問須鎖定在四個特定的經驗領域：案主、自我作為治療師（self-as-therapist）、治療過程、督導過程。

　　督導者可從某個導向的有利觀點，針對四個經驗領域來提問，讓諮商師在該導向建立穩固的基礎。例如，在辯證／系統導向上，持續探索的提問如：「哪些文化／性別影響正影響著這個家庭的規則制定過程？（案主）」；「哪些文化／性別影響正影響著您的假設？（自我作為治療

師）」；「這些假設如何影響您與這個家庭的互動以及家庭與您的互動？（治療過程）」，和「我們的文化／性別相似性和差異性如何影響這種關係？（督導過程）」。

　　督導者也可從某個經驗領域的有利觀點，針對四個導向來提問，幫助諮商師在每個導向內挖掘資源。例如，關於自我作為諮商師的經驗領域，探索的提問有：「當你和這家人坐在一起時，被觸發什麼感覺？（感覺動作／基本）」；「你能描述一下你在做什麼嗎？（具體／情境）」；「在治療的這個階段，你是否與其他案主有類似的行為（形式／反思）」和「面對這樣強烈的權力差異時，你能做些什麼來挑戰你對性別的假設（辯證／系統）」。

（六）研究與評價

　　系統認知—發展督導（SCDS）為督導實務提供了有用的架構，具有許多優勢，包含對生態系統的關注、強調督導環境須符合受督者的認知發展、不同的督導環境下應採取的督導角色與技術等，使 SCDS 已廣被接受與探討（O'Byrne & Rosenberg, 1998; Rigazio-DiGilio & Anderson, 1994）。然而，實務運用上仍有限制之處，Bernard（2014）提到 SIT（supervisor in training）的經驗，一位督導者使用了 Rigazio-DiGilio 的 SCDS 認知—發展評估，督導者專注於具體／行動（concrete/action）導向（同具體／情境導向），以幫助受督者處理療程的事件，該療程中案主表達了自殺和殺人的想法，由於受督者對此過程表達了很多情緒，故督導者決定在提供危機介入的同時也幫助受督者反映內心的反應。在這種情況下，雖然介入是適當的，但受督者似乎並沒完全理解 SCDS 模式，因為她所描述的是感覺動作狀態，而不是具體／情境導向的狀態（Rigazio-DiGilio et al., 1997），Bernard 認為在 SIT 的培訓中，督導者運用此理論，有必要要求受督者理解該理論。

　　上述案例反映出：(1)受督者也要能理解 SCDS 模式；(2)受督者有不同

面向之認知發展，督導導向如何決定？由誰決定？此案例的受督導有情緒宣洩時（感覺動作狀態），督導者要有能力處理導向轉換；(3)雖然 SCDS 強調督導環境符合受督者的認知發展，督導者角色也在指導、半指導、諮詢和協同的角色間靈活變化，但整體而言，督導者仍處於較為主導的立場。

本模式的實證研究很少，Kunkler-Peck（1999）的研究是評估主要認知發展方向，以及評估概念和介入技巧，研究發現使用紙筆測量來評估認知─發展概況較佳，而訪談方式的認知─發展評估尚待進一步實證。

四、反思性發展模式

反思始於專業實踐上感受到某種不安、困惑、不和諧的經歷，許多學者（Guiffrida, 2005; Frolund & Nielsen, 2009; Proctor, 2010）已討論反思在督導過程中的重要性，反思性督導也被廣泛認可，用於促進教育、心理健康和醫療專業人員的專業發展（Costello et al., 2018; Dawber, 2013; Gatti et al., 2011）。在諮商督導上，受督者的反思有助移情和反移情的辨識（Pearson, 2004），當諮商師有不和諧的經歷，透過督導創造諮商和督導互動上的反思機會，則有助諮商師轉化該不和諧的經歷為有意義的理解，受督者將隨著督導工作的進展而發展。

（一）重要概念

反思性發展模式（reflective developmental models）的獨特督導方法植根於反思。Dewey（1933）是闡述反思的始祖，強調反思是經驗學習循環的組成部分，反思能促進專業發展，是動態循環向上發展的機制（developmental spiral）。Kolb（1984）的體驗式學習（experiential learning）理論強調學習是透過經驗與實踐方式進行，並有賴反思過程來達到學習效果，此學習循環四個階段有具體經驗（Concrete Experience）、觀察反思（Reflective Observation）、抽象概念化（Abstract Conceptualization）和、主動實驗 （Active Experimentation）。而 Schön（1983, 1987）提倡「反思實踐」，重視反思與行動連結，提出行動前、中、後的反思來精進專業能力。

　　源自這些理論觀點與架構，Bernard 和 Goodyear（2019）以圖示（圖9-2）描繪反思在督導中的基本流程，強調反思是一個過程，包含：（發生）觸發事件（trigger event），（引發）對周遭的情況加以批判審查（critical review），（導致）對這些情況有新的和更深入的了解（new and deeper understanding），（造成）將來以不同的方式處理類似情況。觸發反思的事件可以是治療技術與策略（如，有信心的介入措施效果不佳）、個人議題（反移情，如，對特定的案主感到苦惱）、個案概念化及治療歷程（如，對案主的議題理解錯誤）。本章將原圖略為調整，將原文圖的最後一項內容分開呈現。

　　Benard 和 Goodyear（2019）綜合文獻討論，針對督導中的反思過程，

◆ **圖 9-2　督導反思歷程**

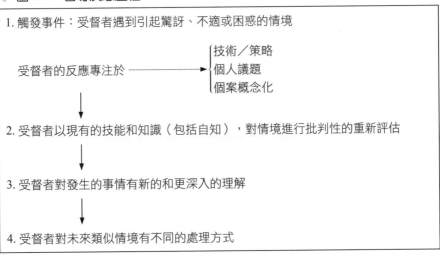

（Bernard & Goodyear, 2019, p. 38）

提出三點觀察：(1)所有督導者都會促進受督者某種程度的反思過程；(2)當督導者促進受督者有關專業工作的反思時，也是在教這些受督者一項受用的重要技能，使之最終用於己身；若能與自我監視的能力結合，則成為重要的自我督導方法；(3)反思不只是「發現學習」，還進一步包括受督者自己的內在歷程（例如，困惑、不安），但最終能與外在良好專業工作表現相驗證。

（二）督導目標與督導關係

在反思性發展模式的督導過程中，反思的延伸程度及反思的品質視受督者的經驗程度而定，故督導者應協助受督者建立專業目標、制定自我提升計畫、進行進度監控，及鼓勵批判性地思考和自我評估。督導目標在提升批判評估的能力，減少自我評論，鼓勵受督者深思熟慮，冒適當專業風險進行實驗，以測試新的想法、技能或理論，讓受督者在未來能處理類似情境或經驗。同時，促進受督者內化反思過程，最終結果是讓受督者具有使用這些反思技能進行自我督導的能力。

反思性發展模式的督導者比其他模式更具反思的經驗，應具有「磨練反思能力是終生的努力」之信念（Shea, 2019），以及「沉思、好奇心、自我意識、專業／個人發展、情感反映和平行歷程」之反思能力（Weatherston et al., 2009, p. 653）。提供一個安全環境及信任關係，讓受督者能去面對不確定性、體驗其中驚奇、困惑的經驗，進而從事一系列反思的活動。隨著受督導者成為自我反思與自我監視的學習者，在知識和技能方面不斷提升，督導者自然會從教師的專家指導角色轉變為促進者的諮詢角色，這種角色更具非指導性、支持性、合作性和協同性，督導關係較像是諮商／助人關係中的提供者和案主之間的期望關係，這種關係基於協作、選擇、信任和賦權（Varghese et al., 2018），類似合作取向督導（Anderson, 2002）強調真誠的伙伴關係，彼此參與督導對話歷程，相互探詢與回應、尋求理解進而產生新的意義。

（三）督導原則與督導內容

　　根據Bernard和Goodyear（2019）提供圖示（圖9-3），此督導模式對新手受督者有較多的教導成分，以回饋方式教導受督者掌握基本的實務技能，應用理論概念，並對良好／有效的技能或思考方式，能理解其中構成之道。督導者在做回饋時，不要要求受督者立即做出回應，而沒有機會反思(1)督導者回饋的內容，以及(2)受督者的學習與諮商過程的關連（Stinchfield et al., 2007）。此外，反思是一種隨著時間而發展的技能（Shea, 2019），督導應盡量增進受督者的反思，即便微弱程度的反思，都是督導的一部分（Bernard & Goodyear, 2019），避免讓受督者在遭遇不確定的經驗時，過度依賴督導者給予立即的回饋，而未能思考諮商情境中造成不適的脈絡。隨著受督者致力於反思的時間增加，反思能力提升，督導者採取諮詢方式取代教導，提供相互反思對話，最終讓受督者可以自己使用反思達到自我督導的目標。

◆ 圖 9-3　督導反思歷程的發展概念

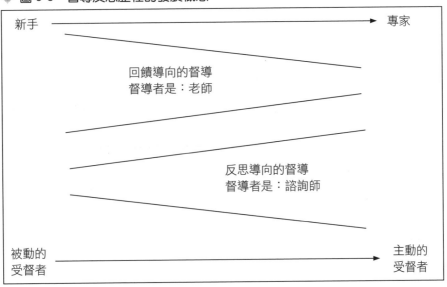

（Bernard & Goodyear, 2019, p. 39）

　　督導者和受督者必須「參與批判性反思和反思的協作、對話過程」
（Hair, 2015, p. 351）。督導傾向使用開放式問句來進行反思工作，鼓勵受
督者在臨床素材和治療介入上能有多種的假設發展。督導對話以主題形式
來理解諮商療程，而不是內容模式，重視療程的主要議題，鼓勵自我表
露，探索發生在督導者、受督者及案主之間平行歷程的現象，並關注受督
者對諮商工作的情感或個人反應而不是案例內容的事實，特別是對內容的
反應如何影響反思過程。反思過程鼓勵受督者積極地與督導者相互參與有
意義的對話，彼此共同生成對話與共同產生實務問題的解決方案，隨著受
督者變得愈來愈自主，督導者繼續促進對話，但多聽少說，提出具有反思
性和鼓勵性的澄清問題。

（四）實務應用

　　督導者可使用以下開放式問句來協助受督者進行反思，案例和討論方
向由受督者選擇，可來自諮商或督導裡的環節，並在督導者的引導下審視
自己對事件的感受或想法，並利用這種覺察來改善對案主的服務。

1. 觸發事件：受督者遇到引起驚訝、不適或困惑的情境

　　請受督者確定療程（或督導）中最重要的事件或某部分，並做說明
（若有錄影，針對該部分播放 10 分鐘更佳）。

2. 受督者以現有的技能和知識（包括自知），對情境進行批判性的重新評估

　　1. 你在這部分的療程（或督導）中，在想什麼？
　　2. 你在這部分的療程（或督導）中，有什麼感覺？你現在如何理解這
　　　 些感受？
　　3. 思索你的行為在這部分的療程（或督導）中，你的意圖是什麼？
　　4. 引導你行動的價值觀是什麼？

5. 在這部分的療程（或督導）中，你「沒有說」或猶豫說或做的，是什麼？

3. 受督者對發生的事情有新的和更深入的理解

1. 在這部分的療程（或督導）中，你認為與案主（或督導者）的互動與你和督導者（或案主）的互動，有何相似？這如何讓你對療程（或督導）的互動有所理解？
2. 這部分的療程（或督導）的重點或主題與你和督導者（或案主）有何相似或不同？
3. 哪些理論和過去的經驗可以幫助你理解這事件？
4. 你對你的治療實務（或督導關係）有什麼新的理解？
5. 這個過程與你對治療實務（或督導實務）的反思有何不同？
6. 你的治療實務（或督導實務）會因為你的反思和對話而改變嗎？
7. （承上題）如果是這樣，怎麼做？

4. 受督者對未來類似情境有不同的處理方式

1. 針對這部分，你下次想做些什麼不同的事情？
2. 你會採取哪些不同的介入措施，來使這部分的療程更有作用？

5. 結束對話

1. 在下一次的督導中，你有哪些反思想與督導者分享？
2. 參與此過程對你有什麼幫助？

（五）研究與評價

　　雖然學者已經提出多種促進反思實踐和思維發展方法，廣泛存在於教育的學科中，但諮商教育及諮商督導領域普遍認定發展反思性思維是諮商師專業發展的重要部分（Janson & Filibert, 2018; Ronnestad & Skovholt,

2013），然而，本章所討論的反思性發展督導模式雖具有價值，但實務運用及研究的文獻很少，較多是以反思作為督導介入措施和技術的文獻，如 Griffith 和 Frieden（2000）提出了四種有助於反思的策略，包括蘇格拉底式提問、寫日記、人際歷程回憶（IPR）和反思團隊（reflecting teams）。DeCino 等人（2020）的寫信反思實踐之研究，讓實習生寫信給初踏入實習的自己，反思過去的挑戰與障礙，幫助自己在實習中成長。Janson 和 Filibert（2018）結合上述反思的策略，提出辯論性數位反思（discursive digital reflection, DDR），運用數位視訊技術（digital video technology）促進受督者以系統性和反思性的方式思考數位媒體信息有關之家庭、社會、文化和倫理等議題，是一種發展諮商師反思和反思實踐的方法。

　　顯然，反思在督導的運用欠缺實證之研究，期許未來的研究能夠探討督導者使用反思的介入措施，以理解反思學習理論與諮商督導動力的關聯（Griffith & Frieden, 2000）。

五、循環發展督導模式

　　Stoltenberg 的整合發展督導模式雖然有其優點，但也引起國內諮商專業人員的省思，蕭文自 1990 年代開始，就其教授 Stoltenberg 的整合發展督導模式的經驗，認為階段性的發展模式無法提出具體的策略與行為，協助諮商師順利地轉換至下一個發展階段，並且無法因應起點行為不同的學生，也難以適用於團體督導，致使督導模式的概念與督導實務工作無法密切配合。他更認為督導偏重於行為技巧的訓練，只能使受督者了解自己的優缺點，但卻無法建構一個有效的諮商師，使其具有解決案主問題的認知能力。換言之，無論在個別或團體督導過程中，讓受督者了解「上次的諮商經驗所犯的錯誤」無濟於事，因為下次諮商的進行未必會出現同樣問題，而幫助受督者具體了解何種督導行為能助其專業成長，及學習在每一次諮商中「我應該做出哪些正確的諮商行為」則比較重要（蕭文，

1999）。有鑑於此，蕭文開始發展一個適合諮商師個別差異的督導模式，期望能更具體地說明督導過程與架構，循環發展督導模式乃應運而生。

（一）重要概念

蕭文在國立彰化師範大學輔導系博士班開授督導理論與實務的課程，對 Stoltenberg 的整合發展督導模式產生五點疑惑：(1)諮商師的專業發展為什要以「階段」（stage）的觀點來解釋？(2)諮商師與案主之間互動知覺的形式，是否比受督者的情緒狀態更為重要？(3)發展階段不易決定，是否容易造成督導的困難？(4)強調片段能力與知識的結果，是否忽略諮商師對整個諮商情境的掌握與了解？(5)督導者被動因應受督者前次諮商行為，是否缺乏以整體架構的角度進行督導？

有別於「階段」的觀點，Rich（1993）提出督導過程並非是靜止的狀態，而是呈現不斷「循環」的過程，是包括建立關係、計畫、觀察、分析、研討與追蹤等步驟的螺旋狀循環，因此，督導過程所產生的影響是持續的、不可截然劃分的。Rich 的「循環」觀點為發展取向督導模式開啟新的視野，然而 Rich 的循環督導架構過於簡化，無法將概念具體明確地落實於督導實作的模式。

蕭文也認為督導是循環發展的過程，然而循環發展督導的模式不應止於概念，而應提供實際應用時具體可行的督導架構，其督導的步驟、過程與內容應順應諮商專業人員的需求。蕭文就其多年從事諮商輔導的教學經驗，及對培育諮商專業人員的督導實務觀察，提出一套為本土諮商專業人員量身訂做的循環發展的諮商督導模式。

蕭文與施香如（1995）提出循環發展督導模式基於四個理念：

1. 發展特性

督導的架構應考慮受督者專業發展階段的需求，督導不受任何諮商與督導理論取向的限制，應考慮受督者的發展狀況，協助其專業能力的成

長。

2. 循環特性

　　督導過程是連續循環的歷程，受督者的專業發展是持續不斷的過程，每一個發展階段並非截然劃分，因此需要在階段中完成無數次督導過程的循環，才能順利地轉換至下一個階段。

3. 認知特性

　　概念的層級是評量受督者專業發展的重要指標，一個精熟的受督者除了熟練各種諮商技巧外，對於選擇並運用這些技巧的理論基礎與假設，也須清楚了解。

4. 自我督導特性

　　督導的架構具自我督導的功能，主要在訓練受督者成為精熟的專業工作者後，能提升自我督導的參考架構，培養諮商師自我督導能力。

　　基於這些理念，蕭文與施香如認為，督導應以「案主問題的呈現」為考量，而督導的過程首先強調督導者了解受督者對案主問題的認識，再來是了解受督者為何及如何使用處理技巧與策略，進而了解受督者對案主問題的診斷，如何形成假設與理論基礎。蕭文認為，諮商師所形成的假設與理論基礎是督導過程的主要核心，而假設與理論基礎是需要不斷加以補充與修正，因而督導者應協助受督者從更廣的架構來診斷案主的問題，進而探索更適當的處理策略，繼而更清楚地了解針對案主的問題，須再蒐集的資料是什麼。因此，整個督導過程是一個循環過程，亦即不斷地由外圈的資料觀察進入內圈的問題假設，再由內圈的問題假設的修正，再回來修正外圈中案主問題的處理技巧與策略。這過程需要多次循環，直到受督者可以用更廣的角度看待案主的問題。

（二）督導步驟

綜合言之，督導過程包含五個具體的循環步驟（如圖 9-4），由外而內，再由內而外，循環繞完五個步驟（蕭文、施香如，1995）：

◆ 圖 9-4　循環發展督導模式

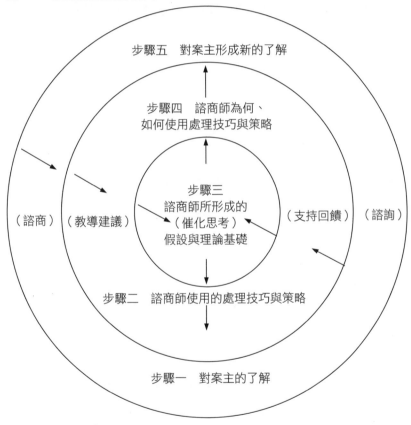

（蕭文，1999，頁 4）

步驟一：了解案主的問題

強調了解受督者對案主問題及相關資料的認識，受督者要能清楚地描述案主的問題及所觀察的相關資料。

步驟二：了解受督者的處理策略與方向

強調了解受督者處理的策略與技巧，可藉由受督者自述或錄音（影）檔的提供，獲得客觀的資料。

步驟三：了解受督者的假設與理論基礎

此部分為督導過程的核心，包含兩個部分：第一部分是了解受督者對案主問題形成的假設與理論基礎，亦即了解受督者對個案概念化及處理相關訊息的過程，進行方式是由受督者說明，而督導者則加以統整及澄清。第二部分由督導者引導受督者檢核先前所形成的假設，是否須補充或修正，以幫助受督者產生一個全面性、並符合案主特定需求的假設。

步驟四：促進受督者的處理策略與方向的應用

依據先前所確立或修正的假設，評量受督者的處理策略與技巧的適當性。此步驟主要在協助受督者了解「為何」運用這些策略與技巧，而不只是了解「用了哪些」策略。

步驟五：形成對案主新的了解

受督者逐漸發展出從不同角度看案主的問題，可以在諮商計畫中，對仍需要哪些案主的資料，清楚地了解且加以說明，以便在下次晤談中加以注意與蒐集。

上述五個循環步驟融合了 Bernard（1979）的區辨模式（discrimination

model）中的三個督導任務，亦即協助受督者發展歷程化技巧（process skills）、概念化技巧（conceptualization skills）與個人化技巧（personalization skills）。因此，第一、三、五循環步驟主要是處理對個案概念化的能力，而第二、四循環步驟則是處理歷程的能力，而每一個循環的步驟，都可處理受督者個人的問題。換言之，督導則要處理受督者在每一循環步驟中所遭遇的困難，避免阻礙諮商的效果。

　　施香如（1999）依據個人實證研究及督導實務經驗，針對督導者在不同督導步驟中，提出督導焦點及發問技巧（如表 9-9）。

表 9-9
諮商督導過程各項督導焦點之範例

督導架構	督導焦點	督導範例
一、了解案主的情況與接案過程	1. 案主的相關資料。 2. 案主問題的相關事件及發展史。 3. 諮商師評估案主來談的主訴問題與個人需求。 4. 諮商師與案主晤談的基本資料與過程。 5. 諮商師在接案過程中的感受與困境。	Sr：「你可不可以先描述一下案主的情形？」 Sr：「從案主的情況來看，你覺得他需要的是什麼？」 Sr：「你在和這位案主晤談完後，有什麼感受與想法？」
二、了解諮商師的處理方向與策略	1. 諮商師認定的諮商處理目標與方向。 2. 接案過程中採用的處理策略與技巧。 3. 使用（不使用）那些策略或技巧的意圖。 4. 案主對所使用策略的反應。 5. 諮商師對使用的策略進行自我評估。	Sr：「你這次晤談的處理重點放在什麼地方？」 Sr：「是什麼樣的考慮，讓你這次做比較多的分享？」 Sr：「當你跟他（案主）提出要終止晤談關係時，他有什麼反應？」 Sr：「對於這樣的處理策略，你覺得產生的效果是什麼？」
三、了解並檢核諮商師的假設與理論基礎	1. 諮商師對案主所形成的假設及所持的諮商理念。 2. 諮商師形成假設時的內在思考過程。 3. 所形成假設的適用性。 4. 形成新的、更廣的假設。	Sr：「你對他（案主）問題的判斷是什麼？」 Sr：「能不能談談，你是怎麼做出這個判斷的？」 Sr：「如果換一個角度來看，你想他可能需要的是什麼？」

（承下頁）

表 9-9
諮商督導過程各項督導焦點之範例

督導架構	督導焦點	督導範例
四、促進諮商師處理策略與技巧的應用	1. 協助諮商師整體思考可行的處理重點。 2. 檢核已做之處理所產生的影響與效果。 3. 思考此次未處理的重點。 4. 思考、練習加強處理策略與技巧效果。 5. 檢核個人慣用的處理模式。	Sr：「你現在已經有一些新的想法，我們再回頭看看你會怎樣去處理？」 Sr：「你覺得要怎樣做，才能協助他發洩情緒？」 Sr：「我們再回頭看看，有沒有哪些地方是我們漏掉沒有處理的？」
五、對此次接案過程再思考	1. 未來可行的處理目標、方向與計畫。 2. 下次晤談時的主要方向、可行策略與注意事項。 3. 評估／預估案主的改變。	Sr：「你下次再和他晤談的時候，你會朝哪個方向進行？」 Sr：「你覺得幾次晤談下來，案主的改變是什麼？」

（施香如，1999，頁 9）

（三）督導目標與督導關係

　　循環督導模式是以協助受督者形成案主概念為主要的督導目標（施香如，1999），由於諮商師的專業發展是持續向上的過程，而非跳躍式的發展，因此，督導者要能因應受督者發展上的循環特性來形成督導策略，提供一個合適的督導環境（蕭文，1999），以幫助受督者的諮商專業能力不斷進步與發展，成為一個「有效能的諮商師」。此有效能的諮商師具有對案主的覺察與敏感能力，能清楚分析案主的問題，並對案主問題進行診斷，提出適當且有效的假設或推論，並運用適當的處理技巧與策略，以解決案主的問題。

　　督導關係依循環步驟的不同而有差異，對步驟一的受督者而言，督導關係著重傾聽及接納，督導者對受督者所描述的案主問題及資料不給予評價，試圖了解受督者描述案主的情形。對步驟二的受督者，督導者也以了解其使用的技巧為主，適時給予回饋，而不給予任何評價。督導者在步驟

三則由傾聽者的角色，逐漸融入受督者的思考過程中，採催化但不直接教導受督者，以促進受督者產生更完整及多層面的思考模式。步驟四的督導者採直接面質方式，目的在挑戰受督者使用的策略與技術，督導者也會依受督者的狀況，適時給予鼓勵。步驟五的督導者的功能則是協助受督者統整，訂立下次諮商方向，或專業能力發展的可行重點。

（四）督導原則與督導過程

由於督導過程是一個不斷循環累加的過程，受督者均有機會經歷一次重新思考接案過程的循環，因此，督導原則應藉由每一次督導中的循環，幫助受督者經歷每個步驟的發展需求，對不同發展步驟之受督者本身的行為、情緒與感受，應採不同的督導方式及角色，以催化受督者的專業能力發展。換言之，督導是顧及到受督者的全面發展需求（鄭麗芬，1997）。

督導過程以「個案呈現」方式進行（蕭文、施香如，1995），Biggs（1988）認為，以個案呈現方式的督導可以幫助受督者達成兩個目標：(1)發展概念化的能力：受督者可覺察並了解自己如何分析案主的資料、診斷案主的問題、形成假設與擬定計畫；(2)提升認知發展：藉由與督導者的相互討論過程，可以引發受督者的擴散思考。因此個案呈現方式的督導，著重受督者的認知發展，並以引導為主要技巧，督導者在某些步驟上要不斷地引導受督者思考，以協助受督者概念化的發展，引導思考的過程則以受督者本身的諮商理念、做法、對案主的認知及專業發展的特定需要為主要考量。

（五）實務應用

蕭文從其實務的經驗中提出循環發展督導模式，融合認知、發展、區辨及循環等理念，以期具體說明督導工作的過程，將督導理念落實於督導實務中，以填補理論與實務間的鴻溝，作為督導者的主要指引，並協助受督者由無知到了解、由錯誤到正確、由沒經驗到有經驗，形成有效地處理

案主的概念，成為一位有效能的諮商師。

　　督導以個案呈現的方式，由受督者對案主的描述為起點，直到受督者對案主產生新的認知為終點，以形成一個實務經驗不斷累加的循環發展的過程。督導歷程依據五個循環督導的步驟，督導者首先應引導受督者對案主有所了解。蕭文（1999）認為，督導者運用五個 W 的概念，可以引導受督者思考案主的問題及行為，蒐集案主的資料，五個 W 是：

What——案主的問題是什麼？

Who——案主是怎樣的人？

How——諮商師如何看待這個案主？

When——案主的問題何時發生？有多久？

Why——案主為什麼出現這問題？

　　根據這五個 W，受督者可以更充分地掌握案主的資料，形成對案主的認知圖（client map）（如：這是怎樣的案主？讓我印象深刻的是什麼？談到某事時，他的思考、情緒及行為反應是什麼？）督導者進而鼓勵受督者，將每一次諮商的過程做連結，思考「自己與案主」的關係是什麼（如：當案主出現某種情緒或行為時，我的反應是什麼？我如何改進？我該如何做才對案主有幫助？）以蒐集自己與案主的相關資料。

督導者：你覺得案主的問題是什麼？

受督者：我認為案主的問題是無法自我肯定，有些許憂慮。

督導者：在你看來，案主是怎樣的人？

受督者：我覺得案主身材短小，相貌平庸，文靜內向，沉默寡言，講話時眼睛不敢注視對方，害羞自卑，是沒有自信的人。

督導者：你如何看你的案主？

受督者：我覺得案主因缺乏自信，對人敏感，對事多疑，因此與人互動時，常會覺得自己受人欺負，覺得自己可憐，以至於會莫名其妙地暗自垂淚。讓我印象深刻的是案主常常自怨自艾。

督導者：案主的問題何時發生的？有多久了？

受督者：據案主的陳述是國中時就缺乏自信直到現在，至少四或五年之久。

督導者：案主為什麼會出現這問題？你的看法如何？

受督者：我認為案主的問題與其成長的家庭環境有關，案主在家並沒有地位，父母常否定她的想法，也因父母親較疼弟弟，家裡並無案主說話空間，兩個弟弟也常嘲笑欺負她，長久以來造成案主無主見，自卑退縮。

督導者：案主談及家庭狀況時，反應如何？

受督者：案主談有關負面之事比正面多，談到爸爸對她吼叫，媽媽對她冷漠的情境就會哭泣。

　　當步驟一的督導任務告一段落，督導者引導受督者逐漸進入步驟二，協助受督者思考案主的問題與其處理技巧的關係，包括針對案主的行為，受督者所使用的諮商技巧是什麼？什麼因素使受督者運用該技巧？該技巧對整個諮商過程有何影響？此督導過程幫助受督者了解自己在諮商技巧運用上的優缺點，提供修改的機會，學習掌握案主的問題及行為，以運用適當的處理技巧與策略。

督導者：針對這樣的案主，妳覺得自己可提供什麼幫助？

受督者：我覺得案主真的需要有人支持同理與關心，我想認知重建對她而言很重要。再來，我希望能努力改善她與家人的關係。

督導者：為什麼案主需要認知重建？

受督者：因為案主常有負面的想法，這是造成她無法自我肯定的因素。

督導者：妳如何幫助案主達到認知重建？

受督者：我想運用理性情緒行為治療的技巧，教導案主反駁非理性的想法，產生良好的感受，進而發展新行為。

督導者：妳認為這些技巧的使用對整個諮商過程會有什麼影響？

受督者：案主剛開始會不習慣，甚至會遭遇挫折而想放棄，所以我需要給予案主很多鼓勵，幫助她克服困難。

督導者：妳如何鼓勵案主執行？

受督者：我想先針對日常生活中的一件事著手，例如父親節快到了，可讓案主擬定如何與父親互動。

督導者：每次都做一件嗎？

受督者：我想先一件一件來，再視情況而訂。

督導者：所以是不是應該與案主設定目標？

　　接下來的督導歷程是整個督導過程的核心，亦即幫助受督者分析案主的問題，提出對案主問題的診斷與假設。此時，督導者應鼓勵受督者從整個諮商角度知覺自己與案主的關係，及審視整個諮商結構；換言之，受督者不應只是單純地作為案主行為的反應者，而是發展自己的認知架構，對自己在諮商過程中所接收的任何知覺與反應訊息賦予意義（Blocher, 1983），形成對案主問題的診斷與假設，並連結步驟一與二的歷程，再次思考自己對案主的知覺是否正確，所使用的諮商技術是否恰當。經由反覆的評估，受督者「學習到的不僅是有關案主行為背後的含義，更能將他過去所學到的諮商理論或人格形成與發展的概念，在此獲得連結與驗證」（蕭文，1999，頁4）。

督導者：妳最近與案主的發展狀況如何？

受督者：我發覺認知重建工作在案主身上似乎產生了阻撓？

督導者：怎麼說？

受督者：依據我對她的觀察，她似乎沒進步，反而更退縮，當我面質她的行為時，她會為自己找藉口，在我認為那是逃避方式，而她卻認為理所當然。

督導者：妳認為造成這現象的可能原因是什麼？

受督者：我想案主個性極度封閉，也許並不適合使用理性情緒行為治療的
　　　　技術。

督導者：以妳過去運用過理性情緒行為治療技術的經驗，有發生過類似的
　　　　現象嗎？

受督者：沒有，過去運用的經驗效果不錯，但針對這案主似乎行不通。

督導者：別洩氣，我們再重新評估案主的問題。

受督者：我想應該先克服案主封閉的個性，妳認為呢？

督導者：案主封閉的個性也許是治療技術運用的障礙，不過除此之外，是
　　　　否有其他因素阻撓？

受督者：嗯……（想了一下）我的面質技巧是否不當，支持與鼓勵是否不
　　　　足。

督導者：有可能，還有，妳鼓勵她執行的行為是否太難，妳有沒有評估
　　　　過？我認為案主的問題既然源自家庭，教她嘗試與父親互動，可能太
　　　　早也太難，可以考慮先從其他同儕的人際關係，實施自我肯定訓練，
　　　　評估其發展狀況，再加入家庭的部分。

　　在經歷三個步驟後，督導者應注意受督者對案主問題的診斷與假設是
否有所修正或改變，如何提出因應的策略與諮商技巧，並評估整個過程對
案主的影響；有時，受督者會類化個人的諮商行為到接案的經驗上，督導
者也應注意受督者對案主問題假設的改變，促進受督者修正處理技巧與策
略的應用。

督導者：上回我們討論重新思考案主問題解決的技巧後，妳與案主的互動
　　　　發展如何？

受督者：自從上次與妳討論後，我開始修正原先的諮商技巧，加強對案主
　　　　的支持與鼓勵，善用面質技巧，也幫助案主先從較容易完成的認知行

為著手，訓練案主建立自信。

督導者：很好，有沒有遭遇什麼困難？

受督者：我覺得面質技巧的使用很不容易，案主太脆弱，有時我怕會傷到她。

督導者：舉例說明。

受督者：例如她說室友排斥她，我問：「每個室友嗎？」她說：「幾乎。」我說：「妳要每個人都喜歡妳，先想想妳自己能夠喜歡每個人嗎？若不能，妳就不能責怪室友。」結果她不發一語。

督導者：面質後，妳使用怎樣的技巧呢？

受督者：只是陪她沉默。

督導者：聽起來案主仍很脆弱，面質後最好能夠重視及了解案主的感受，可伴隨使用情感反映與解釋。

受督者：嗯！（點一點頭）我會注意。

督導者：這些日子以來，妳所使用的諮商策略與技巧，大致成效如何？

受督者：這些日子以來我非常認真地觀察案主的變化，發現案主比較沒有剛開始那麼抗拒，較能微笑，不似之前愁眉苦臉。最令我印象深刻的事是，案主很少會在晤談過程中掉眼淚了，當然，談到非常令她傷心的事她還是會掉淚，不過我覺得她進步很多了。

　　督導最後的步驟是協助受督者重新思考接案的過程，比較原先對案主的認知及經由修正後所得的新認知之間的差異，以獲得對案主新的了解。

督導者：妳接觸這案主也有一段時間了，從剛開始蒐集資料了解案主，到修正的策略與技巧，經歷這麼長的過程，妳願意談談晤談的經驗嗎？

受督者：與案主接觸了一段時間，起初知道案主的問題性質時，我以為只要幫助她做認知重建即可，後來發現我所運用的技術不太適合案主的人格特質與個性，使我重新思考如何幫助案主，雖然比預期多花了一

些時間,但案主有慢慢進步,令人欣慰。

督導者:相信妳對案主已有獨特的了解?願意說說嗎?

受督者:我最大的感觸是認為,同樣的諮商技巧對同問題類型的個案而言,也會有個別差異。案主的個性脆弱,在挑戰她一些非理性的思考時,應該先思考案主對我所面質的問題是否能承受,與其汲汲要案主改變,倒不如先建立好關係,再慢慢幫案主改變。

(六)研究與評價

以循環發展督導模式進行研究的國內文獻,包括施香如(1996)的〈諮商督導過程的建構:循環發展督導模式之分析研究〉、鄭麗芬(1997)的〈循環發展模式督導歷程中受督導諮商師知覺經驗之分析研究〉、劉志如(1997)的〈循環發展督導模式中督導員與受督導諮商師之口語行為之分析研究〉,及許韶玲(1998)的〈受督導者督導前準備訓練方案的擬定及其實施對諮商督導過程的影響之研究〉,這些研究對循環發展督導模式大都賦予正面的肯定,認為此督導架構有明確的步驟及目標,可提供督導者具體方向,容易操作督導過程,適用於不同理論背景的督導者及受督者。

循環督導模式的研究不乏問津。施香如(2015)探討15位諮商實習生接受循環發展督導模式及反饋小組的課程團體督導(共四次課程團體督導),發現循環發展及反饋小組的團體督導過程,可促進諮商實習生對個案理解、諮商介入及歷程理解三方面的專業能力。廖佳慧(2017)以循環督導模式針對三位新手諮商師進行六次督導,發現:(1)循環督導模式的督導要素內涵,共有五大督導要素,十三類細項:①諮商師:諮商師知覺、當事人概念化、諮商師困境、諮商師優勢、諮商師重新理解、諮商師自我評估;②當事人:當事人相關背景資料;③問題:對當事人問題認識;④情境:諮商關係及諮商行為;⑤諮商方法:諮商處遇與評估、調整諮商處

遇與評估及預估當事人改變；(2)督導要素在循環督導模式整體運用比例以
「諮商師」最高，依次為「諮商方法」、「情境」及「問題」，「當事
人」運用比例為最低；(3)循環督導模式與督導要素內涵之互動關係，步驟
一、三、五均以「諮商師」督導要素出現次數最多，而步驟二、四則以
「諮商方法」督導要素出現次數最多，反映出循環督導模式主要督導架構
有對應到督導要素；(4)督導的流動：①循環督導架構循環流動，對應的督
導要素亦隨之流動；②善用主要循環及次要循環進出路徑之流動；③彈性
運用循環督導模式「步驟一→步驟三→步驟二→步驟四」的督導架構進行
知覺轉換。

　　不過，循環發展督導模式也具有以下的缺點：(1)督導者若無此一模式
的理念，其督導過程則會流於形式的問答，阻礙受督者的專業成長（蕭
文，1999）；(2)此模式只考慮諮商師在諮商情境中的表現，未加以說明諮
商師的過去經驗，及個人背景資料所產生的影響；(3)無法具體說明每一次
督導情境如何產生連續的影響（蕭文、施香如，1995）；(4)此一模式較以
「案主問題解決」為取向，督導重點放在案主與案主問題上，忽略受督者
的問題對諮商效果及進度的影響；(5)未能說明受督者專業發展的相關經
驗，如諮商師角色的認同，及由生疏到熟練的成長經驗等等。凡此皆值得
督導人員或研究人員思考，進一步深入探討。

Chapter

10

區辨模式督導

徐西森

　　諮商與心理治療領域的督導理論模式甚多，1980年代以後，融合教育心理學、社會角色及個別差異等觀點之發展與概念取向的督導模式，成為諮商督導的主流。隨著諮商督導專業的發展與督導理論派典的興替或整合，而今概念與社會角色取向（Bernard & Goodyear, 2004）發展為歷程取向的督導理論模式（Bernard & Goodyear, 2019），其中 Bernard（1979）區辨模式為督導重要的一支，迄今仍為適用於「教」與「學」及「做」的督導模式。區辨模式督導呈現了督導歷程中最基本的兩項焦點：究竟要教導些什麼予受督者，以及受督者究竟需要些什麼（Bernard, 1995）。

一、發展背景

　　督導理論模式的發展如同諮商理論治療法的發展，持續在變動整合中，例如今日心理動力取向的治療理論與學者，相較於早期精神分析學派的理論與學者，已有不同變化且更新更多。Borders（1989c）認為，任何一種專業角色在不同階段的角色轉換與專業發展上，都必須面對許多的變化與挑戰。諮商督導的運作歷程更是充滿挑戰，其專業考驗也相當嚴苛。Bernard（1981, 1995）發現，傳統經驗傳承「師徒式」的諮商督導及其訓練歷程，諮商督導人員往往容易侷限於個人在諮商與心理治療方面的專業知能，導致臨床上督導或訓練的重心僅置於受督者的缺失或弱點所在。

　　區辨模式是 Bernard（1979）根據個人多年來在諮商與心理治療方面督導的實務經驗，以及綜合學者研究調查的結果，所發展而成的一種督導方法，其目的旨在建立一個具有統整型的督導訓練與實作模式，一個能兼容並蓄助人者各個不同專業角色的內涵。區辨模式亦被視為是一種富有人際歷程回憶法、精微諮商和跨文化三人諮商等技術訓練取向精神的統整型督導模式（梁翠梅，1996a；Bernard, 1989），也是一項重要的概念型督導（黃素菲，2002）。

　　至於諮商治療理論取向的督導模式及其人員培訓工作，除了有上述

「師徒式」督導訓練的限制之外，有時也因受限於督導雙方不同的專業背景（諮商學派、治療觀點），而陷入理念混淆、學習遷移困難等缺失，同時令受督者感覺不自在、抗拒或退縮。因此，唯有教育訓練取向的督導歷程與培訓架構，重視於訓練、啟發受督者的專業能力，較不會引起其心理防衛。換言之，有效能的諮商督導人員必須具有傑出的知能、豐富的經驗與訓練（陳滿樺，2002；Crunk & Barden, 2017）。

二、督導重點

　　諮商督導人員必須協助督導對象確認影響諮商效果或督導歷程的焦點，並相對地輔以適切的督導角色（Bernard & Goodyear, 2004）。當受督者在諮商歷程或專業發展陷入迷惘或掙扎、介入失焦或處遇失當時，有些諮商督導人員會扮演教師角色，直接教導其相關的諮商理論、策略、方法或技術；有些會如同諮詢師，引導、探問或提供資訊，協助受督者個案概念化、歷程介入化；當受督者出現個人化議題或困擾時，諮商督導人員會如同諮商師般的支持、接納和同理，對其諮商或鼓勵並轉介他人諮商。當然，介入化、概念化和個人化三者可能相互影響、難以切割；例如諮商師對某案主感到不舒服，可能不知該如何介入，也有可能不了解案主或對案主出現反移情。

　　由上觀之，督導焦點可能列於諮商督導人員、受訓督導者及受督者三方面專業性的督導訓練方案中，以使三者皆能相互真誠、具體地投入個人專業作為。

　　優秀的有效能的督導者，必須經歷諮商師、受督者、受訓督導者、實習督導者等專業歷練。Bernard（1979）認為，既有助於諮商督導人員知道要「教」些什麼，也有助於受督者了解要「學」些什麼，更有助於受訓督導者清楚要「做」些什麼，這種兼具教（督導歷程）、學（諮商師教育）、做（督導培訓）三項專業功能的督導模式，Bernard稱之為「諮商督

導人員訓練方案：一種區辨模式」（Supervisor training: A discrimination model）。

　　Bernard（1995）也非常重視「督導者的督導」（supervision of supervisor），認為它是諮商督導專業發展上的一項嚴肅課題，督導者的督導者也可以引用、參照各項督導理論模式來督導其受訓督導者，來進行諮商督導人員的在職訓練，而區辨模式即是重要的督導中的督導法（Bernard & Goodyear, 2004），有助於督導者的行為塑造。諮商督導人員在教、學、做的過程中也需要時時反思自我的內在狀態與專業知能，以做中學、學中教、教中做，三者相輔相成；諮商督導人員也是自我的區辨模式督導。

　　Bernard（1979）綜合國內外文獻資料及上述專業考量，彙整出一位有效能的諮商師所須具備的三項基本能力：歷程化技巧（process skills）、概念化技巧（conceptualization skills）及個人化技巧（personalization skills），歷程介入化、個案概念化和個人化議題，此三者為臨床督導上的三項督導焦點。至於一位有效能的諮商督導人員所須具備的三種專業角色則為：教師（teacher）、諮商師（counselor）和諮詢者（consultant）；亦即教師、諮商師與諮詢者為臨床督導上三種較常見的督導角色，教師型督導者多教導、示範與評量等；諮商師型督導者多同理、鼓勵和治療等；諮詢師型督導者則多探問、引導與資訊提供等。

　　Bernard將前述三項督導焦點與三種督導角色，彙整為一個三乘三的督導策略，詳如表 10-1（梁翠梅，1996a，1996b）。在臨床督導時，諮商督導人員必須不斷在督導歷程中，協助受督導者區分、辨識其專業發展上的需求與知能（即督導焦點），並對應以適切之督導策略、督導作為與專業知能（與其督導角色的變動有關），以受督者的專業需求和受督動機為優先，配合督導的過程與步驟、受督者的專業發展階段來區辨、督導之，此即為區辨模式督導的核心理念與架構。

表 10-1
Bernard 之區辨模式的督導內容

督導角色 督導策略 督導重點	教師	諮商師	諮詢者
歷程化技巧	(一) 教導歷程化技巧	(四) 對影響歷程化技巧的個人因素實施諮商	(七) 蒐集並提供有關歷程化技巧的專業資訊
概念化技巧	(二) 教導概念化技巧	(五) 對影響概念化技巧的個人因素實施諮商	(八) 蒐集並提供有關概念化技巧的專業資訊
個人化技巧	(三) 教導個人化技巧	(六) 對影響個人化技巧的個人因素實施諮商	(九) 蒐集並提供有關個人化技巧的專業資訊

（梁翠梅，1996b，頁 68）

三、督導架構

　　區辨模式督導是一套有效的督導作為與架構。對受訓督導者而言，它是一個實用工具；對受督者而言，它是一個學習模式；更重要的，對諮商督導人員本身而言，它也是一個「督導者的督導」取向，協助諮商督導人員去區辨自己是否已展現會做、該做，也已正確有效地做了臨床督導工作。區辨模式督導在實務應用上，不在於此法有多少個督導角色或多少項督導焦點，也不在於檢視該有多少督導策略或 Bernard 為何形成如此的模式；真正區辨模式的督導核心乃在於「如何區辨」，亦即諮商督導人員應確實地了解、辨識其督導對象在各方面的專業需求與能力。

　　至於諮商督導人員在督導歷程中如何進行督導則須配合督導關係及不同發展階段，以適當地調整個人的督導方法，包括針對不同的督導角色與

督導功能（焦點），來對應以適切的督導策略與督導行為，詳如表 10-2
（徐西森，2003a；陳錫銘，1992）。Bernard（1979, 1987, 1992, 1997）強
調區辨模式是一個情境抉擇標定的督導方法，諮商督導人員必須有足夠的
專業能力從此一模式之九宮格（情境）督導策略中，確切區辨、選擇其中
最適合督導對象之「情境」，擬訂督導策略以督導之。「情境」包含督導
角色和督導焦點，前者包含教師、諮商師和諮詢師；後者包含歷程介入
化、個案概念化和個人化議題。

　　「歷程介入化」係指受督者於諮商歷程中，不知如何介入處理案主問

表 10-2
Bernard 督導角色、功能與督導行為

角色	功能	督導行為
教師	歷程化	演示或描述一種或多種特定的人際處理或介入技巧與策略。
諮商師	歷程化	協助受督者決定哪些是阻礙或促進其處理特定案主因素；降低對受督導者的限制，並鼓勵在諮商階段中的不斷嘗試。
諮詢者	歷程化	與受督者一起討論介入策略的不同用法，並加以練習；專注於介入策略與技巧的相互學習。
教師	概念化	演示或描述一種或多種個案訊息的分類或組織，並了解案主的行為、想法與技巧的相互學習。
諮商師	概念化	協助受督者了解其刻板化、概念化及未解決的問題，是如何影響其諮商專業的進行，同時也提供不同的觀點給受督者思考。
諮詢者	概念化	與受督者一起探索諮商理論、模式和各種概念問題與含義。
教師	個人化	演示或描述受督者在諮商期間，其情感、認知方式及情感使用的潛在重要性。
諮商師	個人化	協助受督者了解或處理與諮商歷程有關的個人問題或感受。
諮詢者	個人化	與受督者一起探索與諮商有關的個人看法。

（陳錫銘，1992，頁 7）

題，如諮商學派或治療理論的選擇？諮商過程如何適時介入？怎麼處理案主對諮商師的抗拒或隱而未說？對諮商技術使用的時間、時機的困惑？高層次同理心或面質、摘要和重述等技術的差異為何……等等。「個案概念化」係指受督者於諮商歷程中，不知案主的主要問題和次要問題？影響問題發展的因素？案主的諮商需求與求助動機不明？背景脈絡等相關資料不足？蒐集哪些資料？如何分析和運用資料？以及案主的功能評估和個案診斷……等等。「個人化議題」係指受督者於諮商歷程中，諮商師個人因素影響其諮商歷程與個案處理，如諮商師的認知、態度、情緒、價值觀、成長經驗與早期創傷……等等。

　　區辨模式督導過程一開始，諮商督導人員可先了解受督者對本次受督的期待或感受，或從其個別諮商、團體諮商、諮商狀況、實習情形等自我報告中了解，督導者同時專業思考並適時決定接下來的督導角色與督導焦點。有些採用區辨模式的督導者可能直接徵詢受督者的問題需求與受督焦點，如「本次督導你希望聚焦在接案的過程、策略或技術？還是想了解案主的主次問題、問題成因、功能評估、影響案主改變的相關因素等？或你有什麼想法和期待呢？」有些督導者也可能詢問：「幾次督導下來，你在不同的案主和不同類型的問題處理上，我發現你很在意案主對你的看法及案主的改變情形，你自己有覺察到嗎？想說說這部分嗎？你希望本次督導焦點在哪？」以此來開展區辨模式的督導架構與過程。

　　本模式兼重「區辨」和「督導」，區辨先於督導，區辨方式得採直接詢問或邀請受督者自己決定本次督導的焦點或期待的督導者角色；或是採間接方式，於督導過程中探索可能的督導焦點與角色，如表 10-3。表內係區辨模式督導過程中，諮商督導人員以「諮詢師」角色，針對受督者「個人化」議題為焦點所進行的一段督導歷程之對話實錄及其區辨模式督導分析：

表 10-3

區辨模式督導歷程的對話實錄及其督導分析

督導雙方的對話實錄	區辨模式督導分析
督導者：「你提到案主（以下稱 A）本週預約時間到了卻沒有過來，感到不解也很在意，想多談談嗎？」	探問，了解待督導問題
受督者：「嗯，我回想上週和 A 的諮商情形，他有說最近好多了。最後他問我有需要再來嗎？我問他，你最近好在哪裡？他說了很多，好像睡眠好多了，比較少胡思亂想、會想出門去走走了。他說了很多好的改變，有些我記不得了，嗯，就這些。」	
督導者：「當他這麼說時，你當下的感受和評估是？」	探問，聚焦受督者個人的感覺與想法
受督者：「我感覺他說得好像不是真的，我覺得他好像還有沒說的吧？」	
督導者：「你不確定？對他或你自己？」	引導受督者澄清是否是督導焦點。若是自己，則可能與個人化有關；若為案主，可能與概念化或歷程化有關
受督者：「喔喔，嗯」	
（受督者停頓、陷入沉思；督導者關注與專注地等待）	
受督者：「我想可能是……對自己吧，我不覺得自己的能力有好到、強到諮商兩次就可以讓 A 有這麼大的改變。」	
督導者：「你似乎對自己沒信心，有些難過、擔心和更多的懷疑是嗎？」	確認督導焦點為個人化，而非歷程介入化或個案概念化
受督者：「在我機構每一位諮商師都很資深、能力看起來都很強，他們每一位的個案量都比我多，連續個案的比率我應該是最低的吧，每個月的個案討論我覺得大家都說得很專業；我有時腦中空白，當談到諮商學派或哪些治療理論的時候，我好像只想到 WDEP，我好像無法從不同學派理論的觀點來做個案概念化，說真的執業快一年了，我不但沒有進步，甚至懷疑自己適合做諮商嗎？」	
督導者：「這種感覺很強烈？多久了？」	探問並關注於受督者的個人感覺
受督者：「強烈喔，是還好啦，多久嗎？好像從我全職實習時就有這些了。」	
督導者：「當時你的感覺也很擔心、難過嗎？你怎麼完成實習的？」	聚焦過去、現在的個人化議題
受督者：「我那時對自己做得不夠好的部分，我常會告訴自己，我是實習生嘛慢慢來，本來就是來實習的，而且我接案也沒有收費啊，若他有交費用做不好是機構要負責。做不好就要多做多學吧，應該還可以接受，反正沒有違反倫理法規或是太差就好了，就是多支持個案和陪伴個案吧！」	

（續下頁）

表 10-3
區辨模式督導歷程的對話實錄及其督導分析（續）

督導雙方的對話實錄	區辨模式督導分析
督導者：「你覺得這些想法像什麼？做法又像什麼？」 受督者：「什麼？督導你是指？」 督導者：「你的說法、做法，好像也在對自己用諮商學派、治療理論？」	再度確認受督者的需求並判斷其所需的督導角色
受督者笑笑地說：「呵呵，瞭了，對喔，我好像對自己CBT，對個案用人本嘛！」 督導者：「好像你對學派和理論也不完全不懂，對嗎？而且也用自己身上？」	根據受督者的反應，督導角色擬採諮詢師
受督者：「嗯嗯！督導這麼說，感覺好些了，好像從我學了諮商以後，也有對自己也有些影響啊？」 督導者：「影響？哪些影響？」 受督者：「我以前，喔，以前過得不好，一直覺得很孤單，好像做什麼都不行，常常往不好的地方想，感覺很糟，其實學諮商也是陰錯陽差地考上了，我大學讀的是教育，沒有考過教師資格檢定考試，就想再讀研究所再考考看。」	確認督導角色為諮詢師，督導焦點為個人化
督導者：「聽起來以前的你和現在的你有些不同，這樣轉變似乎常發生嗎？」	澄清並引導其探討轉變
受督者：「對，好像是這樣。」	擬建立受督者信心
督導者：「這種好的感覺也有出現在諮商嗎？」 受督者：「有吧？！」（受督者拉長尾音、微笑著）	
督導者：「那是有？沒有？」	探問再確認
受督者：「有，其實我接案雖然沒有其他人多，但想想也有些個案談得不錯，要嘛是連續個案，不然嘛也有許多是順利結案的。」	增強受督者信心
督導者：「看來不錯啊，那我們回到你剛說的問題，你說自己好像無法從不同學派理論的觀點來做個案概念化？」	導回受督者個人需求
受督者：「嗯，好像是這樣。怎麼辦？」	
督導者：「你對諮商理論治療法還記得哪些？」	探問其專業知能
受督者：「有……哦……心理動力取向的阿德勒、佛洛伊德，還有人的羅傑斯、完形治療法，那認知行為學派有貝克的認知治療、REBT、現實治療的 WDEP，那後現代取向有敘事治療……嗯，還有焦點短期諮商，好像是這樣。」	
督導者：「看來還記得還不少啊！」（雙方相視而笑） 受督者：「嗯，還有家庭治療，什麼包溫的多世代，嗯不，跨世代。」	強化受督者專業求知動力

（續下頁）

表 10-3
區辨模式督導歷程的對話實錄及其督導分析（續）

督導雙方的對話實錄	區辨模式督導分析
督導者：「那好，針對你剛說的個案討論或接案的擔心，接下來你可以怎麼做來改善？」	討論可能的方向與方法
受督者：「嗯，多看書。再把諮商與心理治療理論的書拿出來看嗎？」	
督導者：「你覺得看就可以用？」	
受督者：「不夠，不行的，嗯，好像還要看各治療法的接案錄影帶、多聽聽別的諮商師怎麼說。」	
督導者：「不錯啊！我分享自己的經驗，提供一些方法來讓你試試。首先，你閱讀一本適合自己的諮商與心理治療理論書；其次，筆記各學派及其各治療法的重點；未來，每個個案試著以這些重點來分析……」	示範、建議與資訊提供
受督者：「好，看來可行。下次督導我先帶一部分重點請你督導。」	協助受督者（求詢者）處理個案工作或個人問題，達成求詢、受督和個案等系統目標。

四、應用與評價

　　區辨模式督導旨在藉由一選擇性矩陣，提供諮商督導人員臨床督導上一個明確具體的參考架構，適用於諮商督導人員督導助人工作者有效從事助人工作，也可用以訓練受訓督導者學習諮商與心理治療的督導專業。綜合 Bernard（1979, 1981, 1995, 1997）及 Goodyear（1997）、徐西森（2001a，2002，2003a）、梁翠梅（1996a，1996b）等學者有關區辨模式督導的相關研究與文獻探討，區辨模式的督導歷程是實務訓練導向的，係以良好的督導關係為基礎，所發展而成的一種具體明確、兼具廣度與深度的督導理論。

　　Ellis 和 Dell（1986）整理區辨模式焦點和角色（3×3）的九種組合共涉及六個層面：認知、情緒、行為、結構、權力和支持，擴展了學者專家

對區辨模式的理解。Arthur和Bernard（2012）研究發現區辨模式對住院醫師治療病患的臨床督導相當有效；Timm（2015）認為本模式有助於降低受督導者的焦慮、強化其生涯的選擇及價值、促進支持合作的督導關係。Luke、Ellis 和 Bernard（2011）探討區辨模式各督導角色和督導焦點配對組合的成效並進行驗證分析，結果顯示各有其必要及時機。

　　蔡美香（2022）探究區辨模式沙盤督導對受督焦慮與督導效能之影響，本研究採質量混合設計，以質性方法為主、量性分析為輔，研究對象為五對大學場域之全職實習諮商心理師及其督導者，進行每週一次、共12次督導；研究發現受督焦慮主題為擺盤克服挑戰、展露安心；沙盤承載情緒、安放焦慮；沙圖具象故事、顯現脈絡；沙盤照映內在、滋長力量。督導效能主題為跨越擔憂、喚發信心；隨心駕馭、尌酌平衡的督導焦點；水能載舟、亦能覆舟的督導者角色；穩固同盟、豐厚理解；共同觀盤、效能提升。又，受督焦慮下降達統計顯著水準，但督導效能則無明顯差異。

　　區辨模式督導在做法上，諮商督導人員可先由相關的紀錄、檔案、討論及不斷的觀察中，了解其督導對象，然後進行督導「區辨」。區辨的方式相當多元，一方面可採用有關的評量工具，例如區辨模式的評量表或其他專業評量表；另一方面也可在臨床督導時，先由諮商師提供諮商錄影檔或錄音檔，再由諮商師和諮商督導人員一起選定討論片段，並由諮商師區辨欲督導的焦點：歷程化、概念化或個人化的技巧。最後，由諮商督導人員依受督者（諮商師）的專業表現及實際需求，適配其教師、諮商師或諮詢者的角色，但皆須以受督者在諮商歷程中的專業反應為督導焦點（Bernard & Goodyear, 2019）。

　　此外，運用區辨模式進行臨床督導時也可設一觀察員角色（類似Pedersen的跨文化三人諮商師訓練模式），觀察員可以不斷提出回饋意見，督導歷程在此專業回饋中反覆進行。若以團體督導方式進行，成員之間可以互相討論、激盪交流，可以每兩週搭配一次有諮商督導人員指導的個案報告。當然，督導歷程若能錄影、錄音更好，有助於相關專業人員回憶、檢

視、討論、分享與回饋；特別是當督導者的覺察與受督者的陳述不一致時，錄音（影）便是一個很好且重要的檢核工具（Bernard & Goodyear, 2019），包括督導關係也可一併列入檢視。

　　上述特定情境、真實案例的實務訓練，有助於督導、學習與實作，並有效解決專業問題和臨床困境。進行以區辨模式為架構的臨床督導，原則上一次最多以三位諮商師為限（同儕督導不在此限）；惟個別督導方式仍是諮商督導或專業訓練較常用的一種方式。又，對資淺的受督者或諮商實習生需要較高結構的督導；若對專業發展混淆階段的諮商師，不適合諮詢師角色的督導，宜採諮商師或教師的角色督導。至於區辨模式的督導成效仍須植基於良好的督導關係與督導雙方的相互了解。事實上，無論採取何種理論模式的督導歷程，大都以建立良好互動的督導關係為前提（蔡秀玲，1999；Bernard & Goodyear, 2004; Holloway, 1995）。

　　Bernard（1979）指出，在進行諮商師教育或督導者訓練的諮商督導時，可採取下列督導程序：(1)首先，分別對受督者做此一模式的介紹，並使用實驗室方法，包括諮商錄影檔播放、概念和功能的討論，以及個別和分組的練習；(2)要求受督者從中舉例說明歷程化、概念化和個人化技巧，並充分清楚了解，使觀念上的混淆或誤解因不斷練習和討論而得以澄清；(3)要求受督者在角色扮演中實際演出三種功能（歷程化、概念化和個人化），並加以錄音或錄影；(4)其他學員可看錄影檔來加以回饋、討論和評價，受督者被要求要對他們整個訓練期間的諮商單元進行評價，並且以三項功能（歷程化、概念化、個人化）來做未來諮商督導或專業發展方向的指引。

　　若在進行個案研討時，亦可用此一模式進行同儕或團體的督導。此外，臨床上使用區辨模式進行督導時，必須注意下列四項原則（Bernard, 1997）：(1)給予受督者充分的時間去聚焦學習；(2)督導者使用更多的範例補充督導；(3)協助受督者討論專業對話中真正的意義；(4)允許受督者做更多的角色練習。為了協助受訓督導者能夠「區辨」，諮商督導人員或督導

訓練師須多示範各種受督情境，讓受訓督導者區辨所需的督導角色和焦點為何；受訓督導者也可多發問些情境和案例，學習區辨。受訓督導者在此一兼顧「教」、「學」、「做」的專業督導歷程中，必能成為一位有效能的諮商師或督導工作者。

五、結論

區辨模式的諮商督導材料大都是「實務的縮影」（a metaphor of the session）而非「實務本身」（the session itself）；換句話說，督導者、受督者或受訓督導者的「教」、「學」、「做」僅限於某一單元的實務歷程，故在推廣、推論及實務應用上宜慎重（梁翠梅，1996a，1996b）。Bernard（1997）認為區辨模式督導法的特點為：(1)兼顧發展性、個別需求及多向度功能，並可提出督導的重點與指引；(2)可以針對特定專業人員給予歷程化、概念化與個人化等技巧的督導；(3)可以導向更清楚的溝通，讓臨床督導的工作議題與流程更清楚明確，督導關係的經營也可以因架構明確而較輕鬆順暢。區辨模式也可結合其他諮商理論或督導模式來進行督導（蔡美香、王孟心，2020；Gaete & Ness, 2015）。

區辨模式督導重視督導者如何在督導歷程中區分三項督導焦點（歷程化、概念化與個人化），及辨識三種督導角色（教師、諮商師與諮詢者），以及其交互運用。督導者必須從中協助受督者確認影響諮商效果或督導歷程的焦點，並相對地輔之以適切的督導角色（Bernard & Goodyear, 1998）。此一督導模式在臨床督導或諮商師教育上，確有其獨特的見解與實用的效果。它可同時進行督導者與諮商師雙邊訓練，並在二者配搭的真實督導歷程中，提供受訓督導者實作的機會。因此它是一個具有多向度功能，又經濟實惠的訓練模式；它是一項重要的、兼具歷程式和概念式的督導，值得未來心理專業工作者投入更多的心力與時間加以探討、研究與應用。

Chapter

11

雙矩陣督導模式／
七眼督導模式

黃素雲

　　七眼督導模式在 Benard 和 Goodyear（2014, 2019）書中，是一種歷程模式，此模式被稱為「七眼」，是因為它側重於治療過程的七個不同面向，是架構清晰且實用的督導模式，關注到督導過程中的個人、關係和系統的細節，從多層面發展專業知識，提高督導的效率。督導者和受督者獲得的知識愈廣泛、愈深入，諮商工作就更有效。此模式賦予督導過程詳細的工作，啟發了督導實務的不同面向和觀點，不僅運用在諮商領域，舉凡有督導制度的行業，幾乎都有七眼督導模式的足跡。此模式在歐洲（如愛爾蘭和英國）是督導者培訓和實務的核心模式（Carroll, 2020; Creaner & Timulak, 2016; Dunsmuir & Leadbetter, 2010），被喻為是國際上最具影響力的督導模式（Joseph, 2017）。

一、發展背景

　　雙矩陣督導模式（double-matrix model）又稱為七眼督導模式（seven-eyed model of supervision），源自 Peter Hawkins 於 1985 年用來督導心理治療師，後來與 Shohet 將其發展到其他助人專業上（Peeters, 2020）。該模式記載在兩人於 1989 年合著的《助人專業督導》（*Supervision in the Helping Professions*）中，之後陸續出版至第四版（Hawkins & Shohet, 1989/2000/2006/2012），而第五版是 Hawkins 和 McMahon（2020）合著。該書是督導的暢銷書，已將七眼督導模式擴展和發展，從諮商、心理治療和社會工作專業擴展到所有醫學專業，最近又擴展到教育、輔導、指導和人力資源管理，已應用在世界各地的許多專業和不同地區。國內有 2013 年王文秀等人翻譯的中文版。

　　Hawkins 是一位商學院領導領域的教授，曾任巴斯諮詢集團（Bath Consultancy Group）創始人及名譽會長，Renewal Associates 的主席，是一位頂尖的領導力發展顧問、教練、研究者和作家（如著有 *"Leadership team coaching in practice: Case studies on creating highly effective teams"*（2022）

一書），他也是許多公司與組織團隊的諮詢領袖，參與設計、變革和組織轉型等專案，是組織變革方面的思想家和專家。Hawkins 在巴斯諮商集團與其他同事一起修正了七眼督導模式，以應用於教練、指導、團隊教練和組織諮詢，目前活躍於教練督導者的所有國際性的培訓。

　　而 Shohet 自 1979 年以來，在英國的督導和團隊發展中心（Centre for Supervision and Team Development），開設督導課程與研習，擔任培訓師致力督導培訓工作超過 40 年之久。Shohet 與夫人 Joan Wilmot 共事，該中心是督導培訓的首要機構，培訓課程以七眼督導模式為核心。夫妻二人熱愛督導，合著《愛上督導》（*In Love with Supervision*）（Shohet & Shohet, 2020）一書，詳細描述七眼督導模式的培訓課程，堪稱助人專業督導培訓的先驅。

二、重要概念

　　雙矩陣督導模式（又稱為七眼督導模式）為「既是關係的也是系統的」模式（Hawkins & Shohet, 2012, p. 86），著重於案主、諮商師和督導者三者之間在各種直接或間接關係組合的互動過程。通常督導涉及到督導者、受督者、案主與情境，在督導現場，只有受督者與督導者是直接關係，其他有關於案主或治療情境的內容，皆由受督者間接帶入督導中。故此模式包含四要素（督導者、受督者、案主與工作情境）與兩個連鎖系統，即雙矩陣：案主／受督者矩陣及受督者／督導者矩陣。

　　故第一個矩陣著重治療系統，關於治療內容、治療方法和策略以及治療過程和關係；第二矩陣則關注督導系統，關於治療師和督導的內隱感受以及督導關係（Hawkins & McMahon, 2020）。每個層面均在廣泛系統脈絡中相互作用，從而衍生出七種類型，包含類型 1 到 3（關注案主、受督者的介入措施以及案主—受督者的關係）、類型 4 到 6（關注受督者、受督者和督導者的關係、督導者），此六種類型完整涵括雙矩陣中所有過

程，最後的類型 7，係指與雙矩陣（兩系統）密切關聯的更廣泛的背景系統。七種類型*猶如七隻「眼睛」，意指督導關注的焦點，如圖 11-1。

◆ **圖 11-1　七眼督導模式**

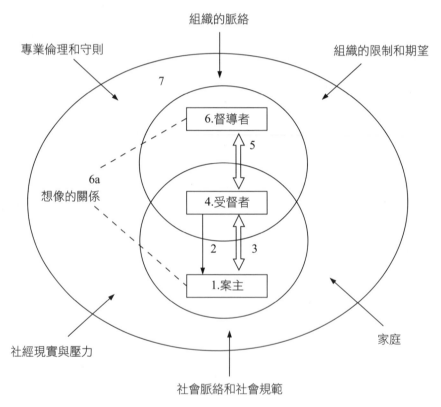

（Hawkins & Shohet, 2012, p. 87）

---

* 七種類型的內容主要參考自 *Supervision in the Helping Professions*（Hawkins & Shohet, 2012, pp. 88-90）、*Coaching and Mentoring Supervision: Theory and Practice*（Bachkirova et al., 2011）及 *Certificate in Supervision-Course Handbook*（Cooke, 2022, pp. 13-33）。

　　類型 1　關注案主本身（Focus on the client）：著重於案主在療程中如何呈現自己，聚焦對案主的認識，包括觀察到的、體驗到的有關案主如何呼吸、說話、外觀、手勢等；案主陳述的語言、隱喻、圖像和生活故事等；及各療程之間案主分享內容的關聯性等。類型 1 幫助受督者從案主的角度體驗諮商關係，看見諮商關係中案主此時此地的動機、需求和願望，這是與案主產生共鳴的有效方式。在 Hawkins 和 McMahon 書中已將「案主」擴大到「任何從受督者那裡接受服務的個人或團體」（Hawkins & McMahon, 2020, p. 89），例如受督者服務的其他個案以及社區健康或教育團體，這大多涉及更廣泛背景，也會跨類型 7.1。

　　類型 2　關注介入措施（Focus on interventions）：聚焦於諮商師使用的介入內容、時間、方式和原因；計畫／預演介入措施；計畫替代性的介入措施；和預測介入措施的後果和影響等。此類型幫助受督者看見介入措施的適當性，以及可能的盲點，能提升受督者對介入措施的選擇和技能的運用。

　　類型 3　關注案主與受督者的關係（Focus on the client-supervisee relationship）：特別注意案主與受督者有意識和潛意識的關係動力，包括療程如何開始和結束、周遭發生什麼、出現的意像或隱喻，及雙方聲音和姿勢的變化等，以幫助受督者「跳脫自己的觀點」，對治療關係動態有更深刻的洞察。

　　類型 4　關注受督者本身（Focus on the supervisee）：探討受督者如何有意識和潛意識地受到療程的影響，包括感受、思想、行為和對案主的反移情反應；受督者需要處理個人問題，才不會阻礙他對案主的理解。類型 4 並關注受督者的福祉與專業發展，使其穩定學習並運用豐富資源，以提高與案主工作的效能。

　　類型 5　關注督導關係（Focus on the supervisory relationship）：關注督導議程中的關係動態，探索移情或平行關係（歷程）存於諮商師與個案的關係中，也可能反映在諮商師和督導者的關係之中。例如當討論特定議

題時，案主對治療師的抗拒，也可能出現在督導關係中，受督者在探討該議題時，對督導者也會潛在出現抗拒的行為。此類型幫助受督者發現督導過程中潛藏的關係動力，進而更深入了解案主—諮商師系統。再者，督導者提供支持性、建設性的回饋來關注督導同盟的品質，專業界限／雙重角色的管理以及協同工作的討論，已視為是直接的關係交流，在 Hawkins 和 McMahon 的書中，被納入類型 5（McMahon et al., 2022），其中可能涉及更廣泛背景，也會跨類型 7.5。

　　類型 6　關注督導者本身（Focus on the supervisor）：督導者關注在自己的過程，也就是此時此地的督導經驗，包括對受督者、諮商療程及督導會話涉及的內容，所產生的想法、感受和想像，有助於督導者深入了解平行歷程—督導關係（督導者與受督者的直接關係）與個案關係（督導者與案主的間接關係）。督導者本身的想法、感受和想像，往往會是受督者在諮商療程中沒注意到的重要素材。此外，督導者分享他們工作的價值、信念和經驗，亦被納入類型 6 （McMahon et al., 2022）。

　　類型 6a　關注督導者—案主關係（Focus on supervisor-client relationship）：督導者與案主雖是間接關係，但督導者對案主想法、感受或想像有其價值，這些內容可與受督者的經驗相對照，不一致之處則提供多元的探索素材。

　　類型 7　關注更廣泛的背景脈絡（Focus on the wider context）：上述六種類型與家庭、社會，和所有利益相關者的文化、政治和經濟背景均有密切關係，專業守則與倫理、組織要求與限制，還有組織間的關係，也會影響督導與治療工作。

　　七眼督導模式的特徵除了上述介紹的類型／焦點（mode/focus）外，Hawkins 和 Shohet 還提供了額外層面，包含五個因素：(1)督導者的風格和角色；(2)受督者的發展階段；(3)督導者與受督者的諮商取向；(4)督導者—受督者的合約（包含項目如評估計畫等）；(5)進行督導的場域或形態（如個督或團督）（Benard & Goodyear, 2019）。

三、督導目標與督導關係

督導任務涉及密切關注與案主關係和督導關係中發生的情況，並考慮案主、受督者和督導者在更廣泛的系統環境中的交互作用。故督導目標在於能運用多層面的視角協助受督者有不同視域的探索，各類型的督導目標不一：

類型 1 的目標是幫助受督者對案主有新穎的覺察，關注案主以及案主所做的選擇，並專注於跟案主的生活各個方面能有連結。

類型 2 的目標是加強受督者對介入措施的選擇並能提升介入技能。

類型 3 的目標是幫助受督者跳脫自己的觀點，對於在治療中與案主的關係動態能有深入的理解。

類型 4 的目標是提高受督者對案主的投入，覺察反移情，並更有效地運用他們對案主的反應。

類型 5 的目標是使受督者能夠發現督導過程中不知道的關係動態。

類型 6 的目標是提升督導者本身自我覺察，覺察本身對案主、對受督者、對關係的反應。

類型 7 的目標是幫助受督者敏覺於各類型涉及的背景脈絡。

Hawkins & Shohet（2012）以「足夠好的母親」來比喻督導者的角色。足夠好的母親是孩子崩潰時的穩定力量，同樣地，「足夠好的督導者」可以是受督者溫故知新的穩定力量，既能提點受督者所學的知識，也能協助他們在質疑自己的任何事物中學習。此模式即是給「足夠好的督導」提供一個可遵循的概念地圖，以達到此目的（Benard & Goodyear, 2019）。

督導者在不同時間所使用的角色和風格，隨著關注的面向不同、工作重點不同而改變（Basa, 2017）。例如類型 1 的督導者會是催化的角色，讓受督者能更多地呈現案主，將案主帶入房間（room）；類型 2 的督導關係頗多元，需要督導者能催化受督者反思所運用的介入策略的結果和影響，

鼓勵受督者想出／發展多樣的介入策略，並預演計畫的介入策略；此外，也需要督導者指導和示範介入的方法。督導者可採協同的角色，運用角色扮演、錄影檔播放或現場參與讓受督者能體驗學習（Bearman et al., 2017; McMahon et al., 2022）；類型 3 的督導者就像伴侶諮商師，既要平衡案主與受督者的利益，又要兼顧雙方的空間和關係（Cooke, 2022）。Hawkin 和 Shohet（2012）很肯定類型 3 至 6 是受督者獲得經驗、最能探討工作中的關係過程，督導者的角色會傾向諮商師，能夠處理內在心理歷程與關係動態的素材。

　　督導者關注的類型層面，也隨著受督者的學習經驗與需求而不同。對新手諮商師而言，督導者協助受督者關注在諮商系統會多於督導系統，受督者也傾於較多探討案主與介入技術多於關係的探討。隨著受督者經驗的累積，較傾向覺察關係動態（吳珍梅、趙淑珠，2013），督導過程涉及諮商關係及督導系統的探討成分也會較多。另外，督導者本身若督導年資較淺，也會較難勝任督導系統與諮商系統的連接（許雅惠、廖鳳池，2009）。

四、督導內容與督導原則

　　督導內容是圍繞著七隻眼睛看見各層面的細節。七眼督導模式雖然是結構化督導模式，但做督導未必按照類型 1 到 7 的固定流程（Bachkirova et al., 2011; Scaife, 2001）。最直接的例子就是督導的討論取決於受督者「此時此地」的感受，故受督者若有特別或強烈的情緒，類型 4 會是首要談論（Montaiuti & Nina, 2017）。再者，不管在探討哪個類型，該類型的討論內容會帶出某些人事物，而與其他類型有關。例如，類型 1 是關注案主本身，雖然是聚焦對案主的認識，包括案主如何呼吸、說話、手勢、陳述的語言、隱喻、想像和生活故事等。但案主生活故事中涉及的家庭、工作及組織制度，若留待類型 7 時再討論，這不僅打斷督導的流暢性，也考

驗督導者與受督者的記性。同樣地，類型 3 的督導重點是案主與受督者的關係，探討過程會涉及移情和反移情的素材，會跟類型 1 和類型 4 有關。再來，在探討某個類型，可能某個內容沒掌握到，而在其他類型的探討中發現到該內容。例如，類型 4 是探討受督者本身，受督者在督導者的引導下談出對案主的反移情，從中可能對案主的語言、想像或生活故事等有新的發現。這時，督導者有需要回到類型 1，探討先前沒掌握到的重要內容。所以在實務的操作上，七眼的類型是隨著督導探討的內容彈性游移的（Cooke, 2022），而督導者會是很重要的七種類型的銜接（轉換）者，類似 IPR 的督導者靈活地運用詢問來達到督導目的，七眼督導者也會彈性地運用各類型的相關詢問，協助受督者進行有意義的探討反思，達到督導目的。

　　然而，單純地區分類型來進行督導，雖不務實但仍有優點（Cooke, 2022），例如停留在類型 4 受督者本身的探討，可讓受督者更了解自己的特質、諮商風格、優勢和劣勢，以及對可能阻礙諮商工作的個人議題有深入的探討。一般在教學用途或培訓上，為讓學員更清楚區分七種類型的督導重點，及分別精進每個重點的學習與改進，會採單一類型分別進行督導，例如 Bob Cooke 網路影片有呈現七種督導類型，督導內容有呼應到各類型關注的督導重點；但缺點就是會發生「留待類型？再討論」的現象，等到該類型要探討時，督導者與受督者早已忘記先前事件脈絡了。例如在類型 5（關注督導關係）那集，督導者對受督者說「我記得稍早之前，好像在類型 1 或 2 你談到……（督導者忘記了）……你認為有一個平行歷程，我說保留之後再來談，你記得那次的平行歷程是什麼嗎？」（受督者也忘記了）。顯然，在之前哪個類型裡談的內容如果是涉及本類型探討的督導重點，當下沒做類型轉換就容易忘記。故有經驗的督導者不是制式地按各類型流程做督導，而是考量受督者的專業發展與需求，彈性轉換七種類型，雖然七種類型有難劃分之處，但還是可加以區別的，例如類型 3（專注受督者與案主關係）與類型 4（專注受督者，包含受督者對案主之反移

情），都會談到案主，但在類型 3 談案主有局內人（insider）的感覺，而類型 4 談案主較有局外人（outsider）的感覺。

在各類型的督導裡，須注意的事項如下：

類型 1：首要任務是，督導者要讓受督者充分地描述案主是如何呈現於療程中，隱喻性地讓案主「完全進入房間」（即把案主帶入當下），才能產出有品質的督導。故督導者要讓受督者專注觀察，陳述「案主所說的話」及「案主發生的事情」，而不是受督者的理解或解釋。注意受督者的信念框架可能影響對案主如實地還原。可用的方法包括：

1. 讓受督者閉上眼睛，重訪最近一次的療程從頭細看到尾。
2. 成為案主：例如像案主一樣走進這房間，像案主一樣坐下來，像案主一樣說話等。
3. 觀察首次療程開始時或每次療程開始時案主的呈現。
4. 會談全面展開前，案主如何開始呈現和揭露自己。
5. 運用錄影或錄音。

類型 2：專注受督者採取的介入策略，此處的策略（strategy）不等同治療策略（strategic approach to therapy），後者是全局性的治療方向，而類型 2 的策略係指達成治療方向的思路、路徑選擇及實施方法（例如沉默、反映、解釋等）。督導者要能廣泛發展受督者的介入策略，就像工具，工具愈多愈好辦事。更重要的是，督導者要確保受督者介入的適當性，尤其是受督者常在督導中困惑不知道要使用哪種介入策略較好，在此情況下，督導者不是給答案，也不是讓受督者陷於二擇一的選擇，而是讓受督者思考可能的限制並多多提出想法，甚至產出新選擇。可用的方法包括：

1. 鼓勵受督者說出任何的想法，不要評價。
2. 腦力激盪出六至十種不同的介入策略。
3. 鼓勵創新、未開發，甚至瘋狂的方法。
4. 運用彷彿（as if），如果是某人來做，可能會怎麼做。
5. 參與團體督導，至少激盪出二十種策略。

6. 預演介入策略，可使用：(1)角色扮演，督導者扮演案主；(2)角色反轉，受督者扮演案主會如何回應；或(3)空椅法，使受督者與案主對話。以探討採取的策略對案主產生什麼影響，鼓勵受督者在接下來的諮商療程運用。

　　類型 3：專注案主與受督者的關係：督導者可先對兩人（案主與受督者）的碰面來源加以了解，可問：「你們是怎麼認識的？」「案主如何、為何選擇你？」接下來督導者要協助受督者看到關係的整體而不是受督者自己的偏見，故鼓勵受督者以第三者的角度來描述案主與諮商師的關係，避免受督者陷入關係情緒之中，可用隱喻及創造性地描述關係來詢問，例如「什麼圖像或比喻可代表你們的關係」、「在上次療程中，你如果是牆上的蜘蛛；你對這段關係注意到什麼？」其他參考表 11-1 中的提問，均能協助受督者對治療關係有更透視的視野。

　　此類型的督導者除了善用隱喻性的詢問外，也要能有「第三隻耳朵」的傾聽，及辨識移情議題（受督者對隱喻性詢問的回應，往往反映出諮商關係中的移情議題），特別是能協助受督者了解案主的移情，將能減少受督者的焦慮，有助建立清楚的治療界限。例如一位 50 多歲的男性案主，因著難管教女兒，而來求助女性諮商師。受督者向督導者描述與案主的關係：「像不定時炸彈，有時談著談著，他會很生氣，會拍打沙發，我會怕他」，督導者問：「妳認為妳可能會是誰？」當受督者理解到這是案主的移情（案主把她當女兒），下次療程，當案主再對諮商師生氣時，諮商師不再那麼害怕，不再認為是自己做不好而讓案主生氣，受督者能區分自己的角色與女兒的角色，界限清楚諮商工作也較不會卡住。

　　類型 4：幫助受督者關注在自己，專注於在此時此地的體驗過程，思索自己如何影響諮商療程或受其影響的內在歷程。不是去解釋對案主的了解，而是去洞察對案主可能存在著某種潛意識的反應，也就是反移情。了解反移情的類型（參考 Brems, 2001）以及受督者的意識形態，有助類型 4 的工作；此外，最好已先探討案主之移情作為參考，故類型 3 和類型 4 常

被一起做（Cooke, 2022）。以下五步驟有助引出受督者的反移情：

步驟一：詢問受督者：「這個人（案主）讓你想起了誰？」（如熟人、名人、歷史人物等）

步驟二：請受督者描述案主與此人相似的之處。

步驟三：詢問受督者想對「此人」說什麼？可利用空椅協助受督者對此人表達想法與感受。

步驟四：請受督者描述案主與此人不同的之處。

步驟五：詢問受督者想對「案主」說什麼？

除了關注受督者的反移情，受督者的福祉與專業發展也是督導者應注意的。有些督導者過度專注處理受督者的反移情，而忽略受督者的福祉與專業發展需求，故提醒督導者要平衡督導內容。例如督導者關心受督者：「目前你的案量如何？如果太重，我可以協助你反映」。

類型 5：雖是探討督導者及受督者之間發生的事情，但這可能反映了受督者與案主之間可能發生的事情，可運用平行歷程相關問句。另外，關注督導同盟的品質，督導者會檢視受督者的需求是否得到滿足，會問：「你今天想從這裡獲得什麼？」接著帶出督導者對受督者支持、發展與建設性的回饋。

類型 6：督導者可能對督導過程、督導關係及受督者存在著某種潛意識的反應，督導者必須將這些素材帶到意識中，才能發現自己在不知不覺中受到的影響和變化，才能有效協助受督者探索。故督導者要特別注意自己身上發生的事情、自己身上的感覺、腦中閃過的任何想法、圖像等。可用的方法有身體掃描，督導者可向受督者說：

1. 最近在督導中，我好像話到嘴邊但難以實話直說，之前不會如此，當這種情況發生時，可能反映在諮商或督導相關人事物中不對勁了。（身上發生的事情）

2. 當我聽到你在描述諮商過程時，我感覺心底很沉重。我不知道你是否也如此？（身上的感覺）

3. 當我聽到這案例時，我腦海閃過○○○歌手的圖像，妳覺得這畫面
　跟你的諮商工作有關嗎？（圖像）

　　類型 7：類型 7 代表了其他六種類型中的一種或多種的更廣泛的背景，
上述各類型幾乎都會與類型 7 有關聯。

　　上述各種督導類型，均可透過提問來反映聚焦的督導重點，除以上各
自所屬的類型列出的部分提問外，尚有多元提問整理於表 11-1。

表 11-1
各督導類型可用之提問

類型／督導重點	問句
類型 1 案主本身	・案主是怎麼進入療程的？ ・療程如何開始？ ・他怎麼坐？他怎麼說話？ ・你看到什麼？聽到什麼？感覺到什麼？ ・告訴我他是什麼樣的人？ ・當你描述案主時，腦海裡閃過什麼？ ・他對你的看法可能是什麼？
類型 2 介入措施	・你是否比別人更常用某種介入方法？ ・如果你能給案主任何東西，你希望案主得到什麼？ ・看來你陷入困境，想想你的興趣和動機，如何使其周全？ ・你想大膽去做的介入處遇是什麼？ 　➤ 誰會做得好？他會怎麼做？ ・你在保護他們免受誰或什麼傷害？ ・在你的經驗中，這方法受益過哪些人，真的很好嗎？
類型 3 案主與受督者的 關係	・如果你和你的案主被放逐沙漠孤立無援，會發生什麼？ ・如果你和你的案主在荒島上遭遇海難，你們會如何表現？ 　➤ 你會立即做什麼來生存？ ・想像一下，你們現在已經一起在島上待了一個月。你們現在每個人的表現如何？ ・想想案主最近一次的療程，想像你是觀察者，你注意到案主和諮商師的任何跡象嗎？ ・如果你和案主是一種顏色、音樂、天氣或國家，那會是什麼？ ・如果你和案主都是動物，你（們）會是什麼？（例如「我是一隻熊，我的案主是一隻魚」） 　➤ 你們如何互動？（例如「熊吃魚！……我想我的案主會想逃離我……我想她很害怕……。」） ・你想像在這段關係中發生的移情和反移情是什麼？

（續下頁）

表 11-1
各督導類型可用之提問（續）

類型／督導重點	問句
類型 4 受督者本身	· 他（案主）讓你想起了誰？ · 在回應案主時，你的情緒如何？ · 你對案主的反應有什麼身體感覺？ · 你對你的案主有什麼想法？ · 你用什麼肢體語言來回應你的案主？你的肢體動作在說什麼？ · 你可以想像案主隱約在告訴你什麼？ · 你隱約在告訴案主什麼？
類型 5 受督者與督導者 之關係	· 你和案主有什麼是跟你和我有相似之處？ · 你對我有什麼隱瞞？ · 當談論這案主時，你有聯想到什麼是和我們之間有關？ · 在我們的督導互動中，哪些讓你立即聯想到案主？
類型 6 督導者本身	· 我通常會感到批評、無聊、挑戰或威脅嗎？ · 我對受督者的基本感受是什麼？
類型 6a 督導者案主關係	· 我對案主的感覺是？ · 當你談這案主時，我腦海浮現一個圖像是……
類型 7 背景脈絡	7.1 · 多說一些案主的背景／他們（與案主相關人物，如家人）的工作／文化等？ · 案主有哪些資源？ · 案主為家人、組織或團體帶來什麼？ · 為什麼案主他們現在才來尋求協助？ · 他們何時何地遇到過這些困難？ 7.2 · 你這樣處理會涉及的倫理議題是？ · 你對這情境的處理，有符合你工作機構的期望嗎？ · 關於與家人聯繫的計畫，你的看法是？ · 對於後續轉介至○○機構，你需要什麼協助？ 7.3 · 案主是如何來見你的？自己選擇、有人推薦或機構的安排等？若是如此，與這個人或組織的權力關係是什麼？ · 他們（家人）如何看待這種助人關係，在他們的文化中如何看待這種關係？這與他們在其他助人關係中的經歷有何關係？ 7.4 · 說說你的成長背景？ · 你的專業發展經歷為何？ · 你接受過哪些訓練？

（續下頁）

表 11-1
各督導類型可用之提問（續）

類型／督導重點	問句
類型 7 背景脈絡	7.5 ・對於督導合約，有要討論嗎？ ・我跟你有連帶責任關係，有相關危機事宜或倫理議題要跟我說嗎？ ・讓我們彼此分享一下所受的訓練或經歷如何影響我們看待督導關係。 ・讓我們彼此分享一下自己的種族、性別和文化差異對督導的影響？ 7.6 ・種族、性別、文化差異對我的意識形態的影響？

　　七眼督導模式雖然涵蓋到各層面，理論看似複雜，但架構容易理解，最困難的是督導內容對應到各類型時，有些好區分，有些不易區分，不易區分的部分大多是牽涉到跨類型，往往有賴細查督導的談話內容性質，像關係類型則要闡述出關係的潛在動態或具洞察的成分，來認定類型。

　　在每次的督導歷程中，建議聚焦在一、二個類型上，以免干擾受督者或督導者自身。一般可從類型 1（療程中發生了什麼）開始討論起，再轉移到其他焦點（類型），並於督導歷程進入尾聲時，再回到類型 2（介入處遇）的討論，以協助受督者整理並發展出下次與案主晤談時可做的介入策略（Hawkins & Shohet, 2000）。

五、實務應用

　　以下示例依督導原則，開始於類型 1，結束於類型 2。由於示例要達到示範及學習的效果，故以下示例盡可能涵蓋各類型。

督導者：跟我談談……這個個案。（類型 1）
受督者：我跟案主談了三次（三個療程）。她 48 歲，有兩個小孩，都是青

少年，小的有特殊疾病，較需要她照顧。她的問題較是內心的煎熬與精神壓力，包括與先生對孩子教養上有衝突、大兒子叛逆，以及近來對父親送安養院的問題，都讓她精神緊繃，壓力大到難以入睡，會心悸手抖等，目前有看內分泌科吃藥控制，她是安養院的社工介紹來的。

督導者：安養院的社工是如何評估個案並選擇你來幫她？（類型 7.3）

受督者：案主因要安頓父親而與該社工有較多接觸，社工了解案主的困境，認為她除了須就診外，也需要諮商。因為我服務的諮商所與該安養院有合作帶領家屬支持團體，所以該社工認識我，她也知道我的小孩是特殊兒童，可能這些因素，她認為我可以幫助這個案主。

督導者：你第一次見她時，是如何開始的？（類型 1）

受督者：櫃台行政人員有跟她約時間，由於該時段諮商所只有一位個案，所以當她在該時段出現時，我就知道是她了。

督導者：你對她的第一印象為何？（類型 1）

受督者：她很準時，人也很客氣，進來就跟櫃台人員點頭說出我的名字。她穿著樸素整齊，沒化妝，至少看得出沒擦口紅。她說話慢慢的，就是很客氣又有點沒元氣。我帶領她進晤談室，她會好奇看著四周。

督導者：她選擇怎麼坐？（類型 1）

受督者：她不會主動隨意就坐，要等我示意她坐的位置，她才坐下。

督導者：每次療程開始時案主是如何呈現的？（類型 1）

受督者：（想了一下）最近兩次的療程，她都會很無奈地看我一下，然後視線停在桌上的衛生紙盒，然後嘆一口氣，沉默一下才說話。對！第三次較特別是沉默時會搖頭。

督導者：你對她的這個動作有何感覺？（類型 4）

受督者：剛開始我以為她不認同我，心裡有點納悶，但她接著提到先生對她來諮商似乎不高興，她不知道是否還會再來，我才想她是否在傳達「沒辦法了」。

督導者：針對這點你有做什麼嗎？例如立即性技巧。（類型2）

受督者：沒，當時沒特別注意，現在想來，是可以介入的點，有點可惜！

督導者：你說案主跟先生的衝突也是她來尋求協助的因素之一，她跟先生的關係有改善嗎？（類型7.1）

受督者：本來先生是支持她來諮商的，案主也想這樣可讓先生和孩子有更多互動機會，但案主說情況更糟，說先生不像她能緩和大兒子對待弟弟的不友善態度，先生常直接數落大兒子。案主說：「諮商後的好心情，回到烏煙瘴氣的家，心情跌到谷底」。她覺得反而該諮商的是先生。

督導者：她們夫妻有無可能接受伴侶諮商？（類型7.2）

受督者：案主說她先生很固執，做事都要照他意思，勸先生一起接受諮商不太容易。

督導者：她先生對案主還有哪些影響？（類型7.1）

受督者：就是把父親送去安養院，她（案主）會很擔心。案主覺得父親會非常沒安全感，她心裡也有些愧疚。她實際想接父親回家照顧，但先生不贊同，她說雖然先生口口聲聲說父親有安養院專人照顧較好，她還要忙小孩的事，不想案主累壞。但案主說，牽涉到娘家人將案主的付出視為當然，先生看不過去，另外還有計較金錢的事，這有點複雜，她談了一些娘家成員的遭遇，她盡心盡力，很多事難用金錢衡量，她無抱怨，認為先生把事情弄複雜，讓她很痛苦。

督導者：聽起來她現在的家庭和原生家庭讓她苦惱不已。（類型7.1）

受督者：是，連我都很同情她。

督導者：（點頭）看來是委屈求全的女性，頗令人不捨。（類型6a）你有對案主表達你的感覺嗎？（類型4）

受督者：我有做情感反映，像「確實不好受」之類的，但並未告訴她我很同情她的遭遇。

督導者：她在三次療程中，能跟你談這麼多，顯然關係建立很穩固。到目

前為止，你覺得你們之間有無移情和反移情的現象？（類型 3）

受督者：恩……，在談到孩子的教養問題時，因我的孩子也有一些發展障礙問題，我會跟她分享一些生活經驗，她會說：「我先生有像你這樣就好」或「我先生跟你不一樣」之類的。這算是她的移情吧？我的部分應該就是從案主身上看到我太太的辛苦，還有覺得我的家庭算幸運了。

督導者：你說的這些讓我想到 Yalom 的「日漸親近」，其中他發現他的個案傾向談伴侶的缺點，優點都被忽略了。這很值得注意，我把它進一步延伸是，個案來談可能傾向談自己的委屈，自己的缺點卻被忽略了。（類型 6）

受督者：你的意思是要我不能完全相信案主？

督導者：不是的，主要是讓你知道，諮商師有可能被案主帶著走，剛剛你談你對案主很同情，我也對案主感到不捨，但現在我也覺察到是否我一味跟隨你所言，而忽略了些什麼！（類型 5）

受督者：你說得沒錯，現在想來，她大部分都在抱怨，但我要怎麼做呢？

督導者：你之前談到本來先生是支持她來諮商的，但她不在家時，她先生和大兒子易起衝突。你覺得這裡頭你需要再做些什麼？（類型 2）

受督者：我似乎只看到她先生跟孩子易起衝突的部分，而忽略他支持案主來諮商的部分，或許我該問案主：「先生支持你來諮商，他應能協助你安心來諮商，妳想可以對先生再做些什麼嗎？」

督導者：確實可以這麼做！這也讓我想到你說這案主盡心盡力毫無抱怨等，我腦海浮現她躲在角落的畫面，等待別人救援，她似乎少了一些什麼？（類型 6a）

受督者：少了什麼？

督導者：想像一下，你的個案和你在荒島中，船已開走，至少過幾天才會有船，你會怎麼安頓，你會想住在靠近她或遠離她的地方？（類型 3）

受督者：我會想住在靠近她的地方。

督導者：為什麼？

受督者：因為她會照顧人，像照顧父親和特殊障礙兒，願意付出、任勞任怨。

督導者：如果島上也有人需要她照顧，甚至有些自私的人凡事都要她處理，你會怎麼做？（類型 2）

受督者：我會看不過去，會告訴她也要照顧自己，要能拒絕他人。

督導者：你會教她怎麼做？（類型 2）

受督者：我會教她勇於表達自己的限制，要能辨識事情，並能運用資源。一味付出也要學習要求別人為她付出。事情也並非都要她處理不可，她也要能運用資源，讓周遭人能參與並解決問題。

督導者：恩，我很同意你。我想知道，以你的成長背景及經歷，你是這樣的人嗎？（類型 7.4）

受督者：我覺得我成長過程被教導為溫良恭儉讓，遇到衝突的情境也較是逃離或隱忍的態度，也會覺得心裡委屈沒人理解，在案主身上也看到這些影子。

督導者：這些覺察對你協助個案有何影響？（類型 2）

受督者：我會注意自己的角色，不單只是聽取她抱怨，我也會讓她看到事情背後隱藏的某些意義。

〈篇幅有限，以下省略〉

　　以上示例除了類型 7.5 和 7.6 外，所有類型均應用了，實際上，每次的督導不一定要涵蓋所有類型，督導者應考量受督者的學習經驗、發展程度和需求，隨著督導的流動，彈性運用各類型（Bachkirova et al., 2011），如此才能提升督導的豐富視野，進而達到督導成效。

六、研究與評價

Simpson-Southward 等人（2017）提到督導模式多達 52 種，包含的元素不一，值得注意的是有超過一半的督導模式缺乏對案主的關注，無庸置疑七眼督導模式在案主方面的關注是積極投入的。七眼督導模式在督導領域相當受矚目，關鍵在於此模式將參與督導情境的所有成員之間運作的關係過程賦予作用，是一種強調「關係」的方法，也深深影響 Chidiac 等人（2017）提出 3（自我、他人、情境）×3（個案、受督者、督導者）九宮格的關係矩陣督導模式，更清晰地定義「關係」與「情境」，視情境為廣泛的關係延伸，發展出更明確的督導框架。林淑華等人（2020）的研究，雖不是七眼督導模式的應用，但其研究結果反映出學校輔導督導過程有必要兼顧督導者、受督者、個案三方的情境性與脈絡性。

七眼督導模式的文獻較多是探討其實務應用在各種職業和環境中的有效性（Henderson & O'Riordan, 2020; McLaughlin et al., 2019; McMahon, 2014; Merizzi, 2019; Regan, 2012），但此模式的實證研究實在太少。有一篇實證研究是訪談 57 名澳大利亞的教練（督導者的培訓師），他們的督導反應依照七眼督導模式的七種類型編碼（使用雙編碼；Lawrence, 2019）。研究發現，探索介入措施（類型 2）最常見（95%），其次是關注案主（類型 1，67%）、受督者（類型 4，49%）和背景脈絡（類型 7，40%），較少關注受督導者與案主的關係（類型 3，18%），而沒有關注督導關係（類型 5）或督導者（類型 6）。研究結果說明了有些類型很少被用，因此在督導實務上，各類型的相關性及較少使用的類型，均有需要進一步探究。

另一篇則是 McMahon 等人（2022）分析七眼督導模式如何反映在個人督導實務中，希望獲得實證資料，能跟她所編寫的書 "Supervision in the Helping Professions"（Hawkins & McMahon, 2020）所闡述的理論加以佐證。該研究針對在愛爾蘭青少年心理健康機構服務的專業人員，招募 5 對

督導者—受督者（平均一起工作 15 個月，其中兩對是跨專業領域的組合）進行為期 6 個月的督導實務研究。督導者為臨床心理師、職業治療師或社會工作者，平均從業 11 年（範圍 3-20 年），有平均 7.4 年的督導經驗，也參與過七眼督導模式的培訓；受督者則為諮商心理師、職業治療師或社會工作者，平均從業 4.6 年（範圍 2-7 年）。研究主要針對督導者在督導中的談話做分析，計算每個督導者談話的意義單元數量和每個督導者的整體談話被編碼到每種類型的百分比，研究結果發現：(1)幾乎所有督導者的談話（97.8%）都有含括七眼模式中的類型，說明此模式是可以對應到跨領域社區心理健康服務的督導實務上；(2)督導者關注最多的是類型 7（更廣泛的背景脈絡，占 50%的談話），其次是類型 2（介入措施，超過 1/3 的談話）和類型 5（督導關係；超過 1/4 的談話）；其他類型包括類型 6（督導者，17%）、類型 4（受督者，12%）、類型 1（案主，11%），最後是類型 3（案主與受督者關係，5%）較少被用。

　　McMahon 等人（2022）的研究發現和討論，反映了一些重要問題，在各類型均有值得參考之處，總結如下：

　　類型 1 的現象：(1)督導者關注案主的詢問，大多是蒐集資料、查詢年齡、轉介來源、醫療／精神或風險問題，以及案主的家庭情況（也雙重編碼為類型 7.1）；(2)督導者似乎傾向提供構想，較少讓受督者提供自己的構想；(3)督導者較少讓受督者詳述案主是如何呈現於療程中的。

　　類型 2（第二最常見的模式）：(1)受督者較常會問關於案主的問題下一步如何處理？督導者有時會鼓勵受督者發展自己的想法，但通常會得到督導者的直接指導，如建議介入方法、提供理由、說出可能的影響、示範如何做介入（督導者陳述他們過去如何與類似的個案會談，或他會如何與現在這位案主交談）；(2)很少預演計畫要進行的介入策略（只有兩次），且都是受督者自己建議的，此外，督導者很少帶受督者回顧過往的介入方法。

　　類型 3：(1)督導者做最少的類型，僅是問：「跟案主在房間裡是什麼

感覺？」；(2)探討到潛在關係的問句是：「聽起來她真的決定要訂婚……這讓你有些焦慮，你會順她的意嗎？有鏡像嗎？她著急，你也著急。」但缺少進一步探討關係動力。

類型4：(1)關注到受督者的福祉（例如案量是否太多）及專業發展（提供有關工作和技能發展的資訊、鼓勵在跨領域中凸顯自身的專業）；(2)情緒部分較多是受督者談到對案主的情緒反映，但未深入，也未抓到關鍵處；(3)反移情的部分更少見，僅一次，如「從你身上散發出濃濃溫暖。……我想知道案主是否讓您想起生活中其他人？」

類型 5（第三最常見的模式）：(1)督導者有關注到平行歷程例如：「就如你想要讓案主放心，我想讓你放心」，但沒進一步深入探討；(2)檢視受督者的需求，給予回饋，算是關注到督導同盟，但督導者的建設性回饋不足；(3)有涉及有意義的對話，例如督導者表達相信個人治療的價值，而不是只在探討督導問題，督導者願意參與受督者認為有幫助的事宜（例如治療受督者），但也表達對關係的顧慮（濫用權力）；(4)彼此針對關係誤解的敏感話題分享內在心情。

類型 6（第四最常見的模式）：(1)督導者分享了自己的經驗及見解；(2)分享有幫助的書籍；(3)分享工作的價值與信念；(4)對受督者的工作，督導者分享即時的個人反應（如：「那鐵定很沉重」），也包含他們情緒上如何受影響，如「難以承受……這麼巨大的傷害和痛苦……一想到〔案主〕所經歷的事情，我就難過，我可想像對療程有影響。」McMahon等人認定此句為單純類型 6，認為督導者缺乏進一步探索自己的反應來說明與案主或受督導的關係（與類型 6a 或類型 5 有關）；(5)督導者很少談論他們想像中與案主的關係，缺乏做 6a，上句看似偏類型 6a，但沒有潛在洞察力的描述，故不認定是類型 6a。

類型 7：各類型中最常提到的更廣泛背景的是介入措施（類型 7.2）和督導關係（類型 7.5）。

類型 7.1：專注案主本身涉及到的更廣泛的背景有：(1)關注到案主的

家人（如孩子是非社會典型特質等），探討轉介的原因、案主過去的求助經歷，以及目前的資源等；(2)較特別的是，督導者的談話將「案主」涉及到「任何從受督者那裡接受服務的個人或團體」，擴及相關脈絡（Hawkins & McMahon, 2020, p. 89）。

類型 7.2：介入措施涉及到的更廣泛的背景有：(1)與案主討論關於後續轉診以及與家人聯繫的計畫；(2)督導者關注受督者更廣泛的介入措施，包含提供社區團體介入，以及新員工的就職或督導的引導。

類型 7.3：案主與受督者的關係涉及到的更廣泛的背景有：督導者將關注案主與受督者關係擴及到受督者與案主家人關係，例如督導者：「案主媽媽怎看待這助人關係？」受督者：「媽媽有點期待我們能解決問題讓事情順利。」

類型 7.4：專注受督者本身與更廣的背景是：探索受督者的工作信念或價值體系。例如：「有些人會相信一切的發生都是有原因的，我想這是你的信念之一，不是嗎？……我想知道這是不是一件令人欣慰的事情？」

類型 7.5：受督者與督導者的關係涉及到的更廣泛的背景有：關注到風險問題、服務計畫協同工作的角色及責任事宜。例如：「臨床決策方面你不是完全自主……如果有任何重大風險，有我在」。

類型 7.6：專注督導者本身涉及到的更廣泛的背景有：督導者考慮到其他背景下的經驗（例如透過這次研究得知受督者自我懷疑是否將督導當作治療），督導者分享了個人的專業界限：「我在這裡越界了嗎？……整體來說，我不這麼認為，因為我自己是在督導過程中探索受督者的情緒」。

綜合上述相關研究，可看出七眼督導模式確實關注到個人、關係及環境背景，較具挑戰性的是督導者能做到的廣度、深度和抓到關鍵探討重點的問題，七眼督導模式的類型多，各類型涵蓋的內容極廣，面面俱到不可能，故抓到關鍵探討重點更重要，抓到重點後還要能深入探討也考驗督導者的功力。

上述研究僅分析督導者的談話，似乎忽略受督者高度覺察、反思及自

主的特質，可能督導者問一個類型 3 的問題，而受督者的回應就跨了多個類型，McMahon等人（2022）提到督導是一項共同創造的努力，建議研究納入對受督者談話的內容分析。此外，七眼督導模式的研究仍有很大的發展空間，例如各類型在每次督導的變化、發現尚未納入類型中的內容、督導後受督者的回饋及後續的影響、此模式應用在新手及精熟諮商師的差異等。

　　「七眼」的理論架構雖清晰，但實務運用會發現要兼顧各類型實在耗時間，並且類型間的界限仍模糊。學術研究者需要研究分析督導內容，會仔細斟酌督導內容所屬的類型，強調嚴謹及效度，但實務工作者（督導者）可能不會仔細斟酌而容易陷入主觀性判斷督導類型，若能自己或跟受督者一起，重看錄影，或參與團體案例討論，分析督導內容涵蓋類型，相信會帶出多樣的討論，進而會發現進行的督導有許多值得注意之處。

七、結論

　　七眼督導模式可以幫助我們將督導從狹窄的案例討論移轉出來，明確提示督導者關注更廣泛的問題，辨識督導內容涵蓋的層面，讓督導者知道在督導工作上哪個領域尚須發展。督導者應了解此模式的每隻「眼睛」，而不須死記硬背地學習每隻「眼睛」。對於初始應用此模式的督導者，絕對難以消化複雜的多層次關係，可先應用最基本的知識，即各類型專注的督導重點，從各類型先擬出一至二項做，隨著實務經驗累積，慢慢會熟悉各類型，愈發能彈性轉換類型，並能涵蓋到各層面的細節。再者，七眼督導模式不僅僅是督導者負責實施就好，若受督者也能學習這套模式，將能激發出有深度及建設性的督導內容。

Chapter

12

系統取向督導模式

徐西森

過去在諮商與心理治療的領域中，督導專業一向是被忽視或不被認可的，這其中當然有許多的原因必須探究，關鍵則在於其缺乏一套完整的知識體系（Holloway & Wolleat, 1994）。直至 1980 年代，由於助人工作者不斷透過實徵研究而發展出許多實務模式，遂使諮商督導成為一項學術專業。其中，系統取向督導模式（the systems approach to supervision model, SAS）是 Holloway（1995）根據其十多年來在教學、研究與實務經驗中所發展的督導模式（Holloway, 1982, 1984, 1987, 1988, 1992a, 1994）。

一、發展背景

Holloway 的系統取向督導模式有別於傳統諮商治療取向的督導模式，儘管個人中心治療督導、認知治療督導、行為治療督導等模式皆有助於督導人員的教育訓練與實務工作，也能夠適度解釋艱深複雜的督導現象和受督導者行為，但對於督導的研究或實務，依然沒有提供更多元化和系統性的方向（Holloway, 1995）。SAS 即是跳脫諮商治療理論及從實徵性研究中發展而來的一個統整性架構之督導模式（歐陽儀，2002）。

Holloway（1995）認為，過去的督導研究太過於狹隘，無法反映督導中的多元面向，因此系統取向督導模式即在於綜合多元觀點來建構督導理論。督導工作的教育者與實務人員選擇督導模式時，應有四方面的考量，包含擁有敘述性的理論基礎、一般性及重要性的指引、與專業有關的內涵探索，以及與督導有關的系統研究。SAS 即是 Holloway 融合理論、研究與實務，研發而成的一套「三合一」系統性督導，適用於臨床督導工作及機構建立督導機制的參考。

系統取向督導模式係 Elizabeth L. Holloway（1995）所提，她認為過往的督導理論取向，僅從片段或單一角度來探討或建構，如從督導的基本概念、受督者的發展、諮詢師或教師的角色等，因此她整合許多與督導有關的變項而形成一系統化模式。迄今，Holloway 本人發表的研究雖不多，但

仍有相關論述或研究驗證並發展本模式（徐西森，2001b，2001c，2005；
張淑芬、廖鳳池，2011；楊惠卿，2006；Holloway, 2016; Wood & Rayle,
2006）。

二、重要概念

系統取向督導模式係以督導關係為核心所建構而成的督導理論，在此
督導關係中，由督導者提供學習機會，達成受督者增進效能的目標；督導
者運用適當的策略與態度，來充實諮商人員的專業知能。Holloway
（1984）認為，督導的首要目標是要建立一種持續的、溫暖的且有效的督
導關係，以配合督導雙方的專業發展方向來進行督導活動。

督導時，諮商督導人員應充實受督者專業知識能力，包括做決定的能
力，以避免受督者因依賴督導者或缺乏資源，難以從事諮商專業工作（Hol-
loway, 1992b; Holloway & Wampold, 1986）。換句話說，督導者須以開放的
心胸、包容的態度來進行督導，使受督者獲得能量來適應並選擇有效的諮
商策略與專業方法。前述提升受督者能力、開放督導態度等 SAS 的概念，
除了考量督導者本身的人性觀、專業知能及受督者的需求之外，也與下列督
導的關係、目標與假設有關（王文秀等譯，1999）：

1. 督導目標係在有效及支持的環境中，提供受督者一個學習有關專業
   態度、技巧與知識的機會。
2. 成功的督導常發生於複雜的專業情境中，為相互影響且持續進展的
   過程。
3. 督導關係是促進學習者投入，以達到督導目標的主要因素之一。
4. 臨床督導的內容與歷程均須規劃設計，並掌握各種不可或缺的部分。
5. 督導時，可藉由下列兩種方式進一步賦予受督者能量：(1)直接教導
   並協助其獲得有關此專業的技巧與知識；(2)透過人際互動過程的體
   驗與表達，使其獲得有關此專業的技巧與知識。

　　系統取向督導模式係以督導關係（向度一）為核心，含結構、契約和督導自我的發展階段等三部分；以督導功能（向度二）、督導任務（向度三）、督導者、受督者、案主、機構為其六個側翼，而形成一個督導架構，如圖 12-1（Holloway, 2016）；後四者又稱為情境脈絡（向度四；situation context）因素。換言之，SAS 共有四大向度七個因素，督導歷程即由此四向度、七因素相互影響中開展運作，而督導關係為整個 SAS 運作的核心向度。

◆ 圖 12-1　系統取向督導模式及其要素圖

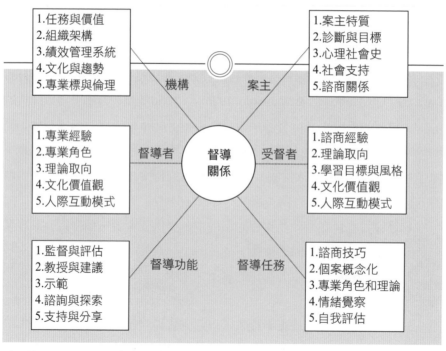

（Holloway, 2016, p. 17）

（一）督導關係

督導關係與領導關係、諮詢關係和諮商關係有相通之處。當受督者進入督導情境時，也同時引入個人的特質、諮商形態；同理，諮商督導人員也會將個人的風格、諮詢和諮商專業知能引入督導關係中。受督者的個人限制、盲點可能也會成為諮商、諮詢及督導的困擾焦點。又督導者自我的價值觀也會直接影響諮商、諮詢的對象，並間接影響到案主及相關人員（Milne & Westerman, 2001）。

督導者宜以多元角度、寬廣心胸來思考這些督導關係，處理這些專業困擾。SAS重視督導工作同盟關係，讓受督者在此安全的夥伴關係中獲得個人成長與諮商知能。Holloway（2016）認為，督導關係包含結構、契約和發展階段等三項主要內容；督導雙方對自己與他人人際互動行為的覺察，以及為自己的人際反應與行為抉擇負責，乃諮商治療師重要的能力與責任。Bradley 和 Boyd（1989）曾指出，督導關係的體驗是諮商專業中最有意義的學習經驗，包括學習複雜人際互動關係。

由於督導關係涉及不平等的權力結構，因此督導者與受督者的人際結構也會對督導歷程產生影響。Holloway（1995）認為，權力與投入是兩項重要的人際結構因子。督導者的權力含獎賞權、強制權、合法權、專家權與參照權；投入即為參與程度，也象徵一種依附關係（Miller & Rogers, 1987），影響督導雙方的工作同盟關係。權力和投入二者有相關，但未必一致（Holloway et al., 1989），亦即高權力者未必高投入，高投入者也未必擁有高權力。

張淑芬和廖鳳池（2011）以系統取向督導模式觀點來分析諮商督導關係中的人際結構。結果顯示，督導者無論是外顯或內隱的訊息，其權力都高於受督者。對受督者而言，雖權力位階較低，但仍會展現與其督導者緊密的情感投入，也有意願持續地參與督導過程，這即是SAS督導關係的特徵之一。因不平等的督導互動關係多少會影響受督者的自我開放，面對高

權威、高權力的督導者，恐怕無法真誠開放或真實呈現其脆弱的自我；如此一來，高度心理防衛的受督者，高權力權威的督導者，恐難客觀地進行專業評量。

Murphy和Wright（2005）研究發現，督導者使用權力的正向做法有：(1)直接或間接地討論雙方權利；(2)透過分享、回饋及評量；(3)協助受督者賦能；(4)營造安全氣氛；(5)與受督者共同合作；(6)表達對受督者期待等；負向使用權力方式有：(1)偏袒、強迫灌輸自己的風格與諮商取向；(2)權力濫用；(3)違反保密原則；(4)以不恰當方式滿足自己需求等。至於受督導者使用正向權力方式有：(1)分享回饋給督導者；(2)同儕相互觀察；(3)掌握隱而未說訊息；(4)使用消費者的角色權力等；使用負向權力方式則有：受督者徇私濫用權力、違反督導過程保密協定等。

督導者須營造一個無私心、尊重專業、平等互動、親疏適中的督導關係（蔡秀玲，1999）。系統取向督導模式不主張督導者對其受督者諮商治療，因督導關係不等於諮商關係，投入和權力的關係不同，也避免督導者角色混淆，「投入」太深導致督導雙方的人際結構變質。Holloway和Poulin（1995）微觀分析督導歷程的研究發現，督導與諮商的過程確有不同，焦點、角色和目標皆不同，督導多任務導向且以受督者對案主的有效介入為重點，諮商多情感導向且以案主的支持療癒為先。

督導關係也會受到雙方專業特性的影響（Itzhaky & Sztern, 1999; Veach, 2001）。關係發展之初，雙方會重視彼此所傳送的訊息，有時也會疏忽對方所屬文化及社會的訊息，雙方也會力圖降低彼此之間的不確定性變數，如自我表露較少真誠，這時督導者須先滿足受督者基本的期待需求，再介入高層次的專業發展；督導者也要協助受督者不斷探索個人期待和督導角色，將督導關係導入成熟穩定的狀態。

Rabinowitz 等人（1986）的研究顯示，督導初期，受督者期待督導過程可以更具體明確、減少模糊，督導者不妨多支持與再保證；而後邁入發展階段，受督者可能希望督導者提供多些人際互動的面質與挑戰。Holloway（1995）將督導者與受督者之間的督導關係區分為三個階段：初始期、成熟期及終結期，各階段各有其不同的督導重點與內涵，詳見表 12-1（王文秀等譯，1999）。

表 12-1
系統取向督導模式中督導關係的發展階段

初始階段	1. 澄清與受督者的關係 2. 建立督導契約 3. 支持教導策略 4. 發展相互合作及有效率的督導方法
成熟階段	1. 增加關係中的個別性，較少角色的限制 2. 增加社會連結及潛在的影響力 3. 增加在諮商中的自信與自我效能 4. 面質與專業表現有關的個人議題
終結階段	1. 減少對受督者指導的情況 2. 合作性的工作結構 3. 關係終結的議題、專業發展和目標 4. 總結性的評量

（王文秀等譯，1999，頁 87）

除了上述督導期望、同盟關係及發展過程之外，Hewson（1999）認為，為了釐清並確認督導雙方的互動、原則與目標，督導者與受督者有必要訂立督導契約。Holloway 認為完整督導契約的內容須包含（葉穎蓉譯，1998）：(1)臨床督導的架構；(2)雙方的目標和期望；(3)督導評量的標準；以及(4)保密的例外等。當督導關係是開放且有目標導向時，雙方自然而然會澄清彼此的期待和建立目標；訂定和適時修正督導契約，將有助於減少受督者的焦慮和營造雙方安全信任的關係（Holloway, 2016）。

心理專業助人機構欲健全發展，須有完整的督導契約和督導制度（Johnson & Stewart, 2000; Kemshall, 1995）。督導者與受督者須體認督導關係乃是一持續性、變化性的歷程，因此須不斷自我充實、自我反省，並

建立督導關係，避免因督導雙方權力與地位的不平等，使督導關係受到不良影響。卓紋君、黃進南（2003）研究發現，由於督導關係的複雜性，對受督者而言，督導者雖有助於專業發展，但也可能是其壓力與專業干擾的來源。

（二）督導功能

督導功能（supervision function）意指探討督導情境裡督導者的專業作為，亦即督導者做什麼，以什麼方式來做。Watkins（1997）指出，督導功能受會到督導者個人世界觀、理論或模式、督導風格、角色或策略、焦點、督導歷程及技術等七項因素的影響。Holloway（1995）視諮商督導為一動力的過程，她認為常見的督導功能有下列五項：檢核／評量（monitoring/evaluating）、教導／建議（advising/instructing）、示範（modeling）、諮詢（consulting）、支持／分享（supporting/sharing）。茲分述如下：

1. 檢核／評量

諮商督導的目的在於監控專業服務的品質，督導如同是監視專業人員的一雙眼睛（Presbury et al., 1999）。督導者的專業責任在於監督、評量受督者的專業表現，並提供形成性評量與總結性評量。在SAS中，督導者最基本的角色功能，便是諮商專業的檢核與評量，有時可用正式或非正式、口頭或書面、案主及同儕、標準化測驗及開放式問卷等方式來檢核、評量受督者（Holloway, 1995; Abbott & Lyter, 1998）。

2. 教導／建議

督導歷程中，因督導者依受督者的需要、專業知能與督導目標提供相關的資訊、意見與建議，因此督導者常見的重要角色是教師（王文秀，1992，2000；曾端真，2003；Bernard & Goodyear, 2004; Holloway, 1995;

Littrell et al., 1979）。舉例而言，督導者在剛開始進行督導時，有必要教導受督者如何了解並處理個人的防衛機轉、如何調整個人心態以坦然接受專業評價（Coffey, 2002; Magnuson et al., 2000）。

　　系統取向督導模式中，儘管諮商督導人員擁有專家權、法定權，惟其教導與建議仍須受督者認同，或在鼓勵、支持的督導氣氛下為之。例如督導者對受督者表示：「我期望你與你的同事共同來解決此一問題……」，督導者內心也許想監視、指導受督者，但其口語表達時仍充分期許諮商師多自我省思。系統取向督導模式的教導與建議蘊含了「師生對話」的教育（Holloway, 1995）。

3. 示範

　　Watkins（1997）認為，示範是一種督導者經常使用的督導技術，也隱含有受督者的模範、典範之意（Boyd, 1978）。在 SAS 督導中，督導者經常藉由個人示範來提供受督者學習專業知能，示範也是一種人際互動與溝通的方式。督導者的示範須有專業學理的依據，及精熟的諮商知能。督導者透過角色扮演為受督者示範專業作為及實務經驗，如督導者對受督者說：「當案主如此憤怒、不滿時，我通常會做……這樣的反應，這會有助於舒緩對方的情緒」。

4. 諮詢

　　諮詢是諮商督導人員常見的督導功能之一（林瑞吉，2000；梁翠梅，1996a，1996b；Bernard & Goodyear, 2004; Holloway, 1984, 1995; Littrell et al., 1979）。SAS的諮詢（consultation）與第一章所提「諮詢專業」有所不同。前者是一種助人技巧，含有探問、引導或蒐集資料之意，亦即督導者藉由詢問受督者一些意見或資訊，來協助其解決臨床上或專業情境中所遇到的問題；後者如同諮商或督導一樣，皆具有各自的理論、模式、內容和技術的專業，具有提供訊息、教導建議及資源運用之內涵，以協助個人解

決學業、職業、婚姻與身心等方面的困擾。

　　SAS 的督導者有時會以「你今天帶來什麼問題想在這裡討論？」「當時你對案主說了些什麼，案主的反應為何？」之類的問句來進行督導，此類語句表面上是諮詢、探問訊息，也可能隱含教導或檢核功能。諮詢有時也是一種分享，受督者藉由督導者的諮詢，分享其諮商過程的經驗。督導者必須提供受督者重要的、有用的資訊，此為 SAS 督導者的重要功能之一（Papadopoulos, 2001）。

5. 支持／分享

　　支持與分享的運用有助於形成直接溝通，縮短人際距離（Holloway, 1995）。有時督導者一句：「上次諮商，你進行的如何？我很關心」，而由諮詢進入支持、分享的功能中，無形中建立與受督者互信、真誠的工作同盟關係，也較易進行真實的督導評量。Holloway（1995）認為，督導者也可以透過同理、專注、鼓勵，甚或建設性面質、高層次同理心，來表達對受督者的支持。

　　由於督導權力關係的不對等與督導者考核權的影響，有時雙方未必真誠分享。Ladany 和 Lehrman-Waterman（1999）的研究調查即發現，在督導歷程中，受督者約有 90% 不願分享負向的感受，60% 不願分享個人的困擾，44% 不願分享專業的缺失，43% 不會完全分享對案主的觀察，36% 不願分享對案主有不當作為，23% 不會分享對督導者的好感。

（三）督導任務

　　身為專業的督導者須清楚在不同督導情境下，面對不同專業經驗的諮商師須有不同的督導任務。督導任務（supervision tasks）意為督導的重點、焦點或目標（Goodyear & Robyak, 1982; Watkins, 1997），即督導者為諮商師「量身訂做」的督導重點，也是依其諮商專業需求而發展出的各項督導目標。Holloway 和 Acker（1988）認為督導任務有五項：諮商技巧

（counseling skills）、個案概念化（case conceptualization）、專業角色（professional role）、情緒覺察（emotional awareness）、自我評量（self-evaluation）。茲分述如下：

1. 諮商技巧

督導的任務之一，即是督導諮商師的諮商技巧更為精熟且能純熟地運用。因督導者大都具備豐富的諮商經驗，對不同的個案性質和諮商情境，能清楚了解諮商師須具備或運用哪些諮商技巧。通常有經驗的諮商師較常用面質、解釋等高層次的助人技巧，並彈性地選擇介入策略；新手督導者、諮商師雖較常發問，卻少使用教導、回應的技術，甚至出現較多無關的或低品質的口語反應（Howell & Highlen, 1981; Lonborg et al., 1991; Tracey et al., 1988）。

2. 個案概念化

個案概念化意指諮商師蒐集與案主問題相關的資料，並系統地統合這些資料，以對案主的問題、心理動力、個人功能、問題演變、求助原因、相關因素等有統整性的了解與評估，並形成對案主問題的假設與判斷，進而選擇適當的諮商策略介入。此外，擬定對應的諮商計畫、對諮商效果預先評估，也是重要的督導任務之一，是一種重要的認知構念（陳均姝，2001；賀孝銘，1998；Bob, 1999; Loganbill et al., 1982）。完整的個案概念化有助於諮商師正確地診斷分析，並進行有效的諮商治療工作。

3. 專業角色

系統取向督導模式強調督導者協助受督者有四項重要任務：(1)協助案主運用外在資源；(2)運用合乎專業與倫理的原則；(3)學習做紀錄、記錄諮商過程及發展適當的人際關係；(4)積極融入督導關係（Holloway, 1995）。換言之，SAS督導者具有評量者、教導者、監督者及觀察者等角色，其行

為、態度與實務經驗須成為受督者的專業楷模。

　　凡從事諮商治療工作的人員須具有助人專業的角色與特質，如真誠一致、富同理心、對人的興趣與關懷、積極的自我信念等（陳金定，2001；Goodyear, 1997; Norcross & Halgin, 1997），有效能的督導者也須有彈性、多元、開放與多元文化涵容等特質（Hawkins & Shohet, 2000）。督導者與受督者皆須清楚各自的專業責任與相互的角色。

4. 情緒覺察

　　情緒乃是個體受到刺激所產生的一種激動狀態，對其身心發展具有正向與負向的影響（張春興，1989）。督導者須了解受督者在督導關係及諮商情境中情感的變化與投入情形。一位有效能的諮商師須有覺察自我情緒狀態的能力；同理，督導者臨床督導時，須能夠清楚地覺察到自己的情緒與情感（蔡秀玲，2004；Mauzey et al., 2000），這也是 SAS 督導者教育訓練的重點（Holloway, 1992b; Holmes et al., 1998）。

　　諮商師在諮商過程或諮商結束後所產生的任何情緒經驗，督導者須協助其探索此一情緒的源頭（曹中瑋，2003）。許多人在結束督導或督導訓練之後（特別是資深的諮商督導人員），或許少有機會再接受他人的督導；因此 SAS 相當重視督導歷程中的自我覺察訓練，要求受督者取其諮商錄音（影）檔前來接受督導，或從旁觀察其諮商接案的過程（現場督導）。

5. 自我評量

　　諮商與督導歷程中的自我評量，係指專業人員了解自己能力的限制及有效性，並清楚案主在諮商歷程中的成長情形（謝淑敏，2002；Noelle, 2002）。自我評量包括督導者協助受督者了解自己專業知能的限制與優勢；同時，督導者也要評量自己的能力，以及督導諮商師評估案主接受諮商的意願及擔憂。自我評量不僅是一種諮商、督導的倫理責任，更會影響

諮商師的成長動力與專業發展。

　　督導者在督導諮商師做自我評量時，宜考量多元化角度，不限於在諮商師的諮商行為，同時也要引導其思考案主的諮商反應，以進行專業化、人性化的自我評量工作。Ford 和 Britton（2002）認為，在督導情境中，文化也是一項重要的動力因素，諮商督導人員必須了解文化如何影響其督導歷程，且督導雙方是否存在文化背景的差異，不同的文化如何影響諮商關係、督導關係中的人際互動。

　　上述督導功能與督導任務在 SAS 督導情境中，並非各自獨立運作，而是一種持續的交互運作歷程（Holloway, 1995）。臨床督導時，督導者乃是以「督導功能（5）」乘以「督導任務（5）」的歷程矩陣（process matrix），來進行專業督導或訓練，如圖 12-2。在督導過程的初期、中期和結束期，或教育訓練中皆可使用圖 12-2 矩陣表格（勾選或十點量尺）來自我評估或觀察他人；雙方也可先各自對督導者評量再彼此核對、討論，以檢核或調整督導者的督導風格及受督者的需求期待。

◆ 圖 12-2　系統取向督導模式之督導功能與任務歷程矩陣圖

督導功能 ＼ 督導任務	諮商技巧	個案概念化	專業角色	情緒覺察	自我評量
檢核／評量					
教導／建議					
示範					
諮詢					
友持／分享					

Holloway 和 Acker（1988）認為，督導者在督導歷程中，一方面要達到「教些什麼」的任務，另一方面也須思考「如何教」，才能發揮督導功能。SAS 的精華即在於以功能及任務來貫穿督導歷程，既考量諮商督導的實用性又兼具理論的統整性。督導者可以參用此一歷程矩陣及督導目標、發展階段、受督者的專業需求等因素，來督導諮商治療人員。例如對甲諮商師運用「教導」功能以協助其「個案概念化」形成；對乙諮商師採取「評量」方式來釐清受督導者的「專業角色」，或以「諮詢」來協助其「覺察自我的情緒」。督導人員也可將歷程矩陣用以形成短期或長程的督導計畫、教學策略。

（四）情境脈絡

諮商督導的目標、任務與功能，深受督導雙方情境脈絡因素的影響（Holloway, 1995, 2016）。從生態觀或後現代主義的角度來看，與案主、助人工作者生長背景有關的情境脈絡因素，皆是諮商人員和督導者必須探討研究與了解掌握的（吳武典，1999；楊瑞珠，1999；Harper-Jaques & Limacher, 2009）。系統取向督導模式中的情境脈絡（context），包括督導者、受督者、案主、機構等四項。其中又以督導者對諮商督導工作的成敗，最具影響力。

Harper-Jaques 和 Limacher（2009）認為，諮商師與諮商督導人員都必須具備對情境敏感度的能力並透明化的溝通。此外，確認並致力於幫助不同的哲學立場對話，而非試圖透過一個又一個模式的階層對話；如在臨床督導歷程中，治療團隊盡可能維持宏觀的視野和積極的溝通，尤其是對治療團隊成員和接受婚姻家族治療服務的案主，有關其性別和多元文化議題更須保持敏感。如此一來，諮商師和督導者將更能掌握諮商歷程或督導歷程中各項有關的情境脈絡因素。

文化脈絡是一項重要的動力因素，因「文化融於自我，自我展現文化」，自我擺脫不了文化的滋養與束縛，文化也缺少不了每個單一自我的

牽引與灌溉（陳金燕，2003b）。SAS 旨在創造一個人內在自我的活動空間與心靈世界，協助督導者時時觀照自己與挑戰自我（徐西森，2001b，2001c）。因此，督導歷程的考驗是相當辛苦且有壓力，必須面對諸多的挑戰，因此SAS建設一避風港，提供督導者、受督者及案主，在安全的情境下，深切且具體地自我反省（Holloway, 1995, 2016）。

1. 督導者

臨床督導對許多督導者而言，是相當辛苦的工作，督導者（特別是缺乏經驗的「生手」）有時必須面對莫名其妙、無所適從的督導歷程。系統取向督導模式之諮商督導人員宜隨時省思是否具備下列特質：

(1)自我反省與接受回饋

諮商督導人員在專業上或生活裡，必須時時反省自我的經驗、行為與情感，一則導引個人行動方向，再則培養自我的省思能力，以敏銳地察覺案主、受督者及個人的需求、態度、情緒與認知，進而建立良好的、有效能的督導關係。自我反省與接受回饋也是諮商人員專業發展上的重要議題（Maki & Bernard, 2002; Rønnestad & Skovholt, 2003），包括反省自我的專業能力、發展不同層級角色責任等。

(2)持續開放的學習態度

諮商督導人員可藉由新的生活經驗、諮商歷程來挑戰自己，個人的意願興趣也會影響受督者的學習態度。若督導者無法做到自我期許，就難以要求他人精進諮商，更難開展專業性的助人（諮商、治療或督導）歷程。因此，欲提升助人工作品質就必須先開放自我、充實自己。

(3)以歷程為導向的投入

諮商督導並非只是單純教與學的關係，而是關注在教與學歷程中各種

可能的發展狀態。諮商督導人員宜隨時檢視督導，如何看待自己的工作、如何看待受督者及案主（唐子俊，2001；劉淑瀅，2003）。諮商督導人員不宜只關心督導結果，而應「持續」地關注督導歷程的各項影響因素。

(4)營造健康的關係

有效的諮商督導取決於督導者與受督者雙方的互動關係（許韶玲，2003a，2003b；蔡秀玲，1999；Claiborn et al., 1995）。惟因督導者與受督者權力關係的不對等，因此營造健康的互動關係，前者的責任大於後者，如何催化受督者共同重視督導關係，建立合作同盟，以共同負起責任，有待諮商督導人員的努力。

(5)建立連結、關心他人

諮商督導人員須時時、處處、事事與受督者於督導過程中相互連結、緊密互動。換句話說，督導者要經常省思個人如何影響受督者（Efstation et al., 1990; King & Wheeler, 1999; Peterson, 2002），雙方在求助與協助、愛與被愛、獨立與依賴、主動與被動、教導與學習等狀態的連結和人際互動，此一關係是單一的或多變的、是正向的或不利的。

(6)耕耘內在的自我

督導者宜開拓自我與受督者雙方自在的心理空間，讓彼此感受到自由安全（Holloway, 1987; Holloway & Wolleat, 1994; Polanski, 2003）。真正的助人專業乃是在創造個人活躍而非停滯的內在狀態，唯有營造安全、活化、溫暖及自在的諮商（督導）關係，諮商（督導）人員才能影響他人、觸動案主（受督者）的內心，也才能改變其不健康的內在特質或外在行為。

在諮商督導工作中，諮商督導人員扮演著品管員、守門者、引導者及評鑑者等重要角色，其一言一行，動見觀瞻，對諮商與心理治療助人專業

及其工作者影響甚大，同時諮商督導人員的角色也相當複雜（曾端真，
2003；Bernard & Goodyear, 2004; Carroll, 1996; Igartua, 2000）。督導人員
的角色應該是能掌握各種影響督導的情境因素，包括案主、機構與受督
者，並適時教導、諮商、諮詢及協助受督導者自我督導等（Littrell et al.,
1979）。

2. 受督導者或受訓督導者

　　Holloway（1995）認為受督導者也可以將上述督導人員自我反省的方
向轉化為個人反省的內容。資深（專業經驗豐富）與新進（實務經驗不
足）的諮商師，督導的動機需求與專業期待是有所不同的，後者較需要結
構性、支持性及教導性的督導形態，而系統取向督導模式對此類受督導者
的學習是較有幫助的。至於對於資深、實務經驗豐富的受督導者，則是需
要特定、高層次之技術與理論取向的訓練，這種訓練涉及個人的信念、價
值觀、專業風格與學習形態等。

　　受督導者或受訓督導者必須深思個人的專業學習取向，如何才能成為
一位有效的諮商師（Inskipp, 1999）。受督導者在專業學習過程中，必須不
斷自我覺察個人發展方向，或以諮商督導人員為典範，或統整個人學習經
驗。此外，督導人員也要注意受督導者或受訓督導者的學習形態及專業需
要，性別、種族、信仰及個人價值觀等多元文化的差異，以及其人際互
動、心理防衛、內在語言訊息等自我表徵。

3. 案主

　　迄今大多數的督導研究議題仍以諮商督導人員、受督導者、督導歷程
及督導關係為主，只有極少數的研究是探討案主與督導人員之間的關係
（Holloway, 1995; Talley & Jones, 2019），或缺乏與案主直接有關的督導研
究（林瑞吉，2000）。Poulin（1994）的研究發現，諮商督導人員會考量
案主的主述問題、諮商進展及情緒行為，並協助受督導者探討案主。系統

取向督導模式與案主有關的議題，主要在於探討：(1)案主的特性；(2)案主的問題與診斷；以及(3)諮商關係（Holloway, 1995; Moorhouse & Carr, 2001）。

督導者須協助受督者了解案主的特性及其對諮商歷程的影響，如案主的年齡、智力、性別、人格、社會階層、家庭背景及身心健康狀況等。Holloway和Neufeldt（1996）認為，「諮商關係」是探討諮商策略及其效能的重要變項，也要留意諮商關係對督導關係的影響，此類「平行歷程」反映了受督者有時會無意識地表現出諮商中的動力因素來影響督導關係。諮商與督導之間有其緊密與連鎖的互動過程，受督者即處在督導（督導者）與諮商（案主）之間的樞紐地帶，具有其敏感性與關鍵性角色。

4. 機構

諮商與督導等助人工作皆存在於組織機構中。任何組織為了確保能夠達成團體目標與行政運作，必須制訂各項法規與程序，含甄選、任用、升遷、訓練、管理及考核等。在系統取向督導模式中，諮詢小組（consultative group）亦被視為是一項機構要項，督導者也可能是機構、計畫或政府政策的主導者（Holloway, 1995; Kahn, 1999）。Holloway（1995）也認為，服務對象、組織結構及氣氛、專業道德與規範等三方面機構因素會影響督導運作。

此外，機構本身的成立宗旨、目標任務、管理結構、領導風格、財經資源（營利或非營利）、媒體宣傳及其提供服務的人員：專業的、半專業的、技術工等，也可能影響督導者的督導目標與工作計畫。有些機構基於成本效益考量，可能規定督導者的工作方式與專業範圍，導致影響了服務的品質指標與工作滿意度。身為機構一分子的督導者，除了必須遵守專業倫理之外，也要遵守其機構內的規範準則，以及政府的政策法令等。

諮商督導是一相當具有動力性與實效性的工作，諮商督導人員的重要職責，乃是協助受督者發展其專業來協助案主成長。系統取向督導模式有

助於專業人員互動、溝通與督導,此一模式係以理想及現實為基礎,並將重要的督導因素整合而成一視覺化的立體圖。此一督導模式具有相當大的彈性,適合轉化、運用於各諮商與心理治療領域中,也可將之用於科技整合、學術單位或企業機構等體系中。

三、評價與運用

在諮商與心理治療的領域中,各學派理論皆有其特色與重點,而且蓬勃發展,迄今已有逾 400 種之多(Corsini & Wedding, 1995; Prouty, 2001),諮商督導的模式至少也有20種(劉焜輝主編,2002);現階段仍有不少諮商理論為學術界與實務領域的主流,例如精神分析學派、案主中心治療法等,但也有些理論在發展之初,僅引起短暫的風潮或學者的重視,最後卻很少再被人提及、引用或驗證。究竟專業化理論及科學化模式的優劣如何區分,其檢視的標準為何,值得思考。

多年來,Holloway致力於提出一套有系統的督導模式,以協助諮商師及其督導人員能夠一目了然地了解,並落實於諮商督導工作中。系統取向督導模式跨理論的內容及相關研究,已為諮商督導的實務工作奠定良好基礎(葉穎蓉,1998)。以 Proctor(1998)評價「理論」的觀點來看,SAS:(1)清楚明確;(2)淺顯易懂;(3)具體可行;(4)切合實際;以及(5)多元包容,Holloway 的系統取向督導模式有其適切性、統整性和實用性。

Holloway(1995)認為,系統取向督導模式來自臨床經驗與專業學理,提供一套架構與系統,清楚識別影響督導者做決定或做工作的有關因素。此模式提出一個核心(督導關係)和六個側翼(督導者、受督者、案主、機構、督導功能、督導任務)的系統,簡明扼要、淺顯易懂(連廷嘉、徐西森,2003;歐陽儀,2001b)。又其督導功能(5)×督導任務(5),提供督導者一個具體可行的運作方向與歷程(張寶珠,1996b;歐陽儀,2002)。

　　在臨床督導上，Holloway 及其同事認為，文化價值乃是形成諮商督導者內在態度與行為的重要內涵，相較於其他督導理論的看法，更能符合多元文化的需求與專業視野（Holloway & Neufeldt, 1996; Walsh, 1994; Wong & Wong, 1999）。近年來，多元文化及其脈絡的研究與實務工作一直是諮商心理學的重要議題（Yeh, 2004），如人際權力或社會角色差異的敏感度（林怡秀、李怡青，2010）；故 SAS 的重要性與助益性也反映在諮商專業人員的多元文化能力訓練上（莊雅婷等人，2012）。

　　Bernard 和 Goodyear（2004）也認為，Holloway 的系統取向督導模式可能是現有督導理論中最具包容性的。系統取向督導模式被視為是 Holloway 融合理論、研究與實務發展而成的一套「三合一」統整性督導工具（王文秀等譯，1999；徐西森，2001b，2001c）。從 Holloway 將督導視為是一種教、學與做的概念，引發學界許許多多的討論與衝擊以來，迄今並未出現新的督導模式或重要的研究取向（Goodyear & Guzzardo, 2000）；即使今日督導理論的第二代取向，如混合模式和共同元素模式也蘊含系統整合的思維脈絡。

　　Getz（1999）認為，任何一個含「領域特殊性」的科學知識，均須包含敘述性、程序性與條件性等三類要素，才能成為有用、可用而且實用的知識。其中，敘述性的知識指的是事實性的資訊（知道是什麼）；程序性的知識係指將敘述性的知識加以累積，以統整出領域特殊性的策略（知道如何做）；至於條件性知識則是了解在何時何地取得某些事實，或是運用某些特別的程序（知道做什麼）。以此觀之，Holloway 的系統取向督導模式正是一種可教、可學與可做的諮商督導領域特殊性知識。

　　系統取向督導模式注意到各種情境脈絡的因素，而且被認為與受督者的滿意度、行為計畫、口語反應以及人際權力等議題有關（Holloway, 1992b; Russell et al., 1984），亦即 SAS 可用來探討諮商督導的各種議題；又，系統取向督導模式的「諮詢小組」被視為機構團隊工作的重要方式，也是團體督導實務與訓練過程的主流系統，目前廣泛地運用在重視結構取

向的諮商與心理治療領域專業中。

　　系統取向督導模式強調督導者有必要主動反省他們所運用的知識體系，以作為規劃及執行特殊性目標的依據。舉例而言，SAS的自我表徵指的是，每一位督導者和受督者在人際互動中呈現自我的方式，也是對他人傳達特定想法與情感、口語與非口語的行為方式。Holloway（1995）指出，諮商治療者的心理健康與正向特質，乃是優秀督導者的基本條件，經常出現在督導風格與倫理議題的研究上。

　　受訓中的督導者，未來是否能夠勝任諮商督導工作，Getz（1999）認為必須具備七項條件：(1)了解督導理論模式；(2)持續發展的諮商師；(3)精熟督導方法與技巧；(4)能夠建立良好的督導關係；(5)遵守道德法律與規範；(6)具有評量的知識與能力；以及(7)具有行動力與執行力等。依此觀之，七項能力標準相對符合Holloway之系統取向督導模式的主要概念：督導關係（第七項）、契約（第五項）與階段（第四項）、督導功能（第六項）、督導任務（第三項）與情境脈絡（第一項、第二項）。是故，系統取向督導模式的架構，不僅為重要的督導工作方法，也可作為評量諮商督導人員專業能力的向度，此乃未來系統取向督導模式的重要應用方向之一。

四、結論

　　Holloway（1995）指出，系統取向督導模式試圖將一複雜多變的督導情境簡化成教與學的「互利」模式，也適用於非諮商督導專業領域（職業）的訓練課程規劃，包括在企業界、教育界或服務業中運用。此外，Holloway 曾將系統取向督導模式用在醫療體系、教育情境中，特別是「諮詢小組」、「科技與團隊合作」的概念與實務，結果證實對醫療歷程、照護情境及教學功能確有正向的影響。

　　總之，諮商督導是一相當具有動力性與實效性的工作，諮商督導人員

的重要職責乃是協助受督導之諮商師發展其潛能、成就其案主。系統取向
督導模式的運用，確實有助於諮商專業人員的互動、溝通與督導，此模式
係以理想及現實為基礎，並將重要的督導因素整合而成一視覺化的立體
圖。此督導模式具有相當大的彈性，適合轉化運用於各諮商與心理治療領
域中，也可將之用於科技整合、學術或企業機構等非助人專業中。

13

團體督導

黃素雲

　　心理諮商領域有個別諮商與團體諮商，諮商督導領域也有個別督導與團體督導，雖然諮商督導大多以個別督導為主（Bernard & Goodyear, 1992），但團體督導對諮商心理專業人員之養成訓練卻有其重要性與必要性。美國諮商及相關教育課程認證委員會（CACREP）對諮商師養成訓練有明文規定，要求碩士層級的諮商師必須在實務課程實習（practicum）或駐地實習（internship）階段，接受每週至少一個小時的個別督導，以及每週至少一個半小時的團體督導；國內兩大諮商學會（台灣輔導與諮商學會與臺灣諮商心理學會」對諮商心理實習也規定機構應提供實習學生每週至少一小時的個別督導；每週平均至少二小時的團體督導或研習，顯見團體督導的重要性。

　　有別於個別督導，團體督導是一種利用團體成員的互動，達到督導目的（Rosenberg et al., 1982），相當節省時間、金錢及專業人力，並提供多樣的學習機會。團體督導對諮商問題提供豐富及不同的觀點，是特別有效的方式（Van Horn & Myrick, 2001; Wilbur et al., 1994）。Holloway 和 Johnston（1985）指出團體督導的應用有四方面：(1)實習前的諮商師需要學習晤談技巧時；(2)實習時的諮商師需要學習個別諮商技巧時；(3)實習時的諮商師需要學習團體催化技巧時；(4)在無領導者的情況下，提供同儕督導功能。

　　雖然團體督導廣受矚目，然而詳細的團體督導模式卻很少被學者談論（Border, 1992; Holloway & Johnston, 1985），以致於國內諮商督導者對團體督導了解有限。誠如 Holloway 及 Johnston（1985）指出，團體督導是廣泛實施卻鮮為人所了解的一種訓練方法，諮商師訓練領域仍處於說明及了解團體督導的基礎階段。因此本章將對團體督導做深入探討。

一、發展背景

　　團體督導大約在 1960 年代開始受到注意，1970 年代被廣泛地運用，

主要是時代思潮普遍受到人際歷程或治療基礎的方法所影響（Tate,
1973），這些方法所帶領出的督導環境注重受督者的個人及專業的成長。
1980 年代，Holloway 和 Johnston（1985）探討 1960 年代至 1980 年代之團
體督導的發展，發表一篇重要文章 "Group supervision: Widely practiced but
poorly understood"，強調團體督導被廣泛使用卻沒有被充分了解與運用，
Holloway 和 Johnston 並質疑傳統方法對諮商師專業功能的提升，認為受督
者會受治療所束縛，有違發展受督者自主性之倫理議題。於是，有些學者
開始摒棄治療本位的督導方法，強調督導者的支持（非治療性）角色，並
著重倫理的考量。

　　因此，1980 年代末期有較多的研究湧現，嘗試探討與發展團體督導模
式（Wilbur et al., 1994）。1990 年代，Holloway（1992a）又再度強調一些
團體督導模式的內容與過程仍舊缺乏實證研究，建議對團體督導的使用做
有系統的檢視。2000 年以來，團體督導已廣被應用在各專業領域（如心理
學、諮商、社工、護理、學校心理、高等教育等），再者，結合其他督導
或諮商取向的團體督導亦常見（如系統取向團體督導、自我覺察督導模式
團體督導、薩提爾模式團體督導、後現代敘事合作取向團體督導等），另
外，應用在督導者培訓的團體督導逐漸受到重視（Ögren et al., 2008; Riva
& Cornish, 2008）。

二、重要概念

（一）團體督導的定義

　　許多學者對團體的定義分歧。Holloway 和 Johnston（1985）視團體督
導為一種歷程，是「督導者在同儕團體中觀看受督者專業發展的過程」（p.
333）；林家興（1992）認為團體督導是「由督導者對數位受督者同時進行
督導。但以參加的諮商師不超過四個為原則」（頁 2）。朱森楠（1993）

對團體定義為：「由一位或以上的督導者對數位受督者，運用團體動力的原理進行督導的過程，以促進受督者在諮商技術，及個人身心更進一步發展」（頁 24）。而 Bernard 和 Goodyear（2019）則認為，團體督導是「一群受督者與(1)一位指定的督導者或多位督導者的定期聚會，(2)監督他們的工作品質，(3)進而了解他們所擔任的治療師及一起工作的案主，以及提供的諮商服務」（p. 161）。

（二）團體督導的組成與模式

綜合上述定義，團體督導的組成包含下列許多要素：

1. 受督者團體應定期聚集。

2. 有固定的督導者。

3. 幫助受督者對於自己作為一位諮商工作者有所了解。

4. 幫助受督者對於他們所處理的案主有所了解。

5. 幫助受督者對諮商服務工作的運作有進一步的認識。

6. 受督者藉由與團體成員交相互動而達成目標。

團體督導有許多不同的模式，以理論取向分：如 Leddick 和 Bernard（1980）的動力取向模式、催化取向模式、行為取向模式、技術取向模式及混合取向模式。以性質分：如 Dell 的三向度模式，包含歷程 vs 概念、指導的 vs 非指導的、認知—行為 vs 支持—情感的（引自朱森楠，1993）。以結構／非結構分有五種：結構團體督導（structured group supervision）、系統性同儕團體督導（systemic peer group supervision）、案例展演模式（case presentation model）、分析模式（analytic model）和體驗團體（experiential group）（Linton, 2005）。

（三）團體督導的優缺點

Cartwright 和 Zander（1968）對團體督導的基本假設是：(1)團體具有強大力量，對個人發展有重要影響；(2)團體可能產生好的或壞的結果；(3)

正確地了解團體的動力，會使渴望從團體得到的結果有達成的可能。團體督導不同於個別督導，主要是團體動力的屬性及其人際歷程的效果（Yalom, 1985）是團體督導的重要貢獻，可幫助受督者個人及專業的發展。學者認為團體督導有其正面效果，團體督導的訓練結果與個別督導不分軒輊（Ray & Altekruse, 2000），且受督者對團體督導與個別督導的偏好並無差別（Borders et al., 2012）。不過運用不當也可能導致督導無效，團體督導也容易引起焦慮，挑戰督導者不僅要處理個別督導過程，還要顧及團體的發展使之成為一體。Skjerve 等人（2013）建議結合團體督導與個人督導是較理想之做法。

根據學者看法（Bernard & Goodyear, 2019），團體督導的優點有下列幾項：

1. 能節省時間、金錢及專業人力。
2. 提供替代的學習機會。
3. 探討更廣的個案範圍。
4. 可提供大量且多樣的受督者的回饋。
5. 能更全面地審視受督者的問題（困難）。
6. 提供受督者學習督導技巧的機會。
7. 讓受督者的經驗有普同感。
8. 能學習團體歷程的細節

至於團體督導的缺點則有：(1)受督者可能無法獲得他們所需要的（如團體可能花太多時間討論一些與成員無關或不感興趣的議題）；(2)保密的疑慮；(3)團體形式無法類推到個別諮商形式；(4)某些團體的現象有可能阻礙學習；(5)具有早期負面經驗的受督者恐無法接受挑戰性（矯正性）的回饋（Bernard & Goodyear, 2019）。整體而言，團體督導的優勢勝過限制，然而，進行團體督導時仍應多加思量限制的影響。Cohen（2004）建議準備團體督導應思考五個問題：

1. 團體的類型是什麼？對象？

2. 團體成立的理由是什麼？

3. 督導的目標是什麼？成效的標準？

4. 要擔負哪些實際的、實務的並要處理的問題？

5. 將如何實施評估？

（四）團體督導發展階段

團體督導會經歷與其他團體一樣的過程，雖然團體有其獨特性，但有效的小團體從開始到結束應有通用的模式，亦即團體督導是由持續的階段組成，以促進團體達到成熟的發展（Vîşcu et al., 2021）。學者對團體督導發展階段定義不一，但內容大同小異。例如 Sagebiel 和 Vanhoefer（2007）描述了 Bernstein 和 Lowy（1969）的五階段：定向階段（認識彼此）、明確階段（確定立場和角色）、熟悉階段、分化階段和結束階段；而 Tuckman 和 Jensen（1977）提出的五個階段分別是：形成階段（forming）、風暴階段（storming）、規範階段（norming）、表現階段（performing）及散會階段（adjourning），是較常被討論並可作為團體督導的參考。Bernard 和 Goodyear（1998）約略說明這五階段如下：

1. 形成階段

此階段是探測與相識階段。團體成員會想知道誰在這團體裡，及成員相互間的關係如何？保密與安全是此階段個人需求的重要考量。此階段需要完成的工作有：

(1)成員的篩選

團體督導在研究中並沒有明訂理想的團體人數，Ray 和 Altekruse（2000）發現大團體（8：1 的比例）和小團體（4：1）同樣有效，顯見並無實證建議特定的團體人數。即便如此，督導團體的大小仍廣受討論。若考量案主量的呈現及受督者能夠獲得充分的注意，Aronson（1990）建議理

想的團體人數為五或六人；而CACREP限制團體督導的大小為五人。儘管最佳組合大小約是五人，也要取決於任務、團體組成以及其他因素（如領導力和團體環境）（Brown, 2000）。例如，為了避免受督者缺席或退出，一些學者建議增加一些人數，Schreiber 和 Frank（1983）建議團體的大小至少七人；而Chaiklin和Munson（1983）建議團體人數介於六至十二人之間。若考量學習對象，Riva 和 Cornish（1995）則根據受督者的實習類別提出彈性的建議，針對全職實習生（intership）的團體督導人數宜為三至五人，而兼職實習生（practicum）則可達十人。團體的大小及成員開放與否皆對團督的團體動力有很大的影響，若採取封閉式團體的模式，Bernard和Goodyear（2019）則建議團體的受督者人數為五至十人。

對新手受督者而言，採同質性團體較異質性團體合適，主要是這些受督者之間較容易有同理心及建立信任感，此外，由於受督者能力相當，對督導的期待較一致，督導者較容易協調，並根據受督者的基本能力實施督導（Chaiklin & Munson, 1983）。不過，同質性團體也會因過於相近而缺少挑戰機會，因此，贊成異質性團體的學者（Wendorf et al., 1985）則強調在團體督導中，較有經驗之受督者對新手受督者具有示範的效果。

(2)進行一個前置督導團體

進行前置督導團體的目的在幫助受督者熟悉團體環境，督導者可提供關於此督導團體的資訊，並說明團體的架構，此架構也能隨後視團體狀況而修正。此前置督導團體的情境，也能有助於督導者思考對團體的期望，使架構達到詳盡的程度。若無法進行前置督導團體，為使團體能順利進行，第一次的督導團體可以確定團體方向、聚集方式及成員應做哪些準備。

(3)團體契約

督導者有義務處理團體的危機行為，為減少團體的危機，最好的方法是使用團體契約，此階段的督導者應幫助成員致力於確認與評估團體契

約，以建立團體裡可接受的角色與行為，使團體成員願意在團體中探索和工作，並重新定義團體及個人目標。簽訂團體契約可減少受督者的角色衝突和歧義，增進其在團體中的安全和信任感（Vîşcu et al., 2021），因為契約具有多種功能，包括描述督導會發生的狀況、督導的目的和目標、評估的方法、受督者及督導者的職責和責任，以及其他考慮因素（如觀察、影片錄製）（Smith et al., 2014）。有用的契約包含雙方的期望和責任，如督導者運用的督導取向及風格、成員之間的互動方式、希望團體呈現什麼結果、為議程做準備並做出貢獻、或遵守團體規則並對採取的行動所產生的結果負責等等。團體規則（group rules）包含：(1)參與（樂於分享、真誠回饋、接受指教等）；(2)保密性；和(3)界限議題（受督者的敏感與脆弱問題），規則也包含出席、聚會地點與時間的考量（Bernard & Goodyear, 2019），說明如下：

1. 聚會的地點：成員必須討論團體督導的地點是否合適？要在何處較為適合？是在工作／實習的機構或輪流在每一位成員的家中？選定的地點會影響成員對團體的感受，對提升或降低團體的凝聚力有重大的影響。

2. 聚會的頻率：團體督導要多久才聚集一次會影響團體的過程。一個月一次可能會影響團體無法達到信賴的環境；一星期兩次又可能使成員無法參與並引起憤怒。Marks 和 Hixon（1986）建議每星期進行一次團體督導，有助於成員減少焦慮並增進信賴感；相反地，每二週聚會的團體較偏向認知和正式的性質（以團體任務為主，不以實現成員個人目標為主）。

3. 定期出席：團體成員是否定期出席對團體有諸多影響，例如成員參與團體的士氣低落、參與團體的意願受動搖、對團體缺乏信任感及阻礙團體的進行（例如某成員在進行一個困難個案的概念化活動之後，在隔週的督導團體缺席，導致團體成員不知該成員這週以來對案主的處遇狀況，同時也會引起成員自責的不當感受，認為是上週

過度面質該成員而導致他缺席）。

2. 風暴階段

這是團體成員內部衝突、情緒表達及角色示範的階段，因此，此階段的重要考量在於解決權威的議題、督導者角色及適當平衡任務與過程的問題。Enyedy 等人（2003）指出五大阻礙團體督導現象：成員間的問題、與督導者的問題、受督者的焦慮和其他知覺到的負面影響、組織的限制和差勁的時間管理，前三大類均與此階段有密切關係。而督導者也須謹記，團體中一定程度的反對和衝突可能有助於團體成員之間靈活的互動，更能促進成員的發展和變化（Boëthius et al., 2006）。

成員之間的競爭（competition）在此階段更為直接和明顯，競爭在督導團體中是無可避免的，由於受督者在團體中會知覺「誰最好」或「投督導者所好」，因此，競爭能刺激受督者力求最佳表現，不過，對於害怕被拒絕或被嫉妒的受督者而言，競爭可能帶給團體危機。團體中某個成員也有可能成為「代罪羔羊」，其他的團體成員可能會「聯合起來」（同盟或結黨）對付某人，讓他成為敵視或發洩負面情緒的人物（Corey, 2003）。

情緒的覺察與表達是團體工作的重要一環，一位成員情緒的表達可能引發其他成員的跟進，有助成員的相互了解，並促進團體的凝聚力與信任感。不過，有些成員置身於團體中會感到焦慮與害怕，會認為「我會不會被人發現？」「別人會不會認為我有其他的缺點？」另外，有些成員的情緒表達是與團體目標無關的，因此督導者要能確保成員是在團體目標的脈絡裡做情緒表達。

督導者重要的角色是角色示範，當團體中發生成員破壞性地攻擊別人時，會挑起團體危機，督導者為防止此危機，必須做角色示範，將焦點擺在特殊的行為上，教導成員適當的溝通技巧。督導者在示範團體諸多的行為時，要滿足不同受督者的不同問題需求，的確挑戰督導者的能力。

3. 規範階段

　　督導者要讓團體處在最佳狀態，因為團體的環境及氛圍會影響成員投入團體之意願，尤其案例呈現是團體督導的重要任務，若是過於鬆散或嚴肅的環境，都可能影響案例呈現的進行。故此階段是建立適當的行為規範的時機，即形成「團體文化」。Shulman（2010）認為文化是種形態，是感覺團體不同於其他團體的重要現象，具有系統性的規範及原則，例如團體互動是「給予回饋，但不造成任何不適」；「在團體中實驗，是要處理被喚起的焦慮，而不是羞辱」（Mastoras & Andrews, 2011）。研究指出強烈的人際關係緊張是造成團體受督者感到不舒服和不安全的主要特徵，將使督導轉向消極和無生產性的結果（Nielsen et al., 2009）。

　　督導者與團體成員尚可以再討論確認一些已在團體中運作的規範，使成員檢視個人及團體目標達成的成效：

　　1. 督導團體的整體目標是什麼？
　　2. 督導團體完成目標之期限為何？
　　3. 成員的期望是什麼？
　　4. 督導者採用何種角色與策略幫助成員完成目標？
　　5. 受督者採用何種角色與行為幫助其他成員完成目標？

4. 表現階段

　　這是團體督導中最具生產性的階段。有些團體督導的重要任務已展開，如果這些任務有效，團體成員將已承擔適當程度的責任，此階段成員將會因信賴及受激勵，而願意去探索及檢視自己的諮商方式，並努力完成團體任務，達到團體的期待。督導者要能夠幫助團體達到此階段，然而，敏感的督導者會因團體觸及重複發生的議題，認為團體進行「無效」而急於改變方向，或要求成員回饋，或對團體過程提出回饋。事實上，督導者應了解重複發生的議題對團體的重要性，這些議題有可能因為再度被討論

而使成員最終獲得理解，故督導者應將重覆發生的議題視為契機，善用團體動力，妥善處理。

　　受督者在此階段所呈現的案例，並非只是呈現簡單、清楚或不可思議的部分，而是要延伸到探討他們的技巧限制，引出具有批判性的評論。此階段的督導者說的話要比前幾個階段少，盡量給予充分的時間讓受督者做案例呈現，並使成員提供回饋。Borders（1991b）建議，當團體過程遭遇停滯時，可以讓受督者播放錄影檔呈現一段諮商情境，並提出幾個有關案主或情境的特別問題，並請求成員給予回饋。其他的團體成員也被指派一個任務（例如焦點觀察、角色擔任、觀察理論取向、發展隱喻），根據受督者提出的議題，作為觀察該段錄影檔、思考問題，及提供回饋的方向。此階段可能引發潛藏的不悅情緒，可參考 Champe 等人（2013）討論情緒調節策略如何應用於團體督導中。

5. 散會階段

　　這是分離、評估及評價的階段。成員必須處理團體經驗的結束，強化個人的學習，並類化到實際生活中。

　　綜合以上所述，督導者應知道督導團體具有不同階段，並了解不同的團體階段有不同的任務。例如在形成階段督導者要提供較多的團體規則與結構，幫助受督者了解督導架構、建立督導的個人目標，促進新環境的適應。當團體階段進入風暴階段，督導者需要挑戰受督者，使他們能檢視在團體之中的理由，使其能對他們的行為負起最大的責任。在規範階段，督導者主要幫助成員確認一些已在團體中運作的規範，並鼓勵成員分析個人及團體目標達成的成效。而督導者在表現階段則鼓勵成員記下一些團體真實達成的工作，並賦能受督者展現專家的特定表現。在散會階段，督導者應該幫助成員面質一些否定的情緒與行為，並促進團體成員能夠完成「放下」（let go）的重要任務，從結束中重新看待得與失的經驗。

三、督導目標與督導關係

　　團體督導的主要貢獻在於團體成員可以塑造出特殊的技巧、理論的議題，及人際關係的動力（Edwards & Heshmati, 2003; Hayes, 1989）。雖然團體督導應該是具治療的功能，但成員個人的治療不是訓練的首要目標，團體督導主要以團體為主，透過團體的動力幫助個人達到四個目標：包含理論的概念、技巧的發展、個人成長，以及技巧、知識與態度的統整（Hayes, 1989）。

　　「理論的概念」是團體督導的目標但並非是最主要的目標，受督者透過團體的個案討論，可以深入地了解到某一個理論對案主問題解決的應用，同時，透過成員知識的貢獻，可以認識不同理論取向對某種問題解決的可能性。為達到此目標，督導者也要建議一些讀物，特別是受督者關心的議題，使受督者充實理論基礎。

　　「技巧的發展」是團體督導的例行目標，著重於確認及有技巧地處理重複發生的諮商情境。此目標在團體督導中經常被誤用，認為團體督導是成員間相互討論各自所遭遇的案主諮商問題，這些討論其實應該是個別督導的職責（Yalom, 1985），在團體督導中，受督者的技巧發展應著重於與團體技巧發展（而非個人技巧）高度相關的議題。Ivey（1988）提出技巧熟練的四個階段，作為訓練的架構：(1)確認：受督者能確認自己的技術及其對案主的影響；(2)基本：受督者能於角色扮演的晤談中使用技術；(3)活用：受督者能使用對案主有特定影響的技巧；(4)教導：受督者能對案主及其他的受訓者教導技巧。

　　團體督導第三個目標是「達到個人的成長」。自1960年代起，訓練諮商師的課程已開始結合人際歷程團體，著重人性發展，也就是在督導的過程中，督導者聚焦於受督者發展成為一位諮商師的學習程度。因此團體督導強調人性的及經驗的訓練，訓練的首要目標包括團體經驗的拓展、情感

的表達與統整，及「此地—此時」過程的再認知（Yalom, 1985）。

　　團體督導第四個目標是「技巧、知識與態度的統整」，是團體督導最重要的目標，主要因為團體督導能提供脈絡促進統整，諮商師在團體情境中經驗心理動力與團體動力的議題討論與分享，可幫助受督者將書本的知識與實務做連結。受督者能學到「何時去相信自己的直覺、如何從中使用資料、何時自我表露及表露到什麼程度、何時應該進或退」（Coche, 1977, p. 237）。

　　在團體督導中，通常都會以督導者為模範，督導者是富有經驗的專家，這是團體督導與同儕團體督導不同之處，以提供示範、解釋、診斷及運用團體動力知識。督導者的角色要能一致，特別在提供諮商師洞察、挑戰、甚至建議與助其問題解決之間要平衡。此外，督導者應給予受督者支持，Stoltonberg 和 Delworth（1987）指出「鼓勵有助於受督者增加複雜性及更為自主」（p. 22）。團體督導與一般諮商團體一樣，強調建立團體凝聚力，因此，督導者應善用團體動力，促使成員開放與回饋（Holloway & Johnston, 1985）。

　　隨著團體督導發展階段的進展，督導者的角色也有所調整，以表現階段為例，Keith 等人（1992）認為督導者的角色是：前期：採用母親般的角色（maternal role）提供撫育，關心受督者的感受及引導受督者變得自在；中期：督導者逐漸提升成為父親般角色（paternal role），對受督者在主題及要求上提出設定及限制；後期：隨著受督者在團體中的情緒投入（emotional Investment）增加，督導者逐漸轉移較多的責任給受督者。值得注意的一項重要任務是，督導者在初始階段能允許受督者表現「好的」和「討人喜歡的」行為，但後期則要鼓勵受督者發展獨立的想法和行為，以促進技能的更有效學習（Boëthius et al., 2006）。

　　在團體督導中，督導者也要根據受督者程度的差異而給予不同的處遇，Loganbill 等人（1982）建議督導者要使用五種介入方法，助長諮商師的專業發展。第一種是促進介入（facilitative interventions），督導者藉由

關懷、同理及尊重，以減低受督者的焦慮、傳達信賴及鼓勵內省。第二種是面質介入（confrontive interventions），督導者幫助受督者檢視自己情緒、態度與行為上的矛盾，使其更為一致。第三種是概念介入（conceptual interventions），督導者提供相關理論與原理，使受督者能分析思考議題。第四種是處方介入（prescriptive interventions），督導者協助受督者對特殊個案提供行動計畫。第五種是催化介入（catalytic interventions），督導者藉由探測與詢問，開啟受督者對過程（例如評估案主進步）意義的覺察。

四、督導內容與督導原則

　　有些學者對於團體督導所進行的活動看法不一，Sansbury（1982）建議四種團體督導的任務，包括：(1)教導處遇的方法；(2)提供個案導向的資料、建議或回饋；(3)聚焦於受督者的情感反應，特別是對於案主的情緒；(4)經營團體的互動及發展，以促進受督者探索、開放與反應。Sansbury 進一步指出，督導者的任務包含：(1)對整個受督者團體提供指導；(2)帶領團體成員檢視受督者提出的諮商案例，以便做建議或回饋；(3)帶領團體成員檢視受督者對案主的情緒問題；(4)聚焦於受督者團體的互動過程。Holloway 和 Johnston（1985）強調的三種團體督導的重點，則包含：(1)學習與教導；(2)個案概念化；(3)人際歷程。Wilbur 等人（1994）則提出三種督導團體的型態：(1)任務過程的型態，包含教導及個案概念化過程；(2)心理過程的型態，強調在團體人際互動過程中個人的成長；(3)社會過程的型態，強調在團體人際互動過程中人際關係的成長。

　　另外，Kruger 等人（1988）認為團體督導包含問題解決活動（problem-solving activity）及非問題解決活動（nonproblem-solving activity）。問題解決的活動以案主問題為主，強調個案概念化，是團體督導的主要活動，因此督導的內容應包含澄清問題、擬定諮商計畫、行動計畫及評估。非問題解決的活動以諮商師的問題為主，強調以口語行為幫助團體了解及

減少團體成員的人際互動問題及情感問題，是一種人際過程的活動，包含個人及團體的發展。

在準備團體督導時，督導者應向受督者說明團體督導過程（Werstlein, 1994）：

1. 團體督導是在指定的一段時間內（例如一學期），五至八位受督者每週聚集至少一個半小時，以提供機會促進團體發展。

2. 督導團體的組成，受督者之間應有一些共通點或不同點存在（例如受督者的發展階段、經驗階段、人際的調適能力）。

3. 督導團體有一個前置計畫架構，能詳盡列出時間分配流程，並提供打算聚焦的內容及過程議題。此架構隨後能視團體狀況而修正。

4. 此前置督導團體的情境，有助於督導者拼湊對團體的期望，使架構達到詳盡的程度。

5. 督導者會使用「感知檢核」，反映團體此地—此時發生的現象，運用歷程驗證來觀察受督者。督導者將積極、監督議題數量、肯定成員參與和付出。

6. 受督者的經驗乃是同儕回饋、支持與鼓勵的交互結果（Benshoff, 1992）。探索困難情境有助於學習及解決問題。

7. 競爭是團體經驗的自然現象，認識它的存在及把精力放在正向面，有助成員提升創造力與自發性。

此外，督導者應告知受督者如何使用團體督導，內容如下（Werstlein, 1994）：

1. 當你「聽」與「說」投入增多，學習也隨之增加。所以要勇於冒險，並表達你的反應與想法。

2. 藉由與你的同儕分享，可減少挫折自我意識。你將會訝異其他的受督者也經驗與你同樣的想法與感受。

3. 當你默察到你與團體成員的關係，正與你和案主的關係連結時，企圖去尋找兩者相近的地方，並討論相似及差異之處。

4. 當你進行個案呈現，團體動力由個案討論進展到諮商師的深刻省思時，你就知道你需要什麼樣的回饋及要問什麼。

由於個案呈現是團體督導的重要任務，督導者在團體督導中應注意：(1)時間充足，以致能讓受督者做充分個案呈現，避免時間不夠使效果打折扣；(2)留意受督者做個案呈現時是呈現案主的問題脈絡，而不是呈現特定的問題內容；(3)對單一的個案，應聚焦於一個問題，而不是許多問題；(4)個案討論在先，諮商師的改變在後；(5)對受督者使用處遇的期望要符合受督者的能力（Munson, 1983）。

五、團體督導歷程

團體督導初始在確定團體方向與準備時，應該擬定時間表，在每次兩小時的團體聚會裡，安排一位成員做個案呈現。團體督導的步驟為：

（一）開始（10 分鐘）

團體督導開始時，氣氛會有些沉寂，督導者應與成員有所接觸，最好的接觸方法是督導者問：「最近每個人過得如何？」使成員說出最近諮商的狀況，或上週在諮商實務工作的成功經驗，有時成員會覺得害羞或困惑，認為團體督導是提出問題的地方，且由於是生手，較難定義案主在諮商情境中的進步情形，因此不習慣談成功經驗。談成功的經驗有助於建立個別成員的自信，對團體有正面的支持，能促進團體溝通，並有利於後續督導的進行（Edwards & Heshmati, 2003）。

（二）個案呈現與討論（110 分鐘）

Wilbur 等人（1994）提出結構性團體督導（SGS），值得作為個案呈現步驟的參考（參見表 13-1）。個案的呈現包含以下幾個步驟：

表 13-1
結構性團體督導模式之步驟

步驟	內容	活動	催化者角色
步驟一	尋求協助（plea for help）	受督者說明需要督導團體怎樣的協助，並提供簡短的資料說明，例如錄影檔、錄音檔、書面摘要或口頭報告等資料形式，資料呈現完後，受督者可對團體尋求協助，說「我需要你們協助我……」	留意時間的限制，監督議程，維護資料呈現順利。鼓勵並支持受督者確實達到並理解問題的呈現。
步驟二	探問階段（question period）	督導團體的成員問受督者有關步驟一的資料，此步驟幫助成員釐清資料的內容，團體以有次序的方式進行，每人一次問一個問題，過程重複直到不再有成員提出問題為止。	有次序地控制發問，保護受督者負荷過重的問題，在下個問題提出前，給予受督者充分時間回答問題。並保護受督者避開過度熱切或較勁性的詢問。
步驟三	回饋／諮詢（feedback/consultation）	團體督導成員對步驟一及二提供的資料做回應，說明他們如何處理受督者的議題、問題或案主等。這期間受督者保持安靜，對於有關的評價及建議可以做筆記，團體成員給予回饋也以一次一個為原則，例如第一個成員說：「如果這是我的案主，我會……」，過程重複直到不再有成員給予回饋為止。	監督過程，確定回饋是有相關的，避免讓次要的溝通破壞團體的任務。監督受督者產生招架不住或誇大自滿的現象，協助團體有結構地做回饋。
休息時間	休息時間（pause for break）	第三步驟與第四步驟之間有十至十五分鐘的休息，休息期間團體成員不應該與受督者談話，主要是讓受督者能對步驟四做準備，以對成員的回饋做反應。	為使受督者有反應的空間，適時提出休息建議，保護受督者免於被干擾。可以鼓勵團體其他成員相互交談。

（續下頁）

表 13-1
結構性團體督導模式之步驟

步驟	內容	活動	催化者角色
步驟四	回應說明（response statement）	此時團體成員保持沉默，讓受督者回應每一位成員的回饋，受督者告訴成員他們的回饋哪些有幫助，哪些則無，為什麼？其他成員在這期間不做任何反應。	鼓勵受督者提供「什麼是有幫助且有意義」的描述性的回饋。
步驟五	過程分析（process analysis）	督導者帶領成員對四個步驟的過程做討論、做摘要、對提供的回饋做反應，及經營團體動力等。	討論過程，讓團體成員有機會對受督者的說明做回應。

（摘自 Wilbur et al., 1994）

1. 受督者尋求協助（30 分鐘）

　　受督者做個案呈現時，應提供團體其他成員有關案主的資料，包括書面描述及錄影檔播放，書面個案報告以記載到最近完成的諮商療程為主。為幫助受督者有結構地做個案呈現，可參考表 13-2 書面個案呈現格式。書面口頭報告完後，受督者選擇播放一段諮商情境之錄影檔，播放完畢後，受督者說明需要團體成員怎樣的協助，受督者可對團體尋求協助，說「我需要你們協助我⋯⋯」。

表 13-2
書面個案呈現格式與內容

第一段：呈現的問題與契約
1.案主呈現的問題與症狀是什麼？
2.案主想從治療中獲得什麼？

第二段：背景與歷史
1.家庭圖？
2.過去的重要事件？
3.過去的就醫經驗（或諮商經驗）？
4.社會的支持網絡是什麼？

第三段：臨床假設與治療
1.對於案主問題的假設是什麼？
2.概念化描述你認為的關鍵議題？
3.簡短述說迄今你所做的相關治療？
4.DSM 的診斷是什麼？

第四段：治療師
1.你對案主的反應是什麼？
2.在諮商情境的過程中，你的感受是什麼？
3.有無任何的反移情問題會繼續發生？

第五段：展示
1.在錄影檔中要探討的是什麼？
2.你在錄影檔中的表現，哪些是你喜歡的？
3.你希望團體給你什麼幫助？

（Edwards & Heshmati, 2003）

　　受督者做個案呈現時，要向團體成員陳述以下內容（Bernard & Goodyear, 1998）：

　　1. 你要呈現什麼內容、事件及過程？（描述）

　　2. 對於內容（事件或過程）你最想說明的是什麼？（推論）

　　3. 你從案主身上經驗了什麼情緒及感受？關於這案主，你有覺察到任

何想法或奇想？

4. 你確信案主對你有什麼情緒、感受及想法？

5. 說明你想要從團體中得到的特別回饋？

在這個步驟中，督導者要留意時間的限制，監督議程的進行，維護資料呈現順利。鼓勵並支持受督者確實達到並理解呈現的問題。

2. 成員探問（20 分鐘）

受督者也接受成員的詢問，口頭補充說明、澄清有關書面或錄影檔資料中的案主及案主與諮商師的關係。督導團體的成員詢問受督者有關上一個步驟的資料，此步驟幫助成員釐清資料的內容，團體以有次序的方式提出問題，每人一個問題，過程重複直到不再有成員提出問題為止。

督導者監督團體成員有次序地發問，維護受督者負荷過多的問題，督導者並能控制，在成員提出下一個問題前，給予受督者充分時間回答問題。並保護受督者避開過度熱烈或較勁的詢問。

3. 回饋／諮詢（15 分鐘）

團體成員對受督者提供的資料做回應，說明他們如何處理受督者的議題或案主問題等。這期間受督者保持安靜，對於有關的評價及建議可以做筆記，團體成員給予回饋也以一人一次為原則，成員輪流給予回饋，直到不再有成員回饋為止。回饋盡量不用善意建議的方式，例如「如果我是你的話，我會……」或勸告的方式，例如「你的態度應該同理、接納……」，以免破壞團體過程。回饋可以是：「如果這是我的案主，我會……」等。

團體成員做回饋或諮詢時，應該對受督者所呈現的個案有些概念，並能組織他們的想法及提供回饋，可參考以下內容（Bernard & Goodyear, 1998）：

(1)知道諮商師做了什麼？

- 有關諮商師的作法，哪些是你喜歡的？
- 案主對諮商師的行為似乎有什麼反應？
- 你對個別諮商情境會加入什麼？
- 諮商師所做的什麼事，是可以以其他方法來做？
- 諮商師所做的什麼事，是你認為無用的？如果有，是哪些事？可以如何替代？

(2)知道案主做了什麼？

- 你認為案主的問題是什麼？
- 什麼情緒是案主帶給你的？
- 什麼原理是明顯的？
- 哪些不一致的地方使你困惑？
- 案主的投入有讓事情更清楚嗎？

(3)知道個別諮商情境完成了什麼？

- 適當的過程及結果目標有完成嗎？
- 個別諮商情境主要完成了什麼？
- 個別諮商情境主要缺陷是什麼？

(4)如果這是你的案主，在下次的個別諮商中，什麼是合理且有利的目標？你如何完成這些目標？

　　督導者也可以考慮指派任務給其他團體成員，每人負責一個任務，根據受督者的個案呈現資料來完成任務，給予受督者回饋。這些任務是 Borders（1991b）建議的四種回饋方式：第一種是著重於「焦點觀察」（engage in focused observations），包括諮商師所使用的技巧（如面質），及諮商師與案主的關係。第二種是「角色取替」（role taking），作為一個觀察者，團體成員如果是錄影檔中的諮商師、案主或案主生活中的某個重要人物（如父、母或男朋友等），當看完錄影檔後，團體成員要以自己所代表的人物給予回饋。第三種是觀察「理論取向」（observation from a specific theoretical orientation），團體成員要能夠從不同的理論取向，觀察受督者的諮商情境，例如有的從系統的觀點，有的則從認知─行為觀點，如此可以幫助受督者應用不同的理論於實務中，以解決案主的問題。第四種是「發展隱喻」（developing a metaphor），以錄影情節的脈絡，描述每一個人物在劇情中的關係，此法對諮商情境中諮商師與案主之間的人際動力問題有幫助。

4. 休息時間（10 分鐘）

督導者為使受督者對上述成員的回饋有反應的空間，適時提出休息建議，大約有 10 至 15 分鐘的休息時間，主要是保護受督者免於被干擾。休息期間團體成員不應該與受督者談話，主要是讓受督者能對成員的回饋專心做準備，不過，督導者可以鼓勵團體其他成員相互交談。休息期間，可以準備茶點供成員享用。

5. 回應說明（15 分鐘）

此時團體成員保持沉默，讓受督者回應每一位成員的回饋，督導者鼓勵受督者告訴團體其他成員，有關他們的回饋哪些有幫助，哪些則無，為什麼？其他成員在這期間不做任何反應。

6. 過程分析（20 分鐘）

督導者帶領成員對前四個步驟過程（休息時間除外）做討論，給予團體其他成員有機會對受督者的說明做回應。督導者並對團體動力做檢視。最後，督導者對下次督導架構做預告。

六、案例示範

督導者：好，各位成員，今天非常高興大家準時參與督導團體。這星期大

家過得如何？

成員A：還不錯，還算順利，幾個案主也都定期來晤談，其中林決定休學養病，所以最近會結案。

督導者：好，（面向成員B）你呢？

成員B：我也還好，學輔中心這週辦活動，所以比較忙。我的案主黃這星期沒來因為家裡有事。這星期多了一個案主，是感情的問題，情緒不穩定，讓我較擔心一點。案主張曠課節數有減少，有較正常的作息了，不過經濟壓力仍還在。

成員C：我這週的案主也都有來，案主王讓我壓力較大些，她防衛心強，這星期我們的關係有些僵，這使我心情很不好。

督導者：有沒有正面的影響呢，她至少每星期都會來找你？

成員C：對呀，這很奇怪，我感覺她似乎不喜歡我，卻都每週都來找我，或許我多心了。不過你提到這一點倒讓我心情好些，至今我的案主還沒流失，算是值得安慰之事。

成員D：這週有一件事令我興奮，是一位案主這星期告訴我，她感謝我的支持鼓勵，她決心要堅強一點，讓我知道她是一個可以好起來的人。不過我有一點點擔心她的信心又會被擊垮，或過度依賴我。

督導者：你要信任妳的案主可以！

眾　人：（對呀）。

督導者：好，謝謝各位分享這週的心情。今天我們輪到○○○做個案呈現，我們把時間給她。

受督者（成員B）：各位好！我今天要呈現的是一位與我晤談四次，是本校○○系大一的學生，她的母親要她休學她不知該怎麼辦？她的父親生病臥床，她的母親身體也不好，好像有癌症，她的母親做檳榔生意賺錢辛苦，要照顧父親又要養育案主與三個弟弟，經濟困難，所以希望案主不要唸書，幫忙賺錢。案主覺得她想唸大學，現在卻無法唸，感到很難過。案主也有一個男朋友唸某大學二年級，案主覺得她如果

不唸大學，就可能會和男朋友分手，因為男朋友可能會因為她不是大學生而離開她……。我對案主的感覺是她唸大學的動機很強，她對母親有許多負面情緒，覺得母親要她賺錢而已，並非真的關心她。案主目前覺得她來諮商可以從我這兒抒發情緒、談心與獲得支持。我的個案呈現是希望各位能給予我回饋，讓我能協助案主安心求學。

〈受督者播放 20 分鐘錄影檔〉

督導者：好，我們聽了○○○（成員 B）的個案報告及看了諮商情境，不知其他成員有無問題要問，我們一人問一個問題，如果你有兩個問題，等輪完再輪到你提問時再問，一直到沒人提問才結束。

成員 A：她的家庭經濟如何？月入多少？

受督者：這個並不清楚，案主也不清楚，只知道要付案主學雜費及生活費有困難。

成員 C：她為何認為母親不愛她，覺得母親要她賺錢而已？

受督者：因為有一次案主生病住院開刀，才出院尚須休息，她的母親人也不舒服，就要她一人顧店，一直到很晚才收攤。案主覺得店都可以關起來，大家休息，為何要折騰她一人顧店。所以案主覺得母親只重視錢，不關心她的身體。

成員 D：您說媽媽得癌症，還有多久的生命呢？若爸爸媽媽走了，誰照顧案主家人。

受督者：聽案主說過可能是伯伯照顧，好像阿姨也有可能，不過阿姨可能會領養最小的弟弟。

成員 A：她的三個弟弟幾歲？

受督者：對不起，剛才忘了講，是國中二年級，小學六年級及小學二年級。

成員 C：案主有其他重要的親戚嗎？

受督者：爺爺奶奶外公都過世了，有外婆但已八十歲了。

成員 D：案主現在的學費從何而來？

受督者：案主說母親還有一些錢，多少不清楚。不過每次要繳學費，案主的媽媽真的會嘮叨要案主不要唸大學了。

成員A：如果是國立學校也不給案主唸嗎？

受督者：案主的母親是說考得上再說。好像有些輕視案主的樣子。

〈沉寂一陣〉

督導者：好，不知成員還有沒有問題〈環顧成員一圈〉。若沒有，接下來請各位成員給予○○○回饋。也是一樣，每人一次只能一個回饋，若有其他回饋，再輪到你時再說。

成員A：我覺得○○○花了一些時間，在了解案主唸大學的動機，這點頗為重要。

成員C：我覺得○○○接納案主情緒，幫助案主探索與母親的關係，做得相當不錯，不過得到的似乎是對母親負面的認同，正面的部分……如果這是我的案主，我會嘗試去了解家庭脈絡，讓案主看到母親的價值。

成員D：我認為要面臨的是家庭結構的變化，唸不唸大學雖然是案主目前的困擾，但案主似乎隱藏即將失去雙親的恐懼。她是否了解未來可能面對的改變，及她自己角色的改變，她可能不再是為人女兒，而是弟弟心中的大家長，她是否有足夠能力面對這一切。

成員A：有一個現象似乎頗明顯，案主與母親一樣似乎是較不同理他人的人，這一點可以幫助案主看到，當她怪母親時，她自己也像母親一樣，只想到自己而缺乏替人著想。

成員C：看案主似乎未呈現任何有關擔心父母親身體病痛的心態，及對未來的憂心，好像與其他大學生一樣關心學業與感情。我想這個案主家庭狀況較特別，是什麼因素讓她對親人病痛冷漠，是年齡思想未成熟，還是過去家庭經驗不愉快，是值得去探討了解的。

〈篇幅所限其他回饋省略〉

督導者：好，各位休息十分鐘，外面有茶水及點心，成員可以享用並互動

交談，但不要去打擾○○○，讓她可以對剛才成員的回饋做回應。

〈十分鐘休息結束〉

督導者：好，各位已休息十分鐘了，體力與精神恢復了。接下來我們請○
　　　　○○針對剛才成員的回饋做回應。

受督者：非常感謝剛剛大家的回饋，我覺得非常寶貴。首先謝謝成員 A 的
　　　　回饋，的確我花了一些時間在確認她的求學動機，但經過大家給予的
　　　　回饋，我想有其他地方我是更要去注意。成員 C 的回饋提醒我仔細去
　　　　檢視案主生命經驗中，對母親的正向經驗，讓案主與母親有正向的連
　　　　結。另外謝謝成員 D 讓我從家庭結構看案主即將面臨的重大危機，這
　　　　一部分我會幫助案主去看見。再來成員 A 的第二個回饋讓我看到案主
　　　　與母親的相似處，似乎這也是她們母女人際互動的障礙。而成員 C 的
　　　　第二個回饋的確很重要，我想案主過去與父母互動的成長經驗一定對
　　　　她的人格特質有很大的影響，我應該幫助她看見並重新框視她自己的
　　　　問題。

督導者：非常感謝○○○的說明，成員的回饋的確貢獻良多。最後，我們
　　　　有 20 分鐘討論剛剛前面的內容，其他成員可以在此對○○○剛剛的說
　　　　明做回應。

成員 A：這個案主的問題似乎是家庭的問題，不容置疑她對唸大學動機強
　　　　烈，但最重要的要讓她知道事情不是非 A 則 B，而是整個結構已醞釀
　　　　在改變，案主有無 sense，她將如何調適，我覺得這個是很重要的。

成員 C：我也同意成員 A 的看法，讓案主看到即將面臨的危機，並從現階
　　　　段可能的變化裡尋求因應之道，再探討在這結構產生變化的情況下，
　　　　她要如何做才能兼顧。

成員 D：大家都說得很好，我只是畫蛇添足。我覺得案主的價值觀要受到
　　　　挑戰，她執意要唸日間部大學，實在是價值觀偏差，如果這部分能幫
　　　　助案主做調整，案主也許也不會這麼痛苦。當人執意要獲取某些東西

時，其實是價值觀作祟，這部分可提供給案主參考。

〈篇幅所限其他討論省略〉

督導者：大家今天討論非常踴躍，相信對○○○有很大的幫助。的確，這個案主的問題實在有很多討論的空間，特別是她即將面臨的是家庭的重大變化，恐怕也是這個案主需要承受的壓力，我想，諮商師的陪伴、關懷、支持與鼓勵是必要的，接下來讓她進一步藉由探討家庭歷程，更了解自己的人格特質、自己的價值觀、母親的價值與自己的責任，甚至未來生涯規劃等，是有必要幫助案主做全面性的了解、認識與洞察。今天的督導團體到此結束，下星期同一時間，請準時參與，下星期是輪到○○○做個案呈現，請準備，散會。

七、研究與評價

過去的幾十年裡，團體督導愈來愈受到關注，國內外進行團體督導實務均有增加趨勢，其團體督導進行方式未必依本章的團體督導歷程進行，因此團體督導性質相當多樣，再者，相關文獻較多是概念性描述的文章，實證研究的文獻相對有限，不過，也給團體督導者提供了一些方向。以下就一些團體督導之研究結果做探討。

團體督導的實施地點與概況可從 Riva 和 Cornish（2008）的研究加以了解，他們比較 2006 年和 1991 年的團體督導實施的差異發現：(1)較常用團體督導的場域前四名不變（只順序稍有不同），分別是大學諮商中心、社區心理健康中心、州／市／縣醫院和退伍軍人事務部醫院；(2)團體督導仍是以案例呈現的方式進行居多；(3)團體督導者多為培訓場域的主管（training director），與以往研究結果不同的是，女性團體督導者比例增加（可能與當期女性主管人數增加有關）；(4)團體督導最常見的模式是由三到四名實習生組成每週一次持續一到二小時的團體督導；(5)大學諮商中心的團

體督導成員是三人占最大比例，而社區心理健康中心是超過六名的受督者
居多；(6)大學諮商中心比其他場域較會採用錄音（影）檔進行團體督導；
(7)其他場域的督導團體大多是實習生參與，相較之下，社區心理健康中心
的團體督導較有不同的專業人員參與。

　　文化的差異對團體督導過程的影響需加留意。Carter 等人（2000）以
第一年的諮商受訓者進行研究，包含美國白人（19 人）及亞洲人或亞裔美
國人（17 人）在團體督導過程中表現同盟或自我表露的情況，結果發現有
顯著的差異。美國白人受督者一致顯示高程度自我表露，並且同盟的現象
在團體督導過程中是呈現高—低—高的模式；相反地，亞洲受督者在團體
督導過程中的自我表露程度是呈現逐漸增加模式，而同盟的現象在團體督
導過程中是呈現較為穩定的程度。

　　此研究也發現，在團體督導過程中，有關好的受督者（例如開放、能
自在地表達衝突）是出自西方文化規範。Kaduvettoor 等人（2009）也發現
在團體督導中與督導者不同種族的受督者會經歷更大的衝突。故建議在團
體督導中，督導者與受督者互動或評估受督者的進步時，應考量成員文化
背景。

　　國內團體督導也廣被應用在多樣的督導目的，例如諮商能力培訓督導
團體，謝麗紅等人（2007）探究準諮商師團體帶領的能力，研究結果發現
經過六次團體督導後，準諮商師在團體的理論基礎、團體過程的領導技巧
與整體領導各項能力上有明顯的進步；而在心理與行為特質、團體進行前
準備技巧與團體諮商專業倫理行為方面則未達顯著差異；此外，團體督導
過程中來自督導者的督導、解說與示範帶領團體的相關技巧、鼓勵受督者
彼此討論、相互觀摩與學習，均對其團體領導能力有相當的助益。還有結
合諮商理論取向的團體督導，如許維素和蔡秀玲（2011）探討輔導教師焦
點解決短期諮商學習成效，發現 SFBT 訓練方案有其成效與持續性。黎欣
怡等人（2017）以後現代敘事合作取向團體督導探討督導思維和督導策
略，發現督導思維（尊重、欣賞與感謝；不視為理所當然；一般化；公開

化；去專家化；抱持未知的態度；認可與賦能；珍視在地性知識等八項）
與督導策略（包含該取向的諮商與督導策略與共通性督導策略等）兩者共
同運作，可以促進受督者開展與建構支線故事進而重寫諮商困境故事。

　　團體督導的成效一直是學者極力探討的議題。Boëthius 等人（2006）
探究團體督導中的自變項（團體規模、性別組合和督導風格）與受督者和
督導者對團體互動、團體氛圍和獲得技能的看法的交互關係。將 105 位受
督者及 20 位督導者，依其經歷分別組成基礎層級督導團體及進階層級督導
團體，研究發現：

1. 不同層級督導團體的四類群對象（基礎層級團體的受督者、進階層
   級團體的受督者、基礎層級團體的督導者、進階層級團體的督導
   者）在感知的知識和技能獲取方面並無顯著差異，但多數具有提升
   的效果，除了基礎層級團體的受督者在前後測無顯著差異，其餘類
   群在感知的知識和技能的前後測上，均有顯著提升效果。

2. 受督者的年齡、性別、培訓團體層級和在團體督導初期所感知的知
   識和技能對於團體督導後期所感知的知識和技能具有顯著的解釋
   力；培訓團體層級是最強預測指標，即進階團體層級的受督者獲得
   的知識和技能更多；而較年輕和女性也與知識和技能獲得有正向關
   係。

3. 與團體督導者的關係及同儕關係方面，督導者類群比受督者類群
   （包含基礎或進階督導團體），在團體督導後期比初期，對團體督
   導者關係評價及同儕關係評價均有顯著的提升；有督導經驗的督導
   者在團體督導中，隨著時間的進展，與團體督導者及同儕的關係較
   受督者佳。具體來說，團體同儕的良好關係與經驗豐富的督導者有
   關（有較高的督導風格要求），並與團體性別組合有關，女性受督
   者比男性受督者多的團體組合較佳。

4. 同樣結果也反映在信任與接納變項上，有督導經驗的督導者在督導
   團體中，隨著時間的進展，比受督者更信任與接納團體；而受督者

類群在二位男性及二位女性的組合（相較於全是女性）或二位女性的組合（相較一男一女）對團體的信任與接納較有助益。此研究與Kaduvettoor等人（2009）的研究發現博士級受督者比碩士級受督者在團體督導中經歷更多的衝突，均反映出團體督導應用在不同層次的受督者身上應多斟酌。

　　更深入探討受督者與督導者本身對團體督導的看法和經驗，以理解團體督導的成效受到相當的重視。值得注意的是Christenson和Kline（2000）指出督導者對團體督導環境中最有價值和最有效的部分與受督者的知覺是不一致的。提醒督導者必須注意受督者在團體督導裡的個人經驗，不能假設其他成員對成功的團體督導的看法與督導者本身的看法相似。Starling和Baker（2000）的研究結果強調同儕回饋的價值，特別是提出臨床實務上的不同觀點。隨團體督導的進展，同儕的回饋質量和內容也有變化，真誠地分享自己的擔憂和提供回饋，不僅能減少受督者的困惑和焦慮，也促使受督者的目標更加清晰，對自己作為諮商師的信心提升。此外督導者的回饋及其說教式案例指導、引導技能學習的機會及促進團體凝聚對團體督導都有積極貢獻（Christenson & Kline, 2001a）。

　　但Linton（2003）也提醒注意受督者的回饋問題（如：回饋太溫和或過於積極，沒有建設性的回饋效果），還有督導者對團體的關係（如：督導者過於嚴苛且不擅時間管理），對團體督導的運作均有負面影響。相較於Enyedy等人（2003）研究結果列出五大類有害團體督導之事件，Carter等人（2009）研究得出五大有益事件：(1)督導的影響（如，開放性、幽默感、回饋）；(2)具體指導（如，檢視法律和道德問題、使用角色扮演）；(3)自我理解（如，從錯誤中學習、為團體做準備的自我反思）；(4)支持和安全（如，經驗的一般化、接受驗證和支持），以及(5)同儕影響（如，來自同儕的回饋、觀察同儕諮商療程、反思的多樣性），都值得作為督導團體帶領者的參考。

　　關於團體督導成效的研究，Chui等人（2021）也提供有意義的發現。

他們從四位督導者所帶的十個團體督導（為期 20 週，每位督導者分別帶領一至二個團體督導），取 53 位碩士層級受訓者為研究對象，探究團體督導中的同儕關係（PRS）、督導工作同盟（SWA）、督導滿意度（SAT）和諮商自我效能（CSE）之間的關係。研究發現：(1)同儕關係品質比督導工作同盟，更能預測諮商師的諮商自我效能；(2)唯有控制同儕關係，督導工作同盟才能預測諮商師的諮商自我效能；(3)當控制督導工作同盟，同儕關係無法顯著預測督導滿意度。研究者認為可能是「督導滿意度量表」題項如「您如何評價督導品質？」或「你有獲得你想要的那種督導嗎？」其中的「督導」（supervision）字眼讓受試者產生混淆，進而在回應時更多關注在「督導者」（supervisor）而不是「同儕」（peer），研究者建議量表題項的「督導」字眼改為「團體」較合適；(4)督導工作同盟能顯著預測督導滿意度；如此之外，(5)就成員內部而言，「同儕關係」及「與督導者的關係」是相互關聯的，與同儕的良好的關係也會透過團體情緒渲染而與督導者有良好的關係。反之亦然，與督導者有良好的關係，積極情緒也會讓受訓者增強同儕間的合作並減少團隊中的衝突，從而對同儕關係觀感較佳；(6)就成員之間而言，「同儕關係」及「與督導者的關係」是相互關聯的，受訓者與督導者建立良好的工作同盟，可能會感到更安全，進而促使團體成員之間有更多地表露並增強了同儕關係。反之亦然，受訓者知覺到良好的同儕關係，會對團體產生更大的歸屬感，使受訓者更能投入學習（Masika & Jones, 2016），進而提升團體督導者快樂和滿足的體驗（Hagenauer et al., 2015）並增強督導工作同盟。

八、結論

雖然 Bernard 和 Goodyear（2019）強調個別督導是傳統諮商師督導的基礎，不過，研究顯示小型或大型團體督導都能完成相同任務。因此，團體督導不應被視為是個別督導的輔助，而應與個別督導並駕齊驅，故建議督導方

式可結合團體督導情境與一對一的個別回饋與督導，彈性運用。再者，有別於個別督導尋求決定性的督導模式，運用團體督導的不同方法和結構時，考慮督導的背景和目的，以及督導者和受督者的特質與需求會更有利。

　　團體督導的研究和實踐的範圍仍很廣，因為團體督導過程並非只受單一特定因素所影響，何況有多少督導者就可能有多少督導方法（Falender & Shafranske, 2004），值得團體督導者推動此領域的發展。

同儕督導

黃素雲

　　諮商的專業發展是一項永生的任務（life-long task），一位諮商師要能藉由諸多的管道不斷地充實自己，才能提升解決案主問題的能力。對一般尚在學校就讀諮商相關科系的學生而言，利用的管道除了參與諮商專業研討會外，他們大多仰賴實習場域專業督導人員及任課教師的指導；而對已從學校畢業的專業諮商師而言，利用的管道不外是參與諮商專業研討會，很少諮商專業人員會尋求同儕督導模式來提升自己的能力。主要的原因包括多數諮商師對自己的專業訓練經驗缺乏自信，不認為自己能有建設性地幫助自己的同學或同事。此外，同儕督導（peer supervision）概念迄今尚未普遍運用在台灣的諮商督導領域，致使一般諮商師對同儕督導缺乏認知。

　　在國內，有督導的需求通常是發生在學校諮商師教育養成的課程實習或駐地實習時，當學生畢業離開學校，獨當一面地從事諮商輔導工作時，鮮少會自費尋求督導，而是會尋求機構主管（如輔導中心主任）的協助，發揮的功能恐無正式的督導關係有效；或是完全仰賴社區或學校所辦理的諮商專業訓練，一旦訓練終結，諮商師的技術水準將有減弱的傾向（Meyer, 1978）。當諸多因素（如金錢、時間）影響個人無法尋求督導時，自我督導是一項自我監督的可行方法（Meyer, 1978; Yager & Park, 1986）。

　　同儕督導是團體督導的一種，團體督導包含團體督導、小組督導、同儕督導及協同督導（Hawkins & Shohet, 1989; Holloway & Johnston, 1985）。同儕督導與團體督導都是以「團體」的方式執行督導，基本上都是「團體」督導，只不過，同儕督導有兩人、三人及團體模式，而團體督導大多指三人以上的組合。兩者之差異在於團體督導有固定的領導者（督導者）角色，其諮商專業能力較其他受督導者精進，團體中有階級關係；而同儕督導的領導者（督導者）角色是由同儕輪流擔任，嚴格說來並無固定的督導者角色，團體中也無階級關係。本章將探討同儕督導的認知與運用，作為個人專業發展的有利資源。

一、發展背景

　　在 1970 年代時，影響學校諮商師督導進行的原因，一是學校經費有限，無法聘用受過諮商專業訓練的督導者，二是學校行政人員認為督導浪費諮商師直接服務學生的時間，因而不認同督導的重要性。經費和時間的因素成為督導工作進行的主要考量。當時所謂的督導大多指的是行政的監督，主要著重在管理功能而非諮商過程，使得既存的督導實務與諮商師所需的督導有很大的落差（Barret & Schmidt, 1986; Borders & Usher, 1992）。

　　在美國，許多的學者陸續發表類似諮商師督導工作幾乎消失的隱憂（American Association for Counseling and Development School Counseling Task Force, 1989; Barret & Schmidt, 1986; Borders, 1991a; Borders & Schmidt, 1992; Schmidt, 1990; Schmidt & Barret, 1983; Wilson & Remley, 1987），學校諮商師（school counselors）督導工作的缺乏自此開始受到注意，多種針對經費和時間的考量所建議的督導方式應運而生（例如：Benshoff & Paisley, 1996; Borders, 1991b; Fraleigh & Buchheimer, 1969; Henderson & Lampe, 1992; Hillerbrand, 1989; Holloway & Johnston, 1985; Lewis et al., 1988; Peace, 1995; Remley et al., 1987; Roth, 1986; Spice & Spice, 1976; VanZandt & Perry, 1992; Wagner & Smith, 1979）。其中同儕督導的模式正符合行政上的需要，因而開始被廣泛倡導。

　　另外，隨著社會型態日趨複雜，今日的專業諮商師常需要多元化支持，以面對困境及保持彈性，因此諮商師聚在一起彼此討論工作任務，共同合作完成目標的需要也愈來愈重要，同儕督導也逐漸受到重視，甚至，線上同儕督導也已成為一種普遍做法（Amanvermez et al., 2020）。

二、重要概念

　　同儕督導「是一個過程，在這過程中受訓諮商師利用彼此的關係與專業技術相互幫助，以解決任何影響個人學習與發展及工作上的相關問題，使彼此成為更有效的助人者」（Wagner & Smith, 1979, p. 289）。簡言之，同儕督導是具有相似經驗和知識程度的諮商心理師在沒有合格督導者在場的情況下相互督導的過程（Campbell, 2000），強調批判性和支持性回饋，而不強調相互評估，諮商師「有權接受或拒絕他人的建議」(Bernard & Goodyear, 1992, p. 103)，由於同儕督導是由專業背景相當的諮商師共同實施，故沒有階級的壓力，鼓勵自主學習和評估（Benshoff, 1992; Hawkins & Shohet, 2006），因而能更明確自己的學習方向及對自己的行為負起責任。

　　同儕督導包含個別同儕督導（individual peer supervision）及同儕團體督導（peer group supervision）（Borders, 1991b），個別同儕督導可以兩人一組（dyads）（Remley et al., 1987）或三人一組（triads）（Spice & Spice, 1976）進行，此兩種模式通常用於大學校院訓練在學的準諮商師。兩人組的同儕督導是同行成對見面，督導者和受督者的角色在一個督導議程或連續議程中交替（Benshoff & Paisley, 1996）。而三人組同儕督導的假設是：督導不是一個單一的過程而是一個複雜的過程。故透過三人輪流扮演受督者（supervisee）、評論者（commentator）及催化者（facilitator）的角色，利用分析綜合的技巧，以改進個人在該角色所運用的技術。

　　而同儕團體督導（4 至 11 位同儕）（Basa, 2019）則是一種透過督導情境的觀察，同儕團體聚在一起討論的模式（Borders, 1991b）。Holloway 和 Johnston（1985）將之定義為「在同儕團體裡，督導者觀看受訓者專業發展的過程」（p. 333）。Golia 和 McGovern（2015）確定了三種類型的同儕團體督導：促進型、計畫型和臨時型。促進型同儕團體督導是在受過訓練的督導者指導下提供有意義的同儕參與的機會；計畫型同儕團體督導

是為受督者建立定期聚會以討論臨床實務問題，而不必有協助者；而臨時型同儕團體督導是無計畫的自發性參與活動。

同儕團體督導中的領導者要能防止成員間競爭與衝突（Hilmes et al., 2011; Schreiber & Frank, 1983），領導者可以是「輪換領導」：每個領導者都對團體領導、保密議題、與缺席成員的溝通或督導議程的記錄擔負全責（Bernard & Goodyear, 2014）；或「共同（責任）領導」：每個人對團體過程負有同等責任，包括：遵守合約、處理抗拒、把關界限（Counselman & Weber, 2004; Proctor, 2000）。

三、督導目標與督導關係

兩人組的同儕督導是無領導的，督導目標是提高諮商師的技能並提供相互支持和肯定。成員的角色是「顧問」，透過觀看錄製的錄影檔及案例討論，為彼此提供諮詢，互相幫助以達到自己訂定的目標。

三人組的同儕督導是同儕輪流擔任案例呈現、提供回饋，及從某個角度給出評論的角色。故督導目標是精進諮商師的個案演示技能、批判性回饋、參與有意義的對話，並深化此刻的過程。此模式是需要評論批判的，讓對話能打動人心，促進教者與學者之間建立親密關係（Spice & Spice, 1976）。

同儕團體督導的目標因團體定位或取向而有不同目標，例如 Baldwin 等人（2002）的同儕互惠督導（peer reciprocal supervision）的目標是盡可能提高合作夥伴關係並能於督導中辨識現有的技能，強調促進反思性實踐並提供支持，較少強調教育和督導的學習成分。

同儕團體督導的督導者在同儕中扮演著多元的角色，他是技術熟練的教師、是諮商師諮詢者、也是團體領導者（Starling & Baker, 2000），具有諮商輔導經驗及訓練的背景，並具有提供受督導者支持及安全環境的能力，他也扮演著調停者的角色，幫助成員堅守自己的工作崗位，以完成被

賦予的角色及任務。同儕督導可視為團體督導的一種，在同儕督導中，受督導者較不會感受到階級及正式被評價的壓力，督導的關係較像諮詢的關係。不過，由於是持續的過程，因此比起諮詢的關係，成員彼此之間會感覺較有責任感。

督導過程包含督導者能簡要說明成員的回饋，並敏察成員對回饋的反應，同時督導者也要能夠了解同儕間彼此保護、競爭或平行的互動模式，鼓勵同儕討論相互間的行為、情緒和關係。督導過程中督導者要具有適當處遇的技術，並安排實務的演練，如角色扮演或直接的技巧演練，以滿足成員的需要。

同儕督導可以是非正式的（結構較少）或正式的（結構化的），減少破壞性因素則較能提供穩定的督導環境（Borders, 1991b; Bernard & Goodyear, 2014），較能產生人際關係和情感方面安心地討論（Greenburg et al., 1985）。

四、督導內容與督導原則

兩人組的同儕督導活動內容包括傳統的督導活動，例如設定目標、回顧錄影檔、案例討論、討論諮商理論取向，探索相關諮商問題，及檢視與案主工作的方法。這些清晰的結構，有助雙方專注於特定的諮詢任務，以便做調整以合乎個別的需求和風格（Basa, 2019）。

三人組的同儕督導是由受督者於督導議程中展示錄影案例，評論員（在會議前已瀏覽該錄影檔）分享意見，提出重要觀點進行討論，而催化者關注當下的對話，使其有深入的影響。

一個成功的同儕團體督導應遵循以下原則：(1)督導過程應涉及所有的團體成員；(2)團體成員之間應彼此給予關注與客觀的回饋；(3)特別留意認知諮商技術的發展；(4)適用於新手或有經驗的諮商師團體；(5)對個人、團體及家庭諮商情境提供機制；(6)教導能使諮商師內化自我監督（self-monitoring）的方法；及(7)提供能被新手或有經驗的督導者使用的系統化過程（Borders, 1991b）。

同儕督導可以減少個人單獨面對督導者的壓力，可以使成員彼此分享經驗及交流想法，相互獲得支持，並學習新的技巧，因此較不具威脅性，實施並不困難，以下介紹幾種同儕督導進行方式。

五、督導過程

（一）二人同儕督導

二人同儕督導（dyadic supervision）對已自學校畢業的諮商人員或尚未畢業而在相關機構實習的學生而言，可以選定一位同事（諮商師），彼此輪流扮演受督者及督導者的角色，每星期某一小時聚在一起，最初的議程包括介紹和目標設定，然後是兩次交替的口頭案例演示，然後是四次錄音（影）檔審閱，一次討論期刊文章，以及期中和期末評估（Basa, 2019）。可以進行 Remley 等人（1987）所倡導之十個步驟的發展督導模式。

第一次活動以了解彼此背景資料及設定目標為主，背景資料包括個人諮商理念、人生哲學、影響個人諮商實務的訓練經驗、理念應用在實務上的經驗及作為一個案主，任何影響個人思考的經驗。目標的設立要明確，以二或三個目標為主。在第一次活動期間，諮商師應對個人諮商技術做自我評估，可考慮使用Cogan的「諮商師評量表」（Counselor Rating Scale）或Holahan和Galassi（1986）的「目標行為評量過程」（The Objective Behavioral Evaluation Process）。第一次的互動宜考量以下四點：(1)同儕是否清楚了解彼此的目標？(2)同儕督導如何彼此幫助以達成目標？(3)怎樣的策略有助於達成目標？(4)有什麼特定的改變是諮商師想看見的，在同儕督導期間發生了。

　　第二次活動以口頭個案討論為主，諮商師彼此各提一個棘手的個案，由於是在無威脅且安全的情境下進行，因而有助於同儕間信任及親密關係的建立。口頭個案討論應遵循以下步驟：受督導者(1)說明案主個人資料；(2)摘要案主諮商的歷史，包括原始的問題、諮商次數及到目前為止完成的諮商目標等等；(3)說明自己目前諮商該案主的困難；(4)允許同儕督導者提問題或意見；(5)與同儕督導者討論案主問題；(6)發展有效解決案主問題的策略。口頭個案討論結束後，同儕彼此交換錄音（影）檔，以便在下次活動之前觀看，並在下次活動討論。

　　第三次活動是觀看第一位諮商師（受督者）的錄音（影）檔，由另一人擔任督導者，受督者控制著督導的方向和焦點，而督導者則負責以開放且直接的態度，針對受督者的諮商技術，給予正面或負面的反應。受督者補充說明未能在錄影檔中呈現的其他有關案主資料，並回應督導者的問題（如：受督者的理論取向，及所採取的諮商處遇方法的目的與方向），同時受督者也要指出個人在諮商情境中所遭遇的困難與衝突，並與督導者腦力激盪，探索適當有效的處遇方法。

　　第四次活動以觀看另一位諮商師的錄音（影）檔，同儕之間先前扮演受督者及督導者角色在此相互交替，活動的過程與第三次的模式類似。在活動結束的時候，同儕彼此討論並提出一個彼此都想探索的問題，規定於下一次活動之前，彼此各自找尋兩篇與選擇問題相關的文章，並閱讀之，於下一次活動做討論。

　　第五次活動是文章討論，同儕彼此交流文章的內容，並討論彼此對所讀文章的反應及看法，此外諮商師彼此也特別留意文章中誘發人思考的想法、概念及技巧，剩下的時間可以討論案主的問題，諮商師彼此鼓勵嘗試第三次、第四次活動所得到的建議，藉此更新諮商經驗。

　　第六次活動著重在期中評量，同儕彼此要完成以下任務：(1)審查個人的目標並做修正；(2)審查同儕督導的過程及迄今的效果；(3)討論諮商師目前所面臨的問題；(4)交換錄音（影）檔觀看。

　　第七次、第八次活動在於觀看諮商師各自第二次的錄音（影）檔，錄音（影）檔可與第一次的不同，督導過程與第三次、第四次活動類似。第九次活動著重在案主與目前問題的討論，包括諮商問題及困難的案主問題等。

　　第十次活動重點在於評量，諮商師評估個人進步的情形是否達到所設定的目標。評量可以幫助諮商師：(1)重新審視對督導的期待；(2)修改或適應既存的督導模式是否能促進督導的效用；(3)確認同儕督導關係有否提升個人及專業的發展；(4)達成同儕督導關係的完滿結束。

（二）三人同儕督導

　　三人同儕督導（triadic supervision）可以不同形式呈現，一種是由三位諮商師組成，輪流扮演受督者、評論者及催化者的角色。在初始的階段，諮商師教育者（counselor educator）加入三人行列，教導諮商師如何發展技術以輪流扮演好三種角色，一旦諮商師的技術形成，可以順利運作督導過程，諮商師教育者即退出三人團體。

　　在三人一組的督導模式裡，受督者呈現錄音（影）檔的討論，個案報告及一些諮商工作實務上的案例，評論者檢視這些事項並給予評論，而催化者則觀察受督者與評論者之間的互動，著重此地一此時兩人的對話。Spice 和 Spice（1976）指出，三人一組模式的督導過程包括：(1)受督者呈現他的諮商案例；(2)評論者給予批判評論；(3)評論者參與意義的對話；(4)催化者加深受督者與評論者之間此地一此時的過程。後三項為三人一組督導模式運作的重要技術，將留在下一小節詳加討論。

　　另一種呈現方式是由受訓諮商師（學生）輪流二人一組，選定每星期某一小時聚在一起，其中一人擔任受督者呈現諮商案例，另一人則扮演督導者，竭盡運用自己的資源來幫助受督者呈現的問題。二人的互動過程全被錄影，透過視訊裝置，其餘諮商師及諮商師教育者可以觀看這二人小組的督導過程，並指定其中一個觀察員充當教練（coach），利用視訊與扮演

督導者對話，指導該兩人小組互動的過程。此種模式也適用於學校每週三小時的督導課程裡，訓練諮商師實習生。

（三）同儕團體督導

結構式的同儕團體督導（peer group supervision）包含三至六位諮商師和指定其中一位同儕擔任督導者所形成的小團體，團體可於每星期或兩星期見面一次，每次進行一個半至三小時，督導者扮演著技術純熟的教師、諮詢師及團體領導者，以幫助諮商師達到個人及團體的目標（Starling & Baker, 2000）。和其他的督導工作一樣，同儕督導團體初次便確認學習的目標，而督導者的工作則是建立一個支持的環境，以催化成員能有開放及真誠的互動。

在接下來的活動期間，同儕督導團體的進行步驟如下（Borders, 1991b）：(1)諮商師確認有關案主及錄影檔內容的問題，並請求成員針對他們的表現給予明確的回饋；(2)同儕在觀看錄影檔時，可以自選或被分派所要觀察的角色及任務；任務可包含：①觀察諮商師及案主的非語言行為或特別的諮商技巧；②假設自己是案主生活中的父母、夫妻、情人、朋友，老師或其他重要他人；③用理論觀點來觀察；④創造諮商師與案主之間諮商過程的隱喻；(3)諮商師呈現事先準備好的錄影檔片段；(4)同儕要記得諮商師的明確目標及問題，從他所觀察的角色而給予回饋；(5)督導者要做一個調停人及過程的觀察者，以催化同儕團體的討論；(6)督導者要能夠摘要同儕的回饋及討論，若諮商師的需求被滿足，諮商師也要說出。

六、策略與技術

針對三人同儕督導模式，重要技術包括：(1)批判評論的藝術（the art of critical commentary）；(2)參與意義的對話（engagement in meaningful dialogue）；(3)深化此地—此時的過程（deepening of the here-and-now process）。

（一）批判評論的藝術

　　批判是一門藝術，適當的批判可以提升諮商師的自信（self-confidence），幫助自我成長；而不適當的批判會傷害諮商師的自尊，使之缺乏自信，造成負面的自我概念（negative conceptions of self）。並非所有的諮商師都熟練這門技術，能夠有效發展建設性的批判評論，因此，在督導初期階段有必要教導此一技術。

　　發展建設性的批判評論首先需強調督導的初期焦點應著重在諮商師（受督者）已做得好的一面，因此，評論者應多給予受督者正面的評價，以幫助建立諮商師的自信。

評論者：我觀看了你在錄影檔中諮商案主的情境。你在案主無助時，展現
　　　　了適度的同理心，讓案主覺得被接納，有助於諮商關係的建立。
受督者：我有點緊張，不知道那樣做是否恰當？
評論者：我覺得你表現得很好，值得肯定。

　　其次，重點應放在達成改善的建議，而不是給予好或壞的評價。評論者在此階段應以受督者在諮商情境的目標為主，留意受督者達成目標的潛力，並以受督者完成此目標的滿意方式為考量。

評論者：對你所播放的諮商情境，我有些困惑是在案主的婚姻處理的部分？
受督者：對！那一部分我也很困惑。
評論者：你想達成的目標是什麼？
受督者：我想讓案主親自從生活中去探索，並徹底覺悟她先生的暴行。
評論者：你想案主了解你的意思嗎？
受督者：我想案主可能覺得我現在在鼓勵她離婚。
評論者：你覺得你會怎麼做？

受督者：我想不要給予案主直接的建議，應同理案主的生活經驗，引導並幫助案主自我覺察。

最後，好的批判評論被視為「對話要素」（dialogue element），通常發生在受督者與評論者相匹敵時，及受督者的目標與評論者不同時。對話可以幫助彼此學習與成長，因此，評論者需有敏覺性，以充實諮商督導的情境。

評論者：我觀看你的諮商情境，似乎你覺得案主成績低落的原因是室友的問題？

受督者：應該是吧，所以換寢室對她應有幫助吧。

評論者：案主每次提到家庭問題就哭泣，你覺得？

受督者：案主缺乏安全感，覺得自己不受爸媽喜愛，每次想到這些她就覺得自己很卑微、很可憐。

評論者：同樣的經驗好像也發生在與室友的互動上。

受督者：對，好像換寢室問題仍舊會發生。

評論者：我也有同樣看法。

受督者：所以問題不在室友，而是案主本身。

（二）參與意義的對話

在三人同儕督導模式裡，評論者的功能之一是鼓勵受督者盡可能深入質疑他自己的工作，增進意義對話的可能性，幫助受督者從中自我探索。

（三）深化此地—此時的過程

在三人同儕督導模式裡，催化者的功能是鼓勵受督者與評論者著重在此地—此時的過程，避免無建設性的過程，如：溝通的停頓、無意義的對

話。停留在此地—此時的過程，有助於受督者與評論者像置身在諮商的情境中，融入受督者與案主諮商互動的經驗。受督者與案主之間的困境，可以在受督者與評論者的關係脈絡中獲得重新設定。

受督者（甲）：我想了解你是否覺得案主不太滿意我？

評論者（乙）：嗯……

催化者（丙）：你們怎麼了？

評論者：我不知如何回答，甲似乎在質問我。

催化者：你覺得甲在質問你什麼？

評論者：我覺得他似乎認為我與案主一樣，覺得他的技術很菜。

催化者：甲，你覺得如何？

受督者：我想我要的是乙的支持，就好像希望案主支持及喜歡我，我有些不能接受別人不喜歡我。

評論者：嗯……

催化者：你好像有什麼話要告訴甲？

評論者（對著甲說）：如果我告訴你我怎麼想，你是否認為我仍是支持你？

受督者：我很想知道你怎麼想？

評論者：我覺得你質問的態度有些強烈，有點讓人不舒服，不過看得出你很用心在幫助案主，同時也關心著別人的感覺，我是挺滿意你的，仍會支持你。

　　就團體模式的同儕督導而言，重要技術有：(1)同儕回饋（peer feedback）；(2)焦點觀察（focused observations）；(3)角色取替（role taking）；(4)理論回應（theoretic perspectives）；(5)隱喻描述（description of metaphor）（Borders, 1991b）。以下案例是諮商師組成的同儕督導團體，督導者與受督者均由其中成員擔任。

（一）同儕回饋

　　回饋是同儕團體督導的一項重要技巧，每位成員要具有能夠給予誠實、支持及有建設性回饋的能力。在團體中，督導者鼓勵成員觀看受督者所呈現的諮商情境錄影檔後，能踴躍給予受督者回饋，督導者也分派角色，期待成員能完成回應的任務。成員的回饋最好能以受督者在諮商情境中的目標、受督者在團體中的學習目標，以督導者已確認的團體發展需要為主。

督導者：看完你諮商的情境後，能否簡短告訴我們你在諮商情境中的目
　　　　標，以及在團體中的學習目標？
受督者（甲）：我希望能夠與案主之間建立親密的諮商關係，在團體中能
　　　　夠自我覺察與成長。
督導者：各位諮商師，你們想對甲說什麼？
同儕乙：我覺得甲的肢體語言表現很恰當，案主有被傾聽及重視的感覺。
同儕丙：我覺得甲的同理心做得很好，案主有被了解的感覺。
同儕丁：我的看法和成員乙、丙不太一樣，甲的說話及表情好像有些緊
　　　　張，案主好像在偷笑。

（二）焦點觀察

　　焦點觀察是觀察某個情境中的特殊部分，如諮商師的非語言行為。無論是觀賞錄影檔或現場督導，同儕團體的成員要能夠著重在觀察諮商師與案主間的非語言行為及明確的諮商技巧與技術，焦點觀察有助於同儕學習額外的技巧，例如若有成員對於投入案主非語言的行為感到困難，他可以將此作為學習的目標，可自選或被指派觀察案主非語言行為，藉此提升對案主非語言行為的敏感度。

（三）角色取替

　　角色取替指當同儕團體觀賞某位諮商師所播放的錄影檔時，其他同儕則選定一個特定的角色，包括諮商師、案主及案主所處環境的其他重要他人，然後在回饋時以所扮演的角色為立場，陳述自己在諮商過程中的經驗。例如若有諮商師想進一步了解案主的情緒與動機，同儕可想像自己是案主，並以案主的立場給予諮商師回饋。

受督者：大家看了我所播放的錄影檔的諮商情境，我覺得我不太能理解案主現在的情緒是什麼？

督導者：對於大家所看見的諮商情境，希望你們把自己當作是案主，你們想對諮商師說什麼？

同儕甲：我覺得你好像沒有真正傾聽我所說的話，你好像在教導我做你覺得對的事，完全忽略了我的感覺。

同儕乙：你一定覺得我在逃避，對自己所做的事不負責任，事實上你無法體會我內心的恐懼和痛苦。

　　此法可以使受督者了解到自己求好心切的目標成為想要幫助案主的阻力，同時可使受督者發展對案主更客觀及多方面的檢視。例如若有個學生個案在諮商師面前談到自己對課業缺乏動機是老師的教學方式無趣所造成，此時督導者可以要求同儕以老師及同學為立場，並回饋陳述所看見的案主是如何？如此可以幫助受督者看見案主容易抱怨、嚴肅或不仁慈的一面，喚起案主對問題負責。

受督者：大家看了我所播放的錄影檔的諮商情境，這案主好像將錯歸在老師身上，我似乎不太了解是誰的錯。

督導者：對於大家所看見的諮商情境，如果你們有人是那位老師，有人是

案主的同學，你們想對諮商師說什麼？

同儕甲：我覺得案主太忙碌了，白天上課晚上還要打工，每次看他都像沒
　　　　睡飽的樣子，上課常打瞌睡，我覺得這可能是影響他課業的原因之
　　　　一。

同儕乙：我不覺得老師上課無趣，我想他的父母感情不睦可能是造成他的
　　　　問題原因之一。

　　此法對諮商師的「反移情」（countertransference）也有效，同儕可以
確認是否諮商師（受督者）在諮商過程產生情感的轉移，幫助受督者客觀
地處理案主問題。

同儕甲：我覺得你好像跟案主一樣很生氣，認為老師上課無趣。

同儕乙：我覺得你好像被案主的情緒吸引了，覺得他很可憐遭人厭棄。

（四）理論回應

　　理論回應是對諮商師選用的理論取向做回饋，同儕團體督導可以用較
為學術性的方式進行，也就是同儕成員對諮商師所呈現的諮商情境，以所
具備的諮商理論為基礎，提出處遇方法。此法對諮商師新手而言可以獲得
對理論的認識，試試自己有興趣的一些新方法，同時也可挑戰自己不太喜
歡的一些理論，藉由同儕所提出的理論，諮商師可以探索何種理論較適合
他們。此法對進階的諮商師而言，提供深入探討理論的機會，因為同儕的
討論會涉及理論的異質性，擴展成員對理論的認識。

（五）隱喻描述

　　隱喻描述也是同儕團體督導中重要的技術。是以一個象徵、想像或隱
喻，對諮商師、當事人、諮商關係及過程賦予特性。同儕在觀察諮商師所

播放的諮商情境錄影檔時，用一種象徵、想像或隱喻的方式描寫案主、諮商師及他們之間的關係與諮商過程，此法能夠幫助諮商師對案主及諮商過程獲得更深刻的認識，同時對同儕成員參與團體人際互動及情感方面的回饋也很有效。

受督者：大家看了我所播放的錄影檔的諮商情境，案主好像讓人捉摸不定。

督導者：對於大家所看見的諮商情境，你們覺得諮商師和案主之間的關係如何？

同儕甲：我覺得案主像是微笑著迎接諮商師的接近，甚至與諮商師跳舞，然後又迅速地甩開。

同儕乙：覺得案主像刺蝟一樣，對人相當防衛，想求助於人，卻不願說出婚姻的問題，讓人一窺究竟。

七、研究與評價

　　由於同儕督導是由背景相當的半專業或專業的諮商師所組成，比起有階級關係的督導模式，對於自我的檢視及專業的成長，感受的壓力及威脅較少，因而同儕督導也愈來愈受歡迎（Benshoff & Paisley, 1996）。同儕團體督導用在半專業諮商師的訓練裡相當有效，同儕團體不僅能提供一個支持的環境，同時也能使受訓諮商師從團體中體認到其他成員與自己相類似的感受，因而能減少內心的恐懼。此外，同儕團體督導也適用於進階的諮商師，因為在團體中諮商師能彼此分享困難的個案、提供諮商倫理與專業問題的諮詢，以及處理疏離與倦怠的情緒（Lewis et al., 1988）。同儕團體督導也被運用在家族諮商的錄影檔觀賞或現場督導，若諮商師的學習目標是發展兒童諮商技術，諮商師可要求同儕利用重點觀察，洞察案主的家庭

成員、次系統或家庭互動的模式，由同儕的回饋得到完整圖像，了解如何融入小孩在家庭裡的問題，並提出處遇的方法。

有些諮商師或許會質疑同儕督導是否具有足夠的品質，事實上，同儕督導對訓練初學或進階的諮商師有其功效，Spice 和 Spice（1976）提到，雖然同儕督導的督導者未必具有熟練諮商技術的能力，但督導主要著重在督導過程而非諮商的行為，因而同儕督導有其可取的價值。Worthington（1984）指出經驗老練的督導者和缺乏經驗的督導者所提供的督導，並沒有顯著的差別。Hillerbrand（1989）則建議在同儕督導團體中，最好大多數的成員是新手諮商師，他認為新手諮商師比老手諮商師更有助技術的提升，主要是因：(1)新手諮商師比老手諮商師更容易偵察到自己的表現；(2)同儕彼此經驗相近，較容易彼此溝通及了解；(3)新手諮商師比老手諮商師更容易觀察到新手諮商師的非語言暗示。

Starling 和 Baker（2000）採用 Hillerbrand 的建議，實驗一個同儕督導團體，包含一位專家及四位新手諮商師，他們發現參與者覺得來自同儕的回饋較有幫助。然而，有關三人同儕督導模式的研究（Borders, 2012; Hein et al. 2011, 2013; Hein & Lawson, 2008, 2009; Lawson et al., 2009），發現受督者特別對與他們同齡的人提供的回饋感到不舒服，此外，對於不同程度的諮商技能、發展水平或人格特質的同儕提供的回饋，也可能覺得無益。因此，學者呼籲這類組合的同儕督導，需要考慮如何提供適當的回饋。

另外，Chui 等人（2014）認為同儕沒有評價權威角色，在討論臨床工作時會更加真誠、開放、放鬆和個人化，但也會渴望找督導者尋求專業指導，因為督導者較有經驗。Forbes 等人（2022）指出同儕督導基於個人經驗，而專家督導基於專業的興趣，故同儕督導需要有不同於臨床督導的附加功能，因此，他們探究非同儕督導者（nonpeer supervisor）對同儕支持工作者的督導效果，發現非同儕督導者要具有同儕督導的過來人經驗，具有了解同儕的背景與經驗尤佳。這項研究進一步呼籲對同儕督導者的培訓，對非同儕督導者施予的訓練應涵蓋與同儕經驗有關的價值觀和實務差

異的議題。

　　網路同儕督導已成趨勢，Amanvermez 等人（2020）針對六位（三男三女）碩士層級、年齡 23 至 27 歲具二至五年工作資歷的諮商心理師進行質性研究，探究他們在網路督導和網路同儕督導的經驗和意見。研究指出雖然網路設備或技術上有出現狀況，但這些諮商師在網絡督導和網絡同儕督導方面均有正向的經驗。與 Bakalim 等人（2018）的研究結果一致，發現在督導期間，諮商心理師從同儕督導團體裡的同儕獲得的回饋和從督導者收到的回饋，對他們的專業發展相當有助益。研究認為同儕督導的效果，特別有利的關鍵是：(1)團體中的互動，在同儕督導期間，同儕相互幫助的過程有助於他們的專業發展；及(2)有限的人數。

　　不管是兩人、三人或小團體的督導模式，同儕都能夠提供彼此支持與鼓勵、挑戰自己採用新的諮商技巧、增強諮商技術，以及提升個人專業發展。只不過在兩人一組的同儕督導模式裡，個人所承受的責任及暴露的機率也較高，不像團體模式那樣，可以輪流充當受督者、評論者及催化者，此外，兩人一組的同儕督導無法像團體模式，可容許多位諮商師一次同時受惠（Borders, 1991b）。然而，與二人或三人一組模式的同儕督導相比，同儕團體督導對建立更深層的關係恐有困難，團體可能演變成過於給予建議的場面，甚至同儕間可能因相互的攻擊而惡化，使同儕督導的工作難以進行，因此為使同儕督導工作在團體中有效地進行，團體的設計最好是有組織的結構，同時團體的成員也最好受過督導技巧的訓練（Roth, 1986; Runkel & Hackney, 1982）。

八、結論

　　同儕督導為治療師提供了與傳統督導不同的學習體驗，因為它不需要在督導過程中出現合格的專家——督導者，基於同儕處於類似的地位，較易建立溫暖、開放、信任與真誠的關係，進而能彼此分享專業工作上的經

驗，並共同承擔責任達到相互學習與成長，故同儕督導提供了傳統督導無法提供的各種好處，例如不會依賴（督導者）、不會被評價、自由、平等等，因此同儕督導可以成為傳統督導的替代方案或附加措施。諮商師對同儕督導的熱情與支持應該不致會消退，在此也鼓勵同好者持續探究同儕督導經驗對諮商師專業發展的有效性。

Chapter

15

督導評量

徐西森

Holloway（1995）認為，一位專業的諮商督導人員在進行考核、評量時，應依其專業知能與規定標準來客觀評量受督導者，以發揮「守門員」的角色，增進諮商與心理治療的效能品質與專業發展。Bernard和Goodyear（2014）認為心理專業工作者要有諮詢、介入、教學、宣傳、管理、督導、研究及評量等八項基本能力（foundational competencies）。專業的諮商督導人員必須確切精熟各項評量的要素，包括督導評量的目標、過程、功能、專業、方式、程序、評量標準及相關事項，甚至諮商督導人員應隨時掌握個人與受督者的角色限制與專業責任。

一、督導評量的意義與重要性

由於諮商督導人員必須與受督者共同討論並訂定督導計畫，而後依此計畫開展督導歷程，故督導者必須不斷在督導歷程中評估、監督受督者的專業發展（Rosenbaum & Ronen, 1998），同時做適切的自我評量，以規劃個人的專業發展。Bernard 和 Goodyear（2019）認為，評量係諮商督導人員教育訓練中重要的一環，影響督導雙方互動的關係和過程效能的發揮，以及諮商師、督導者與諮商專業的發展。督導評量也與督導者的督導形式、風格與期待有關（陳思帆、徐西森，2016）。

（一）督導評量的意義

督導評量（the supervisory evaluations）旨在監控督導過程、了解受督者、檢核督導成效，並掌握諮商督導與諮商輔導有關的生態環境。評量與「評估」同義，意指運用各種資料與技術，對各種可行的途徑、層面予以價值判斷，並了解其工作結果，以發掘問題、形成決策所採行的一種科學方法（林幸台等人，1997；林美珠，2002；徐西森，1997）。評量可以針對個體的行為發展，也可以針對事件處理結果，或是針對制度運作情形等。諮商督導人員須讓受督者清楚了解在督導關係中的評量、期待、目

標、評量種類及保密的限制（Holloway, 2016）。

　　Poulin（1994）認為督導的基本要素即是評量。督導工作的初始評量有助於諮商督導人員了解受督者的專業知能，進而規劃督導過程與發展方向，督導結束時，評量也可作為專業資格認定的一種客觀程序與方法；同時，督導評量的對象是諮商督導人員本身或受督者。Milne 和 James（2002）指出，諮商督導工作的成敗，與諮商督導人員能否確實監督受督導者有關，舉凡何時評量、如何評量、評量什麼、評量工具為何、評量內容為何等議題都是重要的。

　　Kerl 等人（2002）指出，評量諮商人員的專業知能及其表現，可從專業責任、能力、成熟度和操守等四項著手；其中在「能力」評量方面，包括：(1)了解專業能力的限制；(2)充實專業能力的不足；(3)謹守專業責任；(4)具備認知、情感、感覺和行為等各層面處理個案問題的能力；以及(5)具備專業服務上所需要的教育、訓練和經驗。換言之，諮商督導人員欲發揮諮商督導功能，必須隨時檢視自我與督導對象的專業能力與行為表現（Edwards & Chen, 1999）。督導評量雖未必能全面掌握各項影響諮商督導的因素變項，但沒有評量的督導更無法適時調整督導過程與方向，且無法規範督導雙方的任務、責任與權利義務等專業關係。

（二）督導評量的重要性

　　督導評量是諮商督導工作及諮商人員績效考核的一項重要程序或方法，督導評量的對象包括受督者、督導關係及助人工作、督導者本身。美國諮商員教育與督導學會（ACES）之「諮商督導人員倫理指引」（Standards for Counseling Supervisors, 1990）中也提及，督導者有回饋和評量的責任含：評量自我、評量諮商師和評量案主。督導評量的時機可於督導之前、當中或之後，以確實發揮專業評量的功能。理想上，督導契約一旦完成，督導關係一經確立，任何督導時程皆可進行評量。

　　督導歷程中，諮商督導人員的專業評量愈清楚具體，受督者的焦慮感

就愈低，督導工作同盟關係就愈好（Lehrman-Waterman & Ladany, 2001; Resnick & Estrup, 2000）；若雙方原本的督導關係不佳，則任何督導者的專業評量均可能會使雙方關係更加惡化（Ray & Altekruse, 2000）。有時自我評量較他人評量來得客觀、真實，因只有自己最能了解自己，反思自我有時較檢討別人更能及時改進與發展專業。任何一項助人專業缺少評量時，其專業人員容易鬆懈、士氣瓦解，並缺少專業發展的方向感（徐西森，2003b；陳思帆、徐西森，2016）。

　　正因如此，任何涉及督導評量的人員必須有客觀的態度、嚴謹的程序及標準化的工具，同時避免任何可能導致評量結果偏差的干擾因素，例如性別、文化、種族、人格、價值觀、生活形態、個人風格、專業知能或人際互動等（Bagozzi & Yi, 1988; Ryde, 2000; Saba, 1999）。不適當的專業評量往往會破壞諮商督導人員與受督者的督導關係（陳思帆、徐西森，2016；Burke et al., 1998），損及受督者的自信、思考、感情和專業作為，也易危及諮商和督導的專業功能。是故，督導評量工作是一門專業，也是現階段諮商督導人員養成教育、在職訓練的一項重點或一門課程。

二、督導評量的訓練與內涵

　　Holloway（1995）認為，諮商督導人員的專業評量可能是正式的、標準化的，也可能是非正式的、非結構性的，惟諮商督導以正式、標準化評量為宜。對受督者的評量，評量者可能是其諮商督導人員，也可由相關人士共同評量之，例如任課教授、機構主管、案主或同儕；從專業角度而言，以受督者之督導者（或契約機構人員）評量為主。評量是為了讓受督者有專業成長和進步的空間，避免過早、未經預知的評量；評量者也須接受相關的專業訓練，才能有客觀且系統性的評量倫理、知識與能力。

　　Stoltenberg和McNeill（1997）歸納其他學者的看法，統整出諮商督導訓練課程的八大領域，而這也正是諮商督導人員必須具備與培養的重要專

業知能，包括：(1)介入技巧；(2)評量技術；(3)人際評估；(4)個案概念化；
(5)個別差異；(6)理論取向；(7)治療目標與計畫；(8)專業倫理。Stoltenberg
等人的觀點反映了諮商督導人員訓練課程中，對評量工作發展與評量能力
培養的重視，而且將之視為一項專業，必須規劃課程來訓練諮商督導人員
的評量技術，以提升其整體的諮商督導能力，如圖 15-1。

◈ 圖 15-1　諮商督導人員專業知能的發展架構

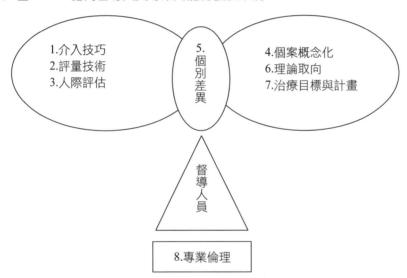

　　王文秀等人（2006）研究也建議，諮商督導人員須增進自我覺察與督
導評量能力，含學習專業評量技術、了解評量個人與機構的方法、督導評
量工具的開發與使用等。有關諮商督導人員評量能力的訓練，除了針對受
督導者的個別諮商、團體諮商、心理衡鑑、專業諮詢、危機諮商和相關服
務等工作評量之外，也可針對諮商師的心理特質、人文涵養、多元文化、
人際模式、生活態度與生命哲學等內在評量；基於「人師先於經師、身教
重於言教」，內在自我評量尤為重要和必要，迄今仍待研究、發展其評量

的指標、方式與科學化工具。

　　諮商督導評量的項目包含受督者、督導關係及諮商專業、諮商督導人員等三方面。Borders 等人（1991）曾根據「諮商督導人員倫理守則」，設計了一套訓練諮商督導人員的課程，其中有關評量能力的訓練課程大綱如表 15-1（引自林蔚芳，1992，頁 3）。表內詳述有關評量的角色、要素、系統，以及與評量有關的課題；並配合督導者評量能力的訓練目標：自我覺察、理論知識、技術及技巧，詳細說明了各自的教學計畫與訓練重點，未來也可發展為督導評量能力的訓練指標並建立相關機制和規範；各種評量的訓練有其意義、功能、架構與內容，須有組織機構和行政管理的強力支持。

　　由表 15-1 觀之，諮商督導人員除了要了解並學習基本的評量概念之外，也要了解評量中的問題，例如焦慮、權力、偏見、困擾、不一致的評量、評量的隱而未說，以及其他角色的適配及衝突等。受督者接受督導評量有壓力反應時，督導者須覺察評估其壓力並與之溝通，受督者因應壓力能力亦為諮商師心理調適指標之一（陳思帆、徐西森，2016）。在諮商督導中，無論是非正式的回饋或正式的評量，受督者應能從督導者的專業評量中受益（Getzelman, 2003）。

　　表 15-1 也顯示各種評量方式，包括正式評量與非正式評量、形成性評量（formative evaluation）與總結性評量（summative evalution）等。Borders 和 Leddick（1987）認為，形成性評量有三項重點：(1)須提出受督者需再加強之處；(2)須重新確認督導目標；(3)重新檢核督導契約。至於總結性評量的原則為：(1)總評其專業進展；(2)鼓勵受督者統整個人所學；(3)評估受督導者的專業發展性；(4)規劃未來的新目標及行動計畫。如此的專業評量才能協助受督者學習並決定督導的下一步目標與計畫，以持續個人的成長。形成性回饋重要且必要，能夠適時回饋受督導者的諮商缺失或督導焦點，避免等到總結性評量前產生問題或之後要改善受到限制。

　　Bernard 和 Goodyear（2014）指出，進行形成性評量時須注意：(1)須

表 15-1
美國諮商員教育與督導學會（ACES）之諮商督導人員評量能力訓練課程大綱

綱要	學習目標		
	自我覺察	理論及概念的知識	技術及技巧
評量在督導中的角色	講述評量行為在督導中的重要性	描述評量與督導中其他因素的關聯	溝通評量的經驗、目的及過程
評量的要素			
2.1 架構	講述在督導中合適的評量角色及行為層次	描述評量的規範、項目及專業衝擊	討論督導合約
2.2 標準及期望			
2.3 督導過程			給予正向及負向的回饋
2.4 監督的方法	督導員或諮商師描述個人從評量經驗中的學習	描述評量的架構及方法，包括：	在督導過程、計畫及督導關係中請求回饋
2.5 回饋的分析		3.1 過程	
2.6 形成性評量		3.2 有效的工具	
2.7 總結評量	統整自己對評量過程的偏好及偏好的起源		在評量中注意受督者的焦慮
評量中的問題		比較不同評量方法的效度，包括：	
3.1 焦慮	描述自己評量的能力		
3.2 權力的偏見及問題		4.1 自陳法	當評量無效時，探索不同的方法
3.3 不一致的評量	以開放性的示範（實例）對自己及評量過程予以回饋	4.2 錄音檔回顧	
3.4 評量遊戲		4.3 錄影檔回顧	
3.5 與其他督導者角色的適配及衝突		4.4 生活觀察	指導撰寫期中評量報告
		4.5 督導者的回饋	
		4.6 當事人的回饋（統計回饋）	鼓勵受督者自我評量
評量系統		4.7 同儕回饋	為了解專業程度，進行諮商技巧的評量
4.1 對評量系統的回饋			
4.2 對評量行為的修訂及再定義		描述評量過程，包括：	
		5.1 給予回饋	指導在督導會議結束時正式的評量
		5.2 給予負向訊息、面質	
		5.3 正向塑造、支持	書寫督導的評量報告
		5.4 避免破壞性的回饋	
			從同事或受督者獲得對自己（督導者）的正式及非正式評量
		比較不同形式的評量方式，包括：	
		6.1 口語評量	
		6.2 文字評量	
		6.3 行為指導	
		6.4 過程評量	
		6.5 正式及非正式評量	
		6.6 形成性及總結性評量	
		描述有關評量的研究（如：動力、過程等）	

（林蔚芳，1992，頁 3）

依學習目標來回饋；(2)回饋須定時及頻繁；(3)回饋須在提供支持與挑戰之間取得平衡；(4)回饋須注意時間性、特別性、不批判、有行為依據及提供努力方向；(5)回饋須提出受督者能達到的新學習目標；(6)受個人性格和社會文化影響，評量結束前督導者須多傾聽，以確定哪些回饋被受督者吸收；(7)督導者須以自我省思、具彈性、集思廣益的方式回饋；(8)督導雙方須了解彼此誠實回饋而非害怕評量；(9)受督者對督導者的信任度會影響其回饋的接受度；(10)回饋應該是雙向、直接且清楚。

三、諮商督導人員的評量內容

　　Ladany 等人（1999）認為，諮商督導人員若無法遵守專業倫理規範，則受督導者對於雙方的督導關係或達成督導任務的看法就會趨於負向，同時督導評量的滿意度也會降低；Getz（1999）認為，在美違反專業倫理規範的督導行為，大約有三分之一大都是與督導者不當的評量有關。換句話說，不當的評量或不被認可的評量，往往會破壞督導者與諮商師之間的關係。諮商督導人員乃是諮商輔導專業人員中層級較高者，也需要接受評量，特別是評量其專業能力，Getz 認為這是很重要的方向與議題，未來宜多開發督導者專業能力的評量工具。

　　值得注意的是，督導雙方的評量應具備知情同意並明載於督導契約中，同時注意評量方式和督導介入的適配性，如使用紀錄、評量表、錄影檔、錄音檔、自陳報告等；以及了解影響督導評量的因素。陳思帆和徐西森（2016）探討影響督導關係和督導成效的評量因素，歸納有無適切的督導目標、明確的回饋結構及立即的情緒支持等三大向度，以及六項因素：(1)評估諮商效能；(2)符合需求期待；(3)提供多元資訊；(4)回應具體明確；(5)重視督導關係；(6)適時正向鼓勵等。Getz（1999）認為個人成長督導模式、區辨模式督導和系統取向督導模式，三者結合已考量不同面向的評量變項（含個人發展、督導任務與功能），可作為設計督導者專業能力訓練

與評量的架構。

　　Bamling 和 King（2014）探討督導者的人際互動、督導評量、督導關係及學習成效的交互影響。結果發現督導者的人際能力及其互動技巧，有助於發展正向的督導關係及提高受督導者的學習成效；亦即督導者的人際互動技巧，如使用處遇技巧、催化治療因子、溝通表達能力、個案管理工作等可以預測督導關係、督導成效且達到顯著相關。此外，督導雙方的工作同盟關係也能顯著預測督導成效的評量，當受督導者對督導關係的評量高，督導雙方也能夠在此基礎之上有效地開展督導過程，其學習成效的評量自然也較佳。

　　Lehrman-Waterman 和 Ladany（2001）認為進行督導評量時，最重要的是建立評量目標，評量者究竟要評什麼，受評量者要準備什麼。督導關係中有三個主要成分（Holloway, 1992b; Russell et al., 1984）：(1)人際結構；(2)發展階段；(3)督導契約，這些均可作為評量督導關係的向度。Wheeler 和 King（2000）指出，每位受督者的督導動機或被評量感受都不相同，而且不同發展階段的諮商師對被評量的觀感也可能有所不同；Tracey 等人（1989）研究則發現，專業評量對新進諮商師而言是重要的，但對資深和進階的諮商師則不然。

　　督導者評量受督者的內容也包含：被督導時準時且如期出席與否、諮商與心理治療理論的概念及應用、諮商倫理的涉入與處理、接受督導及其改變的意願、個人化和專業性的自我覺察、團體諮商的方案和執行能力、督導過程與雙方關係的覺察、參與討論情況及表達能力等。另外，在督導雙方的知情同意、督導契約及專業平等前提之下，受督者也可對其督導者進行非正式回饋或正式的評量，讓督導者反思改進並發展專業；其評量內容包含督導者的專業知識與能力、督導關係經營、督導理論模式的應用、督導風格和角色的適切性，以及督導評量、督導方式與督導倫理等。

　　既然專業評量是重要的，諮商督導評量能力也很重要，然而目前中外具備信效度、標準化的督導評量工具仍有不足（方韻珠，2016；黃國彰，

2019；籃瓊妙，2020；Holloway, 1995），大部分用來評量督導方面的工具，或翻譯其他國家地區而有適用性問題的評量工具，或改編取材自諮商研究領域的評量表，或將督導風格與諮商風格、諮商工作同盟與督導工作同盟等互為通用的類量表；凡此皆可能有工具誤用和濫用、評量誤差及跨文化差異等問題。是故，發展督導工作本身的各種評量工具是件刻不容緩的事，以免影響督導評量、學術研究與專業發展。台灣諮商督導方面的評量工具確實較少（王文秀等人，2002），近20年來督導評量工具的編製與開發日漸增多且益受重視。

四、督導評量的重點原則

White和Rudolph（2000）認為督導評量是一項專業，此一評量專業必須建立教育訓練制度，並發展多元化的科學評量工具。在督導之初，諮商督導人員與受督者可藉由合作關係及建立專業評量的標準、程序，來進行有效的回饋。督導評量的結果乃在於平衡督導者、受督者的「挑戰」與「投入」，而非藉評量內容來考驗、質疑，甚至打擊督導雙方。督導評量（特別是形成性評量）的重點是在諮商督導人員、受督者的「行為」而非「個人」，如此受評量者較能接受任何評量的結果，並心平氣和地省思自我的專業表現。

同時，諮商督導評量宜與督導雙方之諮商目標及專業發展相結合，並適度給予鼓勵，如此方能有助於發揮督導功能，提升督導雙方之專業成長。Holloway（1984）認為評量本身不是目的，只是提供被評量者未來專業發展的一個學習方向，她不同意有些學者將督導評量僅聚焦於受督者（諮商師）的諮商行為、案主反應及評量工具；如此一來，將會導致難以評估督導歷程中「介入變項」和「結果變項」二者之間的真實關係，並且格局太小，無法真正了解影響督導效能的因素為何。

換句話說，督導評量的結果不僅涉及督導者因素，尚且受到受督者、

案主、評量工具、生態環境、督導時程及學習背景等因素的影響。因諮商督導受到督導者、受督者、案主、機構、生態環境及內外在系統等多重因素條件的影響（Hawkin & Shohet, 2012; Holloway, 2016），因此與督導專業有關的環境、機構、行政、設備和制度皆需評量，而非限於諮商和督導的專業層面評量；唯有一一兼顧、處處評量和時時調整，才是專業性、系統化和全方位的督導評量。有效且優質的督導評量，必須具備下列重要條件（洪莉竹，2002；洪雅琴，1999）：

1. 督導者須有適度的同理心，深切體認「督導關係是不對等」的現實。

2. 督導者須清楚明確地表達督導的背景脈絡，包括行政考量、臨床角色、相關評量者、評量結果及其可能的影響。

3. 督導者須與受督者適切地討論評量、了解受督者的心理防衛。

4. 評量程序須於督導關係初始即說明清楚，如督導時間、督導雙方的理論取向、受督者的期待，以及其可用的資源、評量方法及人員等。

5. 評量是一種相互、持續的過程，受督者須與督導者共同積極參與。

6. 評量須有彈性，同時注意形成性評量是否干擾總結性評量結果。督導者不宜刻板、僵化地只聚焦於受督者的專業表現，而忽略其專業以外的變項，例如受督者的身心壓力、起點行為、學習態度等。

7. 評量須有行政管理結構的支持，也要協調、尊重行政管理人員的意見。

8. 若同時督導兩位以上的諮商師時，督導者宜避免過度比較，塑造「明星人物」，以免受督者的同儕關係不佳或引發「表功、邀功、競功」等不良現象。

9. 督導者可適度了解受督者的意見，允許受督者回饋或評量督導者。

10. 督導者宜慎重評估或自我覺察督導關係對評量結果的客觀性影響。過度親密或疏遠的督導關係多多少少會影響督導評量。

11. 督導者若無法承受評量壓力或督導工作，則不宜擔任督導角色，以免影響自己、受督者、案主及專業的發展。

12. 運用同儕評量時，督導者宜注意倫理道德與人際互動等問題。

諮商督導的正式評量可以根據督導者的專業知能及受督者的發展情況，運用相關標準化的工具來評量，也可運用其他評量來輔助，包括個案報告、督導週誌、自陳報告、開放式問卷、諮商工作手札、自我反思心得、受督者（諮商師）的個案紀錄等；其中以標準化的量表或開放式問卷最能符合專業要求，達成評量目標，並落實督導評量工作。督導雙方在督導過程中隨時回饋與發問更為必要，從關鍵事件督導模式等歷程取向督導理論的觀點而言，每次督導的每一細微事件或當下覺察皆為督導評量的焦點，其督導效能不亞於任何形成性評量和總結性評量的效果。

五、諮商督導的評量工具

迄今中外諮商督導評量的對象，大致涵蓋對督導雙方或一方、督導關係或督導歷程等向度。Watkins（1997）編製「諮商督導人員發展層次評量表」（Psychotherapy Supervisor Development Scale, PSDS），已具有良好的信度與效度；針對督導關係的評量如「督導風格量表」（Supervisory Styles Inventory, SSI, Friedlander & Ward, 1984）、「督導工作同盟評定表」（Supervisory Working Alliance Inventory, SWAI, Efstation et al., 1990）等。上述工具在評量諮商督導人員時多從認知層面著手，惟不同專業背景的督導者，其認知結構往往會隨著個人督導經驗之累積而產生質或量的變化。另有「督導者個人反應量表」及「受督導者個人反應量表」（Holloway & Wampold, 1986）等。

早期台灣學者所編製的科學化督導評量工具不多（王文秀等人，2002；徐西森，2005）；大都譯自國外學者所發展而成的評量工具，此類譯自國外督導評量工具是否合乎標準化、科學化的要求，尚待考驗（方韻

珠，2016；徐西森、連廷嘉，2003；劉淑慧、王沂釗，1995）。另外，針對多元文化督導、受督導者依附風格、督導者督導風格，以及督導歷程中督導效能、受督導者本身的專業評量表更有待發展。近十年來，因諮商督導及其專業發展深受重視，基於臨床實務工作或學術研究的需要，督導評量工具的編製與相關能力評量表的發展，日益精進增多。迄今中外常見的督導評量工具如下：

（一）團體督導評量表

「團體督導評量表」（Group Supervision Scale）係 Arcinue（2002）編製，計有 16 題，採 Likert 式五點量尺，從「非常不同意」至「非常同意」。該量表旨在探討受督者對諮商督導人員團體督導的滿意度，例如「對於我的諮商技巧與策略，督導者提供有用的回饋」、「提供有結構的團體督導予受督導者」、「團體督導中，督導者會注意我的問題和提供適切的建議」、「督導者帶領團體督導有其動力」、「督導者會注重催化和引導成員的分享」等。

（二）諮商督導歷程評定表

「諮商督導歷程評定表」（Evaluation Process within Supervision Inventory）係 Lehrman-Waterman 和 Ladany（2001）編製，計有 21 題，採 Likert 式七點量尺，從「非常不同意」至「非常同意」。該表旨在探討受督者對其諮商督導人員督導歷程的看法，包括督導目標、督導關係、督導特質、督導作為與督導風格等，例如「督導者所訂之諮商督導目標，對我而言是重要的」、「督導者能夠同時回饋我正向和負向的意見」、「督導者在不同的督導階段會有不同的督導方式和介入」、「督導者在督導初期會了解我的專業背景和諮商取向」等。

（三）督導工作同盟評定表

「督導工作同盟評定表」（SWAI）是 Efstation 等人（1990）編製，計有 23 題，採 Likert 式七點量尺，從「未曾如此」至「總是如此」。該量表旨在提供督導者自評與受督者的關係及督導作為，例如：「我直接提供建議予受督者」、「我的受督者重視我的專業意見」、「我的受督者能夠自在地與我工作」、「受督者認為我的督導風格很恰當」、「受督者會依自己的專業接受我的督導」等。

（四）督導風格量表

「督導風格量表」（SSI）係 Friedlander 和 Ward（1984）編製，計有 33 題，採 Likert 式七點量尺，從「不是」至「總是」。該量表旨在由受督者探討諮商督導人員的督導風格，也適用於諮商督導人員的自我評量。該量表所評量的督導風格題目包括：目標導向、接受度、關懷度、敏感度、友善度、開放度、彈性、創造性、聚焦性、催化性、治療性等 33 種督導風格。

（五）多元文化諮商督導能力評量表

「多元文化諮商督導能力評量表」（Multicultural Supervision Competencies Questionnaire）係 Wong 和 Wong（1999）編製，計有 60 題，採 Likert 式七點量尺，從「非常不同意」至「非常同意」。該量表係由督導者自評個人多元文化諮商督導的專業能力，例如：「尊重與我不同文化取向的受督導者」、「能夠提升受督導者多元文化諮商的專業能力」等。該量表分別從態度與信念（計 12 題）、知識與理念（計 10 題）、技巧與實務（計 22 題）、關係（計 16 題）等四個向度，來自評多元文化諮商督導能力。

（六）諮商督導人員能力檢核表

「諮商督導人員能力檢核表」（Supervisor Competencies Checklist）係由美國諮商員教育與督導學會（ACES, 1987）所出版，計有概念化技巧和知識（27 題）、直接介入技巧（30 題）與人力資源技巧（31 題）等三個分量表，共計 88 題。該表採 Likert 式五點量尺，從「需發展」至「已發展」。該表旨在由督導者自我檢核個人的專業能力與表現，例如「對受督導者提供概念化技巧方面的回饋」、「使用媒材來進行諮商督導」等。

（七）諮商督導人員自我效能評量表

「諮商督導人員自我效能評量表」（Counseling Supervisor Self-efficacy Scale）係 Barnes（2002）所發展的專業工具。該表計有 39 題，採 Likert 式十點量尺，從「毫無自信」至「很有自信」。該表旨在由督導者自評個人的諮商督導知能，包括理論與技術（14 題）、團體督導（5 題）、督導倫理（8 題）、自我督導（5 題）、多元文化能力（4 題）、法律常識（3 題）等向度，例如「促進受督導者的文化知覺」、「發現督導關係中的平行歷程現象」等。

（八）諮商督導知能調查表

「諮商督導知能調查表」（Supervision Knowledge Questionnaire）係美國諮商員教育與督導學會（ACES, 1987）出版，計有 12 項知能共 83 題，內容分別是諮商概念（4 題）、個人特質（9 題）、督導倫理（6 題）、督導關係（9 題）、督導知識與技巧（9 題）、諮商師發展（7 題）、個案研究（11 題）、諮商評估（5 題）、專業討論（6 題）、督導評量（7 題）、督導研究（5 題）與教育訓練（5 題）等。該表旨在由督導者自評諮商督導方面所具備的知識與能力，例如「能夠闡述各諮商理論的知識與方法」、「能夠閱讀及應用諮商與督導方面的研究報告」等。

（九）諮商督導專業知覺量表

「諮商督導專業知覺量表」係王文秀等人（2002）編製，計42題，分為督導角色與功能（9題）、自我評量（13題）、督導關係（11題）與督導技巧（9題）等四個分量表。該量表題目採用 Likert 式四點量尺，由1至4分別代表「非常不符合」至「非常符合」。受試者得分愈高表示其督導知覺愈清楚。該量表具有不錯的信效度，含內容效度與建構效度。

（十）諮商督導能力評量表

「諮商督導能力評量表」係徐西森（2005）依據Holloway（1995）系統取向督導模式（SAS）的架構所編製而成。該表計78題，三個分量表為督導關係（21題）、督導功能與任務（31題）、督導情境脈絡（26題）。該表採用 Likert 式五點量尺，1至5分別代表能力「不佳」至「優異」，受試者得分愈高表示其諮商督導能力愈好。該表具有極佳信度、重測信度及效標關聯效度，且已建立百分等級常模；適用於督導者自評，或由其受督者評量。

（十一）督導反移情量表

「督導反移情量表」係方韻珠（2016）依督導反移情相關理論並採四回合的德懷術編製而成。該量表計三分量表分別為敵意（11題）、疏離（5題）、自責（5題），總計21題；該量表及其分量表皆具有不錯的內部一致性信度，以及聚斂效度、效標關聯效度；研究結果也顯示督導反移情與不安全依附風格之間有高度相關等等。

（十二）受督導者督導情境焦慮量表

「受督導者督導情境焦慮量表」係陳思帆（2018）建構受督導情境焦慮內涵編製而成，並探討不同背景變項受督者在督導情境焦慮上的差異情

況。該量表總共 15 題，四個分量表分別為表現焦慮計 4 題、評量焦慮計 3 題、結構焦慮計 3 題、關係焦慮計 5 題。該量表具有不錯的內部一致性信度和建構效度，同時針對不同專業層級受督者的焦慮建立百分等級常模。

（十三）同儕團體督導能力評量表

「同儕團體督導能力評量表」旨在協助各級大專校院專業輔導人員評估自身是否具備並提升同儕團體督導能力。該表為黃國彰（2019）編製，內含個案處遇分量表 12 題、專業發展分量表 4 題及自我成長分量表 9 題，共計 25 題。該表具有不錯的信效度，含內容效度、建構效度及效標關聯效度，並建立百分位數常模。

（十四）諮商督導風格量表

「諮商督導風格量表」係籃瓊妙（2020）以受督者觀點編製的在地化評量工具。該量表含支持分量表（13 題）與指導分量表（13 題），為自填式五點評分量表。支持分量表又有三個子量表，分別為同理關心（4 題）、共融關係（4 題）及賦能自信（5 題）；指導分量表含兩個子量表分別為直接教導（7 題）與引導反思（6 題）。該量表及其分量表、子量表皆具良好的內部一致性、聚斂效度、區別效度和效標關聯效度，並建立百分等級常模。

上述督導評量工具，大多是依據諮商督導的重要概念及內涵構念所編製而成，其特色為：(1)因應諮商督導工作重要的問題或議題；(2)大多採 Likert 式量尺來評量；(3)評量表的題數不多；(4)力求題意明確，計分方便；(5)從不同督導面向來發展評量工具。有些係由督導者自評，有些可由受督者評量其督導者，也有適用於督導雙方評量的工具；有些已建立在地化常模。因考量中外評量工具有多元文化差異適用性問題，須慎重使用。未來諮商輔導領域的專家學者宜持續研發更多科學化、標準化與本土化之

各項與諮商督導有關的評量工具。

六、結論

　　督導雙方的自我評量有其重要性與必要性，宜依評量目標與任務焦點而慎重選擇評量工具；督導評量工具有些適用於督導者或受督者，但也有量表將題項主詞省略或變更、同一份量表可提供督導雙方或一方評量使用。督導者平時宜多參考相關研究資料，針對諮商督導工作實務所需，尋找或編製一套適合督導雙方評量專業發展與能力的工具；同時依評量結果充實專業知識能力，或調整督導過程與任務目標。唯有如此，方能藉由有效的專業評量、嚴謹的倫理規範及加強教育訓練，發揮諮商督導功能，提升諮商與心理治療的專業品質。

　　督導評量在整個諮商與心理治療的專業發展與學術研究上，扮演了相當重要的角色。身為諮商督導人員，必須深切地體認到評量活動的重要性、評量的角色及其適切方式，了解督導評量的架構及方法；同時，比較各種評量方法及程序，蒐集各相關的評量工具，進一步發展各項增進評量技巧的計畫。除此之外，更須注意評量期間的各種動力性影響因素，提升諮商督導評量的層次，鼓勵受督者自我評量。同時引導評量者或同儕進行各項正式與非正式的評量；受評量者也要勇於接受挑戰、回饋與反思改進，抱持開放的心胸，虛心受教，理性回應，持續充實諮商輔導的專業知能。

16

督導倫理

徐西森

　　近年來，諮商與心理治療工作蓬勃發展，廣泛地運用在各級學校、社會單位、企業機構與醫療體系等領域。由於諮商與心理治療的「市場需求」日益殷切，也吸引了更多專業與非專業人力或志願工作者的投入；市場上另有類似心靈諮商、淨心諮詢等類心理助人工作者加入，也因此而衍生不少的專業爭議、消費糾紛與倫理問題。目前許多諮商輔導單位、心理治療機構及相關助人團體皆訂倫理守則或專業規範來因應。諮商督導是一門學術與實務的專業，故從事諮商督導工作的人員也須接受相關規範，遵守專業倫理（Worthington et al., 2000）。

　　倫理（ethics）意指為人處世行合乎眾人價值的應為態度，包括社會一切的道德、法規、禮儀、慣例、典章、行為標準和制度習俗等；專業人員執業時須遵守其行業倫理與行為準則。諮商倫理（counseling ethics）係指從事諮商專業工作者必須遵守的價值（values）、法律（laws）、規範（norms）、專業知識與技能（professional knowledge and skills）等準則。督導倫理（ethics in supervision）守則可作為評估督導行為適切與否的依據，更積極的意義是作為督導工作者行為的指引（洪莉竹，2021），凡諮商師、受督者和督導者皆須遵守。

一、法律規範

　　諮商督導人員身為助人工作者和社會公民，自必須遵守政府一切法令制度和執業規範。目前在實施諮商與心理治療證照制度的國家，例如美國、英國，若有專業人員違反倫理責任或法令規定，將會面臨警告、申誡、停權、罰款、取消資格、撤銷證照或法定處分等，甚至民事和刑事責任，不可不慎。Thomas（2007）指出國際上的倫理法規皆強調脈絡文化因素、界線議題與多重關係、執業服務的知後同意、督導者知識能力等規範內容。任何國家地區的專業人員如醫師、護理師和心理師等都有其必須遵守的執業法規。

　　美國諮商督導工作運作與管理雖有規範，但各州的法令也有差異，例如在督導時數、督導資格方面，阿肯色州與南卡羅萊納州的規定較其他州更為嚴格（徐世琛，1994）。美國諮商與督導工作的法規非短期內完成制定，而是經過許多時間的爭議、討論與修訂，基本共識是督導者必須是一位有效能的諮商師（王文秀等人，2002；Bernard & Goodyear, 2019），且須遵守心理師和督導相關規範。台灣《心理師法》、《心理師法施行細則》及相關規定，在心理諮商、心理衡鑑、心理治療及心理師的教考訓用等方面也有完備的規範，心理師含督導人員執業必須遵守。

　　台灣於 2001 年通過《心理師法》，規範心理師（臨床心理師與諮商心理師兩項）的資格、執業、開業、罰則、公會等規定。該法計 64 條文，明訂非領有臨床心理師或諮商心理師證書者，不得使用臨床心理師或諮商心理師之名稱（第 5 條）；曾受本法所定撤銷或廢止心理師證書處分者，或因業務上有關之故意犯罪行為，經有罪判決確定者，不得充臨床心理師或諮商心理師；其已充任者，撤銷或廢止其心理師證書（第 6 條）。心理師執業，應接受繼續教育，並每六年提出完成繼續教育證明文件，辦理執業執照更新（第 8 條）。

　　台灣心理師執業以一處為限，並應在所在地直轄市、縣（市）主管機關核准登記之醫療機構、心理治療所、心理諮商所或其他經主管機關認可之機構為之；但機構間之支援或經事先報准者，不在此限（第 10 條）。諮商心理師之業務範圍如下（第 14 條）：(1)一般心理狀態與功能之心理衡鑑；(2)心理發展偏差與障礙之心理諮商與心理治療；(3)認知、情緒或行為偏差與障礙之心理諮商與心理治療；(4)社會適應偏差與障礙之心理諮商與心理治療；(5)精神官能症之心理諮商與心理治療（應依醫師開具之診斷及照會或醫囑為之）；(6)其他經中央主管機關認可之諮商心理業務。

　　台灣心理師執業若有違反《心理師法》須接受相關處罰，例如心理師或其執業機構之人員，對於因業務而知悉或持有個案當事人之秘密，不得無故洩漏（第 17 條）；如有違反則處新臺幣三萬元以上十五萬元以下罰鍰

（第 36 條）；又如心理師執行業務時，應製作紀錄，並載明下列事項：(1)個案當事人之姓名、性別、出生年月日、國民身分證統一編號及地址；(2)執行臨床心理或諮商心理業務之情形及日期；(3)其他依規定應載明之事項（第 15 條）；如有違反則處新臺幣一萬元以上五萬元以下罰鍰（第 31 條）等等。

　　另，依據台灣「心理師執行通訊心理諮商業務核准作業參考原則」規定，執行通訊心理諮商業務之機構，應經其主管機關核准後，始得實施。實施對象應年滿 18 歲且排除精神官能症、精神病或腦部心智功能不全患者。執行通訊心理諮商業務之機構及心理師應遵守：(1)取得通訊諮商對象之知情同意；(2)確認病人身分；(3)於核准之機構內執行並確保病人隱私；(4)依規定紀錄並註明以通訊方式執行業務；(5)非醫療機構執行通訊心理諮商業務，應與醫療機構訂定轉介合作計畫。違反本參考原則，主管機關應取消其核准事項，心理師如繼續執行通訊心理諮商業務，處新臺幣一萬元以上五萬元以下罰鍰等規定。

　　至於諮商督導中的法律議題包含預警責任、直接責任和間接責任等（Bernard & Goodyear, 2019），例如因督導者指導而導致案主受害或權益受損、受督者未經督導者同意且未向機構報備而不當諮商、督導者未留意受督者和案主有違反界線關係、督導雙方或案主及其關係人有不當的性接觸、非因法律規定保密例外情形且督導者將個案資料洩漏等情事，則機構、督導者或相關人員須負擔應負的法律責任。過去美國大部分的州政府已立法實施諮商師證照制度，且已訂定許多與諮商督導工作有關的規定，凡諮商督導人員必須了解和遵守。其重要內容如下（Bernard & Goodyear, 2019; Borders & Cashwell, 1992）：

（一）諮商督導人員的專業資格

　　1. 督導者須有合格的諮商師執照。
　　2. 督導者須為相關的專業人員（例如精神科醫師、臨床心理師）。

3. 督導者須有至少兩年以上的諮商實務經驗。

4 督導者須具備碩士以上的學歷。

5. 督導者須有專業的督導能力與經驗。

（二）諮商督導的範圍限制

1. 不得督導與自己有親友關係的諮商師。

2. 不得督導與自己有商業交易關係的諮商師。

3. 不得同時督導諮商師多人。

（三）諮商督導的方式及內容

1. 諮商督導每週所需之基本時數至少一小時。

2. 每週個別督導的時數比例宜多於團體督導。

3. 諮商督導的方式包括個案報告、直接觀察、示範、教學以及錄音
   （影）檔的分析等。

4. 諮商督導人員對被督導之諮商師有倫理責任。

5. 諮商督導人員須義務批閱被督導之諮商師所完成的全部諮商計畫及
   諮商過程紀錄。

6. 諮商督導人員須給予被督導之諮商師全時服務或即時服務之承諾。

　　另，督導契約視同法律文件，規範雙方的權利與義務關係，以更有效
率地運作督導和諮商工作，並減少執業過程中可能的誤解、衝突、專業困
境和法律訴訟。Thomas（2007）認為受督導者有下列狀況時可終止督導契
約：(1)違反督導者指導；(2)隱瞞或陳述不實的個案訊息；(3)違反倫理或法
規；(4)經常遲到或缺席；(5)無法運用合理的技能並安全的執業等等。督導
者督導前須以口頭和書面等方式，讓受督者知情同意並簽訂契約，如此對
督導雙方、案主和機構等各方皆受益且有保障。Sinder（1985）認為預防
執業過失訴訟的原則有：(1)維持信任的督導關係；(2)了解影響心理健康和

諮商專業的法律議題；(3)機構宜聘任法律諮詢顧問；(4)諮商和督導者投保業務過失險等。

除了遵守政府的法令，諮商與心理治療機構應建立督導制度和相關規定，編訂督導工作守則，含督導的目的、時間、方法和費用等，由機構或專業人員共同議訂之。行政主管若非諮商與心理治療專業人員，不宜從事專業督導，其角色與任務應界定在行政督導；行政主管若為諮商專業工作者，且具有諮商督導人員資格，進行督導時應事先告知諮商師並取得其同意，始能進行督導，否則諮商師得拒絕並另尋督導途徑（黃素菲，1997）。由於台灣尚未立法實施督導者的證照制度，督導者的資格及條件因無法規援引，專業團體或主管機構自也無有效制裁的權力。

因消費者權益保護機制日益受到重視，隨著「案主就是消費者」觀念的普及，心理服務工作上的申訴案例，甚至訴訟案件皆有增加的趨勢（王智弘，1995；Thomas, 2007），諮商與心理治療工作者及其督導者，面臨了相當大的專業壓力與法律規範的挑戰，特別是擔任臨床「守門員」的督導者更須負起教導與預警的責任，確實了解並遵守執業規定及相關法令。基於此，除了培育諮商輔導人員的系所單位安排相關訓練之外，若能將督導證照制度及運作加以規範、函示或立（修）法，必能促進諮商與心理治療工作品質、提升諮商治療人員的倫理素養並維護社會大眾的權益。

二、倫理守則

諮商與心理治療是一項專業工作，自有其工作倫理。牛格正（1991a）認為，從個人的道德義務及社會責任交互影響的觀點而言，工作倫理就是規範工作行為的正義原則。專業工作者必須強化個人的工作倫理意識，亦即自我覺察個人在工作中所應盡的義務和責任，以及他人的基本權益，它具有規範、指導、保護及專業等功能（洪莉竹，2021；陳文玲，1991）。諮商督導工作基本上被視為是一種教育的歷程，也是一項專業的品管，伴

隨諮商績效觀念的興起，諮商督導的重要性與日俱增，倫理議題也必須落實為執業須知與工作守則。

「美國諮商學會倫理守則」（ACA Code of Ethics, 2014）包含九項範疇，督導議題也包含其中：(1)諮商關係（the counseling relationship）；(2)保密（confidentiality）；(3)溝通特權和隱私（privileged communication, and privacy）；(4)專業責任（professional responsibility）；(5)和其他專業的關係（relationships with other professionals）；(6)評量、評估和解釋（evaluation, assessment, and interpretation）；(7)督導、訓練和教學（supervision, training, and teaching）；(8)研究和發表（research and publication）；(9)倫理議題的處理（resolving ethical issues）。因督導較諮商專業介入既深且廣，督導者既要精熟諮商專業，也要熟識督導專業、諮商和督導的倫理守則。

督導專業的發展在諮商與心理治療專業之後，中外督導倫理大多先附加於諮商倫理之後再獨立而生，如北京中國心理學會於 2018 年修正「臨床與諮詢心理學工作倫理守則」，在第 6 項列〈教學、培訓與督導〉，計 13 條文等。台灣輔導與諮商學會於 1989 年會員大會通過訂定「諮商專業倫理守則」中，第 7 項為〈教學與督導〉，計 7.1 至 7.10 條文。臺灣諮商心理學會「諮商心理專業倫理守則」於 2014 年通過，計九章、五十一條文，與督導專業直接相關者僅第三條：「諮商心理專業服務包括：心理治療、……心理衡鑑、專業督導以及專業諮詢」，今該學會已另訂「心理諮商督導倫理守則」，含「應為」性質的〈督導倫理基本原則〉及「宜為」性質的〈督導倫理實務指引〉兩部分，並於 2022 年通過實施。

諮商督導倫理（the ethics of counseling supervision）意指諮商督導人員與受督者之間互動的規範，亦即確保督導者與受督者彼此權利和福祉所為之一種道德決定的過程。Bernard 和 Goodyear（2019）認為，專業倫理的仲裁者須精通法律、重視人性價值，以及教導、示範和運用倫理知識；而與督導倫理議題有關的原則為自主、受益、無害、正義和承諾。ACA 的倫

理守則（2005, 2014）強調執業倫理的六項基本原則為：(1)尊重自主（auto-nomy）；(2)無害他人（nonmaleficence）；(3)對人有利（beneficence）；(4)公平正義（justice）；(5)信守承諾（fidelity）；(6)真實誠實（vera-city）。

　　以上六項也是臺灣諮商心理學會「諮商心理專業倫理守則」（2014，2021）明訂之諮商心理專業價值及倫理行為之基本原則，其意為：

1. 自主：確保並促進當事人自主決定之權益與意識。
2. 無傷害：專業服務之實施應以避免造成當事人傷害為先決考量。
3. 獲益：促進心理健康，提升當事人及社會之福祉應為專業服務之目標。
4. 公正：公正地對待每位當事人，促進正義、公正與公平。
5. 忠誠：信守並履行專業承諾，建立信任之專業關係。
6. 實誠：能實事求是，真實、真誠、誠實地與當事人互動。

　　因督導專業為諮商與心理治療專業之重要一環，督導者須為有效能諮商師，故諮商倫理的六項基本原則亦為督導倫理的重要內涵。蕭文（1991）認為，督導倫理可從督導者對受督者的責任角度來加以探討；它規範了督導者在督導過程中所應具備的能力、關係、角色與態度。Sherry（1991）認為，督導關係中容易產生三方面的倫理問題：(1)督導者與受督者之間權力差異的問題；(2)督導關係類似治療關係的問題；(3)督導者與受督者之間的角色衝突問題。整體而言，督導者的年資、學歷、經驗及專業知能較優於受督者，因此，督導關係先天上極易產生地位、角色及權力的不平等（Holloway, 1995; Nation Board for Certified Counselors, 1998）。

　　因接受督導的諮商師不似督導者可以擁有許多權力，如受督者的專業表現須由督導者來考核、評定，因此督導者若過度或不當使用考核權，必會引發倫理問題與專業困擾，例如餽贈、性接觸或勞力服務等。至於督導關係能否等同於治療關係，學者專家的看法相當分歧，例如心理動力取向的督導模式即強調督導過程如同治療過程，督導關係類似治療關係（Dewald, 1997）；區辨模式督導也認為，督導者具有教師、諮商師及諮詢者等三種主要的角色；但系統取向督導模式則不鼓勵督導者在督導過程中對其受督者心理諮商與治療，ACA倫理守則（2014）也禁止督導者變成受督者的諮商師。

　　若督導者對受督者心理諮商，是否容易導致督導關係變質而產生角色混淆或衝突，值得深思。綜合學者的看法（王智弘，1992，1993a，1993b；林家興，2017；蕭　文，1991；Sherry, 1991; Olk & Friedlander, 1992），督導者具有多重角色時會產生不同的期待與責任，角色之間可能會互相衝突，如督導歷程中，受督者一方面期望督導者評價其個人表現並增進自我覺察；另一方面又可能隱而未說專業上自己的真實表現，或畏於呈現個人負面特質與心理困擾，以免督導者的考核評量受到影響。因此，督導雙方經常面臨如何面面俱到扮演各種角色，以確保自己、案主和諮商師的權益及諮商督導專業的發展。

　　諮商督導人員的基本功能，乃是教導缺乏諮商經驗或想精進專業的諮商師，或作為同儕與資深諮商師的諮詢對象，也因此倫理規範是督導雙方或多方角色互動的重要「軌道」。諮商督導的倫理課題依其督導過程發展，約可區分為督導前的倫理考量，例如督導者的養成訓練、專業知能、督導角色、案主權益、告知過程（due process）及雙重關係（dual relation-ships）；以及督導之時或之後的倫理考量，包括保密（confidentiality）、隱私權（privacy）、告知同意權（informed）、性騷擾（sexual harass-ment）、溝通特權（privileged communication）及預警責任（the duty to warn）等。

（一）督導者養成訓練的倫理考量

　　美國諮商及相關教育課程認證委員會（CACREP, 2001）規定，諮商實習或督導實習有其一定的標準，例如至少100小時在督導者指導下的諮商或督導實習，至少600小時駐地實習（internship）；而100小時諮商（或

受訓督導）實習中，至少須有 40 小時是直接服務個案（或受督者），其他
實習內容包括研討、記錄、訓練、協助行政等；每位督導者督導的實習生
（諮商師、受訓諮商人員或受訓督導者）人數不宜超過六人。台灣依據
《心理師法施行細則》第 1-5 第二項條文規定：實習，應於執業達二年以
上之諮商心理師指導下為之；其實習週數或時數，合計應達 43 週或 1500
小時以上；前項第一款至第三款之實作訓練期間，應達 9 週或 360 小時以
上。後者即為含（直接服務個案）個別諮商、團體諮商、家庭和伴侶諮商
等。

　　諮商師和督導者的養成教育應重視專業倫理，安排相關課程或職前訓
練，並嚴謹教學與評量有關倫理規範的知識、態度與能力。Bernard 和
Goodyear（2014）認為，督導前倫理議題的準備含安排認知課程訓練，強
化倫理議題中的教學，以及探究個人價值、掌握倫理守則內容、增進倫理
知識、示範倫理行為、教導倫理議題的仲裁等。有些違反諮商倫理、督導
倫理的諮商師或督導者，可能會表示不清楚守則，或不認為其行為不當，
甚至以其養成教育未曾接受此方面訓練，或有訓練課程但教師教學不力，
或其他工作者也是如此作為等等說詞來辯駁與防衛自己。

　　因此，在諮商、督導或實習前即應重視並加強倫理議題訓練，以案
主、受督者或實習對象之自主、受益、安全、公正及忠誠等權益是否受到
侵害，作為判斷是否違反專業倫理的指標（田秀蘭，1997），例如機構是
否適合實習、駐地督導人員是否具有專業資格、服務（實習）對象權益是
否獲得保障、機構的空間設備是否合乎專業需求與標準、是否公平被對待
且安全無虞、駐地督導人員或受訓督導者是否信守對案主及諮商師的承
諾、是否依法令規定及督導或諮商契約進行、督導雙方是否合乎諮商與督
導倫理、督導是否收費及其方式與標準、實習生實習期間是否保險和承擔
賠償責任等。

（二）督導者專業知能的倫理考量

　　前述 ACA 倫理守則、ACES 督導倫理守則揭示的倫理考量包含保密、案主權益、溝通特權、知後同意、責任預警、督導角色、雙重關係和專業知能等。所謂的專業知識能力包含：與專業有關的倫理、法律和管理等層面知識；與督導專業有關的知識、技巧和方法；與諮商專業有關的概念、知識和技巧；以及具備個案診斷、處置、評量和口頭報告、書面記錄等知能，並且能精熟地應用上述專業知能於工作中。諮商督導人員除了依督導契約有規範的、專業的督導，以及充實自我的諮商和督導知能之外，也必須了解受督者諮商治療過程中的專業介入是否違反倫理，持續評估和精進受督者的專業知識能力。

　　督導者具有教學、諮詢和訓練的角色，因此對所督導的對象負有教育、指導和評量的責任。督導者須對受督者負責，一如諮商師須對案主負責般，後者（受督者、案主）有權對前者（督導者、諮商師）要求善盡合法的保護責任。前者若不具備應有的專業知識而貿然從事諮商、心理治療或督導工作，除可能無法滿足後者的求助需求外，甚至為其帶來不可預知的傷害。又，督導者也應注意並提醒受督者相關的專業議題，如自主與自信、表現評量、能和不同觀點者工作、危機評估和處遇、多元文化的覺察、合乎倫理的示範與回應、諮商或督導的終止及處理等。

（三）督導者角色的倫理考量

　　倫理規範是一種角色與角色之間人際互動的依循，這其中涉及了角色期待與角色功能的問題。倫理規範反映了角色的資格、行為與責任。在諮商督導過程中，督導者必須具備專業的資格、知識與技能，如此方能塑造其專業的形象，此即為專業的角色（Bradley & Ladany, 2001; Ladany, 1999）。林家興等人（2012）也認為，督導雙方應同屬心理師專業、具備心理師執照，且督導者具有提攜後進的熱誠、受過適當督導訓練或有多年

督導經驗，較受督者資深或學歷高一級等條件；換言之，督導雙方諮商心理專業雖相同，但督導者較受督者更具有倫理角色的責任（Bernard & Goodyear, 2014）。

　　督導者必須考量自己在督導關係中所能提供的功能、服務與承諾；若逾越角色分際，亦視同違反督導倫理，例如督導者錯誤地給予受督者「督導無所不能」的印象，導致後者對前者產生不切實際的角色期待；又如，督導者身為服務機構的一分子，卻與受督者簽訂違反機構規定的督導契約；再如，有些督導者督導時，發現受督者處理個案出現問題或遇到瓶頸，督導者未依專業程序或忽略專業角色而逕自與案主接觸，甚至諮商之。前述督導者的行為反應皆嚴重違反其專業角色與督導倫理。此外，督導者在不同過程階段的督導關係中，提供受督者適切的角色功能，如教師、諮商員或支持者等。

（四）案主權益的倫理考量

　　保障案主權益是最基本、最重要的助人工作倫理指標。從消費者導向的市場結構而言，案主乃是諮商與心理治療服務專業中的消費者，沒有案主就沒有消費者，則心理服務行業也就缺乏「市場」；由此可引申為「沒有案主，就沒有諮商師及心理治療師；沒有諮商師及心理治療師，就沒有專業督導人員，諮商與心理治療專業也就沒有存在的必要」。唯有案主的求助權益獲得保障，心理服務行業的「助人權」及其從業人員的「工作權」才能獲得保障，進而諮商與心理治療方面督導的「專業權」方能建立，並獲得社會大眾的信任與尊重。

　　Bradley（1989）認為，督導者在督導前必須清楚了解與案主權益有關的專業知能與倫理指標；督導者為了案主的福祉，有責任催化受督導的諮商師持續學習，若其諮商作為與案主權益產生衝突時，更須嚴密地監控諮商過程，以確保案主權益。必要時，督導者必須採取適當的作為，動用考核權及專業權來處理，例如轉介、加強督導、嚴格品質管控、淘汰不適任

諮商師等。Bernard 和 Goodyear（2014, 2019）也強調，督導者須對諮商、督導中各項風險因子提高警覺，如諮商師和案主有界線不清或親密徵兆時，或受督者和案主發生不當行為時。另，督導者須明確提醒或解釋倫理指標，強調諮商師可以被接受和不能被接受的認知、情感和行動。

（五）告知過程的倫理考量

告知過程（due process）即預知過程，意指受督者有權知道督導目標、督導過程，以及評量的指標等資訊。在督導前，督導者應預先讓受督者了解雙方的角色、取向、過程、費用、預期結果及評量標準等，督導者應定期以書面方式，將有關意見告知受督者（洪莉竹，2021；歐陽儀，2001a；蕭文，1991）。美國諮商及相關教育課程認證委員會（CACREP, 2001）規定：授課人員在學生第一學期入學或註冊前，必須與學生溝通其個人與專業兩方面的期望。美國諮商學會（ACA, 2014）訂頒的倫理守則中也主張：會員在學生入學之前，應正式引導其了解對課程教學的期待、基本的知能發展及職業展望等訊息。

督導者有確保專業品質的責任，因此對受督者的評量和回饋為其重要職權，有必要告知受督者關於評量的方式、內容、標準與目標，此亦為受督者的權利，也是專業發展的重要程序（王智弘，1994；林家興，2017）。從事諮商與心理治療工作的人員有類似的經驗或共識，即任何個案處理的方式，例如錄影、錄音、第三者觀察、心理評量與衡鑑等，都必須事先告知案主，並與之商討其目的、程序、作為及可能影響，尋求案主的認可來介入諮商。王智弘（1993b）指出，從督導過程的本質來看，督導者透過受督者而與案主形成一種間接關係，因此督導者有責任去了解案主是否已被告知有關諮商過程的全部資訊。

舉例而言，受督者若是一位正在實習的諮商師，尚未具備諮商師資格，則應事先告知案主。同理，實習督導員或受訓督導者也必須在督導前將其角色背景、督導過程、督導契約和督導方向告知其受督者，否則亦違

反督導倫理並影響督導工作。督導者「告知過程」而受督者「知後同意權」，此即為尊重督導雙方抉擇的程序與權利。Thomas（2007）認為，大部分的督導過程，督導關係是相安無事的；一旦發生受督問題或誤解衝突時，告知過程是有效的導航，知後同意權也會對雙方皆有積極的保障。

（六）雙重關係的倫理考量

所謂督導的雙重關係（dual relationships of supervision），意指督導者、受督者或案主三者之間產生除了諮商、督導專業關係以外的另一種關係狀態（Bernard & Goodyear, 2004）。前述「另一種關係」可能是商業交易、研究指導、性接觸或情感、親屬等關係（Bridges & Wohlberg, 1999）。雙重關係可能會使三方互動產生模糊不清的灰色地帶，導致混淆督導角色、妨礙專業自主、扭曲人際知覺、輸送不當利益、過度心理防衛、影響客觀思考或干擾督導運作等缺失。是故，督導者與受督者在進行督導之前、當中及之後都應小心謹慎，避免雙重關係的發生。

試想：當督導者既要嚴謹客觀地從事督導工作，又要同時對其督導對象扮演溫暖同理的諮商師角色，這是一件多麼不容易的事；督導雙方在同一時間、同次督導內要從支持、同理的諮商關係轉變成評價、監督的督導關係，更是一段高難度的人際互動歷程（Cobia & Boes, 2000）。又試想，曾經同一機構工作且有上下隸屬行政關係的人，而後在專業發展上，部屬卻成為昔日上司的督導人員，如此的雙重關係欲能發揮教導、諮詢、考核和評量的督導功能，也確實充滿挑戰或令人質疑；其他諸如夫妻、手足、親子等親屬角色，更無法客觀地進行有效的專業督導。

除雙重關係外，督導中若涉及三者以上不同的個體或群體間的權力位階和專業互動即為多重關係（multiple relationship），這可能導致其中一方或多方專業關係變質或權利被剝奪的風險，如博士生擔任同一選修課程之碩士生的實習督導、與專業目標無關的圖利自己或他人的督導、讓團體督導成員分工去做督導者的私務，或案主同時接受督導雙方的諮商治療、受

督者曾為督導者的案主等。雙重或多重關係的處理，Kotzé（2014）探討學校督導人員與研究生的督導關係，督導者如何因應這些困境狀態與問題，指出督導人員使用特定的知識、技巧與策略，如傾聽、介入處理並開啟一個對話空間，並依諮商和督導的倫理守則來運作，有助於改善雙重、多重關係等問題與僵局。

（七）保密與隱私權的倫理考量

臺灣諮商心理學會「心理諮商督導倫理守則」（2022）之〈督導倫理基本原則〉第 2.3 條文維護受督者權益之〈督導倫理實務指引〉2.3.1 項提及，督導者應維護受督導者的知情同意權、受益權及隱私權，並告知受督者保密的範圍與限制；若涉及評量、危機處理及案主福祉等情況，而須透露督導過程討論的訊息，則先向受督導者說明保密的範圍與限制。Fisher（2008）指出，保密也可能引發倫理議題及困境，自 1970 年起持續有問題產生，特別是出現倫理─法律衝突（ethical-legal conflict），到底是維持專業秉持的保密倫理呢？或是依照各州政府法律要求出庭證言而違反保密倫理？因此保密必須有條件和原則，也就是告知案主和受督者保密的例外。

Bernard 和 Goodyear（2019）認為，保密的例外包含下列至少一項情況發生時：(1)案主自己同意揭露；(2)諮商師必須依法出庭證言；(3)案主有自傷或自殺的危險；(4)案主是 16 歲以下的受害者；(5)須住院的案主；(6)案主有危害社會的意圖；(7)諮商師有危險；(8)第三方付費者負責等。由於督導者對受督者的諮商行為負有連帶的專業責任，因此在督導過程中，督導者必須確實要求受督者尊重案主的隱私權及保守案主的個人機密資料，並依據臺灣諮商心理學會「心理諮商督導倫理守則」〈督導倫理基本原則〉第 2.5 條文提升受督導者倫理意識之〈督導倫理實務指引〉2.5.2 項，示範面對倫理困境時，如何拓展思考面向與發展多元處理策略等介入。

保密是相當重要的倫理議題，當有些法令修更改時，諮商和督導人員必須了解，但非受限於法律和專家的觀點而已，而是清楚認知自己的倫理

位置與界限。相對地，考量諮商督導的功能與性質，受督者在專業督導的內容與範圍之中，不得引用保護隱私權及保密的倫理規範來逃避督導者的諮詢、檢核與督導，除非是督導者不適任、角色衝突或行為過當；督導雙方應說明或討論保密的原則與例外。此外，督導之初（或諮商師剛開始接案），確實地督導諮商師去告知案主有關隱私權保護與保密的範圍、時機與法律規定，以免違反專業倫理及法律責任，破壞三方的信任關係，損及其權益和福祉，影響諮商專業的地位與形象。

（八）預警責任與溝通特權的倫理考量

所謂預警責任，係指諮商師除了要保護案主的隱私權、保守諮商的機密之外，也必須保護其他人免受案主傷害。諮商師在謹守專業責任之外，也有其社會責任（包括公共安全、社會福祉等），當案主的失控行為或心智異常足以危害他人時，諮商師對相關人士也有預警責任。過去美國法院對諮商專業訴訟案件的判例也有如下的原則：「支持、保護患者和心理治療師之間溝通的保密特質……當公共的危險開始發生，則保護的特權立刻結束」（王智弘，1993b）。臺灣諮商心理學會「諮商心理專業倫理守則」〈第參章專業責任〉之第十條文預警責任：當事人之行為經專業評估後，若對其本人或第三者之生命財產安全造成嚴重危險時，諮商師得向當事人之法定監護人、第三者或有適當權責之機構或人員預警。

同理，督導者在督導過程中亦有其預警責任，當接受其督導的諮商師所實施的諮商與心理治療作為已違反倫理規範，對案主、社會大眾、服務機構或專業工作產生重大危害時，且在督導者已採取一切專業努力仍無法減輕、避免此等危害的情況發生下，督導者必須確實負起預警責任，告知機構、相關單位及人員（Lee & Gillam, 2000）。除此之外，督導者也須在督導或諮商之初，告知受督者此一預警責任並督導其落實。臺灣諮商心理學會「心理諮商督導倫理守則」〈督導倫理基本原則〉第 2.7 條文危機處理，當案主出現危機或觸法情事，督導者應提醒受督導者進行必要的預

警、通報或處遇。

　　至於溝通特權則是從法律觀點來詮釋案主的權益，亦即未經案主同意或未與案主溝通的情況下，任何涉及案主權益的資料或機密，案主可要求諮商師不得將之揭露於法庭審理或案件訴訟過程中的一種權利。除非案主在諮商契約中明訂放棄溝通特權，否則諮商師應尊重其權益，在法庭上必須緘口不言（牛格正，1991b）。臺灣諮商心理學會「諮商心理專業倫理守則」〈第肆章專業知能、限制與實施〉之第十四條文限制之因應：對於不熟悉之對象、領域及議題，基於當事人之福祉需提供服務時，應善盡告知之義務，並僅能於獲得當事人同意，接受督導之情況下提供服務。

　　基本上，溝通特權與預警責任似乎是相互衝突的，若案主不放棄溝通特權，諮商師又有預警責任之必要時，極易使諮商師陷入兩難的專業困境，此時有賴諮商師及其督導者運用智慧、經驗、法律常識及專業知能，以期精準地判斷及圓熟地處理。相對地，在督導情境裡，受督者基於專業角色、案主權益與社會責任，自然不適合比照要求擁有溝通特權；但是為期督導過程順利運作，並發揮督導功能，督導者宜與受督者討論涉及個人、案主的隱私及權益等有關的溝通特權，並明訂於督導契約中。

三、結論

　　諮商、督導的倫理與法規已成為督導過程中角色保障及關係運作的準則，諮商與督導人員遵守法律規範為基本要求，而合乎專業倫理行為則是最高的自律、道德標準（Bernard & Goodyear, 2019）。儘管中外相關法規、諮商與心理治療單位或學協公會皆訂有倫理守則，然而仍有違反專業倫理的爭議衝突或訴訟案件發生，此乃肇因於倫理問題不易釐清、倫理教育未能列入重要的訓練課程中（牛格正，1991a），及鉅細靡遺地督導所有狀況的倫理案例。因後現代社會多元且問題層出不窮，因此唯有確實訂定或修正適合時宜的執業倫理守則、加強專業倫理的教育訓練、增設專業團

體及諮商機構內之倫理紀律組織及其申訴程序、檢舉審理機制並嚴以查察，如此方能真正落實諮商督導工作的專業倫理。

　　迄今中外諮商專業組織皆重視諮商、督導倫理或訂頒守則，如美國諮商學會（ACA, 2014）、美國諮商員教育與督導學會（ACES, 2011）及中國心理學會等。臺灣諮商心理學會 2022 年專門訂定「心理諮商督導倫理守則」，分為〈督導倫理基本原則〉、〈督導倫理實務指引〉兩部分。基本原則揭示督導者必須遵守之最基本要求，亦作為督導倫理與否的判斷基準；實務指引提供執行督導倫理基本原則的努力方向，這些方向僅供參考，保留實務情境彈性調整的空間，不作為判斷督導倫理的標準。該守則有利提升服務品質，維護案主福祉與受督導者權益等。

　　未來若有違反倫理規範或督導契約時，不妨參酌前述美國諮商學會（ACA, 2014）所屬之倫理委員會的懲戒措施，包括譴責、警告、限期改善、停權或開除會員資格等，而且將前述處分加以公告，通知相關組織協會及其直屬主管、服務單位。督導人員也必須充實自我，確實了解諮商、督導有關的倫理規範及爭議判例，熟悉機構的專業規定與政府政策，並將之告知受督者、諮商師、受訓督導者、受訓諮商師、實習生或學生等相關人員。督導者面對倫理問題或爭議時，也能適當地運用專業知識與能力，或持續接受專業督導，或諮詢相關專業人士如律師，並依機制程序來妥善處理。如此方能落實諮商和督導的倫理規範，使諮商與心理治療工作成為深受社會大眾信任的一項專業。

Chapter

17

督導者培育與認證

徐西森

　　諮商督導的目標能否達成與功能能否發揮，有賴於督導者的專業素質與知識能力，因此督導人才培育與資格認證必須加以重視，督導者也須持續自我惕勵，力求諮商與督導專業知能的精熟（Prieto, 1998）。有關諮商督導人員的教育訓練，若只重視督導者的養成教育與職前訓練，忽略繼續教育與在職訓練，可能無法面對多元多變的督導情境與專業挑戰。是故，督導者的培育與資格認證，必須重視其專業性、系統性、實用性與個別差異性（吳英璋，1990；徐西森，2003b；Goodman, 1985）。

　　台灣諮商督導人員的教育訓練，往昔因缺乏專業資格的認證、未能全面建立督導制度、無完整計畫的訓練課程，以及許多諮商與心理治療機構之個案、工作量過多，又缺乏具有督導專業資格的人力支援；另，有些諮商工作者視督導為額外負荷，導致諮商督導工作人力素質與督導機制運作無法落實（徐西森、連廷嘉，2003；劉玉華，1994）；影響所及，造成機構中的志工或專兼任諮商輔導人員，因缺乏專業層級人員督導、支持而有工作崩焦或專業枯竭現象，或離職率、流動率高，或喪失助人熱忱，或陷入工作瓶頸（王文秀等人，2002；吳秀碧，1998a），故督導者的培育與認證值得重視。

一、督導者培育的重要性

　　美國心理學會（American Psychological Association, APA）強調，凡是諮商師、臨床心理師及學校心理學家之養成教育與實習過程，皆必須接受督導者的專業督導。因此，諮商督導人員的教育訓練是非常重要的，而接受督導訓練亦是諮商師教育中符合專業倫理的一部分（吳涯，1989a, 1989b；Bernard & Goodyear, 2019），且諮商督導人員必須擁有專業證照，持續接受訓練（Sutton, 2000）。根據美國諮商員教育與督導學會（ACES, 1969, 1985, 1987）的調查，幾乎所有的諮商與心理治療督導人員均已具備博士學位，或碩士學位曾接受督導的訓練，且諮商執業工作年資達兩年以

上。

　　美國專業心理學院和課程委員會（National Council for Schools and Programs of Professional Psychology, NCSPP）主張，專業心理師訓練應包含關係能力、衡鑑能力、介入能力、研究和評鑑能力、教育能力及管理和督導能力、諮詢等六項。台灣諮商心理師能力指標建構之共識研究（林家興、黃佩娟，2013）、心理師能力評量表之編製及其信效度分析（林家興等人，2015）等兩項研究也發現，心理師的能力指標含衡鑑診斷與概念化能力、介入能力、諮詢能力、研究與評鑑能力、管理及督導能力等。由此觀之，督導能力為心理師須具備的核心能力，顯示諮商督導專業及人員訓練有其重要性，諮商心理師在執業過程中皆了解、也能從事諮商督導工作。

　　諮商督導是一種具備專業知識能力的督導者運用諮詢、教導、諮商及評估等方式活動，協助受督者個人成長、增進知能與提升績效的專業過程。台灣《心理師法》和《學生輔導法》分別於 2001 年、2014 年通過實施後，心理師和輔導教師在社區、醫院或學校等場域工作，在三級心理衛生體系與心理健康促進上扮演了重要的角色，無論是一級發展性輔導和預防推廣、二級介入性輔導與篩選評估，或三級處遇性輔導與諮商治療。督導是諮商實習和教育實習體制的重要一環，有助於提升諮商輔導人員的專業素養與工作品質；然，迄今督導者的訓練模式與歷程成效、培育機制與認證人數仍有不足（連廷嘉等人，2012）。

　　台灣培育並符合報考諮商心理師的大學計 35 個系所（組、學位學程）。依據《專門職業及技術人員高等考試心理師考試規則》第 7 條、《心理師法施行細則》第 1-5 條第 2 項等規定，諮商心理師應考者於碩士班修業期間須修畢七領域至少各一門、三學分的課程且成績及格，含諮商兼職實習課程；外加 43 週或 1500 小時全年全職實習應包含個別督導時數至少 50 小時；前項實習，應於執業達二年以上之諮商心理師指導下為之。臺灣諮商心理學會依考選部統計資料於學會官網公布資料顯示，迄 2022 年為止

取得證照的諮商心理師已達 5300 多人，可能指導、督導前述諮商實習生；然，迄今經台灣輔導與諮商學會、臺灣諮商心理學會之官網公布通過認證心理諮商督導人員僅約 400 名，亦即諮商實習生的督導者未接受督導訓練或未督導認證者為數不少。

　　諮商心理師、輔導教師不必然等同於具備督導者的資格與能力，因為二者的工作性質與功能任務明顯不同，因此督導者的教育訓練必須加強且建立機制（王文秀，1995，2003；吳英璋，1990；Hawkins & Shohet, 2000; Holloway, 1995）。諮商與心理治療工作欲專業化、績效化並確保民眾諮商權益，關鍵因素在於諮商督導工作能否充分發揮功能（吳秀碧，1998a；卓紋君、黃進南，2003；唐子俊，2001；黃政昌，2000；鄭麗芬，1997；蕭文、施香如，1995）。因諮商與心理治療是一項專業，諮商督導也是一門專業，後者的位階高與功能多，更需要受過專業訓練及符合資格條件的督導者為之。

　　台灣諮商督導人員培育現況，除了學校的博士層級有較完整的督導訓練之外，碩士和學士層級之督導教育則相當不足（王文秀等人，2002；吳秀碧，1994；連廷嘉等人，2012），更遑論一般社區機構（梁翠梅，1996b）。目前三所師範大學和暨南大學等校諮商系所博士班開設必修之諮商督導及其實習課程，碩士班約五分之四未開設（少數開設督導課者也為選修課），如表 17-1。另諮商輔導系所畢業生取得學士或碩士學位後，大多進入學校或社區從事諮商輔導工作，他們需要接受督導卻也是最缺乏督導資源者（梁翠梅，1996b；林哲立，2001）。

　　美國諮商員教育與督導學會（ACES）為因應適任諮商師可能會接受不適任督導者督導的現象，彙編「諮商督導人員倫理守則」，主張督導者應受過研究所水準的專業訓練，曾有受雇並接受諮商師督導的工作經驗，以及在下述一個或數個領域中獲得資格證明：州教育局核可、州級單位核發的諮商師執照、全國合格的諮商師資格、臨床心理健康諮商師資格、復健諮商師資格或生涯諮商師資格。此外，曾在研究所受過督導者專業訓

表 17-1

大學諮商相關系所博碩士班開設諮商督導課程情形

學校系所	開設之督導課程	碩/博層級	必/選修	學分/學時
臺灣師範大學教育與心理輔導學系/研究所	諮商督導研究與實習（一）	博士	必	2/3
	諮商督導研究與實習（二）	博士	必	2/3
彰化師範大學輔導與諮商學系/研究所	諮商督導	碩士	選	2/2
	諮商督導理論與實務專題研究	博士	必	3/3
	督導實習	博士	必	3/3
高雄師範大學諮商心理與復健諮商研究所	諮商督導理論與實務	博士	必	3/3
	諮商督導實習	博士	必	3/3
清華大學教育心理與諮商學系/研究所	諮商督導理論	博士	選	3/3
	諮商督導實務	博士	選	3/3
暨南大學諮商心理與人力資源發展學系/研究所	諮商督導理論與實務專題研究	博士	必	3/3
	諮商督導實習	博士	必	2/2
國立臺北護理健康大學	生死與健康心理諮商系（諮心組）	碩士	選	2
嘉義大學輔導與諮商學系/研究所	生涯諮商實習與督導研究（碩專合開）	碩士	選	3/3

練，包括教授講解、專題研討、實際演練及督導實習，並持續參與督導理論與實務研習（如個案研討會、工作坊、自我進修等），並從事和督導理論與實務有關的研究或活動。

二、督導者教育訓練的內涵

王文秀等人（2006）問卷調查台灣 118 個諮商輔導單位的行政人員，

有關諮商督導工作的實施現況，結果顯示在督導者的職前訓練與在職訓練方面，未辦理職前訓練和在職訓練的機構分別達 69.4%和 56.5%；督導工作焦點前六項依序為：受督者的個別諮商（83.1%）、諮商員訓練（54.2%）、團體諮商（49.2%）、諮商實習（44.1%）、輔導行政（44.1%）和諮詢服務（44.1%）等。該研究依調查結果建議，學校與社會諮商輔導機構每年至少舉辦一次督導人員的職前訓練，未受過系統專業督導訓練者不宜從事督導工作；職前教育訓練包含專題講授、實務訓練和見習實習等三大階段。

　　諮商督導人員的訓練，也必須包含不同程度之實務工作問題解決的效能訓練，並與諮商師養成教育做一銜接、統整，包括在博士層級的研究或教學中規劃一套督導訓練課程（Nelson & Friedlander, 2001）。現階段美國大部分諮商督導人員都已經過正式的專業訓練及督導實習，只有少部分的人士接受短期諮商督導工作坊訓練（Scott et al., 2000）。若能同時在諮商師養成教育或繼續教育中，安排督導課程並傳授相關知識與方法，也有助於督導者成為諮商師的表率或提升個人的諮商效能。

　　督導者的養成教育大致有兩派看法，一派主張必須接受正統訓練，循序漸進依所規劃的課程架構來進行教育訓練，且以督導能力培育為基礎，具體採用適切的督導模式，如此才能培養有效且實在的諮商督導人員（Barker & Hunsley, 2013; Borders et al., 1991）；另一派則強調實務經驗的重要性，對於有志於從事督導工作的人員，教育訓練必須考量時效、費用、資格等條件，以實務經驗為主、知識教育為輔。上述兩派皆有其核心論點與實證基礎（徐西森，2003b）。

　　Hawkins（1989）主張，系統訓練和實務經驗二者並重，依個人不同的專業背景及學習需求，設計不同的訓練方式、內容及課程；或先實施一段時間（至少一年）的督導實習之後，再接受一段時間（至少半年）的課程教育，而後再進行督導實務工作（類似「三明治型」的專業訓練），此一理論實務化、實務理論化的訓練架構，普遍為諮商與督導工作者所接

受。唯有兼具理論與實務的督導訓練，並營造開放的學習氣氛，鼓勵受訓督導者勇於學習嘗試，才是兼容並蓄的訓練模式。

　　Matarazzo（1978）歸納督導者訓練常用方式包括講述、示範、觀察督導過程、現場立即督導，以及諮商、督導後看錄音檔或錄影檔提出討論與回饋，也可依這些方式來設計督導者教育訓練的內容。在大多數開設督導課程的機構中，最常採用的訓練方式是講授與體驗並重（王文秀，1995，1998），訓練內容包含督導形式與方法、專業評量與自我評估、法律與倫理議題、督導關係的經營，以及督導雙方的種族、性別角色、社經地位等議題；此外，針對不同情境、不同對象的督導模式，以及有關督導的重要概念、發展歷史和相關實證研究皆應涵蓋在內。

　　陳滿樺（1993）認為，諮商督導人員的教育訓練有三大類，包括Hawkins和Shohet的自我評估式督導訓練、Boyd的層次性督導訓練，以及Dye和Borders的全盤性督導訓練等。茲分述如下：

（一）自我評估式督導訓練

　　Hawkins 和 Shohet（2000）認為，全盤性的督導訓練未必是最有效、經濟的，有時可能事倍功半。督導受訓人員可以針對督導知能、督導關係及督導倫理先行自我評估，根據評估結果選擇下列合適的訓練課程：(1)第一線新進督導者的督導課程；(2)督導受訓人員的督導課程；(3)督導者團體督導的課程；(4)機構內督導者的進階課程；(5)深層次心理治療的課程。上述督導課程皆有不同的訓練重點與目的，例如針對督導受訓人員的訓練較注重督導概念與理論模式的認識；團體督導的課程則包括團體動力學、團體領導技巧等研習（Hayes et al., 2001）。

（二）層次性督導訓練

　　Boyd（1978）的層次性督導訓練則考量不同機構屬性和諮商師發展來規劃訓練課程，例如學校機構強調督導專業基本知識能力的課程教學，偏

重於職前訓練；社會機構的督導訓練則強調實務性與特殊性需求；也可根據機構人員的諮商取向、學習目標及方法來設計課程。層次性督導訓練課程也會參考諮商師發展階段來安排，如新手諮商師的督導培訓人員，以教導諮商治療取向督導理論及其實作能力精熟為課程主軸；有經驗諮商師的督導培訓人員以歷程取向督導模式及督導關係經營為訓練架構；精熟有效能諮商師的督導培訓人員以整合取向、第二世代取向督導模式及自我覺察反思為課程訓練重點。

（三）全盤性督導訓練

　　Borders 等人（1991）以七大領域來說明督導者訓練計畫的重點，這七大領域依次為：(1)督導的模式；(2)諮商師的發展；(3)督導的方法與技巧；(4)督導關係；(5)倫理、法律及專業規範的有關議題；(6)督導評量，以及(7)行政事項等。Hawkins 和 Shoset（2006）也認為督導者的養成教育須包含：(1)反思自我過去的受督經驗；(2)閱讀書籍、論文和看督導錄影影片，觀摩學習他人的督導過程；(3)接受督導專業訓練並在督導者的指導下從事督導實習；(4)提供自己督導過程的錄影檔並接受專家指導；(5)反思自我的督導模式與經驗；(6)再次獲得督導者的指導回饋；(7)修正自己的督導風格；(8)和其他同儕或督導者討論自己的督導過程；(9)持續接受全方位、多層次及多元化的督導訓練內涵。

　　另外，Gruman 和 Purgason（2019）提出一種短期體驗式訓練的督導模式。本模式以學習理論為基礎，利用現場督導的方式，培育受訓督導者批判思考和決策的能力，以及督導關係和多元技能，以短期的個人反思、目標設定和個案研究來做為訓練架構；其訓練過程先進行培訓內容的講解，再提供受訓督導者閱讀諮商案例並分組進行分享、分析討論；受訓者得輪流至不同小組參與不同案例的研討，以激發先備知識、引出受訓人員專業觀點、相互學習，以提升自信心和自我效能感。

　　綜上所述，督導者養成教育必須學習督導的重要概念、理論模式、過

程技術、角色功能、關係經營、倫理法規、多元風格和督導方式、多元文化督導等知識和技能；另見習資深、優秀且有效能督導者的督導歷程，並在其督導之下進行督導實習，適切地運用所學的督導專業知能，有系統、有計畫地實習、記錄、反思並自我開放地接受督導。Hawkins 和 Shoset（2000）、Holloway（1984, 1994, 1995）皆認為，即使受過完整諮商督導訓練或博士層級的督導人員也需要耕耘內在自我、反思諮商專業和檢視督導歷程，持續接受專家督導、同儕督導或自我督導。

三、督導者培訓的模式與計畫

　　1950 年代至 1990 年代台灣諮商輔導工作發展中，大多關注於諮商與心理治療的專業發展與相關研究，甚少建立一套適用於在地諮商督導工作者科學化、系統化的教育訓練模式；雖有些機構在培訓諮商輔導人員或助人服務工作中也會設置督導者，但其職責多為行政管理、教育督導或討論個案。有關督導者的養成教育及在職訓練，大多是在博士層級訓練課程中納入三至六學分的督導課程（含實習），或是遴選資深諮商師予以短期課程（含工作坊）訓練，或是資深、精熟諮商師帶領實習、新進諮商師的師徒式督導訓練。

　　王文秀等人（2003）主持的專案研究計畫中，採文獻探討與專家座談，建立一套諮商督導人員教育訓練模式（The Counseling Supervisor Training Model, CSTM），同時以實驗組／控制組前後測實驗設計，就學校與社會輔導機構隨機取樣，對兩組實驗組（學校輔導組 12 人、社會機構組 11 人）研究對象，實施為期三個月、三階段計八週次，每週次六小時，合計 48 小時的教育訓練，研究工具包含「諮商督導專業知覺量表」、「督導情境測驗」、督導訓練回饋單，以及人際歷程回憶法（IPR）、訪談大綱等；所得量化資料再與兩組控制組（學校輔導組 11 人、社會機構組 11 人）進行統計分析。

　　該研究資料分析含訓練成效的量化統計，以及人際歷程回憶法（IPR）和訪談的質性分析。結果顯示，經與控制組相較，實驗組成員接受CSTM訓練後，無論學校或社會機構的諮商督導人員均顯著提升其督導專業知能，尤其在督導評量與督導技巧等方面的訓練效果尤佳。除此之外，透過實驗組團體成員質性訪談的回饋意見，亦皆肯定CSTM對受訓督導者的認知學習、自我覺察、理論與實務結合，以及督導關係和督導倫理等方面皆有正向的感受反應。諮商督導人員教育訓練模式課程架構（CSTM）如表 17-2。

　　《心理師法》於 2001 年通過後，因其相關法規明定應考者於碩士班修業期間須在督導者指導下進行全年的諮商實習。基於此，諮商系所、學術團體、諮商心理師各縣市公會或全國聯合會陸續開辦諮商督導人員訓練（或督導實習）。茲以臺灣諮商心理學會辦理、高雄市諮商心理師公會和高雄師範大學諮商心理與復健諮商研究所合辦之諮商督導人員培訓計畫及其課程內容，分別說明如下：

（一）臺灣諮商心理學會之諮商督導人員培訓計畫

　　臺灣諮商心理學會自 2011 年開始迄今已舉辦五屆諮商督導培訓專班，每屆為期約一年半，全程參與培訓並完成學習歷程報告、期中和期末評量、個人督導模式報告等作業且經審核通過，即發予結訓證明書並得申請該學會的督導資格認證。其培訓計畫含理論課程與督導實習兩部分。

　　1. 理論課程部分，含必修與選修：

　　　(1)必修課程計十堂，每堂六小時，共 60 小時，包含督導概論、督導理論、督導契約、督導關係、督導倫理與法規、督導評估與評量、個人督導模式的整合、督導危機處理、督導者的自我成長與自我照顧、多元文化督導等；每堂課程四小時由講師授課，兩小時由各團體督導訓練師帶領分組團體討論與演練，每組團體約八至十人。

　　　(2)選修課程五堂，包含督導技術與實務、以諮商新手受督者為中心

表 17-2
諮商督導人員教育訓練模式（CSTM）課程架構

階段	週次	時間	課程內容
第一階段（二十四小時）專題講授	一		始業與訓練說明
		三小時	諮商督導與諮商專業發展
		三小時	諮商督導理論與模式㈠
	二	三小時	諮商督導理論與模式㈡
		三小時	諮商督導關係
	三	三小時	諮商督導歷程與技巧
		三小時	諮商督導評量
	四	三小時	諮商督導專業倫理
		三小時	組織行政與諮商督導
第二階段（十二小時）實務訓練	五	三小時	諮商督導實務訓練㈠：團體形成與實務演練
		三小時	諮商督導實務訓練㈡：個別督導實務演練
	六	三小時	諮商督導實務訓練㈢：三人諮商師訓練模式實務演練
		三小時	諮商督導實務訓練㈣：人際歷程回憶法實務演練
第三階段（十二小時）見習與實習	七	三小時	機構督導見習
		三小時	機構督導見習
	八	三小時	機構督導實習
		三小時	機構督導實習
			評量與結業式

（王文秀等人，2003，頁 69）

的督導系統、督導中的性議題、督導中的個案概念化、督導中的健康疾病與失落議題等，課程時間各為六小時，受訓學員可自由決定選修與否；該課程也開放給非督導專訓班學員的諮商心理師研習，作為其繼續教育的進修課。

2. 督導實習部分：

受訓學員須於上述理論課程進行半年後開始持續練習督導至多兩名受督導者，共計 32 小時以上之督導實習時數，並於督導實習期間接受至少八小時個別督導訓練師的督導。受督者由受訓學員自行尋找或透過學會招募，其身份須具有證照之心理師、專／兼輔教師、實習心理師等。督導實習一律錄影或錄音，相關各方需簽署學會版的知後同意書。

督導實習時，若受督者及其實習督導者（即受訓學員）非屬同一機構或機構並未指派學員提供督導服務時，則受督者需取得其任職機構接受外部督導同意書。個別督導訓練師由學員自行邀請或學會協助配對，學員可依據學習需求於實習開始前主動聯絡個別督導訓練師，並在取得督導訓練關係共識與簽署學會版的協議書後開始合作。

（二）諮商督導人員培訓計畫

高雄市諮商心理師公會、高雄師範大學諮商心理與復健諮商研究所於 2020 年共同主辦為期六個月、每月一至二天、每天三至六小時，總計 72 小時課程的諮商心理與學校輔導專業督導培訓工作坊，參加對象為對督導議題有興趣者、三年以上諮商實務工作經驗之現職諮商心理師。

該培訓課程皆必選，包含：(1)督導基本概念六小時；(2)督導理論與模式六小時；(3)督導技術與策略六小時；(4)督導關係與歷程六小時；(5)督導的倫理與法律議題六小時；(6)危機議題之督導六小時；(7)諮商督導的評量三小時；(8)多元文化族群當事人／學生之督導 12 小時；(9)系統觀點學校輔導督導實務三小時；(10)個督與團督實務演練六小時；(11)學校諮商督導

模式六小時；(12)平行歷程概念在督導實務的應用六小時等。

　　兩主辦單位另於 2022 年與臺灣諮商心理學會合辦專業督導繼續教育系列課程，每月一至二天、每天六小時，參加對象為已有學術團體諮商督導認證之諮商心理師或對督導議題有興趣者等，研習課程包含：(1)督導理論與歷程取向督導模式實作；(2)遊戲治療督導模式；(3)諮商督導與學校督導的實務運用；(4)督導中的個人化議題與自我覺察；(5)校園危機介入與學校督導實務；(6)系統觀點之學校輔導督導實務進階；(7)學校督導中的個案概念化與歷程化；(8)區辨模式沙盤督導等。

　　以上八堂課程除第一場和第八場各 12 小時之外，其餘場次各六小時，總計 60 小時；研習目的旨在強化心理諮商督導與學校輔導督導人員的督導專業知能，提升專業督導與服務所需的質與量訓練之外，同時連結南部心理諮商督導與學校輔導督導的網絡，增進督導者與專業學會、地方公會與學術機構之資源連結及諮商、督導的服務品質。

四、督導者的資格認證

　　美國教育與資格認證中心（Center for Credentialing and Education, CCE）有關臨床督導員認證（the Approved Clinical Supervisor, ACS^{tm}, 2021）資格的申請條件明定：(1)具備合格證照：行為或心理健康領域獨立執業文件、諮商師認證委員會（National Board for Certified Counselors, NBCC）諮商師、臨床心理健康諮商師（Certified Clinical Mental Health Counselors, CCMHC）並持有證明文件；(2)教育與訓練：碩士以上學歷且完成至少三學期臨床督導的課程，以及完成 CCE 的訓練要求並持有證明文件；(3)諮商與督導經驗：碩士後至少五年以上心理健康服務的工作年資、至少 4000 小時的直接接案服務時數及臨床督導時數達 100 小時，並持有證明文件；(4)申請者須提出一份受督者的知情同意書，說明雙方督導關係中的規範與期待，並保證其行為符合專業倫理與職業道德。

　　美國諮商員教育與督導學會（ACES, 2022）官網公布的臨床督導員條件為：(1)在心理學領域、社會學領域、教育領域、應用行為分析治療（Applied Behavior Analysis Therapy, ABA）或相關領域具有研究所碩士以上的專業水準；(2)受過認證的 ABA 相關經歷，能策畫並執行個案管理專案計畫；(3)充滿熱忱的督導員，能夠訓練、管理與支持初階的心理服務人員；(4)具備雙語能力；(5)基於聯邦及州政府相關法規及執行ACES照顧個案的承諾，必須接受國家相關疫苗政策等。

　　台灣目前辦理諮商督導人員資格認證的學術團體及其認證辦法有二：(1)台灣輔導與諮商學會「專業督導認證辦法」於 2005 年通過，迄今八次修正實施，2022 年公布通過認證督導名單計 179 名；(2)臺灣諮商心理學會「心理諮商督導認證辦法」於 2009 年通過，迄今四次修正實施，2022 年公布通過認證督導名單計 155 名；上述兩學會有關諮商督導認證規範差異對照，如表 17-3。茲將兩學會諮商督導認證的資格條件分述如下：

（一）台灣輔導與諮商學會專業督導認證

　　台灣輔導與諮商學會認證的專業督導含：諮商心理專業督導、學校輔導專業督導兩類，後者申請者為任職學校場域之專業輔導人員或專任輔導教師。茲以前者諮商心理專業督導類認證說明之。申請本類認證須符合以下條件：(1)現職之專業諮商實務工作者，持有諮商心理師證書；或為大學校院諮商心理教育工作者，持有工作單位出具在職證明書；(2)具備三年以上之諮商實務工作經驗，持有資歷證明者；(3)無重大違反心理師相關法律及倫理守則紀錄；(4)接受過「諮商心理專業督導課程」訓練或已有「充分之諮商心理督導實務經驗者」。

　　上述第四項所稱「諮商心理專業督導課程」訓練，須具備下列條件之一者：(1)曾在國內外諮商相關研究所博士班正式修習 3 學分以上之諮商督導理論與實務或實習課程，成績及格者；(2)曾接受本會或諮商專業學術團體或諮商心理師訓練機構所開設系列諮商督導理論與實務課程時數 48 小時

以上，且接受 10 小時以上之個別督導並完成 30 小時以上個別督導實習，持有本會或機構所發給證明書者。督導實習於完成諮商督導理論與實務課程之後進行、三年內完成。前述 10 小時以上之個別督導者須有諮商心理督導認證三年以上並在認證有效期內，或曾擔任諮商心理督導認證課程講師至少 24 小時。

若採上述第四項所稱「充分之諮商心理督導實務經驗者」申請認證，須同時符合下列條件且持有機構所開立之證明文件：(1)在諮商心理相關機構擔任諮商心理專業督導工作六年以上；(2)實際從事諮商督導工作時數達 150 小時以上；(3)參與專業督導相關研習課程至少 36 小時以上。

（二）臺灣諮商心理學會心理諮商督導認證

凡申請臺灣諮商心理學會督導認證者須從事心理諮商實務工作五年（含）以上，且符合以下條件之一且有證明文件：(1)具有助理教授（含）以上教師資格並曾從事三年以上諮商督導或諮商實習課程之教學經驗。(2)曾擔任諮商專業團體或諮商心理相關機構辦理之督導課程講師或訓練師，講授或訓練時數達 180 小時（含）以上。(3)具有諮商督導實務經驗者須同時持有下列三項證明文件：①實際從事諮商督導（非行政督導）工作年資五年（含）以上；②實際從事諮商督導工作時數 300 小時（含）以上；③接受過諮商督導課程 36 小時（含）以上。或，(4)曾受過國內外諮商相關研究所博士班正式修習諮商督導課程 3 學分（含）以上，成績及格且同時持有以下證明文件：①於課程中／外接受 8 小時（含）以上個別督導訓練；②於專業督導下完成 32 小時（含）以上個別督導實習。(5)曾接受諮商專業團體或機構辦理之督導職前訓練，且同時符合下列條件：①諮商督導課程 60 小時（含）以上；②於 8 小時（含）以上個別督導訓練下完成 32 小時（含）以上個別督導實習，至多僅能有二位受督者，實習期程應大於四個月，受督者須為有證照的諮商心理師或輔導老師、全職或兼職實習諮商心理師；③以上講師及督導訓練師均須具備心理諮商督導資格，且有諮商

督導經驗六年（含）以上。

　　上述兩學會多年來致力於督導人員的培訓與認證，且有相關辦法規範及審查機制。台灣輔導與諮商學會成立於 1958 年（原名中國輔導學會，2008 年更名），積極推動台灣的僑生輔導、學校輔導、課程編訂和相關活動；「專業督導認證辦法」為其諮商心理學組執委會於 2005 年制訂，並經理監事聯席會議通過實施。臺灣諮商心理學會於 2008 年成立，原為中國輔導學會於 2003 年設立之諮商心理學組，十多年來研議諮商心理師教考訓用等機制並向政府建言政策，以及積極推動相關立法修法與諮商心理專業發展，心理諮商督導認證為該學會重要工作之一（2009 年訂定），有助於督導人才的培育及諮商工作品質的提升。

　　從表 17-3 觀之，兩學會督導認證各有特色，有志於從事督導工作且欲申請認證的諮商輔導人員得各有所本、各取所用。台灣輔導與諮商學會有學校輔導與諮商心理等兩項專業督導認證，其認證辦法條文較多，申請認證一項或兩項的專業輔導人員（如諮商心理師）或專任輔導教師，必須詳閱並準備各種申請表件。臺灣諮商心理學會認證僅一項心理諮商督導，條文不多且免費服務會員申請認證。因兩學會有些認證條件不一致，如年資、實習時數、實務經驗和繳交資料等規範不盡相同，對於想同時取得兩學會、三認證者而言，可能認證的困難度增加，是否影響申請意願和通過認證的人數，值得進一步評估。

　　台灣輔導與諮商學會實施督導認證已達 17 年，迄今通過認證督導人數 179 名；臺灣諮商心理學會心理諮商督導認證迄今 13 年，認證通過的督導人數 155 名，共計 334 名已受過專業訓練且有認證資格的督導；然而，相較於諮商心理師取證人數已逾 5000 人、執業登記人數逾 3500 人，或專任輔導教師逾 4000 人，以及每年逾 400 位全職／兼職諮商實習生所需的督導人數（不含師資培育大學之教育實習生），現階段申請且獲得認證之諮商督導人數確實不敷所需、比例甚低。諮商輔導人員之所以缺乏接受督導訓練的動機或申請認證的意願，其原因值得諮商界和兩學會探討、調整與因

表 17-3

兩學會諮商督導認證規範主要差異對照表

法規名稱 對照項目	台灣輔導與諮商學會 專業督導認證辦法		臺灣諮商心理學會 心理諮商督導認證辦法
認證類別 申請對象	**諮商心理專業督導** 1. 現職專業諮商實務工作者或諮商師教育工作者 2. 至少三年之諮商實務工作經驗	**學校輔導專業督導** 1. 高級中等以下學校專兼任輔導教師、或具諮商心理師證照之學校專任專業輔導人員，或為公私立大學校院學校輔導或諮商心理教育工作者 2. 各級學校專任專業輔導人員及專任輔導教師三年以上、國中小兼任輔導教師六年以上之學校輔導實務工作經驗	**心理諮商督導** 1. 從事心理諮商實務工作五年（含）以上 2. 或為心理諮商教育工作者且有三年以上心理諮商課程教學經驗 3. 或為諮商心理師具有心理師證照並執行五年以上業務 4. 或為督導課程講師或訓練師之講授或訓練時數達 180 小時（含）以上
採本項認證者： **督導理論／實習**	接受 48 小時以上，且於三年內接受 10 小時以上個別專業督導訓練下，完成 30 小時以上個別督導實習；前述 10 小時以上之個別督導訓練者須具有諮商心理專業督導認證三年以上，並於有效期內，或曾擔任諮商心理專業督導認證課程之講師授課達 24 小時以上	至少 48 小時以上，且必須接受 10 小時以上個別督導訓練下完成 30 小時督導實習；前述 10 小時以上之個別督導訓練者需具備督導認證三年以上並於有效期內，或曾任認證督導課程之講師24 小時以上	至少 60 小時以上，且必須接受 8 小時以上之個別督導下完成 32 小時、至多兩位受督者的實習督導，實習期程應大於四個月

（續下頁）

表 17-3
兩學會諮商督導認證規範主要差異對照表（續）

法規名稱　　　　對照項目	台灣輔導與諮商學會專業督導認證辦法		臺灣諮商心理學會心理諮商督導認證辦法
採本項認證者：**督導實務經驗**	在專業諮商心理相關機構擔任諮商心理專業督導工作六年以上，實際從事諮商督導工作時數達150小時以上且參與專業督導相關研習課程達 36 小時以上	在學校輔導相關機構擔任專業督導工作六年以上，實際從事學校輔導督導工作時數達150小時以上且參與專業督導相關研習課程至少 36 小時以上	諮商督導工作年資五年以上，實際從事諮商督導工作時數 300 小時以上，接受諮商督導課程36 小時以上
認證費用（新台幣）	會員 800 元非會員 1000 元	會員 800 元非會員 1000 元	會員免費非會員 1000 元
換證條件	六年內參加督導繼續教育 18 小時以上，或擔任督導課講師 12 小時以上	六年內參加督導繼續教育 18 小時以上，或擔任督導課講師 12 小時以上	六年內參加督導繼續教育 36 小時以上，且從事諮商督導工作 180 小時以上
換證費用（新台幣）	會員 400 元非會員 500 元	會員 400 元非會員 500 元	會員免費非會員 500 元

應；現階段未受督導訓練或未申請認證而擔任諮商督導人員，也宜省思並持續增進督導知能及評估成效。

五、結論

　　督導者的養成教育與在職訓練，理想上必須具有碩士以上學位、有豐富之諮商經驗、持有相關證照（如心理師執照）、受過督導專業訓練。至於訓練內容，則涵蓋諮商介入與處遇、諮商成效之評量、諮商師的發展、個案概念化、專業倫理、督導關係、督導的理論與模式、督導的方法與技巧、法律及督導專業規範等。訓練方式則包括講授、專題研討、實際演

練、體驗性活動,以及督導實習等(Hansen et al., 1976; Shechtman & Wirzberger, 1999)。督導者必須不斷透過如工作坊、個案研討會或自我進修等方式,接受有關督導的在職訓練,且須有能力進行相關研究,並規劃自我的專業發展。

　　諮商督導人員的養成教育大致有兩派看法:一派主張需要接受正統訓練,另一派強調實務經驗的重要性,兩派皆有其理念與實務基礎可兼用之。今日,輔導、諮商與心理治療專業已邁入體制化、證照化和系統化的全面發展,諮商督導的專業功能益形重要,現階段雖尚未將諮商督導人員的教育訓練與資格認證在相關法規中明定,但諮商系所和學術團體宜自律且有共識地建立督導機制,如各諮商心理師培育系所依程序於其諮商實習辦法中規範諮商督導人員的資格或條件,以強化諮商輔導專業地位,保障教育實習生、諮商實習生、受督者、案主和社會大眾的權益與福祉。

諮商督導的研究發展

徐西森

督導專業在諮商人員養成教育與在職訓練中扮演重要的地位，諮商與心理治療工作者的處遇介入與品質效能更需要專業督導。當心理諮商愈來愈受到重視，相對地諮商督導的研究發展也益形重要。若能將諮商與督導的研究成果有效應用在諮商輔導人員的工作和體系中，將有效強化其專業知識及實務實作的能力，並健全組織體制與教考訓用機制，落實心理疾病的預防與心理健康的促進。

台灣《心理師法》於 2001 年通過後，諮商心理師培育與執業之督導需求較上一世紀更受重視，諮商督導相關的圖書出版、論文發表和學術研究日漸增多，研究的品質與數量也益漸提高。台灣諮商督導發展在 2000 年之前大多移植、應用美國諮商或督導的理論、模式與方法；2001 年之後，伴隨台灣諮商心理專業的法制化、在地化與證照化等發展，督導專業隨之受到重視，其教育訓練、實務應用、工具發展及學術研究更是蓬勃發展，凡此皆有助於諮商師、督導者的培訓與教育，以及諮商與心理治療專業的發展。

Watkins（2012）認為諮商督導有助於提升諮商師的專業認同和工作士氣；諮商督導的研究也與諮商心理專業的發展息息相關，所謂「有研究、才有發展」。台灣在專業督導領域的學理論述、理論應用及學術研究，從吳秀碧於 1992 年發表〈「Stoltenberg 督導模式」在我國準諮商員諮商實習督導適用之研究〉之後，逾 30 年來台灣在地已累積不少諮商督導的實徵研究文獻與圖書期刊文章，值得回顧與探究，以了解督導研究在台灣發展的路徑與趨勢，進而策勵學界與展望未來。

一、諮商督導研究的發展脈絡

美國在諮商督導方面的研究，大致有兩大主流：一為致力於督導實務與技術訓練的探討，另一為從事督導理論模式的建立、修正與實證（吳秀碧，1992a，1992b；徐西森、黃素雲，2007；Bartlett, 1983; Bernard &

Goodyear, 2014; Page & Wosket, 1994; Worthington, 1987）；而督導理論模式的發展，也有兩類：一派稱為諮商或心理治療模式的督導，即諮商治療取向的督導研究，其督導理論建立在現有的諮商理論基礎上；另一派為非諮商治療取向的督導，即督導專業取向的研究，其理論架構主要依據學習理論、認知心理學和社會心理發展論（吳秀碧，1992b；Bartlett, 1983; Worthington, 1987）。

　　早期諮商與心理治療方面的督導理論和研究發展是相當緩慢的，迄至1976 年，美國的相關文獻只有 54 篇（Hansen et al., 1976）。1970 年代之前有關督導理論的研究大多是與諮商治療理論取向或實務訓練取向有關（王文秀，1995，1998），前者源自單一諮商治療學派的理念與方法，缺少專業督導研究的驗證支持；至於實務訓練取向的探討，也因過度強調諮商實務，缺乏督導理論模式的介入，以至於形成治療性或表面性的督導效能，難以建構出統整有效的專業督導體系（徐西森，2003a；黃宜敏，1993；Hutto, 2001; Lewis & Hutson, 1983）。換言之，早年諮商督導工作的品質或效能備受爭議，即在於缺乏完整、專業的督導理論建構與實證研究。

　　諮商督導能力的提升係以專業的教育訓練及以理論為基礎的實證研究為基石。Barker 和 Hunsley（2013）為了探究督導發展與理論模式有關的實證研究，從 PsycInfo、Medline、CINAHL 和 ERIC 等資料庫搜尋 1994 年至 2010 年的文獻摘要計有 3,248 篇，其中符合：(1)實證性研究；(2)督導發展；及(3)研究參與對象為諮商和心理專業研究所層級等三條件者計有 25篇。Kühne 等人（2019）認為過去督導專業的研究相當薄弱，且理論研究發展與臨床實務工作之間明顯有落差，文獻回顧與評論未盡公允，因有評論者的個人偏好或成見。

　　Kühne 等人（2019）指出，以能力為基礎的督導和研究，以及探究諮商和督導的核心元素，乃督導研究和學術發展的重要方向，其主要目標含：(1)界定、評析和持續發展督導能力的新內涵；(2)納入行動研究、適時

反饋和視訊督導；(3)加強對倫理標準的承諾來保護個案；(4)積極重視並納入科學知識和方法；(5)促進督導雙方專業的長期學習合作等。現階段美國許多的諮商督導研究以諮商師和諮商督導能力的探究，以及諮商督導方式等研究為多。

Bledsoe等人（2019）探討1968年至2017年學校諮商督導方面的主要期刊出版品、研究主題、研究方法及其論文篇數。研究結果指出有關學校諮商督導方面計有《英國輔導與諮商期刊》等期刊11種、共計69篇論文，研究方法分為：(1)量化研究；(2)質性研究；(3)質量混合設計；(4)評論審查；(5)模式修正；(6)實務應用等六類，其中以量化研究類占28.99%、評論審查類占24.64及模式修正類占18.84為最高的前三類研究方法，如表18-1。

上述Bledsoe等人有關探討1968年至2017年諮商督導方面的研究主題，包含：(1)督導介入；(2)多元文化督導；(3)受督導者；(4)諮商督導人員；(5)督導關係；(6)個案／學生報告；(7)使用技術；(8)督導型態；(9)督導方式；(10)倫理／法律／專業議題等十類、共計286篇論文，如表18-2；其中研究最多的前三類主題為督導方式占21.33%、受督導者占17.48%、諮商督導人員為主題占15.38%；所謂督導方式類的研究主題含臨床督導、多元督導、行政管理和程序指導等，受督導者類的研究主題含其發展、知覺、特質和自我效能等；諮商督導人員類的研究主題含其角色、特質、發展、概念化和自我效能等。又，其研究方法方面以量化研究（26.22%）、模式修正（21.68%）及審查評論（20.63%）等三類的比例最高。

督導專業為社會科學領域的一門學科，其研究常用量化、質性或質量混合設計等方法。若採實驗法、相關法或調查法等量化研究，其所得研究資料常用統計方法來處理，統計方法的使用視其研究變項資料的數值為連續或非連續（間斷）變數來決定。連續變數意指任兩點之間有無限可能的數值，如身高或距離等；非連續變數則否，如學歷或性別等。當量化研究的兩變項皆為連續變數時，其統計方法得採路徑分析、迴歸分析或偏相關

表 18-1

學校諮商督導的研究方法、主要期刊及論文篇數（1968-2017）

主要 期刊名稱 ＼ 論文篇數 ＼ 研究方法	量化	質性	質量 混合	審查 評論	模式 修正	實務 訓練	篇數	%
英國輔導與諮商期刊（*British Journal of Guidance & Counselling*）	0	1	0	0	0	0	1	1.45
加拿大諮商與心理治療期刊（*Canadian Journal of Counselling and Psychotherapy*）	0	0	0	1	0	1	2	2.90
臨床督導（*The Clinical Supervision*）	0	0	0	1	1	1	3	4.35
諮商成效研究與評析（*Counseling Outcome Research and Evaluation*）	0	2	1	0	0	0	3	4.35
諮商師教育與督導（*Counselor Education & Supervision*）	4	0	0	5	6	0	15	21.73
精進諮商國際期刊（*International Journal for the Advancement of Counselling*）	0	0	1	0	0	1	2	2.90
團體工作專家期刊（*The Journal for Specialists in Group Work*）	1	0	0	0	0	0	1	1.45
諮商與發展期刊（*Journal of Counseling & Development*）	2	0	0	1	1	0	4	5.80
學校諮商期刊（*Journal of School Counseling*）	6	3	0	3	2	1	15	21.74
專業諮商師（*The Professional Counselor*）	1	0	0	0	0	0	1	1.45
專業學校諮商（*Professional School Counseling*）	6	2	1	6	3	4	22	31.88
篇數	20	8	3	17	13	8	69	
%	28.99	11.59	4.35	24.64	18.84	11.59		

（Bledsoe et al., 2019, p. 3）

表 18-2
諮商督導研究論文發表的研究方法、研究主題類型及論文篇數（1968-2017）

研究 主題的類型	量化	質性	質量 混合	審查 評論	模式 修正	實務 訓練	篇數	%
督導介入	4	5	0	3	10	7	29	10.14
多元文化督導	2	2	1	2	1	2	10	3.50
受督導者	13	8	2	8	13	6	50	17.48
諮商督導人員	12	5	1	8	12	6	44	15.38
督導關係	2	3	0	5	7	2	19	6.65
個案／學生報告	0	2	0	0	0	0	2	0.70
使用技術	3	0	0	1	0	2	6	2.09
督導型態	12	4	2	5	5	4	32	11.19
督導方式	17	7	3	13	13	8	61	21.33
倫理／法律／專業議題	10	2	2	14	1	4	33	11.54
篇數	75	38	11	59	62	41	286	
%	26.22	13.29	3.84	20.63	21.68	14.34		

（表頭：研究方法　論文篇數）

（Bledsoe et al., 2019, p. 5）

分析、偏最小平方迴歸等；當兩研究變項皆為非連續變數則採描述統計或
卡方檢定等；當兩研究變項各為連續和非連續變數時，或採 t 檢定、單因
子／雙因子的變異數分析等，或採羅吉斯分析、區別分析等統計方法。

　　諮商督導方面的研究也常見使用質性研究法來探討督導關係、歷程及
其相關議題，其研究目的與研究方法兩者密切相關。當研究目的為現象理
解則採取現象學方法論，以觀察、生命故事訪談等方式蒐集資料；當研究
目的為意義分析則採取詮釋學方法論，以非參與觀察、深度訪談等方式蒐
集資料；當研究目的為理論建立或修正則採取紮根理論，以訪談、觀察、
文獻和其他相關方式來蒐集資料；當研究目的為批判社會或即時行動來解
決問題則採取批判理論或行動研究，以文獻探討、生活經歷訪談和文本分

析、質量混合等多元方式來蒐集資料。

　　諮商督導與心理治療的專業研究，無論採取質性方法或量化方法、歷程研究或成效研究皆須有研究的準確信與可靠性，因此也必須經過一定程序的檢驗。量化研究多為數量化或隨機取樣的資料，採用精確的統計方法和電腦程式（如 IBM SPSS 軟體的進階統計分析）來處理計量性資料並可反覆驗證假設而形成結果或定律，自有其可信度。質性研究則採用持續觀察、同儕檢核、三角驗證、深厚描述、立意取樣、省思日誌或研究參與者檢核等等技術來提高其可信性、可靠性、可驗證性和可遷移性等研究品質。有關諮商督導的研究主題和研究方法，如表 18-3。

二、台灣諮商督導研究的在地發展

　　美國諮商督導的概念化及專業化約開展自 1980 年代，如前所述。台灣諮商督導的發展與研究約歷經三個階段：荒漠探路期（1990 年以前）、移植播種期（1990 年至 2000 年），以及蓬勃發展期（2001 年以後）。王文秀於 2003 年發表一篇督導專業在地化發展的評論文章〈回首向來蕭瑟，歸處去也無風雨也無晴〉，提及 1990 年以前台灣諮商督導的研究處於荒漠期；諮商督導方面僅有兩篇實證研究（黃政昌，2000）；陳思帆等人（2015）也指出，過去督導評量工具缺乏，影響了諮商督導專業的研究發展，台灣學者發表的研究論文多為諮商與心理治療的理論、方法、技術、歷程與成效等研究。

　　1990 年代以前，諮商督導的研究相當有限（王文秀，2003）。1981 年才有第一篇探討諮商實習督導的文章（林本喬，1981），而後亦僅有楊荊生（1986）與陳金燕（1990）兩篇文章探討督導角色、功能及其重要性；也有學者探討督導概念或相關應用（王文秀，1989a，1989b）；另有少數研究探討某些社會服務機構（如「張老師」或「生命線」）義工或社工人員之督導情形（朱春林，1987；李芳銘，1989；趙碧華，1982）。前述研

究，除了文獻探討之外，雖也有問卷調查，但大多為非諮商專業工作者對受督方式及督導關係的看法、對督導滿意度或諮商效能的意見（王文秀等人，2002）。

　　在此期間，台灣諮商界對督導專業領域的推動與研究不多，雖有師範院校相關系所投入諮商輔導人員培育並推動學校輔導工作，也有不少諮商輔導的理論與實務方面的圖書出版和論文發表，但督導專業實證研究論文少之又少，發表的文章大多在介紹不同諮商理論取向的督導模式或督導實務，如林本喬（1981）〈諮商實習的督導及其過程〉、鄭玄藏（1987）〈精微諮商技巧訓練方案對義務張老師諮商技巧暨輔導員效能之影響研究〉、王文秀（1989a, 1989b）〈當事人中心療法的督導模式〉及〈理性-情緒療法的督導模式〉，仍少見諮商督導的模式建構和實證研究。

　　到了移植播種期（1990 年至 2000 年），台灣督導研究或實務的焦點多為美國督導理論模式的移植應用或在地驗證，如〈發展性諮商督導模式在我國諮商員訓練之適用性研究〉（王文秀，1995）、〈認知心理學在諮商督導上的應用〉（吳秀碧，1994）、〈美國當前諮商訓練督導的主要模式和類別〉（吳秀碧，1992b）、〈統整取向督導模式之理論及應用〉（魏麗敏，1992）等；另有翻譯書籍如〈臨床督導工作的理論與實務〉（王文秀等譯，1999），也有博碩士生投入諮商督導研究的學位論文，如施香如（1996）的〈諮商督導過程的建構：循環發展督導模式之分析研究〉；迄2000 年為數不多，計博士論文三篇、碩士論文一篇（陳思帆等人，2015）。相較於諮商與輔導領域的發展，諮商督導方面的研究及其成長幅度仍有待急起直追（王文秀等人，2002）。

　　此一期間，有些學者和碩博士生投入不同督導模式在台灣的應用驗證或其他相關研究（王文秀，1992；李玉嬋，1996；吳秀碧，1994；何麗儀，1994；許維素，1993a，1993b；梁翠梅，1996a，1996b；陳錫銘，1992；張寶珠，1996a，1996b；葉貞屏，1993；蕭文，1999；魏麗敏，1992）；還有些研究仍在探究某些社會服務機構（例如「張老師」）義工

人員之團體督導、督導員特性等（王智弘，1992；蘇美機，1992）。早年台灣實施督導機制和督導員培訓開始於社會工作領域和志工、義工人員的督導，因當時社會工作人員的家庭訪視、緊急安置、危機處理、資源運用和行政管理等工作須大量督導人員來指導、審核和評量。

　　如上所述在移植播種期，諮商督導的在地化內涵雖尚未建構完整樣貌（王文秀，2003），但實證研究仍有增加，稍早吳秀碧（1992a）調查有關督導文獻僅29篇；迄至黃政昌（2000）整理的督導研究文獻已增至77篇。有些驗證美國諮商督導模式的成效研究或歷程研究，也有探究不同工作場域的督導經驗或成效，如〈循環發展督導模式中督導員與受督導諮商師口語行為之分析研究〉（劉志如，1997）、〈諮商師被督導經驗對其諮商挫折之因應及其專業成長之影響研究〉（王文秀，1998）、〈團體督導對準諮商員專業諮商能力影響之研究〉（劉一竹，1998）、〈受督導者督導前準備訓練方案的擬定及其實施對諮商督導過程的影響之研究〉（許韶玲，1998）、〈國小準輔導工作者「諮商實習」課程與被督導經驗調查研究〉（王文秀，2000）等。

　　2001年以後台灣督導研究蓬勃發展，論文發表的篇數更多，迄今雖持續有研究在驗證英美的督導模式、彙編或翻譯督導專書，如劉焜輝（主編）（2002）將前兩時期學者發表的論述性文章編成《諮商督導：理論篇》、唐子俊等（2002）合著《諮商督導：實務篇》，王文秀等譯（2003）《助人專業督導》；但也開展了在地化論述與研究的新風貌，如探討系統取向督導模式（徐西森，2002），並將之編製成具有信效度的《諮商督導能力評量表》（徐西森，2005a），〈諮商督導的理論驗證與實務應用〉（徐西森、連廷嘉，2003）；又諮商治療取向的督導理論也有實證研究，如卓紋君、徐西森（2002）的〈完形治療取向督導模式及其督導歷程實錄分析〉，將督導專業的研究與實務相互結合。

　　今督導專業已成為諮商與心理治療領域的學者、專家和實務工作者重視且重點研究的議題。2000年至2015年台灣有關諮商督導的研究論文計

有 83 篇，含博士論文 12 篇、碩士論文 24 篇及期刊論文 47 篇（李明峰，2017）。另，王文秀（2018）從台灣華藝線上圖書館以「督導」為關鍵字搜尋之期刊論文有 1,171 篇、研討會論文 8 篇、博碩士論文則有 617 篇；以「諮商督導」關鍵字搜尋則有 62 篇期刊論文、博碩士論文 7 篇。相較於 1900 年以前，現階段不僅在研究論文數量上有幾十倍的成長，在質的方面也呈現研究主題與研究方法之多元化、實用化、在地化和工具化等專業性發展，督導研究在質與量的方面已呈現穩定成長的趨勢，並持續精進開展新階段、新領域和新趨勢。

三、台灣督導研究的議題方向

台灣諮商督導方面的研究約分為五大類：(1)諮商督導模式的驗證性研究（吳秀碧，1992b；許韶玲，1998；施香如，1996，1999；施香如、鄭麗芬，1995；梁翠梅，1996a；劉志如，1997，1999；卓紋君、徐西森，2002；徐西森，2003a）；(2)諮商督導歷程的分析研究（王文秀，1994，1998；施香如，2000；施香如、鄭麗芬，1995；劉志如，1997；鄭麗芬，1999）；(3)探究諮商機構的督導現況（王文秀等人，2002；王智弘，1992；朱春林，1987；翁淑卿，1996；趙碧華，1982；黃倫芬，1983；施香如，2003）；(4)有關諮商督導之實徵研究（王文秀，1995；林啟鵬，1983；黃政昌，1997）；(5)實踐認識取向的督導研究（陳錫銘，1998）。

今諮商督導的理論概念、實務應用與學術研究必須相輔相成的共伴發展，亦即當實務發展到某個階段就會形成新的或修正的理論模式，從研究中檢視其適用性，再應用於實務的教育、訓練或臨床督導中。因督導專業探討諮商督導人員、受督導諮商師及案主等三角關係及其過程，較之於諮商治療專業研究聚焦在諮商師和案主的雙方關係與過程，前者具備更多的研究議題與方向、更複雜的專業關係和平行歷程，值得持續探究與投入研究。

　　有關諮商督導研究的方法、方向及其議題，如表 18-3。(1)督導人員方面議題，如督導角色、焦點、特質、技術、能力、知覺、風格、反移情、督導方式、自我反思、督導成效、理論取向等；(2)受督導者方面議題，如受督導者的特質、意圖、覺察、依附、移情、羞愧、焦慮、抗拒、概念化、理論、技巧、諮商成效、法規倫理、專業發展和自我效能等；多元文化督導方面議題，如多元文化的覺察、態度、學習、介入策略、城鄉差距、對諮商或督導的影響評估等（Haboush, 2003; Moorhouse & Carr, 2002; Watkins & Hook, 2016）；(3)督導關係與過程方面議題，如工作同盟、平行歷程、同型現象、權力位階、隱而未說、性別與性取向等。

表 18-3
諮商督導研究的方法、方向及其議題

研究方法 ＼ 研究議題（研究方向）	督導人員	受督導者	督導關係與過程	其他相關議題
量化研究 　實驗法 　準實驗法 　調查法 　相關法 　量表編製等 **質性研究** 　現象學 　詮釋學 　紮根理論 　建構理論 　批判理論 　個案研究 　行動研究等	督導的角色、焦點、特質、技術、能力、知覺、風格、反移情、督導方式、自我反思、督導成效、諮商或督導的理論取向模式等	受督導者的特質、意圖、覺察、依附、移情、羞愧、焦慮、抗拒、概念化、諮商理論、諮商技巧、諮商成效、諮商倫理、專業發展和自我效能等	工作同盟、平行歷程、同型現象、權力位階、隱而未說、督導倫理、性別與性取向、危機督導過程、關係議題促進等	**多元文化督導**：覺察、態度、學習、介入、城鄉差距、對諮商或督導的影響評估等 **督導型態**：個別督導、團體督導、同儕督導和現場督導等 **其他議題**：案主、機構、生態系統和不同背景變項督導者的差異考驗等

註：研究方法另有質性與量化的混合設計、兩者以上的研究方向及議題等。

（一）督導人員方面的研究

迄今這方面相關研究論文包含：〈系統取向督導模式之再探：督導歷程分析與訓練活動〉（徐西森，2002）、〈完形取向督導模式及其督導歷程實錄分析之研究〉（卓紋君、徐西森，2002）、〈諮商督導人員教育訓練與倫理規範之研究〉（徐西森，2003b）、〈諮商督導歷程中督導角色與督導焦點之分析研究：以區辨模式為架構〉（徐西森，2003a）、〈SAS取向諮商督導能力評量表之編製研究〉（徐西森，2005a）、〈社區機構諮商督導訓練模式成效之分析研究〉（連廷嘉等人，2012）、〈學校諮商督導員訓練模式成效之研究〉（連廷嘉等人，2012）及〈督導者反移情量表之編製與相關研究〉（方韻珠，2016）等等。

（二）受督導者方面的研究

迄今這方面相關研究論文包含：〈受督導者隱而未說之內涵，原因及其對諮商督導過程的影響之研究〉（許韶玲，2001）、〈諮商師諮商督導受訓歷程中專業期待與情緒覺察之分析研究〉（徐西森，2005b）、〈受督導者背景變項、不安全依附風格與督導滿意度之研究〉（王素瑩、連廷嘉，2008）、〈督導評量對實習諮商心理師受督導歷程之分析研究〉（陳思帆、徐西森，2016）、〈專任輔導教師之督導需求初探〉（林世欣等人，2018）、〈受督導者督導情境焦慮量表編製及其應用之研究〉（陳思帆，2018）、〈諮商督導風格量表編製及其應用之研究受督導者觀點〉（籃瓊妙，2020）等等。

（三）督導關係與過程方面的研究

迄今這方面相關研究論文包含：〈實習諮商員與督導者在諮商督導歷程中影響督導關係及其相關因素之探討〉（徐西森、連廷嘉，2001）、〈諮商督導者與實習諮商員督導經驗之分析〉（連廷嘉、徐西森，

2003）、〈受督導者知覺之諮商督導關係歷程及督導關係事件研究〉（張淑芬、廖鳳池，2010）、〈受督導者諮商困境及其受督討論歷程對督導關係發展影響之初探研究〉（張佳鈴、徐西森，2015）、〈督導評量對實習諮商師受督導歷程影響之分析研究〉（陳思帆、徐西森，2016）、〈循環督導模式督導歷程中督導意圖與反應模式之分析研究〉（方嘉琦，2017）、〈督導關係與專業發展之分析研究〉（張佳鈴、徐西森，2018）、〈台灣重大災難事件災後危機諮商督導模式之建構研究〉（林書如，2020）等等。

（四）其他相關議題的研究

迄今研究論文有：〈敘事取向迴響團隊模式團體督導歷程與經驗之分析〉（黃慧森、徐西森，2017）、〈心理師立法後諮商督導研究的回顧與發展〉（陳思帆、籃瓊妙、徐西森，2015）、〈諮商督導人員的專業資格與認證〉（徐西森，2010）、〈學校與社會輔導機構諮商督導工作現況及其諮商督導人員專業知覺之調查研究〉（王文秀等人，2006）、〈同儕團體督導能力模式建構及其訓練成效之研究〉（黃國彰，2019）、〈敘事取向迴響團隊模式團體督導歷程與經驗之分析〉（黃慧森，2016）等。其他諸如個別督導、團體督導、同儕督導和現場督導，以及案主、機構、生態系統和不同背景變項督導者的督導能力差異等等。

台灣有些諮商督導方面的專案研究計畫，如《督導者及諮商師對督導策略、意圖及諮商師反應的知覺差異研究：在諮商督導訓練上的應用》（施香如、鄭麗芬，1995）、《發展性諮商督導模式在我國諮商師訓練之適用性研究》（王文秀，1995）、《臺灣地區大學校院與社會輔導機構諮商督導工作實施現況及其人員專業知覺的探討研究》（王文秀等人，2002，2006）與《我國學校與社會輔導機構諮商督導人員訓練模式之探討研究》（王文秀等人，2003）等；今更多諮商與心理治療領域的學者投入諮商督導研究、發表研討會和專業期刊的論文，以及申請科技部、教育部

或衛生福利部等單位的學術研究計畫。台灣師大、彰化師大與高雄師大等大學諮商心理與輔導系所也經常舉辦諮商或督導專業相關的學術研討會。

四、諮商督導人員督導能力差異研究

人有個別差異，也會影響督導者的諮商、督導歷程與能力表現。綜合學者的看法（王文秀，1998；王麗斐等人，1998；林家興，1992；林啟鵬，1983；Borders et al., 1996; Bowman, 1982; Danzinger & Welfel, 2000; Ford & Britton, 2002; Guanipa & Woolley, 2000; Lamb & Catanzaro, 1998; Wester, 2002），不同性別、年資、經驗與文化等變項之諮商督導人員，其諮商督導能力與專業表現也有所差異。

（一）不同性別者諮商督導能力的差異

首先，以性別而言，性別認同乃是個人生涯發展歷程中非常重要的課題，每個人的性別意識也會反映在其生涯歷程與工作情境中（徐西森，2003a，2003c）。由此觀之，諮商歷程亦深受諮商師性別、性別偏見、性別權力等性別意識的影響（Bowman, 1982; Danzinger & Welfel, 2000; Lamb & Catanzaro, 1998; Wester, 2002）。Bowman（1982）即發現，年資未滿五年或新進的諮商師，對表現傑出、活躍於工作職場或社交生活圈的女性案主容易產生偏見，甚至影響其諮商評估和治療作為。Heesacker 等人（1999）則認為，男性諮商工作者較不善於表達情緒、情感。

Nelson 和 Holloway（1990）發現，男性與女性的督導者對女性受督者會使用較多的權力關係與訊息。Worthington 和 Stern（1985）發現，相同性別的配對會有比較親近的督導關係，女性的受督者較常使用依賴的風格來尋求影響力和建立關係，督導雙方都是男性時較重工作導向，雙方都是女性則擁有良好的互動關係，而受督者比督導者更加重視性別的適配。Heru等人（2004）曾調查 43 位諮商督導人員及其 52 位受督者，探討雙方

對督導關係界線的看法，結果發現男性諮商督導人員較女性諮商督導人員自我開放，且對性議題的討論較少設限。

Goodyear（1990）認為，諮商師性別與其諮商能力、專業評量之間沒有相關和交互影響性，亦即沒有研究顯示男性或女性的整體諮商能力有差異或孰優孰劣，但諮商師與案主的性別配對、諮商雙方的性別態度皆可能影響諮商能力與過程。Guanipa 和 Woolley（2000）針對 32 位婚姻與家庭治療研究所研究生，探討其諮商實習時有關性別偏見方面的個案概念化問題，結果顯示已婚的實習諮商師面對婚姻關係失敗的男性案主，較容易產生負向觀感，在個案概念化上較有性別偏見的傾向。Seasan（1988）的研究發現，教育程度較低、已為人母的女性案主，自覺在諮商治療中受到男性諮商師的性別歧視和不公平的處遇。

很少有研究是針對督導者／受督者的性別與角色，來探討雙方在督導關係中權力與投入的程度（DeMayo, 2000; Halpert & Pfaller, 2001; Nelson & Holloway, 1990）。Robyak 等人（1987）發現，受訓諮商師個人的經驗與偏好，與其性別並沒有顯著關係；惟從諮商中人際互動的影響模式來觀察督導者的性別、督導經驗對其督導焦點或運用權力的影響，結果卻顯示，性別與督導經驗會顯著影響諮商督導人員的參照權運用，但是對其專家權或法定權則不會產生影響。

Barnett-Queen（2000）調查督導雙方性別關係議題，結果顯示：(1)培訓受督期間，督導雙方有過性接觸者約占 2%，其中女性占大多數；(2)督導雙方性接觸者博士層級較碩士層級人數多；(3)女性學員 26 歲以下的受訓受督者較不易覺察督導者的性曖昧，碩士層級者約有 7%接收到性挑逗的訊息，過去性議題方面的研究其覺察或發生率是較低的，可能的原因為當時年代資訊不發達且這類倫理意識及訓練或宣導尚不足；(4)碩士層級的受訓受督者經驗和督導者之間性議題的危險性高於博士層級，也較容易影響其與受督者和案主在督導和諮商關係中出現同樣狀況，顯示性議題容易對心理專業助人工作產生潛在破壞性的影響。

（二）不同年資經驗者諮商督導能力的差異

　　有關資深（老手、專業經驗豐富）與新進（新手、實務經驗不足）諮商人員的區分，學者的看法不一。有的學者是以碩士層級的在學者為新手，而博士層級已完成至少三學期的在學者為老手（Sumerel & Borders, 1996）；有的研究則是將剛完成專業訓練，但尚未有實際接案經驗之諮商人員視為新手（彭秀玲，2002）。此外，有以諮商年資一年區分（Tracey et al., 1989）、以諮商年資五年區分（王文秀等人，2002）、以諮商年資七年區分（British Association for Counseling, BAC, 1990, 1996），或以輔導系所在校生與畢業者區分（王麗斐等人，1998），或以碩士層級以下、博士層級以上區分（Steward, Breland, & Neil, 2001）。

　　Worthington（1987）認為，諮商督導人員諮商經驗多者比諮商經驗少或無者，較不會對其諮商師行為任意歸因。Martin等人（1989）在一項研究中發現，雖然新手／老手諮商師在一般性的個案概念化能力並無顯著差異，但不同諮商經驗的諮商師對特殊個案的概念化能力的確有差異。卓紋君、黃進南（2003）則認為愈是經驗豐富的諮商師，愈不會以個案概念化為焦點，而較注重個人成長的議題。Hillerbrand和Clairborn（1990）認為，老手諮商師對案主的掌握度與了解度較高，從案主的背景資料中所獲得的訊息也較多。

　　Sundland和Feinberg（1972）的研究顯示，經驗愈豐富的督導者愈容易受到負面訊息的影響，也較不受表現不佳的受督者所支持和信任；資淺的督導者較能忍受表現不佳的受督者。無論表現是好是壞，受督者的權益均須被尊重（Anderson, 2000; Giordano et al., 2000）。Goodyear和Robyak（1982）發現愈有經驗的督導者在督導焦點愈相近且愈能掌握；但是，經驗少的督導者對督導任務的看法則相當分歧。又，新手或老手諮商人員接受督導的動機、需求與期待也有不同，新進受督導者較期待結構性、支持性及教導性的督導形態（王文秀，1998；林家興，1992；林啟鵬，1983；

Borders et al., 1996）；而義務諮商人員較專業諮商人員期待次數更多且較多人性化互動的諮商督導（施香如，2003）。

除此之外，新進的督導者較無法完成預定的督導目標，且容易對受督者進行諮商；資深督導者較能規劃諮商督導的內容重點與優先順序，並且重視雙方專業倫理取向的差異（Burke et al., 1998; Erwin, 2000; Falvey, 2002; Falvey & Cohen, 2003）。近年來，多元文化督導是一項重要議題，不同文化背景督導者的諮商督導能力差異，亦是一個值得探討的課題。在多元文化督導中，有助於提升受督者發展多元文化的諮商能力並提升其諮商效能（Constantine, 2001; Ford & Britton, 2002）。如何克服文化與族群的差異及其諮商，乃是現階段諮商、督導人員必須學習與研究的專業課題。

五、結論

諮商與心理治療專業的發展與其時代脈動、社會變遷與民眾需求密切相關，諮商與督導學術研究及其議題也反映了社會發展、專業需求和研究趨勢，如 2001 年美國 911 恐怖攻擊事件近 3000 人罹難，以及台灣社會發生重大事件（如 1999 年台灣中部 921 大地震死亡人數逾 2400 人、2016 年台南大地震維冠大樓倒塌罹難 100 餘人、2021 年台鐵太魯閣號出軌致乘客 50 餘人意外死亡等），諮商師所需的危機諮商與督導能力受到關注且為研究重點；又，2019 年至 2022 年全球為了因應新冠病毒（COVID-19）嚴重傳染病確診者的隔離或封城，亟需的通訊心理諮商及線上培訓督導、危機事件諮商和督導介入的機制與訓練等研究。

台灣諮商督導從 1990 年代發展至今，隨著心理諮商的醫事化、專業化、證照化、多元化與在地化，諮商督導領域的學術研究亦備受重視，學者專家的期刊發表論文數和碩博士生的學位論文數皆日益增加；另，隨著時代脈動推移與諮商專業發展趨勢，諮商督導研究焦點和主題也有轉變，如督導人員培訓機制與成效、督導倫理與人員考核的建置、諮商實習與督

導介入模式、工作場域與實務問題的督導應用、諮商督導相關量表的編製及常模建立、督導歷程事件和多元文化督導的探究等。未來除了精進諮商與心理治療專業知識能力之外，也宜強化相關議題和實務應用的研究，以提升諮商、督導研究之多面向、學術性、應用化及實證性的發展，培育優質化與專業化的諮商督導人力。

附錄

臺灣諮商心理學會「心理諮商督導倫理守則」

111 年 1 月 8 日第七屆第五次理監事聯席會議通過
111 年 11 月 19 日第八屆第一次會員大會通過

序言

臺灣諮商心理學會（以下簡稱本會）為期督導者遵循專業倫理規範，善盡督導倫理責任，維護受督者權益，並提升受督者的服務品質，以維護案主福祉，特訂定「心理諮商督導倫理守則」（以下簡稱本守則）。

本守則所稱之督導者，係指受聘於機構或由受督者自行付費，經雙方確認進入督導關係，針對受督者的專業服務內容進行討論，而擔任督導角色者。本守則所稱之受督者，係指前項所述督導關係中，接受督導之助人工作專業人員。本守則所稱之案主，係指接受受督者服務的人。

本守則之組織架構分為〈督導倫理基本原則〉與〈督導倫理實務指引〉兩部分。〈督導倫理基本原則〉揭示督導者必須遵守之最基本倫理原則，亦作為督導者遵守督導專業倫理與否的判斷基準。〈督導倫理實務指引〉提供執行督導倫理基本原則的努力方向，考量督導實務情況的各種差異性，這些方向作為參考，保留助人工作專業人員依據實務情境彈性調整的空間，不作為判斷遵守或違反督導專業倫理的標準。「督導倫理基本原則」在書寫規範內容時多用「應」，表示這些規範是督導者必須遵守的基本原則；「督導倫理實務指引」書寫規範內容，考量實務上可實踐程度的差異，用「需」、「宜」、「可」來敘述。

本守則的**基本精神有**：提昇專業服務品質、實踐專業關係中的責任與義務、維護案主福祉與受督者權益、避免造成傷害。本守則的內涵包括：

1. **督導者的能力**：包括接受專業訓練、專業知能、多元文化能力、使用電子科技的倫理意識、專業倫理與法律、覺察與反思。

2. **督導者的責任**：包括提昇受督者服務品質、評估受督者專業準備度、維護受督者權益、協助受督者學習、提昇受督者倫理意識、與受督者建立雙向回饋機制、危機處理、以身作則，以維護整體專業社群的服務品質。

3. **督導關係的建立與終止**：包括進行知情同意程序、界定督導關係、審慎處理多重關係、避免心理諮商／心理治療關係、覺察與審慎權力運用、終止督導關係。

4. **評量**：包括說明評量標準與方式、記錄與定期回饋、提供改進意見、專業把關。

5. **維護案主福祉**：包括受督者說明專業資格、知情同意與保密、評量與把關。

本原則參酌洪莉竹教授專案研究成果並經其同意引用。本原則經本會督導專業委員會、倫理法規委員會討論修訂，理監事聯席會議審議及會員大會通過後實施。

1. 督導者的能力	
督導倫理基本原則	督導倫理實務指引
1.1 接受專業訓練：擔任督導者應參與督導相關訓練、進修督導相關知能。	1.1 接受專業訓練： 1.1.1 督導訓練內容包括：督導理論與模式、督導方法與技巧、督導關係與過程、專業倫理與督導實習等。 1.1.2 督導者需於擔任督導前接受督導相關訓練，若因職責所需，未能在擔任督導前接受訓練，則在擔任督導者的過程中需參與督導相關訓練，進修督導相關知能。 1.1.3 除了督導相關知能，督導者亦需要持續進修心理諮商／心理治療相關的知能與技巧。
1.2 專業知能：督導者對於所督導的議題應具備相關知能。	1.2 專業知能： 1.2.1 督導者督導的議題、內容與方式不宜超過督導者本身所受的訓練及能勝任的程度。 1.2.2 督導者所提供的知識與技巧需要能夠反映當前研究發現、實務需要或社會文化現況。
1.3 多元文化能力：督導者應具備多元文化的思維與意識，瞭解文化因素對心理諮商、心理治療或督導的影響，以服務不同文化背景的案主及受督者。	1.3 多元文化能力： 1.3.1 督導者需了解不同背景因素對心理諮商／心理治療或督導的影響，包含種族、性別、性取向、宗教信仰、社經背景、年紀／世代、…等。 1.3.2 督導者需尊重受督者的多元文化經驗，並引導受督者尊重案主的多元文化經驗。
1.4 使用電子科技的能力與倫理意識： 1.4.1 督導者在督導過程中，若選擇以線上督導作為督導進行的方式時，督導者應瞭解使用電子科技涉及的倫理議題，並具有處理緊急狀況／危機狀況的能力。 1.4.2 使用電子相關設備存取督導資料時，督導者應注意所涉及的倫理議題，並提醒受督者。	1.4 使用電子科技的能力與倫理意識： 1.4.1 督導者需要了解電子科技與社群媒體的發展、使用範圍及相關倫理議題。 1.4.2 若受督者在必要的情形下需要使用電子科技進行心理諮商／心理治療服務，督導者需提醒與確認受督者注意相關的倫理議題。 1.4.3 若督導者需運用電子科技進行督導，則督導者需了解相關的倫理議題保護受督者與案主。

1.5 專業倫理與法律：督導者應熟悉與心理諮商／心理治療、督導相關的專業倫理及法律責任。	1.5 專業倫理與法律： 1.5.1 督導者需持續關注督導相關專業倫理守則的修訂內容與更新概念。 1.5.2 督導者需持續關注在提供心理諮商／心理治療服務時會涉及的相關法律與規定。
1.6 覺察與反思： 1.6.1 督導者在督導過程中應具備自我覺察與反思的能力。 1.6.2 督導者應該覺察自身能力與經驗的限制，督導過程遇到不熟悉的議題，督導者必須尋求專業諮詢。 1.6.3 督導者對於影響督導品質、關係或歷程的系統脈絡應保持敏覺，於必要時提出改善之建言。	1.6 覺察與反思： 1.6.1 督導者需對督導角色的責任與義務、自身能力的限制、督導關係的內涵與變化、督導介入的成效與品質，以及評量受督者之態度與歷程等具備覺察與反思能力。 1.6.2 督導者若發現個人議題會影響督導工作，需尋求專業諮詢，審慎反思與處理個人議題，必要的時候宜進行個人心理諮商／心理治療。 1.6.3 督導者若發現機構常規、行政制度或法規不合時宜，影響案主或受督者的權益，或影響督導的有效進行，需適時提出與相關人士或單位討論改進。 1.6.4 督導者若發現個人議題影響督導工作，經過處理仍無法改善並影響督導工作進行，督導者需評估與考量暫停督導工作。

2. 督導者的責任

督導倫理基本原則	督導倫理實務指引
2.1 提升受督者服務品質：督導者負有維護案主福祉與權益之責，應協助受督者提升其專業服務表現。	2.1 提升受督者服務品質：督導者需同時兼顧案主福祉與受督者權益，若兩者無法同時兼顧時，則以案主福祉為優先考量。
2.2 評估受督者專業準備度：督導者應瞭解受督者的專業知能與經驗，評估受督者提供的專業服務與其專業訓練與專業能力是否相符。	2.2 評估受督者專業準備度： 2.2.1 督導者宜協助受督者獲得其實務工作所需的專業訓練，提昇其專業準備度。 2.2.2 督導者宜提醒機構，讓受督者提供與其專業能力相符的專業服務，或是給予受督者必要的專業訓練。 2.2.3 督導者若發現機構讓受督者提供與其專業能力不相符的專業服務，或是沒有給予受督者必要的專業訓練，可主動與機構聯繫並討論。

2.3　維護受督者權益： 2.3.1 督導者應維護受督者的知情同意權、受益權及隱私權，並告知受督者保密的範圍與限制。	2.3　維護受督者權益： 2.3.1 督導者需維護受督者的知情同意權（請參見基本原則 3.1 與實務指引 3.1）。 2.3.2 督導者需理解受督者的專業發展需求、能力與特質，與受督者共同建立安全、信任的督導關係。 2.3.3 督導者需覺察自己與受督者在文化背景、理論取向、價值觀等各方面的差異，並尊重彼此之間的差異。 2.3.4 督導者需覺察與理解受督者從事心理諮商／心理治療工作場域的文化脈絡，及情境因素對受督者提供專業服務可能的影響，進行督導時需尊重並貼近受督者的經驗。 2.3.5 為維護督導品質，使受督者可以得到合理的協助與回饋，督導者宜考量個人的時間、心力及能夠投入的程度，評估督導者所能負荷之合宜督導時數及人數。 2.3.6 督導者需維護受督者的隱私權，若涉及評量、危機處理及案主福祉等情況，而需透露督導過程討論的訊息，需向受督者說明保密的範圍與限制。
2.4　協助受督者學習： 2.4.1 討論督導進行方式：督導者應與受督者一起討論學習目標和督導進行方式，並讓受督者有機會表達對評量方式的意見。 2.4.2 協助學習與評估進展：督導者應依據與受督者共同訂定的學習目標，協助受督者朝向其目標前進，並持續評估他們的進展。	2.4　協助受督者學習： 2.4.1 督導者需提供機會，讓受督者表達對評量標準與方式的意見。若評量標準與方式無法改變，需讓受督者了解各項要求背後的原因；若評量標準與方式可以改變，宜經充分討論進行適度的調整。 2.4.2 督導者需定期與受督者討論其學習目標達成的程度。 2.4.3 督導者需依據受督者的學習目標適時提供受督者多元化的理論知識與實務技巧。

2.5 提升受督者倫理意識：督導者應協助提升受督者的倫理意識、倫理敏感度、責任感並增強其倫理判斷的能力。	2.5 提升受督者倫理意識： 2.5.1 督導者協助受督者提昇其專業知能與倫理意識外，需示範並培養受督者面對心理諮商／心理治療工作應有的態度、堅持與敬業精神等。 2.5.2 督導者宜示範面對倫理困境時，如何拓展思考面向與發展多元處理策略。
2.6 與受督者建立雙向回饋機制： 2.6.1 督導者應在督導過程針對受督者的專業表現給予適切的回饋。 2.6.2 督導者應鼓勵與主動邀請受督者回饋督導者。	2.6 與受督者建立雙向回饋機制： 2.6.1 督導者的回饋內容需包含受督者在專業表現的進展及不足。 2.6.2 督導者回饋受督者在專業表現的進展，協助受督者持續建立專業信心。 2.6.3 督導者回饋受督者在專業表現的不足，提醒受督者改進的方向。 2.6.4 考慮平衡督導關係中的權力，督導者鼓勵並主動邀請受督者回饋督導者，以利督導者修正後續督導工作，更符合受督者的學習需求。
2.7 危機處理：當案主出現危機或觸法情事，督導者應提醒受督者進行必要的預警、通報或處遇。	2.7 危機處理： 2.7.1 危機處理時，督導者在預警、通報等實務上具有提醒或指導受督者的責任。 2.7.2 若督導者為機構外人員，受督者在危機評估與處理過程，督導者需提醒受督者了解機構的資源及政策，將案主情況與機構內人員討論。 2.7.3 若受督者為實習生，在危機處理的過程，督導者可視實際需要提供受督者聯繫方式或提供另一位可及時協助的督導者之聯繫資訊，協助受督者處理危機事件。
2.8 維護專業品質之責：督導者以身作則作為專業典範。	

3. 督導關係的建立與終止	
督導倫理基本原則	督導倫理實務指引
3.1 進行知情同意程序：在督導關係開始前，督導者應讓受督者清楚瞭解督導者的專業背景、期待、評量標準與方式，以及受督者的權利與義務。	3.1 進行知情同意程序： 3.1.1 需要告知受督者的內容：督導者的專業背景與經驗、督導者的理論取向與督導模式，對受督者專業能力、修習課程及所需經驗的要求，對受督者參與督導的期待、評量標準及方式，受督者在督導過程的權利與義務及保密範圍和限制等。 3.1.2 督導者需要了解的內容：若督導者與受督者不在同一個機構服務，督導者需瞭解自己的權責範圍，督導者需與受督者討論其服務機構對案主資料攜出、案主資訊揭露之相關規定，並提醒受督者遵守。 3.1.3 建立與終止督導關係的權利：督導者讓受督者瞭解雙方皆可以針對督導關係的建立、維持與終止議題提出討論。 3.1.4 瞭解受督者的期待：機構進行督導關係配對時，宜先瞭解受督者的期待，在機構條件允許的範圍內，讓受督者有表達意見或選擇督導者的空間，或討論受督者、督導者和機構三方都同意的方式。 3.1.5 知情同意的形式：告知受督者的內容，督導者需當面向受督者說明並一起討論；關於督導進行的架構、雙方權利與義務、評量標準與方式等重要說明，最好能夠以書面形式呈現。
3.2 界定督導專業關係：督導者應清楚地界定其與受督者的督導專業關係。 3.2.1 督導者應避免與正在進行督導之督者發展會影響受督者權益和案主權益的關係。	3.2 界定督導專業關係： 3.2.1 督導者需盡量避免與正在進行督導之受督者發展非專業關係（例如：商業關係、借貸關係、僱傭關係、性關係及會影響督導效能的社交關係…等）。

	3.2.2 督導者需避免與近親、伴侶、正在進行心理諮商／心理治療的案主或有密切利害關係者發展督導關係。 3.2.3 如果督導者與受督者可能有督導關係之外的非專業關係，雙方皆需仔細澄清關係發展的意圖，討論可能的利益與風險，經過審慎評估後才建立關係，並採取適當的預防措施。
3.3 審慎處理多重專業關係： 3.3.1 面對無法避免的多重專業關係，督導者與受督者應審慎評估這些關係是否會損及受督者和案主的權益與福祉，並採取必要的預防措施。	3.3 審慎處理多重專業關係： 3.3.1 面對無法避免的多重專業關係（如師生、同事、行政督導、雙重督導等），督導者需審慎的與受督者討論不同關係的性質、責任與期待，可在督導時間、督導場地上做出區分，以降低潛在的角色衝突。 3.3.2 當督導者知悉受督者同時接受其他專業人員督導時，需與受督者一起審慎評估與討論彼此的關係和權責，並採取必要的措施維護案主及受督者的權益與福祉。 3.3.3 若受督者為實習生，督導者為機構外人員，督導者需瞭解受督者在機構接受督導情形，尋找機構外督導的相關因素，及相關權責議題。
3.4 避免心理諮商／心理治療關係：督導者應避免與受督者同時建立督導關係和心理諮商／心理治療關係。	3.4 避免心理諮商／心理治療關係： 3.4.1 督導者若發現受督者的個人議題對心理諮商／心理治療工作造成影響，需與受督者討論如何減少個人議題對助人專業工作的影響；可視實際需要建議受督者去接受他人心理諮商或心理治療。
3.5 覺察與審慎權力運用：督導者不可濫用權力，不可剝削受督者。	3.5 覺察與審慎權力運用： 3.5.1 督導者需覺察在督導過程，自己如何使用權力及使用權力的方式是否恰當。 3.5.2 督導者需敏感督導關係的變化，適時與受督者討論彼此關係的變化及採取必要的調整。

督導倫理基本原則	督導倫理實務指引
3.6 終止督導關係：督導者與受督者均有權利針對督導關係的建立、維持與終止議題提出討論。	3.6 終止督導關係： 3.6.1 督導者與受督者在文化與專業議題出現重大差異，難以繼續一起工作時，得經過討論而終止督導關係。 3.6.2 督導者或受督者任一方希望結束督導關係時，在決定終止督導關係前，雙方宜先共同努力解決因差異而引發的問題。 3.6.3 督導者或受督者任一方希望結束督導關係時，需充分討論如何處理。若受督者為實習生，必要時可請受督者的實習課程授課教師參與討論後續處理方式。 3.6.4 經過雙方討論決定終止督導關係，督導者可視情況提供受督者其他資源。 3.6.5 如果經過雙方討論，督導關係無法終止，督導者與受督者宜一起討論後續督導進行的調整與彈性因應。

4. 評量

督導倫理基本原則	督導倫理實務指引
4.1 評量標準與方式： 4.1.1 督導者負有評量任務時，應明確瞭解受督者的服務機構或授課教師訂定的評量標準與方式。 4.1.2 督導者負有評量任務時，應讓受督者清楚瞭解督導者的評量標準、方式與評量結果的應用。	4.1 評量標準與方式： 4.1.1 督導評量的進行，除了督導者評量受督者，也給予機會讓受督者對督導關係、督導歷程及督導成效進行評量。 4.1.2 督導者與受督者雙方，可依據督導過程的階段性評量結果，共同討論督導目標、督導進行方式、評量方式，及督導關係需做哪些調整。
4.2 記錄與定期回饋：督導者負有評量任務時，應持續評量與記錄受督者的專業實務表現，定期提供回饋。	4.2 記錄與定期回饋： 4.2.1 督導者需定期記錄對受督者的評量、建議與協助。 4.2.2 若受督者為實習生，督導者宜依據實際需要，檢核受督者的實務工作紀錄、影音紀錄或是進行現場觀察。

4.3 提供改進意見：督導者透過持續評量，若發現受督者專業實務表現上的限制或缺失，應提供改進意見。	4.3 提供改進意見： 4.3.1 督導者需讓受督者瞭解評量結果，並提供受督者說明與釐清的機會；必要時安排正式會議進行討論。 4.3.2 督導者透過持續評量，發現受督者在實務表現上有限制或缺失時，可與機構或實習課授課教師一起討論，提供受督者改進與補救的機會。 4.3.3 經過評量、回饋、討論、提供改進與補救機會後，若發現受督者仍然無法提供適切的專業服務，宜協助受督者反思諮商專業角色與個人勝任程度，重新考慮其學習及生涯方向。 4.3.4 若受督者為實習生，督導者、機構及實習課程授課教師之間宜建立合作交流的機制。
4.4 專業把關： 4.4.1 督導者負有評量任務時，應依據受督者的實際專業表現進行評量，決定是否給予通過的評量。 4.4.2 受督者無法通過評量標準時，督導者應給予受督者參與討論、表達意見與申訴的機會。	4.4 專業把關： 4.4.1 督導者評量受督者的專業表現可能會妨礙到專業服務品質時，宜向主責機構反映，討論與思考是否給予資格獲得、完成課程訓練或續聘等認可。 4.4.2 督導者若要提出不給予受督者通過或認可的建議，為求審慎，可視需要先諮詢其他相關人員意見；諮詢過程須注意維護案主及受督者之隱私權。
4.5 督導者應評量自我督導效能。	4.5 督導者應評量自我督導效能： 4.5.1 督導者除了評量受督者，也需定期評量自我督導效能，即時覺察可修正之處。 4.5.2 督導者在督導時若遇到瓶頸，需諮詢其他督導專業人員或督導訓練師，並持續進修督導相關知能。

5. 維護案主福祉	
督導倫理基本原則	督導倫理實務指引
5.1 受督者說明專業資格：督導者應提醒受督者，誠實向案主說明自己的專業訓練取向、階段與資格。	5.1 受督者說明專業資格： 5.1.1 督導者需提醒受督者，尚未取得心理師證照前不可宣稱自己是心理師。
5.2 知情同意與保密： 5.2.1 督導者應提醒受督者向案主說明：自己是在接受督導的情況下提供心理諮商／心理治療服務，督導過程可能會揭露哪些內容，以及督導對於諮商進行的幫助與可能影響。 5.2.2 督導者應提醒受督者維護案主的各項權益；受督者必須告知案主保密範圍與限制，說明案主資料和會談紀錄的保存、取得與運用方式，及紀錄運用權限。 5.2.3 督導者在督導過程獲知之案主資訊應予以保密。督導者與受督者於教學或研究上若需使用案主個人資訊，必須取得案主的同意；未成年案主，則須獲得合法監護人的同意。 5.2.4 團體督導時，督導者應要求所有團體成員為團體中提及的案主資料、成員資料、或成員的受督狀況保密。	5.2 知情同意與保密： 5.2.1 相關紀錄，包括案主基本資料與會談紀錄、錄影、錄音等都需受到嚴謹的保護。督導者需提醒受督者提供督導討論資料時應經過匿名處理，去除可以辨識案主及相關人員個人資訊的資料。
5.3 評量與把關：當受督者所提供的專業服務有可能危害到案主福祉時，督導者應主動與受督者服務機構或就讀學校聯繫，討論做必要處理。	5.3 評量與把關：為瞭解與評量受督者的專業服務品質，督導者需了解受督者在實務工作上的表現，盡可能定期檢閱受督者的會談紀錄、錄音、錄影或直接觀察其在實務工作上的表現。

國家圖書館出版品預行編目（CIP）資料

諮商督導：理論與實務／徐西森, 黃素雲著. --二版.
--新北市：心理出版社股份有限公司, 2023.10
面 ； 公分. --（輔導諮商系列；21138）
ISBN 978-626-7178-70-6（平裝）

1.CST：諮商

178.4 112013739

輔導諮商系列 21138

諮商督導：理論與實務（第二版）

作　　者：徐西森、黃素雲
執行編輯：高碧嶸
總 編 輯：林敬堯
發 行 人：洪有義
出 版 者：心理出版社股份有限公司
地　　址：231026 新北市新店區光明街 288 號 7 樓
電　　話：(02) 29150566
傳　　真：(02) 29152928
郵撥帳號：19293172　心理出版社股份有限公司
網　　址：https://www.psy.com.tw
電子信箱：psychoco@ms15.hinet.net
排 版 者：辰皓國際出版製作有限公司
印 刷 者：辰皓國際出版製作有限公司
初版一刷：2007 年 11 月
二版一刷：2023 年 10 月
I S B N：978-626-7178-70-6
定　　價：新台幣 650 元